シリーズ 歩く大和 Ⅰ

古代中世史の探究

大和を歩く会［編］

法藏館

まえがき――新しい地域史のために――

地域が蓄積してきた歴史に優劣があるわけではない。しかし過去を知るための手がかりは地域による偏差が大きい。大和は遺構や遺物、古文書や古記録、習俗や景観など多種多様な史料が、最も濃密に残された地域の一つである。その意味において大和は歴史の宝庫である。

大和の文化遺産に関する調査・研究は江戸時代に遡り、現在にいたるまで数多くの成果が蓄積されている。しかし大和を舞台とした歴史は、古代史・中世史に限っても、十分に解明されたとは言えない。大和にひろがる歴史の森は豊かで奥深く、踏み分け道すらない場所も残されている。

本書は、大和を歩く会が実施した一〇〇回の踏査のなかで、気付き、考え、触発されたことをまとめたものである。寄せられた十六編は古代・中世の大和における多様な問題を提示している。個々の得意技が発揮された論考を、強引にかつ便宜的に時代・史料という観点から七つに分けて紹介しよう。

I　大和は大和王権の歴史と分かちがたく結びついている。『古事記』や『日本書紀』には大和を舞台とした出来事が多数記されている。記紀の史料批判は難しく、遺称地の伝承も正しいとは限らない。それだけに論者の技量が試される。

若井敏明「三輪山の神とその周囲」は、三輪山祭祀の変遷を考察し、そこから初期大和王権の歴史を見通すことを提言する。告井幸男「王名と伝領」は王名に地名と諱が含まれることに注目して五・六世紀の大王について検討し、さらに茅渟県など王領の伝領へと説き及ぶ。鷺森浩幸「中臣氏と大和」は中央豪族である中臣氏が相嘗祭の管掌を通じて大和国の在地社会と結びつくことを論じる。

Ⅱ　大和を考える素材は『日本書紀』等の文献だけではない。発掘調査にともなって遺構が報告され、遺物は年々増えていく。民俗慣行や民俗資料の記録や保存も行われている。史料が増えるとともに新しい問題が見出され、研究課題は尽きることがない。

鈴木景二「飛鳥寺西の槻の位置について」は、文献・遺構・遺物などの多面的な検討によって飛鳥寺の西にあった大槻の位置を比定し、それが豪族居館の門前にあった聖樹であったことを論じる。吉野秋二「古代の「米」と「飯」」は、長屋王家木簡をはじめとする木簡と正倉院文書を用いて、八世紀における米の消費形態を明らかにした。平松良雄「八世紀の燃灯供養と灯明器」は、出土した灯明器と正倉院文書など各種史料にみえる灯明の記事を検討し、幅広い階層で行われた燃灯供養を明らかにする。

Ⅲ　奈良時代の王家は平城宮に居住するほか、京内・京郊に離宮を営んでいた。それはどのような実態をともなっていたのであろうか。また都が山城に遷り政治の舞台が大和を離れた後、平城の旧宮や所々の離宮はどのような歴史を歩んだのだろうか。

竹内亮「春日寺考」は、平安時代の史料にみえる春日寺について、その現地比定を行うとともに、それが春日離宮に附属する寺院であったことを論じる。吉川真司「平城京の水田守」は、平城廃都後に見える水田守の存在を手がかりとして、平城宮の故地を管理する荘園の存在を明らかにする。

Ⅳ　威容を誇った平城京も平安時代には農村へと転換していく。しかしやがて東大寺・興福寺の寺辺郷が形成され、中世都市奈良が誕生する。平城京と奈良の研究が豊かな蓄積を誇る一方、両者をつなぐ道はいまだ細く険しいままに残されている。

土居規美「南都諸寺を結ぶ道」は、平城京が廃都となった後にも一部の大路が維持されたことに注目し、それが南都の寺院を結び、奈良の発達に関係したことを論じる。吉川聡「法華寺の鳥居」は、史料に散見する法華寺の鳥居の位置を比定するとともに、その場所が奈良の中世都市としての発展に重要な意味を持っていたことを明らかにする。

Ⅴ　平安時代になると大和では興福寺・東大寺等の荘園や寺僧領が展開し、摂関家のもと興福寺の支配が国司に代わって強まっていく。鎌倉時代には興福寺の支配が卓越し、守護が置かれなかった。大和は特殊性が強調される一方で、地方支配や荘園の研究に基本的な事例を提供している。

小原嘉記「平安期の大和国司」は、大和国司の補任状況を下級国司も含めて詳細に検討し、令制国司が変質していく様態を見出す。佐藤泰弘「東大寺華厳会免田と香菜免田」は、雑役免田とも言われる香菜免田の特質と華厳会免田の関係を論じる。熊谷隆之「嘉禎の南都蜂起と鎌倉幕府」は、大和の守護に言及した史料を詳細に検討し、六波羅を中心とする武士の動員体制を論じる。

Ⅵ　中世の大和における興福寺の影響は確かに大きい。しかし他にも各地の寺社はそれぞれに人々の信仰を集め、大和盆地をめぐる山々は山岳修験の場であった。さらに中世後期になると有力な国人が現れ、地域の歴史だけでなく中央の政治にも関わるようになる。

徳永誓子「玉置子守三所権現考」は、大峯山系の玉置神社について縁起などを手がかりとして、近世とは異なった中世独自の信仰形態を解明する。野田泰三「鷹山氏と興福院文書」は、鷹山氏の文書である興福院文書に検討を加え、十六世紀における中世大和の国人の動向を明らかにする。

Ⅶ　古文書・古記録・縁起などの史料がどのように保管され書写されて今に伝えられたのかを知ることは、史料批判にとどまらず、それ自体が一つの歴史を明らかにすることになる。とくに近世以来の大和に関する研究がどのように展開したのかは、史学史・文化史という観点からも興味深い。

古尾谷知浩「北浦定政「平城宮大内裏跡坪割之図」写本の行方」は、幕末の国学者の著作の伝来と流布を追跡し、写本研究にとどまらず、近世から近代における文化史に寄与している。

本書は『シリーズ歩く大和Ⅰ　古代中世史の探究』という名前の通りに、大和に関する様々な問題群のなかを歩き回っている。本書は地域史の試みである。しかし、グルグル巡っているのなら話は別だが、大和を歩いていけばいつかは大和の外へ出て行く。地域史は地域を越えて広がる。

それぞれの課題意識に導かれ、友人との会話に引きずられ、時には道を外れて迷う。しかし十六の足跡は、なにがしか、次に歩く人々への道標になっているはずである。むかし山辺の道に偽の標識というのがあったらしい。私たちの歩みが適切な道筋を示していることを願う。そして後に続く人たちがもっと楽しいルートを切り開いてくれることを。その時、私たちの歩みは古道になる。

「大和を歩く会」幹事の一人として　佐藤泰弘

二〇〇七年八月

シリーズ歩く大和Ⅰ　古代中世史の探究　＊目次

シリーズ歩く大和Ⅰ

古代中世史の探究

三輪山の神とその周囲

若井敏明

はじめに

三輪山はいうまでもなく、大和を代表する神体山で、古くより『万葉集』などにも歌われている。この三輪山の神が大物主神である。この神については『日本書紀』崇神天皇（以下、天皇号を略す）十年九月甲午条にみえる箸墓に関する伝説がよく知られている。箸墓は三輪山の西方に位置する前方後円墳で、倭迹迹日百襲姫の墳墓とされるが、倭迹迹日百襲姫を邪馬台国の卑弥呼に当てる考えもあって、そこからこの古墳を卑弥呼の墓とする説もある。邪馬台国は大和王権とは無関係に北部九州に所在したと思うので、箸墓を卑弥呼の墓とする見解に与することはできないが、初期大和王権を考えるうえで注目すべき古墳である。この古墳の由来について、『日本書紀』崇神十年九月甲午条に次のような伝説が記されている。

是の後に、倭迹迹日百襲姫命、大物主命の妻と為る。然れども其の神常に昼は見えずして、夜のみ来す。倭迹迹姫命、夫に語りて曰はく「君常に昼は見えたまはねば、分明に其の尊顔を視ること得ず。願はくは暫留りたまへ。明旦に、仰ぎて美麗しき威儀を観たてつらむと欲ふ」といふ。

大神対へて曰はく「言理灼然なり。吾明旦に汝が櫛笥に入りて居らむ。願はくは吾が形にな驚きましそ」とのたまふ。爰に倭迹迹姫命、心の裏に密に異ぶ。明くるを待ちて櫛笥を見れば、遂に美麗しき小蛇有り。其の長さ大さ衣紐の如し。則ち驚きて叫啼ぶ。時に大神恥ぢて、忽に人の形に化りたまふ。其の妻に謂りて曰はく「汝、忍びずして吾に羞せつ。吾還りて汝に羞せむ」とのたまふ。仍りて大虚を践みて、御諸山に登ります。爰に倭迹迹姫命仰ぎ見て、悔いて急居。則ち箸に陰を撞きて薨りましぬ。乃ち大市に葬りまつる。故、時人、其の墓を号けて箸墓と謂ふ。是の墓は、日は人作り、夜は神作る。故、大坂山の石を運びて造る。則ち山より墓に至るまでに、人民相踵ぎて、手逓伝にして運ぶ。時人歌して曰はく、

　大坂に　継ぎ登れる　石群を、手逓伝に越さば　越しかてむかも

この伝説から、三輪山の神が蛇神であること、そして倭迹迹日百襲姫はその神の妻であったことが判明するが、結局彼女は神の怒りをかい、ついに箸で局部を傷つけて死んでしまう。この伝説の意味するところは何であろうか。本稿では、この箸墓伝説を中心にして三輪山の神である大物主神について日ごろ考えている一端を記して、読者諸賢のご批判を仰ぎたいと思う。

一　大物主神の妻

大物主神の妻は、じつは倭迹迹日百襲姫だけではなかった。まず、『古事記』神武段には天皇の后、比売多多良伊須気余理比売の出自について、「美和の大物主神」が三島溝咋の女である勢夜陀多良比

売が「大便まる時に、丹塗矢に化してその大便まる溝より流れ下りて、その美人のほどを突」き、彼女がその矢を持ち帰り床の辺に置くと麗しい壮夫となり、娶って生んだ子だとみえる。

　　　　　　　　大物主神
　　　　　　　　　‖――比売多多良伊須気余理比売
三島溝咋――勢夜陀多良比売

これと一見同系統の所伝は『日本書紀』神代・上にみえ、そこでは、大己貴神つまり大国主神の幸魂奇魂が「大三輪の神」であって、その神の子が「甘茂君等・大三輪君等、又姫蹈鞴五十鈴姫命」だとする。姫蹈鞴五十鈴姫は神武の后である。しかし、ここでは神の妻の名はわからないし、神の子である神武の后の名前も異なっているので、『古事記』の所伝と簡単には同一視できない。

大三輪の神
　├――甘茂君・大三輪君
　└――姫蹈鞴五十鈴姫命

この『日本書紀』神代・上と同様に、三輪の神つまり大物主神を鴨氏・神（三輪）氏の始祖神とする伝えは、『古事記』崇神段と『日本書紀』崇神七年八月癸卯条にもみえる。いずれも大田田根子を両氏の始祖とする伝えである。『日本書紀』は大田田根子の言として、「父をば大物主大神と曰す。母をば活玉依媛と曰す、陶津耳の女なり」と簡単に記すが、『古事記』は「活玉依毘売」のもとに「形姿威儀時に比無き」壮夫が夜半にやって来て「共婚」し、媛はやがて妊娠したことと、その男の正体を知るために針に刺した「巻子紡麻」を用いる話が記されている。いずれも共通の始祖伝承にもとづくものと思われ、図示すれば次のようである（※『日本書紀』では神の子、『古事記』は四世孫とする）。

大物主神
　‖——※——大田田根子——→三輪氏・鴨氏
陶津耳——活玉依媛

これらを比較すると、『日本書紀』神代・上では大田田根子を略して、直接、甘茂（鴨）君等・大三輪君等を神の子としていることがわかる。とすると、同じく神の子とされている姫蹈鞴五十鈴姫命についても、大物主神と姫との間に何者かがいたとも考えられる。つまり、「大物主神——○——姫蹈鞴五十鈴姫命」という系譜から、五十鈴姫を大物主神の子とする所伝が生まれてくる可能性があるということである。

ここで注目されるのが『日本書紀』神武庚申年八月戊辰条に、神武の后、姫蹈鞴五十鈴姫について、「事代主神、三嶋溝橛耳神の女玉櫛媛に共して生める児」とあることである。これと同系統の所伝が『日本書紀』神代・上の「又曰」である。ここでは「事代主神、八尋熊鰐に化為りて、三嶋の溝樴姫、或は云はく、玉櫛姫といふに通ひたまふ。而して児姫蹈鞴五十鈴姫命を生みたまふ」とあり、神武紀の記事はこれを略して記したものとみてよかろう。したがって、これらから次のような系譜が伝えられていたことが判明する。

事代主神
‖
三島溝橛耳——玉櫛姫
（以下、溝咋で統一）
｜
姫蹈鞴五十鈴姫

ここで留意されるのが、『古事記』の国譲り神話のように大物主神が大国主神と同一とされ、さらに事代主神が大国主神の子神とされる場合があることである。この現象についてはのちに検討したいが、ここで事代主神を媒介とすることで、姫蹈鞴五十鈴姫命は大物主神の「子」とされる可能性があったということである。このように考えると、神武の后である姫蹈鞴五十鈴姫の出自については、それを事代主神の子とするのが本来で、大物主神が大国主神と同一とされ、さらに事代主神が大国主神すなわち大物主神の子神とされるようになって、五十鈴姫を大物主神の娘とする伝えが形成されたと思われるのである。

ただし『古事記』の所伝はこれらとはやや系統が異なっているが、それは『古事記』の成立事情をも考慮する必要があると思われる。『古事記』はその序文が記すように、「削偽定実」の結果生まれた書物である。つまり、そこに書かれた事柄はかならずしもオリジナルな内容をそのまま記述したものではなく、「削偽定実」のなかで諸説を組み合わせて編集された場合があるのである。したがって、単純に『古事記』の所伝を『日本書紀』のそれらと比較して、その性格を論じるのは危険である。その点を念頭において、『古事記』の所伝をみるために、まず『日本書紀』によって推測した神武の后の系譜（①）と、『古事記』が伝える神武の后に関する記述（②）とを図示すれば次のようである。

①
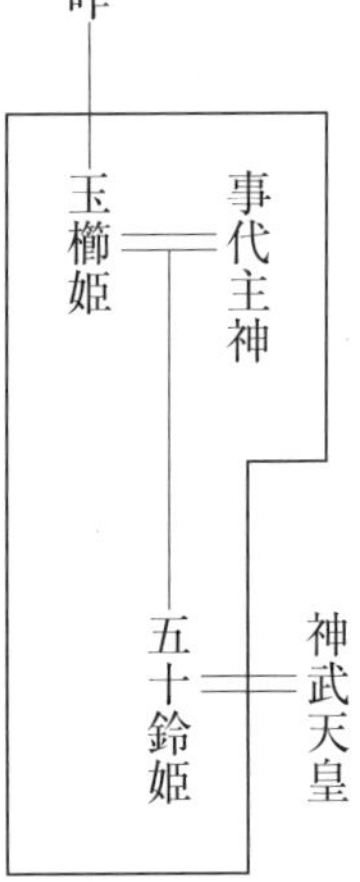

②
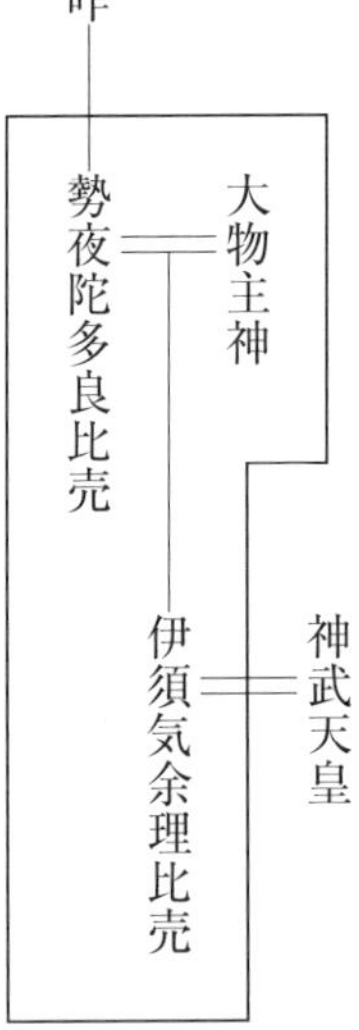

一見してわかるように、『古事記』では、圏内の事代主神についての系譜が大物主神の系譜に置き換えられているのである。

私は、この『古事記』の記載は、神武の后を大物主神と三島溝咋の娘との間の子とする説が一般的となった時期に、大物主神について伝えられていた勢夜陀多良比売と伊須気余理比売の伝説を生かして「削偽定実」した結果であると思う。つまり、大物主神と勢夜陀多良比売の間の子を伊須気余理比売とする『古事記』独自の所伝が大物主神についての本来の系譜で、『古事記』はこの大物主神に関する伝承を生かしつつ、神武の后についての記事を作ったのではなかろうか。

ただ、『古事記』崇神段と『日本書紀』崇神七年八月癸卯条で、大物主神の子の大田田根子が三輪氏と並んで鴨氏の始祖とされているのは、葛城の神である事代主神と大物主神との親子関係が成立してからのことで、本来は三輪氏の始祖伝承であったとみてよいと思う。したがって、元来の大物主神についての伝承は、左のようであったであろう。

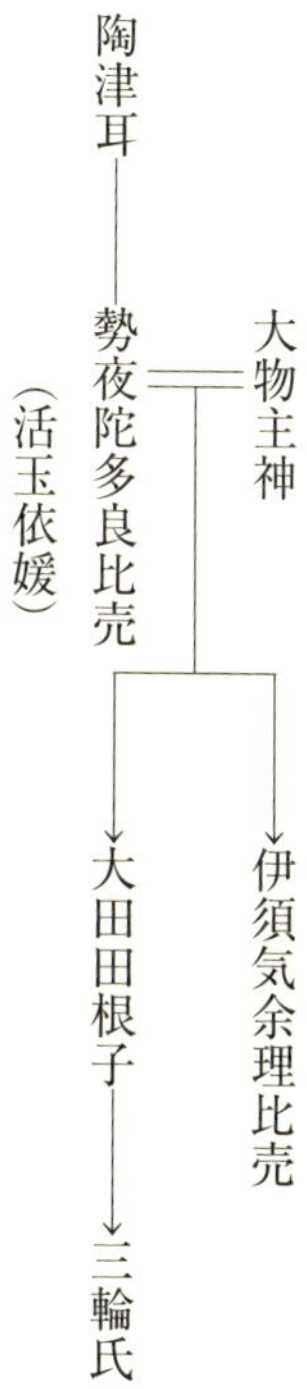

ここで、伊須気余理比売の母、勢夜陀多良比売と、大田田根子の母、活玉依媛との関係が問題だが、活玉依媛が普通名詞であることから、勢夜陀多良比売を活玉依媛と解しておく。ただし、次節で触れるように神身についての変遷は認められる。
以上の考察から、神武の后は、やはり『日本書紀』神武庚申年八月戊辰条が伝えるように姫蹈鞴五十鈴姫が正しく、その出自はもともと事代主神の子とするのが本来であって、そこへ事代主神が大国主神つまり大物主神の子神とされたことから大物主神との関係が生じ、そこから『日本書紀』神代・上が伝える姫蹈鞴五十鈴姫をその子とする異伝が生まれたと考えられる。『古事記』はその系譜をさらに本来の大物主神に関する系譜によって置換したものであったのである。

なお私は、事代主神の婚姻譚は本来は鴨氏の伝えた始祖伝承であり、五十鈴姫とともに鴨氏の始祖となるべき男性がいたと考えている。その痕跡が第三代安寧天皇の后渟名底仲媛を、事代主神の孫、鴨王の娘とする『日本書紀』の記述である。ちなみに第二代綏靖の后は事代主神の娘の五十鈴依媛で、神武の后姫蹈鞴五十鈴姫の妹ということになり、そうすると事代主神については次のような系譜があったことになる。

事代主神
　＝
（三島溝咋?）――玉櫛姫
　├鴨王――渟名底仲媛
　├姫蹈鞴五十鈴姫
　└五十鈴依媛

私は、この鴨王というのが、もともとの鴨氏の始祖に相当する人物であって、大物主神との関係から鴨氏の始祖も大田田根子とされて、本来の始祖が忘れられたのではないかと思う。とすれば、鴨王に関する系譜は、鴨氏を大物主神の後裔氏族とする考えが一般化する以前の意識を伝えたものだったのである。

なお、『日本書紀』の本文では、神武から安寧までの三代が引き続いて事代主神とつながる女性と婚姻していることになり、あたかも連続して鴨一族に入り婿するような状況であったことになる。これが史実とすれば非常に興味があるが、綏靖と安寧の后には異伝もあり、史実と断ずるには躊躇される。とくに五十鈴依媛と姫蹈鞴五十鈴姫は酷似した名前であって、同一人物である可能性も捨てきれない。また、あとで述べるように、事代主神は大和王権が早くから奉祭した神だとはいえない面もある。したがって、ここではこれは初期の天皇が葛城の事代主神と関係が深かったことをいうために、もとからあった事代主神に関する系譜を、初期天皇の后に転用したと解しておきたい。

ここで問題となるのは、三島溝咋と神武との関係まで疑うべきかどうかである。もし、神武の后が三島溝咋の血縁であったという点を生かしてもよいとすれば、三島溝咋と事代主神との関係が本来のものであったかは問題であろう。ここまでくれば憶測以外のなにものでもないが、私は、神武の后についての伝えは本来、三島溝咋の血縁という点だけであって、それがのちに事代主神の孫娘とされると、もともとの父三島溝咋も、母の玉櫛姫の親とされてしまったのではないかと思っている。

ちなみに三島溝咋とは、通例摂津の三島の豪族とみなされているようだが、大和を平定した段階での神武が摂津の豪族の娘と婚姻するのはやや不自然である。私はこの三島とは、現在の天理市の三島のことだと考える[1]。『古事記』で神武の后である伊須気余理比売の家が「狭井河の上」にあったというのも参考となろう。ただし、これは神武の后について述べたのか、大物主神の娘について述べたのか判断が難しいが、神武の婚姻について語られているので、一応前者と解しておく。このように、三島溝咋を大和盆地東部の人間とすれば、葛城の事代主神の妻の実家としてはやや遠いようにも思える。この点からも、玉櫛姫の親は三島溝咋とはいいにくいであろう。

なお、三代の天皇までが事代主神とつながる女性と婚姻していることが作為的だとすれば、初期の天皇の婚姻はいかに考えるべきであろうか。私は、『日本書紀』の一書が伝える大和の県主層との婚姻を重視したい。いまそれを各県主を主体にして系図に示す（次頁。〇は歴代数を示す）。

このような婚姻については後世の造作とみなす見解もあるが、この系図をみればわかるように、安

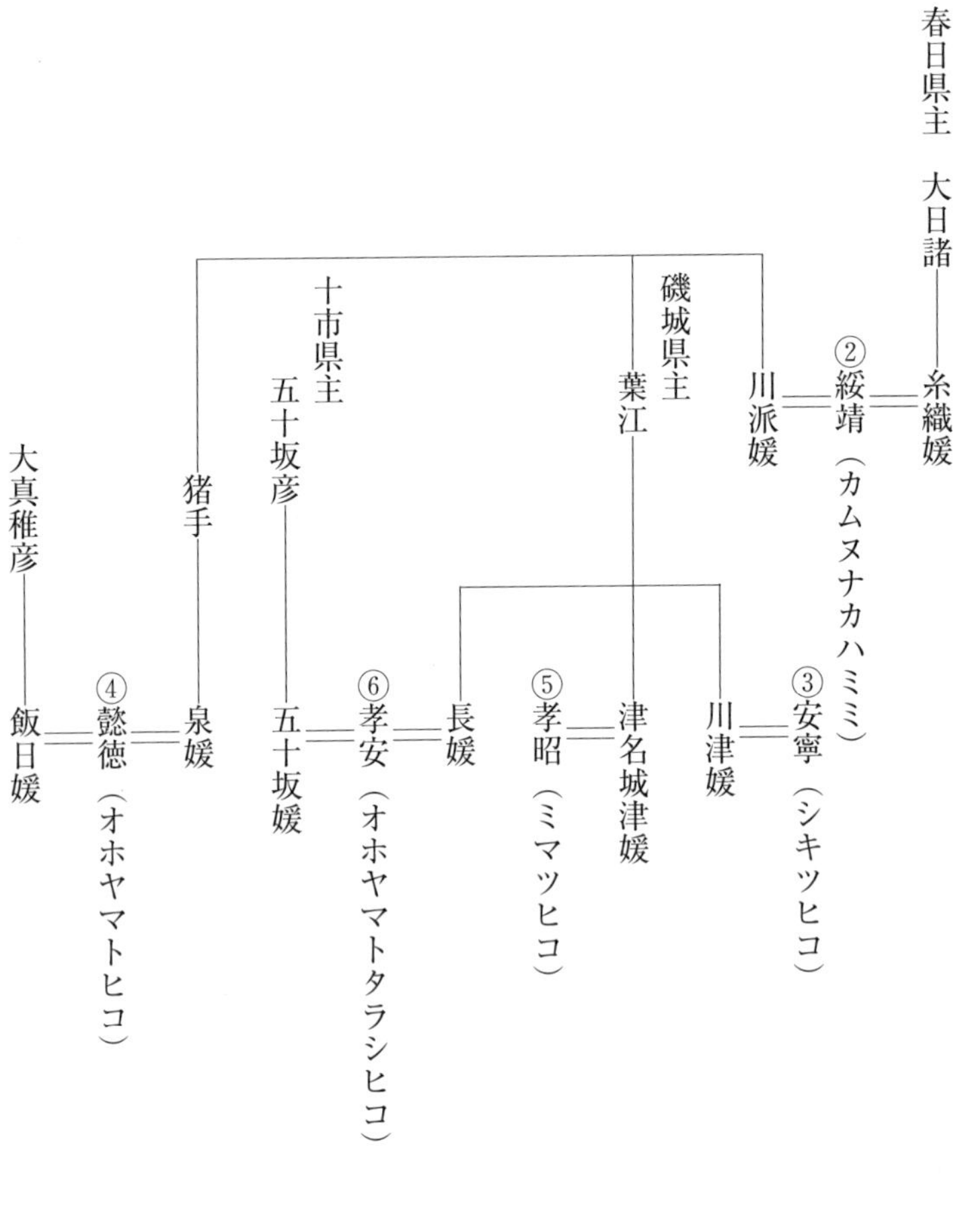
春日県主　大日諸
糸織媛
②綏靖（カムヌナカハミミ）
川派媛
磯城県主　葉江
十市県主　五十坂彦
猪手
大真稚彦
③安寧（シキツヒコ）
川津媛
津名城津媛
⑤孝昭（ミマツヒコ）
長媛
⑥孝安（オホヤマトタラシヒコ）
五十坂媛
泉媛
④懿徳（オホヤマトヒコ）
飯日媛

寧、孝昭、孝安がともに葉江の娘を娶っており、これは安寧とその孫、曾孫が同世代の女性と結婚したということで、すこぶる不自然である。つまり、この婚姻は、初期天皇を一系の親子関係でつなぐ以前からの伝えであって、けっして『記紀』編纂時などの新しい時代の産物ではありえない。天皇の系譜については『記紀』で相違がなく、『日本書紀』も異伝を伝えないので、いわゆる帝紀段階ですでに確立していたとみられるから、この婚姻の記事はそれよりも古く、初期の天皇についてその名前や后、宮や陵などは伝えられながら、続柄が伝えられなかった段階のあったことを示しているのである。そもそも人間の系譜などは意識的に伝えようとしない限り、三、四代で忘れられてしまう。したがって、初期の大和王権ではそのような努力はなされなかったのである。ただし、それは世襲王権が未成立だったことを意味しない。あくまで記憶ないし記録されなかったというだけである。

なお、第七代の孝霊からは系譜の上からは矛盾はみられないので、それが伝えられるようになった時期は孝霊以降とみてよかろう。ただ、それは孝霊からそのような努力がなされたことを意味しない。意識的に伝えようとするのは、そうしないと記憶が薄れていく時点からであると仮定すれば、孝霊より三、四代あと、十代崇神あたりから王の系譜が意識されるようになったのではなかろうか。そのように考えると、稲荷山鉄剣銘が第八代孝元の子、大彦から始まっているのも示唆的である。

二　蛇神の変容

さて本論に戻って、大和盆地の東西には、それぞれ蛇神の大物主神と鰐神の事代主神の信仰が広がっており、大物主神から出たのが三輪氏、事代主神から出たのが鴨氏とみなされていた。榎村寛之氏の研究によれば、鰐とは龍に通じるものであったらしいので[2]、事代主神も、もともとは大蛇の姿をした神と考えられていたのであろう。これに対して、三輪山の蛇神は、箸墓伝説などからはそんな大きなものではなかったようにも受け取れる。そのあたりが、同じ奈良盆地でも東部と西部で信仰が違っていた点なのであろう。

このうち、大物主神に関して伝わっている箸墓伝説や勢夜陀多良比売の物語は、ようするに蛇神が人間の女性と婚姻を結ぶという物語である。事代主神に関して同様の物語があったことは、前節での検討からうかがえるが、その神話はほとんど失われてしまった。そこで、これからは、蛇神である三輪の神と人間の女性との婚姻がどのように変化していったのかをみてみたい。

蛇が人間の女性を犯したといういささかショッキングな説話が『日本霊異記』にみえるが、本来は動物神がそのままの姿で人間の女性と交わるという伝説があったことをうかがわせる。出雲神話の八岐大蛇もそのような神話であろう。いまは失われてしまったが、三輪の神の神話にもそのような段階があったことは想像できる。それがやがて、神々を人間の姿でとらえるようになると、本来の神の姿であった動物の形は神の化身と考えられるようになる。事代主神が八尋熊鰐になって三島の溝樴姫または玉櫛姫に通ったというのは、この段階の神話である。このようにみてくると、蛇などの動物神と人間との婚姻譚は、八岐大蛇などにみられるような、蛇そのものが通うという物語から、人身をもつ神が動物に化して通うという物語へと変遷していったと思われる。

そして、次の段階になると動物身は退いて、人身をもつ神が女性と関係をもつとする物語になるわけであるが、その際、直接人身で女性と交渉するのではなく、最初は矢となって女性と交わったというのが、『古事記』にみえる丹塗矢伝説である。つまり、丹塗矢とはもともと蛇だったのである。なお、あとでみる賀茂伝説では、矢は神が女性に近づくための手段とされ、矢そのものとの性的交渉は語られない。同様に考えると、箸墓伝説で箸が倭迹迹日百襲姫の局部を突いたのは、丹塗矢伝説と同じく、本来は蛇神との性的関係を述べたものとみるべきで、箸は蛇身の変化したものであったのである。八岐大蛇神話の冒頭に川を箸が流れてくるのも、箸と蛇との関係を示しているのかもしれない。ただし、箸墓伝説ではすでに箸はその本来の目的を忘れられている。つまり、箸墓伝説や大田田根子の物語のように、人身をもつ神がそのままの姿で人間の女性に通う話が成立すると、箸は本来の意味を失ってしまった。しかし、箸が女性の陰部を突くという印象的な部分は物語のなかで残り、それが箸墓伝説では倭迹迹日百襲姫の死因を説明するものとして使われたのである。

ところで、箸墓伝説での箸はもともとは蛇神である大物主神を表すものであったとみられるのであるが、『古事記』が伝える大物主神と勢夜陀多良比売との婚姻では丹塗矢が登場する。いったい、箸と矢は伝説の要素としてどちらが本来のものなのであろうか。

ここで気づくのは、『古事記』の所伝が賀茂の丹塗矢伝説と類似していることである。なお、ここでの賀茂は山城の賀茂であって、葛城の鴨とは別系統である。『釈日本紀』が引く山城国風土記逸文によって必要部分だけを摘記すれば左のようである。

賀茂建角身命、丹波国の神野の神伊賀古夜比売を娶ひて生みませる子、名を玉依日子といひ、次に玉依日売といひき。玉依日売、石川の瀬見の小川に川遊せし時、丹塗矢川上より流れ下りき。

すなはち取りし床の辺に挿し置き、遂に孕みて男子を生みき。（略）すなはち外祖父の名に因りて賀茂別雷命と号す。いはゆる丹塗矢は、乙訓の郡の社に坐せる火雷命なり。

これを系図で表せば次のようになる。

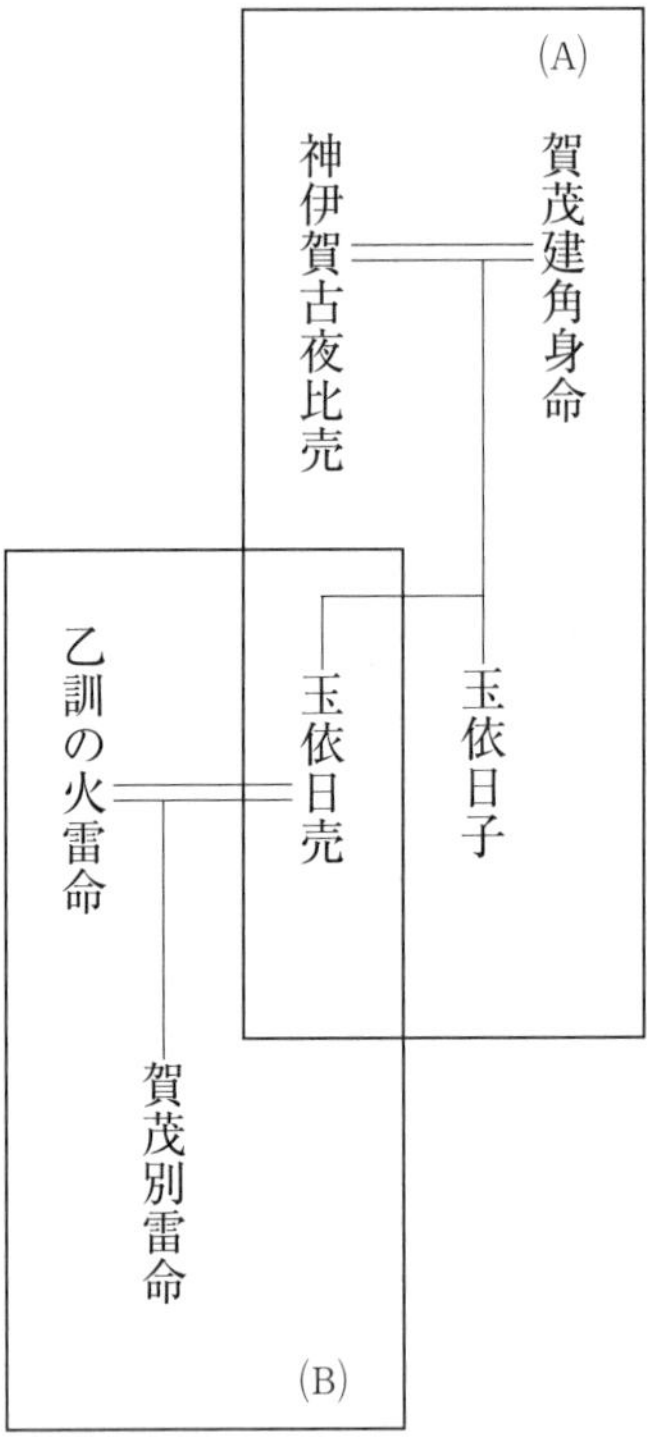

ここには、(A)賀茂建角身命と丹波の神伊賀古夜比売との神婚譚と、(B)乙訓の火雷命と玉依日売との神婚譚神話が混在しており、やや複雑であるが、私は両者をまず弁別して考えるべきであろうと思う。このうち(B)が賀茂氏の奉祭した賀茂別雷神の出自を示すもので、ここで乙訓の火雷命の変身として出てくる丹塗矢が、『古事記』神武段にみえる比売多多良伊須気余理比売の話と酷似している。これは偶然とは思えず、一方が他方に影響を与えた可能性を想定すべきであろう。

賀茂の神が中央に知られるようになるのは、さほど古いことではなかったらしい。『本朝月令』が引用する「秦氏本系帳」によれば、賀茂の競馬の起源として、欽明朝に天下こぞって風が吹き雨が零って百姓が愁えたので、卜部の伊吉若日子に卜せしめたら賀茂神の祟りだとわかり、「四月の吉日を撰びて祀るに馬は鈴を掛け、人は猪の頭を蒙りて、駈馳せて祭祀を為して、能く禱ぎ祀らしめ」たら、五穀が成就し、天下は豊平となったという。つまり、賀茂の神の祭祀は欽明朝から始まったというのである。その後、この祭りには多くの人が集まるようになり、大宝二年（七〇二）四月には当国の人を除いて、徒衆が集まって「執仗騎射」することを禁じており（『続日本紀』）、ひろく山背以外からも人が集まってきたことが知られる。このようなことを背景にして、賀茂の神誕生の神話がひろく知られるようになったことは十分考えられる。私は、三輪山の伝説に丹塗矢が登場するのは、そのような事情があると思うのである。

なお系譜(A)は賀茂氏の出自に関するもので、形としては、先にみた三輪氏や鴨氏のものと同じである。ただここで注意されるのが、賀茂建角身命はいわゆる頭八咫烏のことで、もともと葛野の土着神ではないことである。これは、賀茂建角身命を始祖神とする一族が外来のものであることを示している。じじつ山城国風土記逸文にも、賀茂建角身命が大和の葛城から山城の岡田、木津川などを遡って「久我国北山基」に至る移動が伝えられている。さらに賀茂建角身命が結婚した神伊賀古夜比売の出自が丹波の神野であることからみると、始祖神の移動で表現されるこの一族の山城土着の時期は、丹波が大和政権に服属したとみられる開化朝以降のことのような気がするが、いずれにせよ、賀茂神は外来者たる賀茂氏によって祀られる神であったのである。この点から私は、(A)と(B)の系譜は本来別々のもので、ある時期に一つにまとめられたと考えているが、本稿では詳しくは述べない。ただ、その際、玉依日売を賀茂建角身命の娘としたことにより、賀茂氏の始祖である賀茂建角身命の息子も玉依日子と呼ぶようになったとすれば、ここからただちに祭祀と男女の関係について議論するのは難しいようには感じられる。

それはさておき、三輪の大物主神の伝説は、もともと川を流れてきた箸が女性器を突くという話であったのが、欽明朝以降に賀茂伝説が有名になるにともなって、丹塗矢に置き換えられたのであろう。したがって、三輪山の神の化身は箸であったとみてよい。

以上、煩雑かつ恣意的な検討を加えたが、三輪の大物主神については、もともと蛇神が箸に化身して娘に接近し、女児を孕ませるという伝説があり、その伝説は三輪氏の始祖伝承として語られてきたということが判明した。そして、箸墓伝説はこの伝承を背景としたものであるらしいのである。では、なぜ箸墓伝説では神の妻が倭迹迹日百襲姫なのか。その意味するところはなにか。次にその点を探ってみたい。

三　箸墓伝説と大物主神の祭祀

箸墓伝説は、大物主神の祭祀の復活と密接に関連している。それは『日本書紀』によれば次のような物語である。

まず崇神七年二月辛卯条によれば、天皇が自らの世に災害が多いことを卜ったら、倭迹迹日百襲姫に大物主神が憑かって、自分を敬い祭ったら国は治まるだろうと告げた。そこで「神の語を得て、教の随に祭祀る。然れども猶事に於て験無し」という状況であった。次に天皇が祈ると、その夢に大物主神が現れ「国の治らざるは、是吾が意ぞ。若し吾が児大田田根子を以て、吾を令祭りたまはば、立に平ぎなむ。亦海外の国有りて、自づからに帰伏ひなむ」と述べた。

次いで八月己酉条には、倭迹速神浅茅原目妙姫と大水口宿禰、伊勢麻積君がともに「大田田根子を以て、大物主大神を祭ふ主とし、亦、市磯長尾市を以て、倭大国魂神を祭ふ主とせば、必ず天下太平ぎなむ」という夢を見たと申したので、天皇はよろこんで、大田田根子を求めたら、茅渟の陶邑にそれを得て貢った。そのあと先にみた大田田根子の出自が記され、十一月己卯条に、大田田根子を大物主大神の祭主とし、長尾市を倭大国魂神の祭主にしたと伝える。この倭大国魂神とは、六年条によれば、それ以前に天照大神とともに天皇の大殿に祭っていたのを、天照大神は豊鍬入姫に、倭大国魂神は渟名城入姫につけて祭らせたら、渟名城入姫は髪が落ち体が痩せて祭ることができなくなっていたのである。

それに対して『古事記』は、前半と倭大国魂神に関する物語を略して、大田田根子による大物主神の祭祀が復活した部分のみを述べる。いずれにしても大物主神は、災害を起こす祟り神なのである。

ここで興味があるのが、『日本書紀』に大和政権は当初、大物主神の祭祀に失敗したと記されていることである。このとき具体的にいかなることをおこなったかは記されていないが、最初に大物主神が倭迹迹日百襲姫に憑いたとされているのは注目される。なぜなら、神功皇后と住吉神との関係からもわかるように、最初に神がかりした女性がその神を祭ることは一般的であった。したがって、当初大物主神は倭迹迹日百襲姫によって祭られたのではないかと思われるのである。しかも、その後大物主神の祭祀に関する物語には、倭迹速神浅茅原目妙姫らの夢見が述べられるが、倭迹迹日百襲姫は登場しない。このことは、神祭りにおいて倭迹迹日百襲姫になんらかの支障があったことを暗示している。もちろん、倭迹迹日百襲姫は崇神紀ではその後も四道将軍の派遣や箸墓伝説などに登場している。しかし、『日本書紀』は独立した伝説を編年して綴り合わせているから、個々の伝説は独立したものとして考察すべきなのであって、個々の伝説の前後関係まではわからないのである。

このことを念頭において箸墓伝説をみると、倭迹迹日百襲姫が大物主神の妻になるとは、ようするにその祭祀をつかさどったということにほかならない。そして、タブーを犯して神から嫌われて死んでしまったというのは、その祭祀に失敗したことを示しているのである。このことと、先にみた大和政権による最初の大物主神祭祀の失敗とを重ね合わせると、箸墓伝説とは、最初に大和政権がおこなった大物主神の祭祀が失敗に帰したことを、三輪氏始祖伝承のモチーフを借りて、神話的に表現したものにほかならないと私には思えるのである。つまり、大和政権はまず最初に、王族に大物主神を祭らせ、その失敗をうけて、神の子孫を祭祀に起用するのである。ここで注目すべきなのは、このとき神の子孫の所在が明らかではなく、『日本書紀』では茅渟の陶邑、『古事記』では河内の美努村で発見されたとあることである。しかも、最初、大物主神は自らの祭祀を要求しているのだから、崇神朝にはその祭祀はおこなわれていなかったらしい。祭祀がおこなわれず、その子孫が大和を離れ遠く和泉か河内にいたというのは、なんらかの原因で三輪山の神の祭祀が途絶え、その神を奉祭していた集団が離散した状況を思わせる。

そのように思い至ったとき、大和政権の前身は大和以外の地域からの侵入者であるという古伝、つまり神武伝説が想起される。しかも『記紀』が明記するように、征服者神武の一行は熊野から宇陀を経て東から大和盆地に侵入した。三輪山祭祀に携わっていた集団が東方から侵入した征服者に追われて、大和の西方、和泉や河内に逃れたと考えれば、状況はピタリと符合するではないか。このようにみれば、三輪山の祭祀の断絶は大和政権の前身による征服の結果であると断ぜざるをえない。

ここで注目すべきなのが、被征服者の祭った神で祟りをなし、征服者つまり大和政権によって祭祀がおこなわれるようになった神が、もう一つあることである。それが出雲の大国主神である。

大和政権による出雲征服は『日本書紀』崇神六十年七月己酉条に詳しい。それによれば、出雲大神の宮にある神宝を、それを管理している出雲振根が筑紫に行って留守であるにもかかわらず、弟の飯入根が甘美韓日狭と鸕濡渟につけて大和に進上してしまう。帰ってきた振根はそれを恨んで、ついに飯入根を謀殺するが、甘美韓日狭と鸕濡渟が朝廷に訴えて、朝廷は吉備津彦と武渟河別を遣わして振根を誅殺した。これは大和政権への服属か抵抗かをめぐる出雲の内紛に大和が軍事介入したことを示しているが、そのあと出雲臣らが「是の事に畏りて大神を祭らずして間有り」として、出雲大神の祭祀が一時途絶え、皇太子活目尊つまりのちの垂仁が天皇に奏して再開されたという。

『古事記』はさらに注目すべき伝説を伝えている。それによれば、垂仁天皇の子、本牟智和気王は成人しても言語が不自由であり、天皇の夢に「我が宮を天皇の御舎の如く修理りたまはば、御子必ず真事とはむ」という御告げがあり、それは出雲大神の心だと判明した。そこで本牟智和気王が曙立王、菟上王とともに出雲に行って大神を拝んだら、その帰途、出雲国造の祖岐比佐都美が飾った青葉の山を見て、「出雲の石硐の曾宮に坐す葦原色許男大神をもち拝く祝の大廷か」と言った。そこで天皇は菟上王に神宮を造らせたという。『日本書紀』の記事と合わせ考えると、この段階で出雲大神の祭祀は再開されているが、それは「出雲の石硐の曾宮」であって、それでは不十分だというのが、この神の祟りの意味であろう。その結果、「神宮」が造営されることになるのである。つまり、出雲では、大和による軍事的征服のあと祭祀が途絶え、その後再開されるが、おそらくはささやかなものであったために神が祟りをなし、杵築の大社が造営されることとなったのである。この出雲大神が大国主神であることは、『古事記』に「葦原色許男大神」とあることで明らかである。

このように、大物主神と大国主神はともに大和政権に自らの国を奪われ、祭祀も断絶せしめられた神であって、それゆえに祟りをなす神でもあったのであるが、ここで注目すべきは、この二つの神に共通して国譲りの神話が伝わっていることである。『記紀』にみえる大国主神の国譲りは有名であるが、『日本書紀』神代・下の一書には、大己貴神つまり大国主神の国譲りのあとに、大物主神と事代主神が帰順したと記している。国譲りの神話が伝わるのがこの二例に限られるのは、大和政権による征服は神自らも認めたことであったと説いて、祟り神を慰撫する意図をもっていたからであると考える(3)。さらに、神武以下の初期天皇が婚姻で事代主神と関係が深いとしたのも、このような要請にもとづくことであろうと思うのである。

なお、大物主神と大国主神は、その共通する性格からやがて同一神格をもつように認識され、さらに大物主神に代表される大和土着の神々と大国主神に代表される出雲の神々が混同されたり、血縁関係をもつような認識へと発展していったらしい(4)。その結果はさまざまなところでみられるが、本稿に関することでいえば、最初にみた神武の后の出自の混乱などがその一例である。

四　大物主神と倭国魂神

ところで、大物主神が祭られていない間に大和政権が祭っていた神について、『日本書紀』は「是より先に、天照大神・倭大国魂、二の神を天皇の大殿の内に並祭る」と記している。天照大神はいわゆる皇祖神であるから理解できるとして、問題は倭大国魂である。ふつうこの神は、倭つまり大和の地主神とされている。そうすると大物主神とは別にまた倭大国魂神という神がいたことになる。しかし、大物主神は自ら「倭国の域の内に所居る神」と述べて、大和の地主神の性格を示しており、両神の関係は微妙となる。可能性としては、大物主神祭祀の断絶の間に台頭してきた神といえるかもしれないが、天皇の大殿の内に祭っていた点からみてそれなりの由緒がありそうにもみえる。

ここで注意したいのが、すでに触れたように、大物主神をその子孫の大田田根子に祭らせたときに、同じく倭大国魂神を市磯長尾市に祭らせていることである。このときの大物主神のケースと同様に考えれば、倭大国魂神は本来長尾市の祖先が祭っていた神で、このときに祭祀がもとに復されたとみてよさそうに思う。

この点をとらえて興味ある説を展開したのが西山徳氏である。(5) 西山氏は、長尾市が倭直の祖であり、さらに神武の一行と速吸門で出会い、その先導者となり、倭国造に任命された椎根津彦の後であることを指摘し、さらに速吸門を明石海峡に比定して倭直を「大阪湾北岸に勢力を張り、西は明石の瀬戸を押へる有力な海部の首長」であったという田中卓氏の説を発展させ、『延喜式』にみえる淡路国三原郡の「大和大国魂神」、阿波国美馬郡の「倭大国玉神大国敷神社」に着目して、

椎根津彦は、大阪湾の北岸から明石海峡にいたる間を支配したのみでなく、淡路国及び讃岐・伊予を経て阿波国の一部をも含む広い範囲の「大倭国」を領有した豪族であつたと考へるべきであらう。

というのである。これは卓見というべきであるが、ここで西山氏が、椎根津彦の領有した「大倭国」にのちの大和をも含ませ、長髄彦のためにその国を奪われていたのを神武に協力することで大倭に入り、大倭国造の地位についたと推測したのにはしたがえない。それでは、やはり大物主神との関係が説明できないからである。

私は、倭大国魂神の名称で根幹となるのは国魂神であると考える。したがって、倭大国魂神とは、倭の大国魂神と解されるが、かならずしも倭と不可分のものではなく、国魂神が倭に祭られたので倭大国魂神と呼ばれるようになったとみるのである。このように、国魂神に着目すると、注目されるのが、椎根津彦の支配地域と推定される地域に、河内国魂神社（摂津・菟原郡）と難波の生国咲国魂神社という国魂神を祭る神社が鎮座していることである。大胆な想像ではあるが、私はこれらの国魂神と倭の大国魂神は本来同一の神で、もともと大阪湾岸でそれを祭っていたのが椎根津彦で表される豪族であったと思うのである。神武伝説が述べるように、椎根津彦は神武に服属するが、その際、彼らが祭っていた国魂神が神武らによって祭られるようになったのではないか。祭祀権の剝奪である。その神は王の近くで祭られ、一行の軍旅とともに移動したであろう。そして大和を平定したあとは大殿

の内で祭られ続けたのである。大殿の内に祭っていたのは、その祭祀を一時大和政権が奪っていたことを示している。時あたかも大和の地主神であった大物主神の祭祀は断絶しており、国魂神が倭大国魂神として扱われることとなったのである。

倭大国魂神の場合は、大物主神とは違って被征服者の神というよりは服属者の神であるが、服属とともに祭祀権を大和政権に奪われていたのが、崇神朝になってそれまでの形態に復帰したということになる。これらを通覧するに、崇神朝には大和政権は宗教政策の面で、先住者に対してかなり融和的な政策に転換していることがわかる。神武による大和征服から十代、約百年は経過したであろう後に、大和政権は大きな節目を迎えたわけであるが、その全体像については後日説く機会を持ちたいと思う。

おわりに

以上、憶測に終始しつつ三輪山の神について考えてきた。そこで提示したのは次の事柄である。まず、大和政権以前、三輪山周辺では蛇神の信仰が広がっていたが、のちに大和政権を形成する勢力が大和盆地に侵入してその祭祀は断絶し、祭祀をおこなっていたと思われる一族は西へと逃れた。やがて崇神朝になって疫病流行などがあり、三輪山の神の祟りと判定された。そこで倭迹迹日百襲姫によって祭祀が再開されたが、効果が表れず失敗した。それを反映したのが、神の怒りで姫が死ぬという箸墓伝説である。次いで神の子孫とされる大田田根子が登用されて祭祀をおこなうこととなった。このような事態を背景にして、三輪山の大物主神や葛城の事代主神など、大和政権に征服された神々が高天原の神に国を譲ったという神話が形成され、大和政権による征服と支配が正当化されるようになった。このプロセスは同じく被征服者の神で朝廷に祟りをなした出雲の大国主神の扱いと同じであって、やがて大物主神と大国主神は同一の神であるという理解が生まれ、大和土着の神々と出雲の神々の習合現象が起こることとなる。なお、神武の后を事代主神の娘だとする伝えも、大和土着の神々を慰撫するなかから形成されたものである。さらに、大物主神と同時期に長尾市に祭祀が委ねられた倭大国魂神とは、もともと難波地方で長尾市の祖先が祀っていた神で、河内や難波の国魂神と同一と思われ、長尾市の祖先、椎根津彦が神武つまりのちの大和王権に服属したときに祭祀権を奪われていたが、崇神朝になって祭祀権が返還されたのである。

いずれも憶測に満ちた試案であって、先学の研究に十分目が届かず、また消化していない点も多々あろう。あるいはすでに周知のことであったり、克服されている事柄を述べているだけなのかもしれない。したがって、本稿での考察を一笑に付してしまうのはたやすい。だが、それにもかかわらず、最後に強調しておきたいのは、三輪山の祭祀の推移は、大和政権を大和外部からの侵略者、征服者とみてはじめて整合的に理解できるということである。大和政権を征服者とみる文献上の状況証拠はすでにそろっている。発想を転換して『記紀』を見つめれば、初期大和王権の歴史をビビッドに描くことはさほど困難ではない。初期大和王権形成の舞台でもある大和の地を歩きながら、私はつねにそのようなことを考えつづけていた。

註

（1）山辺郡の三島は、現在の天理教本部のあるあたりの地名で、養和元年（一一八一）七月の「大和国諸庄米送状」に「山辺郡比（北）郷三島庄」とみえる（『奈良県の地名』平凡社、一九八一年）。古代まで遡るとは断定できないのが難点ではある。
（2）榎村寛之「トヨタマビメ神話に見られる『ワニ』について」（『祭祀研究』三、二〇〇三年）。
（3）祈年祭の起源も祟り神である葛城の御歳神を慰撫する点にあったことは、拙稿「御歳神と祈年祭」（『古代史の海』三四、二〇〇三年）で推測した。
（4）註（3）拙稿。
（5）西山徳「大和神社の創祀と大倭国造」（同『日本思想の源流と展開』皇學館大学出版部、二〇〇二年）。
（6）田中卓「神武天皇の御東征と大倭国造」（『日本国家の成立と諸氏族』田中卓著作集2、国書刊行会、一九八六年）。

王名と伝領

告井幸男

一　王名

まずは確実なところから話を進めていこう。稲荷山鉄剣銘文や江田船山古墳出土太刀銘文に見える「ワカタケル大王」は、雄略天皇のことであるというのが定説である。雄略は『古事記』に「大長谷若建」、『日本書紀』には「大泊瀬幼武」とあるが(1)、鉄剣銘文の出土・解読により、「若建」「幼武」が「ワカタケル」と読むことが明らかになった。「ヤマトタケル」(日本武・倭建)などの例からしても予想されたところではあったが、「ワカタケ」とする説も無きにしも非ずであったので、この点が確定したことは意味があろう。

さて、さらに雄略は中国史料に見えるいわゆる倭の五王のうちの「武」であることも、また定説となっている。「大泊瀬幼武」のうち、「大」は美称、「泊瀬」は地名、さらに言えば彼が宮居としたところ、そして「幼武」がいわば諱であり、諱は若々しく猛々しいという意味になろう。これらを考え合わせれば、中国史料の倭の五王の名というのは、倭王の諱の一部を(音ではなく)意味的に訳したものであると考えられる。そう考えると、これまでの通説において、倭王珍と反正の対応について述べられてきたことは、首肯しうるものである。反正は『古事記』に「蝮之水歯別」、『日本書紀』に「多遅比瑞歯別」とあるが、このうち「タヂヒ」は彼の宮居である丹比柴籬宮に由来し、「ミズハワケ」が諱である。「ワケ」は称号であるから、諱は即位前紀に「生而歯如一骨。容姿美麗」とある通りの意味であろう。「珍」はその意を表しているとする通説は首肯しうるものと考える。

次に済と興について考えたい。この二人もほぼ説が確定しているとしてよいだろう。済は允恭のことと考えられている。允恭は『古事記』に「男浅津間若子宿禰」、『日本書紀』に「雄朝津間稚子宿禰」と見える。このうち「オ」は美称、「アサヅマ」は地名、「ワクゴ」「スクネ」はともに年少者の意である。つまり彼は雄略の「ワカタケル」、反正の「ミズハワケ」に当たるような諱が伝わっていない。それゆえに「済」がいかなる倭語に対応しているのかは不明である。これまで「アサヅマ」の「サ」の音であるとか、「朝津間」の「津」の意味であるとかが、その由来するところとして説かれてきたが、いずれも根拠は弱いと思う。系図対応その他から考えて允恭であることは間違いないだろうが、[2]「済」の由来するところは現段階では不明とせざるを得ない。古代倭人の名で「済」に通ずるものがあれば、それが允恭の諱を構成する部分である可能性もあるので、広くご教示を賜わりたい。

興についても安康ということで、ほぼ学説的に一致しているとしてよいだろう。安康は『記紀』とともに「穴穂」とするが、これが彼の宮居した地名であることは言うまでもない。彼もまた允恭と同様、諱が伝わっていないのである。「興」に対応する倭語であったろうことを推測しうるのみである。「オコシ」などが候補になろうか。

以上見てきたように、天皇の名というものは地名プラス諱が完全に伝わる場合と、諱は伝わらず居した地名のみが伝わる場合がある。これは後世に至っても、天皇を某宮（治天下）大王と記すことがあるように、一般には諱よりも宮居名のほうが伝わりやすかったことから考えても自然なことである。貴人に対して諱でなく、その居所によって呼ぶことは古今東西に例が多い。そのように考えた場合、清寧天皇については『記紀』以来の伝承を見直さなければならないであろう。清寧は「シラカ」という名が伝わり、『記紀』ともに「白髪」の字を当て、生まれつきの白髪であったとする。しかしこれまで述べてきたことから考えれば、「シラカ」は地名とすべきである。彼の宮居は磐余甕栗宮であるが、『帝王編年記』はその場所について「大和国十市郡白香谷」とする。後世「白河」と記されるが、朝倉に近接し初瀬に含まれる地域である。したがって清寧も宮居地名のみが伝わり、諱は伝わらなかったとすべきである。

言うまでもないことだが、かような様相は他の皇子にも当てはまる。仁徳の皇子、大草香皇子（大日下王）は河内の草香に宮居があった。諱は「ハタビ」という名が伝わっている。允恭の子には境黒彦皇子、八釣白彦皇子がいるが、境・八釣は地名で、黒彦・白彦が諱であろう。

さて残るは讃であるが、応神・仁徳・履中がその候補とされている。まず履中について考えてみよう。履中は「オホエノイザホワケ」である。タヂヒノミズハワケ、オホハツセワカタケルと同様に考えれば、「オホエ」が地名、「イザホワケ」が諱であることは明らかであろう。しかし、この「オホエ」については、昔から「大兄」の意であるとの説があり、最近も大平聡氏が自説を開陳された(3)。大平氏は履中が磐余稚桜宮に即位したことを以て、「オホエ」が地名でない根拠とする。確かに他の天皇の場合、皇居がその名の一部となっていることが多い。しかし果たして天皇名の一部を構成する地名は、皇居ゆえに採られているのであろうか。私はそうは考えない。これは他の皇族を見てみれば明らかなことであるが、たとえば履中の弟の住吉仲皇子は住吉宮に即位して天皇になったわけでもないが、かような名前であるのは、彼の宮が住吉にあり（『古事記』仁徳段「又難波の堀江を掘りて海に通し、又小橋江を掘り、又墨江之津を定めたまひき」）、そして次男であったからであろう。大平氏も言われる如く、「オホエ」は難波付近の地名であったと考えられるが、これは父仁徳が難波宮で治天下したこと、弟の反正の宮が丹比にあったこと（仁徳十四年是歳条「作大道置於京中。自南門直指之至丹比邑」）などから考えて、履中の皇子時代の宮があった所として自然である。皇子時代の宮と即位後の宮が異なることは、それほど異とするには足らないことであると思うが、履中の場合はその説明もできる。すなわち、履中は即位間際に住吉仲皇子の叛乱に遭うが、その『日本書紀』の記事に「仲皇子畏有事将殺太子。密興兵囲太子宮」とある。そして側近に担ぎ出されて危うく難を逃れた履中について「太子到河内国埴生坂而醒之。顧望難波」と記しており、仲皇子が襲った「太子宮」は難波にあったことが明らかである。『古事記』に「本、難波宮に坐しし時」とする。これが大江宮と考えて間違いない。そして先の文に続けて「則急馳之。自大坂向倭。至于飛鳥山」とあり、さらに石上振神宮に陣して乱平定の後、磐余において即位したのである。したがって想像を逞しくすれば、仲皇子の乱がなければ大江宮に即位し、名との間に齟齬がなかったと推測できるだろう。允恭の場合も「アサヅマ」と飛鳥宮は一致しないが、彼も即位がスムーズにはいかなかったことと関係があるのかもしれない。あるいは彼が渡来人の多い朝妻にいたことは、病疾治療のためだったかもしれない。

大平氏は磐坂市辺押羽皇子の事例を考証され、皇族の名前は単なる誕育地ではなく活動の拠点とした地名を負うとされる。すなわち磐坂よりも市辺のほうが、この皇子にとっては重要であったとされる。しかし、稲荷山鉄剣銘の「斯鬼宮」と泊瀬朝倉宮との関係を述べるときにしばしば引かれる例であるが、「師木登美豊朝倉曙立王」の地名部分は、磯城・登美・朝倉と大地名から小地名へと並んでいる。「磐坂市辺」も同様で、市辺は磐坂の小地名と見るべきで二つを別個のものとするのは正しくない。磐坂の市辺に坐した押羽皇子ということである。

彼の子供である顕宗・仁賢については、弘計・億計という諱に加えて「更名」として、それぞれ来目稚子・嶋稚子という別名が伝わっている。久米・島が地名であることは言うまでもなかろう。そしてこれらは両者の宮都（飛鳥八釣宮・石上広高宮）とは別であり、おそらく誕育の地であったと考えられる。周知のように彼らは父（押羽）皇子が雄略に殺害された際に倭を離れ、播磨明石の縮見屯倉首である忍海部（飯豊皇女の名代）造細目に匿われていたから、誕育地と帰倭後の宮居が異なるのは異とするに足らない。

大平氏の論拠はまだまだあるが、少なくとも以上の点からのみしても、私は履中の「オホエ」は地名とすべきであると考える。

次に仁徳について考えたいが、まず最初に彼の兄弟についてみておきたい。最もわかりやすいのは弟の菟道稚郎子である。この名が宇治に坐す年少者の意であることは論を俟たない。次に額田大中彦も同様の構成で、額田に坐す次子のことである。他にも地名に由来する名の皇子女はいるが、明らかにそれらとは違う一群がいる。隼総別・女鳥、そして大鷦鷯すなわち仁徳である。

古代人名には、静物や動植物などから採られるものがあることも、さして珍しくはない。しかしこの前後の皇統譜の中で、これら鳥名を負っている一群の名は、明らかに異質である。そして隼と雀が雌鳥を奪い合うというのは、いかにも造作性の高いものと言わざるを得ない。

仁徳の伝わっている名は「オホササキ」であるが、仁徳といえば想起せざるを得ないのが、その巨大な陵、すなわち「ミササギ」である。天皇に対する呼び名は、宮居を冠したり、身体的特徴、長幼の順、あるいは治世の特色に関するものなどさまざまであるが、巨大な陵というのも仁徳の個性を示すものとして十分にあり得るであろう。むしろ仁徳という天皇を表すものとして、聖代と並んで大陵というのはきわめて自然であると思う。私は「オホササキ」というのは、巨大な土木工事を伴って人々に記憶された彼の陵に由来する呼び名であると考える。ここで対照すべきは先に述べた清寧である。本来は地名である「シラカ」が「シラガ」に読み替えられ、白髪天皇という説話が作られた。仁徳についても記紀説話伝承者たちは、「オホササキ」に「大雀」「大鷦鷯」という字を当て、そして隼や雌鳥の登場する物語を作りあげたのであろう(4)。

次に応神である。彼の名は「ホムタワケ」という名が伝えられている。「ホムタ」というのは身体的特徴とも考えられるが、別の可能性もある。彼は高城入姫（額田大中彦・大山守らの母）・仲姫（仁徳の母）・弟姫という姉妹を娶っているが、彼女らの父親が「ホムタノマワカ」である。したがって「ホムタ」というのは、この舅から受け継いだもので、地名とも考えられる。その場合、彼の諱・幼名は不明となるが、『記紀』によれば元の名は「イザサワケ」であったとも伝えられている。

以上見てきたように、仁徳は諱は不明、履中はイザホワケ、応神はイザサワケであろうと一応推定できる。浅学のため履中や応神の諱がどのような意味なのか、倭王名「讃」に通ずるものなのか、筆者には判断できない。あるいは今は伝わらない仁徳の諱が、「讃」の意に類するものであったのか。後考を俟ちたい。

以上、行論中に述べてきた皇族名の構造に関する特徴は、履中の世代以降の皇統譜に現れる人名については、ほぼ当てはまると考えてよい。ただし安閑以降は和田萃氏が明らかにされたように[5]、殯の際に誄の中で奉られる和風諡号の要素があるので、地名の他にそれも諱とは区別しなければならない。順に見ていこう。

安閑は「勾大兄広国押武金日」というが、「広国押武金日」は和風諡号、「勾大兄」が名である。これは言うまでもなく勾金橋宮に由来するもので、諱は不明である。宣化も「武小広国押盾」という和風諡号と「檜前高田」という名が伝わっているが、後者は檜隈廬入野宮によるもので、檜隈も高田も地名であろう。欽明は「天国排開広庭」という和風諡号で、これも諱は不明。ただし広国に対して小広国、また三人共に「クニオシ」が共通しているのは、あるいは諱を反映しているのであろうか。

敏達は「訳語田渟中倉太珠敷」で「訳語田」は宮居、「渟中倉太珠敷」が和風諡号である。ただし早逝した同母兄「箭田珠勝大兄」は「箭田」が地名で「珠勝」は諱であろうから、あるいは「珠敷」は諱であろうか。しかし「珠勝」が諡の可能性もある。安閑・宣化と同様、諱を反映した諡か。用明は諡号「橘豊日」、諱不明。崇峻はその異常な死により諡号はなく、諱が「泊瀬部」。これはすでに言われているように扶養氏族、具体的には乳母の姓であろう。次の推古は諱「額田部」、これも乳母の姓であろう。和風諡号は「豊御食炊屋姫」。

舒明の諱は田村。これも扶養氏族と関連があると思われるが、さらに母の糠手姫皇女が「更の名、田村皇女」とあることから（敏達天皇四年正月）、それはつまるところ母親以来の扶養氏族ないし養育地であったのだろう。皇極は宝という諱だが、反正皇女に財皇女がおり、あまり著名な氏族ではないが、古くからの王家扶養氏族の一つであろう。孝徳の諱の軽は、これ以前、允恭皇子に著名な人物がおり、またこの後文武も同じ諱であり、継続して王家扶養に関わっていた氏族ないし地域と考えられる。言うまでもなく倭の軽の地に所在したのであろう。以下、葛城（天智）、伊賀・大友（弘文）、海（天武）、鸕野（持統）その他の諸皇子女も同様であろう。

かように時代を異にして見える同名の王族は、とくにそれが地名の場合は、その地（にあった宮、王家領）に関する権益を相続的に有していたと考えてよいのではないだろうか。ワカヌケ（成務皇子・応神皇子）、ヤタ（応神皇女・欽明皇子）、春日（雄略皇女〈仁賢后〉・仁賢皇女〈安閑后〉など）、アサヅマ（允恭・仁賢皇女）、ウヂ（応神皇子・敏達皇女）などが例としてあげられるが、次節においてもう少し詳しく見たい。

二　伝領

1　茅渟

三輪伝説で有名な大田田根子は、崇神天皇七年八月己酉条に茅渟県陶邑の人とし、その祖大物主大神が、陶津耳の女の活玉依媛を娶って生まれた子孫とする。『古事記』によれば、陶津耳―活玉依媛―櫛御方―飯肩巣見―建甕槌―オホタタネコ、となる。櫛御方は『新撰姓氏録』石辺公（左京・山城神別）に久斯比賀多、狛人野（山城神別）に櫛日方、他諸系図類には天日方奇日方などの表記も見え、別名を武茅渟祇とする。飯肩巣見は他史料には、建飯勝・建飯賀田須・多祁伊比賀都・伊比加多須・飯片隅とある。

前者はクシ・アマなどの美称を除けば、ミカタないしヒカタが名となろう。音韻変化を考慮すれば、本来はビカタであったかもしれない。後者についても、飯の字はオホソビ（大背飯）の例からも明らかなように、本来「ビ」であろうから、飯肩・飯賀田・飯片はいずれもビカタとなる。イヒカタとするのは後に飯の字を誤読したものであろう。また伊比賀都は本来イヒカタと読んだはずである。都の字をタと読む例は、凡牟都和気（ホムタワケ＝応神）などがある。のちにイヒカツと読んだため、飯勝の表記が生じたと考えられる。(6) すなわち彼の名はビカタであり、父子同名となる。つまりこれは個人名というよりは、代々の称とすべきであろう。したがって巣見・須・隅はワケやヒコ・ミミと同様の号であり、本来はツミであったかもしれない。(7) 武茅渟祇などの祇である。ゆえに建甕槌も、タケミカタツミ→タケミカツツミ→タケミカツミ→タケミカツチの如き変化を被ったものであって、その名は祖父や父と同じになろう。(8)

前述の如く、大田田根子は茅渟県陶邑の人であるから、陶津耳というのは陶の豪族であることは間違いなく、その女の所生である櫛御方が武茅渟祇とも伝えられるのも、櫛御方が母を通じて、陶を中心とする茅渟における外祖父の権益を継いだゆえであろう。耳・祇（積）は彦と同様の称号で、つまりスエツミミとは陶の豪族の意、チヌツミとは茅渟の豪族の意であるから、すなわちオホモノヌシの舅は河内（のち和泉）の茅渟県陶邑の豪族で、その女の子孫は以後代々オホタタネコに至るまで、この地に居住していたのである。

　さて、奇日方の女の渟名底仲媛は、安寧皇后となり懿徳を産んだ。『古事記』によれば懿徳の子に多（当）芸志比古がいて（『日本書紀』は武石彦奇友背とする）、血沼之別の祖とある。これに従えば茅渟の地は陶津耳から女を経由して外孫奇日方（武茅渟祇）へ、さらにその女を経て外曾孫タギシヒコへと伝わったことになる。なお『旧事本紀』天皇本紀は懿徳皇子に武石彦奇友背を記すほかに、安寧皇子に手研彦奇友背を挙げ「父努別等祖」とする。同書地神本紀にも「天日方奇日方の児建飯勝命、妹渟中底姫命。この命は片塩浮穴宮御宇天皇立てて皇后と為し給ひ、四児を誕生し給ふ。即ち大日本根子彦耜友天皇、次に常津彦命、次に礒城津彦命、次に（手）研簀彦奇友背命なり」として、タギシ（ス）ヒコを安寧皇子とする。[9] これによればタギシヒコはヌナソヒメの子、つまり奇日方（武茅渟祇）の外孫となり、奇日方と同様外祖父の権益を継承したこととなろう（あるいは奇の称も）。友背と耜友（懿徳）も兄弟の名として相応しく、外曾孫とする『記紀』説よりも、この場合は『旧事紀』説のほうが良さそうである。

　『日本書紀』垂仁天皇三十五年九月条に「五十瓊敷命を河内国に遣して、高石池・茅渟池を作らしむ」、同三十九年十月条に「五十瓊敷命、茅渟菟砥川上宮に居りて」とある。高石は陶と同じく大鳥郡であるが、この記事からも茅渟と無関係ではないことがわかる。タギシヒコのタギシとは、この高石のことではなかろうか。カとキの音通はキタシとカタシ（堅塩）の例にも見られる。なおタギシの名は、さらに神武皇子の手研耳まで遡らんか。茅渟は地名起源説話が神武段にも見えるが如く、倭朝廷とは草創期から関わりのあるところだったのだろう。『古事記』によれば手研耳は父帝崩後、皇后イスケヨリヒメを娶るが(10)、彼女は三輪大物主神が三島溝杭の女に通じて生まれた女である。前述の如く大物主はスエツミミの婿となり、その子孫が三輪氏本宗となるわけだが、タギシミミも茅渟となんらかの関係を有していたのだろう。

茅渟には茅渟積、茅渟別の後、茅渟県主という豪族が見える。茅渟（珍）県主は『姓氏録』に皇別（崇神皇子豊城入彦裔）として見える。茅渟祇から茅渟別への変遷を鮮やかに描かれた太田亮氏は(11)、茅渟県主についても茅渟別と「女系の関係するところ」があって、領主交替が起こったのだろうとされる。そうかもしれないが、しかし必ずしもかような想定は必要なかろう。県は国造の国に比べて、朝廷の直轄性が強い。系統などとは無関係に朝廷のリーダーシップによって行われた可能性もあろう(12)。実際、茅渟県主の初見である雄略天皇十四年四月甲午朔条では、根使主滅亡後「二分子孫、一分為大草香部民以封皇后、一分賜茅渟県主為負嚢者」という処分が行われている。

以後茅渟宮は、允恭天皇八年二月条、皇后の嫉妬を避けんがため、藤原に居る衣通郎姫を別所に移さんと「天皇則ち更に宮室を河内茅渟に興し造りて、衣通郎姫を居ましむ。此に因り以て屢々日根野に遊猟す」とあり、九年二月「幸茅渟宮」、九年八月・十月、十年正月に「幸茅渟」、十一年三月に「幸於茅渟宮」と見える。『日本書紀』持統天皇三年（六八九）八月丙申（十六日）条には、「摂津国武庫海一千歩内・紀伊国阿提郡那耆野二万頃・伊賀国伊賀郡身野二万頃に於いて漁猟を禁断し、守護人を置く。河内国大鳥郡高脚海に准ふ」とあり、高脚（高石）が古くから禁海であったことがわかる。『続日本紀』霊亀二年（七一六）三月癸夘（二十七日）条には、「河内国和泉日根両郡を割きて、珍努宮に供せしむ」と見える。允恭朝以降、宮についての記録は途絶えるが、けっして宮そのものが廃絶したわけではなく、どの程度かは別にして維持・管理はされており、必要が生じればかように時に応じて利用されたのである。押坂彦人大兄の子で皇極や孝徳の父である茅渟王も、あるいは当地に由来するか。霊亀二年（七一六）四月甲子（十九日）条に「大鳥・和泉・日根三郡を割きて、始めて和泉監を置く」とあり、養老元年（七一七）十一月丁巳（二十一日）条に「車駕、和泉離宮に幸す」とあるに至る。元正は退位後も天平十六年（七四四）七月癸亥（二日）条に「太上天皇幸智努離宮」、十月庚子（十一日）条に「太上天皇行幸珍努及竹原井離宮」と見える。[13]

茅渟県主は後代まで見え、天平九年和泉監正税帳に「少領外従七位下珍県主倭麻呂、主張無位珍県主深麻呂」、前者は『日本霊異記』中巻第二に「禅師信厳は和泉国和泉郡大領血沼県主倭麻呂なり。聖武天皇の御代の人なり」、天応元年（七八一）三月戊辰（九日）条に「正六位下珍努県主諸上（中略）並授外従五位下」、六月己酉（二十二日）「授外従五位下珍努県主諸上外従五位上」、元慶五年（八八一）四月二十八日「大初位下珍努県主三津雄為三河史生」（同坐左降）などとある。中世以降に見える姓を記さない珍氏も後裔であろう。

2　丹波・山城、茅渟

『記紀』は時に短くない系譜記事を記すことがあるが、開化天皇皇子の箇所もその一つである。開化には丹波の大県主の由碁理の女竹野媛との間にヒコユムスミ（ヒコヨモス）が、和邇氏のオケツヒメとの間にヒコイマスが生まれた。そして前者には大筒木垂根・讃岐垂根が、後者には丹波道主・山城之大筒木真若他多数の子女が生まれた。

ヒコユムスミの外祖父由碁理を、太田亮氏は前述タギシヒコの後裔とされる。『古事記』にタギシヒコが血沼之別の他、多遅麻之竹別（但馬竹野別）の祖とあり、竹野媛の丹波（丹後）竹野と但馬竹野を一体のものとされるからである。一方、ヒコイマスは『古事記』に玖賀耳之御笠を討伐したことを載せるが、これは丹波桑田郡の玖賀の豪族であること疑いない（仁徳天皇十六年七月戊寅朔条に「桑田玖賀媛」）。そしてヒコイマスには丹波道主という子がいた。その名の示す如く、丹波の大領主であっただろう。垂仁妃となった彼の女のなかに竹野媛がいる。すなわちヒコユムスミ・ヒコイマス双方の子孫に、丹波に関係の深い者が見られる。

翻って由碁理も丹波の大県主であるが、このあと同県主は見えない。丹波道主の領有に帰したとすべきであろう。であるならば丹波道主は和邇氏所生のヒコイマスよりは、丹波の豪族所生のヒコユムスミの子とするほうが、自然ではなかろうか。垂仁天皇五年十月己卯朔条に「道主王は稚日本根子太日日天皇の孫、彦坐王の子なり。一に云はく、彦湯産隅王の子なり」とあるのも、故無しではない。さらに考えてみるに、ヒコユムスミの子には大筒木垂根、ヒコイマスの子には山城之大筒木真若がいるが、両者ともに要するに山城綴喜の豪族の意である。同一と考えるのも難くはない。結局、ヒコイマスの子とされる者、ヒコユムスミの子とされる者は、お互いの子であるのではないのか。結論から言えば、ヒコユムスミとヒコイマスは同一人物ではないのか。イマスとユムス（ヨモス）は非常に音が近い。ヤ行はとくに通音表記が起こりやすく、トヨミケカシキヤヒメが『元興寺縁起』に等「已」弥居加斯夜比「弥」・止与弥挙哥斯岐「移」比弥、天寿国繍帳に等「已」弥居加斯支「移」比弥などと記されるが如く、あるいは欽明天皇六年九月・十四年八月丁酉・十五年十二月条にミヤケを「弥移居」、継体天皇七年六月に穂積押山の名を「意斯移麻」とする、などの例がある。(14)

丹波道主は丹波県主女所生のヒコユムスミの子とすべきであることを述べた。では大筒木（マワカ・タリネ）はどうか。タリネの母は所伝がない。マワカはヒコイマスがその母オケツヒメの妹（つまりオバ）ヲケツヒメを娶って生まれたとする。しかし今やヒコイマス＝ヒコユムスミの母親は和邇氏ではないことがわかった。また綴喜の領主が和邇氏の女所生というのも落ち着かない。そこでヒコイマスの妃を見てみると、山代之荏名津媛（苅幡戸弁）のいることが知られる。綺田（蟹幡）の属する相楽郡は綴喜郡と隣接している。彼女の所生として『古事記』は大俣・小俣・志夫美宿禰を挙げるが、おそらく大筒木もこの所生ではないだろうか。

以上まとめると、開化の皇子ヒコイマスとヒコユムスミは同一人物で、丹波県主の所生。その子に丹波道主王・山代大筒木王他多数がおり、大筒木は南山城の豪族所生。すなわち和邇氏所生の皇子がいて、その皇子がオバを娶ったというのは仮冒である。この仮冒は大筒木の子孫が神功皇后であることが関係しているのかもしれない。

ちなみに垂仁皇后となった丹波道主長女日葉酢媛命が産んだ三男二女の第一が、前項で述べた、高石池・茅渟池を作り茅渟菟砥川上宮に坐した、五十瓊敷入彦である。

おわりに

王家内における伝領については、古くは薗田香融氏の優れた論考があり、また近年においても鷺森浩幸氏が精力的に研究を進められた[15]。それらに比して本稿はあまりにも雑駁なものであるが、さらに広く深く考察を進めていきたい。

註

(1) 以下、『日本書紀』は出典名を記さないこともある。
(2) 允恭の行った氏姓政策である盟神探湯は、前王珍が倭隋等十三人を平西・征虜・冠軍・輔国将軍号への、除正を求めて許されたことに連関する政策であろう。済の時にも、二十三人が軍郡に除せられている。
(3) 大平聡「「オホエノイザホワケ」論」(笹山晴生編『日本律令制の構造』吉川弘文館、二〇〇三年)。
(4) 隼総別は中世に至って、継体の祖として皇統譜中に位置づけられる。彼が伊勢神宮へ逃げたことによろう。
(5) 和田萃「殯の基礎的考察」(『史林』五二―五、一九六九年。同『日本古代の儀礼と祭祀・信仰』上〈塙書房、一九九五年〉所収)。
(6) 都の字はツ・タの他に、もちろんトと読まれることもある。クシミカタを櫛甕戸と記す史料もある。孝元皇子の彦太忍信(ヒコフトオシノマコト)は、『古事記』には「比古布都押之信」とする。物部懐は布都久留とも記される。
(7) 陶津耳を『旧事本紀』地神本紀には、「大陶祇」とも記す。
(8) これら歴代に重複があろうことは、配偶者に日向賀牟度美良姫、鴨部(都)美良姫、神門臣女美気姫、要するに「カムドミラ(ケ)」なる名が重出することからも窺える。

(9)『古事記』神武段に当芸志美美・岐須美美兄弟を記すように、シとスは音通。

(10) タギシミミとイスケヨリヒメは、いわゆる父子逆縁婚。開化天皇も「庶母イカガシコメ」(『古事記』)との間に崇神をもうけている(イカガシコメは開化の父孝元の妃で、彦太忍信の母。なお開化の母ウツシコメはイカガシコメのオバであるから、開化とイカガシコメはイトコ)。また『上宮記』などによれば、用明天皇皇子多米王(多目皇子。母は蘇我キタシヒメ)は父帝没後その皇后アナホベ(厩戸等の母)を娶って、サホ女王が生まれている。なお一般に逆縁婚(レヴィレート)とは、弟が兄没後兄嫁と婚すること。逆はソロレート(順縁婚)。また妹が姉の夫と、およびその逆、あるいは兄弟ないし姉妹の生前の場合もある。一夫多妻制・一妻多夫制、幽霊婚などとの関連も含めて、文化人類学の研究に詳しい。小説にも多い。島田一男『上を見るな』(講談社、一九五五年)など。

(11)『姓氏家系大辞典』(姓氏家系大辞典刊行会、一九三四年)。以下、太田氏の所説はこれによるが、その大体はすでに同氏『日本国史資料叢書』(磯部甲陽堂、一九二三~二七年)において示されている。近年の茅渟についての研究として、吉田靖雄「茅渟県に関する小考」(『続日本紀研究』三三五、二〇〇一年)。

(12) 敢えて求めれば、豊城入彦の母親は紀伊国造家の出身で、和泉の地(とくに日根)は紀氏とは関係が深い。

(13) のちの例だが、『三代実録』貞観三年(八六一)六月七日条に「山城国奏言す。河陽離宮、久しく行幸せず。稍破壊を致す。請ふらくは国司の行政処と為さん。但し旧宮名は廃さず。行幸の日、将に掃除を加へんと。之を許す」とあり、諸宮は廃されず諸所に残っていたであろうことが窺える。

(14) 稲荷山鉄剣銘に豊韓別を弖已加利獲居とするのも同類。

(15) 薗田香融「皇祖大兄御名入部について——大化前代における皇室私有民の存在形態——」(『日本書紀研究』三、一九六八年。同『日本古代財政史の研究』塙書房、一九八一年)、鷺森浩幸『日本古代の王家・寺院と所領』(塙書房、二〇〇一年)。

(補) 投稿後、直木孝次郎「履仲天皇と大兄制」(同『古代河内政権の研究』塙書房、二〇〇五年)が発表された。参照を請う。

中臣氏と大和

鷺森浩幸

はじめに

中臣氏は祭祀の領域を職掌とする、大夫クラスの有力な連姓豪族として著名な存在であり、研究もきわめて多い。氏族研究ではしばしばそうであるように、中臣氏の場合も、どこに居住するか、あるいは本拠地はどこかという問題は研究上の大きな焦点となっている。

延喜六年（九〇六）六月八日の日付を持つ延喜本系解状（『中臣氏系図』所引、『群書類従』六二）の記載により、中臣氏は欽明期、つまり、六世紀なかばに中臣連の氏姓を与えられたとされている。『日本書紀』でもこの時期ころから中臣氏の活動が明確になり、大和王権の有力な豪族の地位を獲得したのが遅くともこの時期であることはまちがいない。この時期以前の中臣氏がいかなる者で、どのような状況にあったのかという問題と深く関わりながら、その居住地に対する考察が試みられてきた。

中臣氏の本拠地あるいは出身については、豊前、常陸、河内、大和などに求める見解があるが、[1]豊前や常陸は大夫クラスの豪族の本拠地としては考えにくいところである。大和説は岩井隆次の見解が[2]主要なものである。岩井は中臣寺に関する福山敏男の見解[3]を継承し、中臣寺を御霊八幡社付近の寺院跡に比定し、中臣氏の本拠地をそれに近接する現在の天理市中之庄付近とする。さらに大和における中臣氏については、池田源太・井上辰雄の研究[4]がある。ただし、両者とも、中臣氏の本来的な出身を問題とはしていないようである。

現在、中臣氏の本来的な出身地を河内とする見解が有力である。前之園亮一[5]は、(1)中臣氏の分布が河内に集中していること、(2)初期の中臣黒田・常磐が河内の豪族と婚姻関係にあること、(3)河内に本拠を持つと考えられる物部氏と親密な関係にあることから、中臣氏の本拠地を河内の枚岡社の周辺に求め、継体の大和入りにともなって大和へ進出したと推測している。さらに、中村英重[6]が前之園の見解を継承し、(1)氏神社は本拠地や出身地に創設されるのが一般的であること、(2)中臣寿詞に、二上山を聖山、天界との通路とする信仰・伝承がみられること、などを指摘している。

本来的に中臣氏がどこの出身であったかについて明らかにすることは本稿の目的ではないので、ここでとどめておくが、本拠地を河内と考える論者はもとより、一般的に河内やその周辺における中臣氏の分布が注目されているように思われる。出身を常陸と考える前川明久[7]は、後次的に畿内に移住し、畿内における本拠とした地域を枚岡社周辺の河内国河内郡とする。さらに、前之園や中村は主として『新撰姓氏録』によりながら[8]、河内における分布に着目して考察を進める。中臣氏の居住が大和においても多く見られるのは事実であり、中臣氏の研究のなかで、この点が看過されているようにも思える。

本稿はこのような大和における中臣氏の居住について、中臣氏が管理したひとつの祭祀を素材に、いくつかの点を考察し、さらに研究を深めようとするものである。

一　相嘗祭とその対象社

中臣氏が管掌した祭祀のひとつに、外国使節に対する神酒の支給儀礼がある。『延喜式』玄蕃寮には次のようにある。

凡新羅客入朝者。給㆓神酒㆒。其醸酒料稲。大和国賀茂。意富。纏向。倭文四社。河内国恩智一社。和泉国安那志一社。摂津国住道。伊佐具二社各卅束。合二百卌束送㆓住道社㆒。大和国片岡一社。摂津国広田。生田。長田三社各五十束。合二百束送㆓生田社㆒。並令㆓神部造㆒。差㆓中臣一人㆒。充㆓給㆑酒使㆒。醸㆓生田社酒㆒者。於㆓敏売崎㆒給㆑之。醸㆓住道社酒㆒者。於㆓難波館㆒給㆑之。（略）

新羅使が入朝したときには、大和国賀茂（『延喜式』神名上では鴨都波八重事代主命神社。以下同じ）・意富（多坐弥志理都比古神社）・纏向（巻向坐若御魂神社）・倭文（葛木倭文坐天羽雷命神社）、河内国恩智（恩智神社）、和泉国安那志（泉穴師神社）、摂津国住道（中臣須牟地神社）・伊佐具社（伊佐具神社）の稲を用いて、住道社で醸した神酒を難波館で、大和国片岡（片岡坐神社）、摂津国広田（広田神社）・生田（生田神社）・長田社（長田神社）の稲を用いて生田社で醸した神酒を敏売崎で支給することになっている。いずれの場合でも、中臣氏の一人が給酒使に任命され、おそらく、神酒支給を管掌するのであろう。

この儀礼の成立時期を確定することは困難であるが、古い時期から行われていたとするのが通説である。[9] また、舒明二年（六三〇）に唐の使節の高表仁が難波津に来たときには神酒が支給されており

（『日本書紀』同年十月四日条）、この儀礼が遅くとも当該期には行われていたことや、新羅使だけではなく、外国の使節全体に行われていたことが推測されている。その意義については、外国使節の慰労や使節に対する祓などが想定されている。

敏売崎における神酒支給は、古くから指摘のあるとおり、いわゆる神功皇后の三韓征討伝承と深い関連を有し、難波館におけるそれとは意義が異なると考えられる。『日本書紀』によると、三韓征討の後、麛坂・忍熊王の反乱が発生し、そのなかで、広田・生田・長田の三社の成立が語られる。神功皇后の船が進むことができなくなり、務古水門で卜いを行い、この時、天照大神の荒魂、稚日女尊、事代主尊が出現し、それぞれ、広田・生田・長田の国に祀ることを求めたので、そのとおりに祀り、さらに住吉三神を大津に祀った結果、神功皇后は海を渡ることを得たというのである。敏売崎も三韓征討伝承と深く関わる地名である。『摂津国風土記』逸文によると、美奴売山の神が三韓征討に協力して、美奴売山の杉の木で船を造ることを勧め、三韓征討の帰途、神功皇后がこの神を浦に祀ったことから、美奴売という地名が生まれたという。

なお、中野高行(10)はこの三社と神功皇后伝承との関わりを本来的な要素とはみず、天武・持統期の修史事業のなかで両者が結合したとする。この点は神功皇后伝承の成立とも深く関連する問題であり、ここでは保留しておきたい。

これに対して、難波館における神酒支給の背景はどのように考えられるであろうか。井上薫は神酒支給に関わる神社のなかに、新羅との関係において神威をふるい、また、なんらかのつながりを持ったものがあることを指摘し、中野高行は難波館の諸社が外国使節の入京ルートに沿って分布することを指摘している。[11] 中野も指摘するところであるが、難波館の神社と相嘗祭の幣帛を受ける神社が重複する点に改めて注目してみたい。この問題を解く緒がここに存在すると思われるからである。次に、相嘗祭の神社について考察してみる。

相嘗祭は神祇令8仲冬条にも規定のある、特定の諸社が十一月上卯の日に国家から幣帛を受けて行う新嘗（ニヒアヘ）の祭である。「嘗」の文字は古代中国で新穀を祖先に供える秋の祭を意味し、神嘗祭、新嘗祭とともに、秋の収穫を神に感謝する祭のひとつである。

『延喜式』神祇二によると、料物は繊維製品・食物・酒およびそれを入れたと考えられる容器などで、これらが神社に奉献されるのである。酒は酒稲が計上されており、それを用いて酒を醸したことがわかる。そして、酒稲には神税あるいは正税と注記されているので、酒稲がそれぞれの神の神税を中心として供給されたことがわかる。

『延喜式』神祇二では、相嘗祭で奉献を受ける神社（以下、相嘗祭社と仮称する）として京中一社二座、山城国八社十一座、大和国十七社三十一座、河内国三社八座、摂津国八社十五座、紀伊国四社四座の合計四十一社七十一座が列挙されている。八世紀における相嘗祭社に関わる史料が天平二年（七三〇）大倭国正税帳（『大日本古文書（編年文書）』一巻三九六頁）および『令集解』神祇令8仲冬条所引の釈説である。

大倭国正税帳には首部に、大和国全体で「神嘗祭料」として神税稲六五〇束を支出したことが記され、続く郡別の支出の項にその内訳が記されている。この「神嘗祭」が伊勢神宮の神嘗祭のことではなく、相嘗祭であることはすでに指摘がある。郡別の項は相当に欠落があるが、四五〇束分の神社名が判明する（**表**参照）。

左の七社がこの段階で相嘗祭社であったことが確認される。

一方、釈説は次のようなものである。

大倭社大倭忌寸祭。宇奈太利。村屋。住吉。津守。大神社。大神氏上祭。穴師神主。巻向神主。池社池首。恩智神主。意富太朝臣。葛木鴨朝臣。紀伊国坐日前。国懸須。伊太祁曾。鳴神。已上神主等。請㆓受官幣帛㆒祭㆑古記無㆑別。

末尾の「古記無㆑別」の記載から、これが古記の時期までさかのぼることが確認される。先の大倭国正税帳の七社はすべてここに含まれるが、巻向は大倭国正税帳にはみえない。これは大倭国正税帳の欠落のためではなく、大倭国正税帳の段階では、相嘗祭社ではなかったと考えられ、『令集解』古記の成立までの間に相嘗祭社に加えられたと考えられている。そして、釈説の十五社はすべてが『延喜式』にみられるので、これらが一貫して相嘗祭社であったことはまちがいない。

表　大倭国正税帳にみえる相嘗祭社への神税稲支出

郡	相嘗祭社	神税稲（束）
城上郡		計150
	大神	100
	穴師	50
十市		計50
	太	50
城下		計100
	池	50
	村屋	50
山辺		計100
	大倭	100
添上		計50
	菟足	50

しかし、この十五社が八世紀の相嘗祭社のすべてであったかどうかについては、さまざまに議論がある。薗田香融・二宮正彦[12]は『延喜式』にみえる諸社の多くが、山城国を除いて、八世紀からすでに含まれていたとする。山城国の神社が除外されるのは、これらの神社が大和国南部から河内・摂津、さらに紀伊国と偏在

する状況を示し、相嘗祭が大和国南部に国家の中心が存在した時期に成立したと考えられるからである。

井上辰雄や田中卓[13]は大倭国正税帳と釈説の詳細な比較を試み、大倭国正税帳において神社名の判明しない神税二〇〇束を釈説にみえる葛木鴨社のものとし、大和国に関する限り、釈説にみえる諸社が当時、すべての相嘗祭社であるとする。そして、西宮秀紀[14]も田中卓の見解を継承している。井上・田中の指摘するとおり、大倭国正税帳の考察からすると、上の七社分以外に神税二〇〇束が残るだけで、『延喜式』にみえる大和国の相嘗祭社をストレートにこの段階までさかのぼらせることは不可能である。

ところで、西宮の指摘するように、田中の見解に従うと、葛木鴨社は酒料稲二〇〇束から『延喜式』の一〇〇束に減少したことになり、不自然である。このような例はほかにはない。西宮はそこから、二〇〇束を葛木鴨社一〇〇束、高鴨社一〇〇束と推定して、釈説の葛木鴨社はこの二社の名称であるとして、田中卓説を継承している[15]。しかし、葛木鴨社を一〇〇束程度とみて他に相嘗祭社が存在すると考える可能性は残るのではなかろうか。

釈説と『延喜式』を比較して、高市郡の飛鳥社（『延喜式』神名上では飛鳥坐神社。以下同じ）・甘樫社（甘樫坐神社）、葛上郡の高鴨社（高鴨阿治須岐託彦根命神社）・葛木一言主社（葛木一言主神社）、忍海郡の火雷社（葛木坐火雷神社）がその候補として浮上してくる。なお、『延喜式』にみえる葛上郡の高天彦社（高天彦神社）は大同元年（八〇六）に加わったと思われ（『日本後紀』同年四月二十六日条）、吉野郡の金峰社（金峰神社）は斉衡元年（八五四）に加えられたものである（『日本文徳天皇実録』同年六月一日条)。

さらに大倭国正税帳の首部の神嘗酒料六五〇束は、神税に関わるもののみである。『延喜式』には正税から支出するものとして、飛鳥・甘樫社および高鴨社の合計四九二束がみえる。これが八世紀の段階までさかのぼるとすると、当然、これらは大倭国正税帳の神税を財源とする六五〇束には含まれない。この点からみても、大倭国正税帳の段階でも、さらに相嘗祭社があった可能性が残る。したがって、令釈のリストは大和国に関わる限り、必ずしも全体をカバーしているとはいえず、大きく漏れていることはないが、いくつかの神社の名前が省略されている可能性がある。そして、それ以外の国についても同じ推測が可能になるのではなかろうか。

釈説の段階で少なくとも確認できる十五社のうち、神酒儀礼の難波館の諸社と合致するのが、大和国の賀茂・意富・纏向、河内国の恩智である。大和国の倭文、摂津国の住道・伊佐具、和泉国の泉穴師社は相嘗祭の神社にはみえない。両社は完全に一致するわけではないが、約半数の神社が重なっている点は看過すべきではないと考える。

相嘗祭は新嘗祭から派生したものと思われる。つまり、各社の新嘗祭に対して国家による幣帛が供進されたのが相嘗祭という関係にある。したがって、神酒儀礼を前提として相嘗祭が成立したのではない。逆に神酒儀礼が相嘗祭を前提として成立した可能性が強いであろう。そこで、神酒儀礼の難波館の神社は相嘗祭社のなかから選抜されたと憶測しておきたい。しかし、相嘗祭と神酒儀礼の間に直接的な意味の連関を見いだすことは難しい。相嘗と同じ神酒＝聖なる酒を外国使節にも支給するということなのであろう。神酒儀礼では神酒の料米がどういう性格なのかは記載がないが、これは神税でほぼまちがいないであろう。

重ならない四社のうち、倭文・住道社はやはり、中野高行の指摘する外国使節の入京ルートとの関連において理解すべきであろう。泉穴師社は大和の穴師社との関連を想定すべきなのであろう[16]。伊佐具社については不明とせざるをえない。このように、難波館における神酒儀礼の諸社は相嘗祭の神社を基盤として、外国使節の入京ルート上にある神社などを加えて成立していると考えておきたい。

一方、敏売崎の神社はおそらく相嘗祭社と完全に合致しない。『延喜式』神祇二には広田・生田・長田の三社がみえるが、前述した相嘗祭の神社の分布状況からみて、この三社はやはり本来的には相嘗祭社ではなかったと考えるべきであろう。このような両グループのあり方は敏売崎・難波館における神酒儀礼の性格の相違を反映し、さらに、神酒儀礼そのものの成立過程を暗示する。

中野高行[17]の、当初、神酒儀礼の本来の性格は神功皇后伝承とは無関係であり、後次的に神功皇后伝承が付加されたとする構想は基本的に継承できる。当初、相嘗祭の神社を母体としてそれに四社を加えて難波館における儀礼が成立した。これは基本的に、外国使節に対する饗応を目的とするものであろう。それは神に対する饗（アへ）という相嘗祭の性格から推定できる。そして、二次的に、神功皇后伝承と関連して、敏売崎における儀礼が成立した。これは神酒儀礼に三韓征討伝承に示される対新羅意識が付加されたことを意味し、それがこの儀礼の最終的な成立となる。

先に神酒儀礼を中臣氏が管掌することを述べた。その神酒儀礼のなかで、難波館におけるそれは相嘗祭を前提に成立したと考えられる。この推測から、さらにさかのぼって、相嘗祭自身も中臣氏によって管掌されていたとすることができるのではなかろうか。一般的に中臣氏は祭祀を担当する氏族であり、相嘗祭のような比較的大きな祭祀を管掌していたとするのは、十分成り立つ推論であろう。そのような概括的な論拠だけではなく、さらに、中臣氏が大和国における相嘗の神社と関連を有していたのではないか思われるからである。

二　大和における中臣氏

冒頭で述べたように、大和国における中臣氏の分布については池田源太・井上辰雄の研究(18)が詳細である。池田は、(1)中臣磐余という人名、(2)春日神が阿倍山（現在の桜井市阿部）に御坐したという伝承があること、(3)中臣氏と関係のある殖栗神社が存在すること、(4)卜占の神である天香山坐櫛真命神社が存在することから、中臣氏は大和において現在の桜井市から香具山の東北にかけての磐余とその南に居住していたとする。井上も天香具山周辺を中臣氏の大和における本拠地とする。その根拠は、(1)鎌足の誕生の地とされる大原は香具山の南方の明日香村小原であること、(2)藤原賜姓は鎌足の出生地をとったもので、藤原は香具山の西方の藤原宮の置かれたあたりであること、(3)天香具山は中臣氏の職掌である卜占に密接な関係があることとである。さらに、和珥氏や物部氏との関連、水の祭祀との関連などについて論じている。

両者の指摘するように、大和盆地の東部は中臣氏が濃密に分布する地域である。これに関して、改めて論じておきたい。まず、複姓氏族から次のような居住の状況を見ることができる。

1　中臣大家連

『新撰姓氏録』（左京神別天神）に中臣大家連とあり、「大中臣同祖」と記載されている。「大家」は「大宅」に通じ、『和名抄』の大和国添上郡大宅郷に居住すると考えられる。大宅郷は現在の奈良市古市町付近である。

2　中臣小殿連

『新撰姓氏録』にはみえないが、『続日本紀』天平十七年（七四五）正月七日条には、无位中臣小殿連真庭を外従五位上に叙したことがみえる。小殿は「をどの」と読むのであろうが、現在の奈良市神殿町に由来する氏名ではないであろうか。神殿の地名は神殿荘の存在から平安時代までさかのぼることがわかる（寛弘九年〈一〇一二〉大僧正雅慶書状、『平安遺文』四六五。以下、『平安遺文』は平と略す）。

3　中臣丸連

『新撰姓氏録』にはみえないが、天平十八年（七四六）四月に外従五位下となり、皇后宮亮、紫微少忠、造宮輔などを歴任し、正五位下まで進んだ中臣丸連張弓らが知られる（『続日本紀』など）。『和名抄』では大和国添上郡丸爾郷があり、ここに居住していたと考えられる。現在の天理市和爾町周辺である。

4　中臣村屋連

『新撰姓氏録』にはみえないが、天平宝字二年（七五八）以降、東大寺写経所や法華寺嶋院の写経所に勤務した中臣村屋連鷹取[19]らが知られる。村屋は、別に述べたように[20]、村屋神社の存在する田原本町蔵堂あたりから笠形・味間付近までを指す地名であり、郡では城下郡を中心に、一部、十市郡や城上郡にもまたがる。

5　中臣殖栗連

『新撰姓氏録』（左京神別天神）には殖栗連とあり、「大中臣同祖」と記載されている。『続日本紀』天平十一年（七三九）正月十三日条には、无位中臣殖栗連豊日を従五位上に叙したことがみえる。『和名抄』では殖栗郷は大和国にはないが、大和国城上郡に殖栗神社がある（『延喜式』神名上）。殖栗神社は現在、桜井市上之庄にある。

中臣氏自身の分布をみても、大和盆地の東部における居住は明白である。

嘉応元年（一一六九）五月九日僧顕恩田地売券（平補一一一二）・同三年十二月二十二日尼妙法田地売券（平補一一一四）は、添上郡七条一里十二坪の田の売券であるが、「散位中臣」「中臣」なる人物が売人とともに署名している。その詳細な居住地は判然としないが、中臣氏が添上郡に居住している事例となるかもしれない。

仁和三年（八八七）七月七日永原利行家地売券案（平一七六）には、城上郡司として、「擬少領中臣連『清継』」とあり、中臣氏が郡司クラスの氏族であったことがわかる。ほかに擬大領の糸井造・内蔵伊美吉、擬主帳の子部連・壬生造、郡老の判宿禰などがみえ、郡司の氏族的な構成は単純ではないが、城上郡内では中臣氏が有力な氏族であったとみてよいと思われる。中臣清継は大中臣氏ではなく、また、他の郡司の名からみても、貴族的な存在ではない。以前からの城上郡の豪族であったと思われる。

長保元年（九九九）八月二十七日大和国司解（平三八五）は、城下郡東郷で発生した殺害・強盗事件に関わる文書である。逃亡した殺害犯として中臣有時・中臣吉扶の名前がみえる。この事件は藤原宣孝領の田中荘の預を主犯として、仁偕大法師領の丹波荘、明空法師領の紀伊殿荘の凶党数十人が合議して犯したものとされている。したがって、上の二人もこれら三荘に関係する者と解釈することができる。

田中は現在の田原本町鍵・唐古の南部周辺の地名で、城下郡東郷に属した。ここには興福寺雑役免荘園の田中荘が存在した。丹波は山辺郡、現在の天理市丹波市町付近で、ここには興福寺雑役免荘園と維摩会漬瓜免田が存在した。藤原宣孝領や仁偕大法師領の荘園もそれぞれの近くに存在したのであろう。紀伊殿荘の詳細は不明であるが、喜殿のことであろうか。興福寺雑役免の南喜殿荘や東大寺灯油料所の西喜殿荘が現在の橿原市城殿町付近に存在した。また、摂関家領の喜殿荘も存在し、耳成山南麓周辺であったとされる。紀伊殿荘もその周辺に存在した可能性がある。先の中臣氏の二人がいずれの荘園の関係者かは不明であるが、山辺・城下・高市郡あたりに居住していたことはまちがいない。

また、高市郡については長保二年（一〇〇〇）十一月三十日東大寺灯油納所返抄（平四九一四）、長保六年十一月三十日東大寺灯油納所返抄（平四六〇〇）という二通の文書が存在する。この文書は高市郡南郷が東大寺に灯油を納めたことに対する返抄で、灯油を納入した人物として大中臣真利の名がみえる。春日重松名の所進とするので、大中臣真利は春日重松名の人物と考えられるが、春日重松名については不明である。

平安時代の史料のみになってしまったが、添上・山辺・城下・高市郡にわたる奈良盆地の東部が中臣氏の分布の濃密な地域であることはおおむね、まちがいないと思われる。このような状況は井上辰雄の天香久山付近が中臣氏の大和における本拠地であるという指摘とも合致し、この点はほぼ是認できると思われる[21]。

三　相嘗祭社と中臣氏

大和国添上郡の菟足社（『延喜式』神名上では宇奈太理坐高御魂神社。以下同じ）は現在、奈良市法華寺町に存在するが、もとの所在地は奈良市古市町あたりであった[22]。寛弘九年（一〇一二）三月十一日大和国今木荘坪付解（平四六三・四六四）によると、添上郡東七条二・三里に広がる今木荘の北に「菟足社」が存在した。今木荘の所在地は現在の奈良市北永井町の北東域であり、また、南に存在した「穴久理神社」は現在、穴栗神社として古市町に存在する。

平安時代には、菟足社は中臣氏の管理下にあったと考えられる。長和元年（一〇一二）六月八日大和国司解案（平四六七）にみえる菟足神主大中臣忠正の解には「件社神主職大中臣氏所〻勤仕〻也」とあり、菟足社の神主は大中臣氏が継続して勤仕してきたことがわかる。また、正暦二年（九九一）三月十二日大中臣良実解案（平三四八）・同十四日大和国使牒（平三八五）には、菟足社司の大中臣良実という人物がみえる。大和国司解案より、忠正は正暦三年八月十三日に神主大中臣吉見の死去にともなって補任されたことがわかるので、正暦二年当時の神主は大中臣吉見である。大中臣良実は神主ではない。おそらく、大中臣氏が神主を中心に社司を形成し、菟足社の管理にあたっていたのであろう。彼らは大中臣氏を名乗っている。

大中臣氏は八世紀後半に中臣清麻呂が賜姓されたのに始まり、清麻呂の一族のみが名乗っていた。しかし、斉衡三年（八五六）十一月二十日太政官符（『中臣氏系図』）によると、延暦十六年（七九七）十月十五日、十七年六月二十六日の太政官符により、中臣宅成・鷹主ら五一五人にも拡大された。宅成・鷹主も従五位下の官位を持つ貴族であり、大中臣氏が中臣氏全体のなかでも上層部を構成する集団であることには変わりない。おそらく、菟足社司を構成するのは在地の人物ではなく、平安京に居住していた貴族（中下級）であろう。

このような菟足社と中臣氏の関係がどこまでさかのぼるかはわからない。しかし、先述したように、添上郡は中臣大家連・中臣小殿連・中臣丸連が居住していた。とくに、中臣大家連・中臣小殿連の居住地は菟足社の所在地とまさに隣接しているといってよい。これらの複姓氏族は、中臣氏の複姓氏族が確認できる七世紀初頭あたりまでさかのぼらせて考えることが可能であろう。したがって、当該地域がこの段階から中臣氏の濃密に分布する地域であったことは承認されるであろう。なお、これら複姓氏族と菟足社が直接的に関連するかどうかは現在のところ、不明である。[23]

ここで改めて『令集解』釈説の記載に注目したい。ここでは相嘗祭社が列挙されるなかで、奉斎氏族の注記がある場合がある。次のようなあり方になる。大倭―大倭忌寸・住吉―津守氏・大神―大神氏・穴師―穴師神主・巻向―巻向神主・池―池首・恩智―恩智神主・意富―太朝臣・葛木鴨―鴨朝臣。このような記載を欠くのが、菟足・村屋社および紀伊国の四社である。

菟足・村屋社について、高島弘志[24]は、釈説の段階ではすでに二社の奉斎氏族が不明になっており、それがこの表記に反映されていると推定している。しかし、全体として奉斎氏族の記載はよく整っており、また、正確である。菟足・村屋社の二社にかぎり、奉斎氏族が不明になっていたとするのは必ずしも自然な推測ではない。さらに、釈説を離れても、この二社の奉斎氏族を的確にあげることは難しいのではなかろうか。ここでは、菟足・村屋社には特定の奉斎氏族がいなかったと考えて論を進めたい。

奉斎氏族を欠く場合、相嘗祭を奉仕したのはいったい誰であろうか。前述のように、相嘗祭自体を管掌したのが中臣氏であるとすると、当然、菟足社の相嘗祭に奉仕したのは中臣氏と考えられるのではなかろうか。したがって、社司のような機関が存在したかどうかはしばらく留保するとして、中臣氏が八世紀前半ごろに、すでに菟足社を管理する地位にあった可能性は十分に認めておきたい。さらに、それが令制以前にさかのぼる可能性もあると思う。

そして、同じく奉斎氏族の記載を欠く村屋社も、直接的な根拠を欠くが、やはり中臣氏との関連を想定することが可能である。それは中臣村屋連の存在である。村屋社は現在、田原本町蔵堂に存在する。村屋という地名自身はもう少し広い範囲に広がるが、中臣氏の複姓氏族の居住はやはり看過できないところがある。菟足社と同様に、中臣氏が村屋社の管理にあたっていた可能性を考えておきたい。

大倭社は、『令集解』釈説によると、大倭忌寸が奉祭していた。したがって、中臣氏が直接的にその管理に関与することはなかったと思われるが、中臣氏と大倭社や大倭忌寸[25]（倭直）との関連は決して浅くはない。『日本書紀』垂仁二十五年三月条は天照大神の伊勢鎮座の伝承であるが、一云には倭（大倭）大神の鎮座・奉祭に関わる記述が出てくる。それによると、垂仁天皇が「中臣連祖探湯主」に誰に奉祭させるかを卜わせ、その結果、渟名城稚姫命に奉祭させることになったが、渟名城稚姫命が衰弱したので、「大倭直祖長尾市宿禰」に奉斎させたという。この説話は崇神六年、七年八月、同十一月条などにみえる大倭大神の鎮座説話の異伝である。

ここに中臣連の祖探湯主が卜占を通して、大倭大神の鎮座に深く関与していることは注目される。もちろん、これは歴史的な事実とは思えないが、やはり、実際の中臣氏と大倭大神や倭直氏との関連を背景として、それを説話的に表現したものであろうと思われる。

さらに、『日本書紀』允恭七年十二月一日条はいわゆる衣通郎姫の説話である。ここには、衣通郎姫を天皇のもとに引き連れた人物として「中臣烏賊津使主」がみえ、烏賊津は近江の坂田から衣通郎姫を引き連れ、「倭直吾子籠」の家に留めて、天皇に復命している。唐突に吾子籠が登場するという印象が否めず、また、衣通郎姫をその家に留めたこと自体は説話の中でそれほど大きな意味を持たないが、ここでも中臣氏と倭直氏との関連を読み取ることが可能であろう。

大倭社は現在では天理市新泉町に存在するが、本来の所在地は前述の『日本書紀』垂仁二十五年三月条にみえる。そこには、「定二神地於穴磯邑一。祠二於大市長岡岬一」とある。穴磯邑は穴師社の存在する現在の桜井市穴師であろう。大市は『和名抄』の城上郡大市郷にあたる。『日本書紀』崇神十年九月条には倭迹迹姫命を「大市」に埋葬し、箸墓と称したとみえるので、箸墓の近辺、現在の桜井市箸中周辺に求めることができる。長岡岬については不明であるが、周辺のひとつの尾根を指すのであろう。前述したところであるが、城上郡全体に範囲を拡大すると、城上郡内では中臣氏が郡司になるような有力な氏族であったことや、複姓氏族のなかで中臣殖栗連が居住していたと考えられることに注目したい。城上郡は中臣氏の分布が濃厚にみられる地域であることはまちがいない。

大倭社は倭直が奉祭することは事実であるが、おそらく中臣氏も深く関与しているのであり、ここにも相嘗祭の神社と中臣氏の結びつきをみることができるであろう。

さて、『延喜式』神祇二には相嘗祭の神社として飛鳥社と甘樫社がみえる。この二社は『令集解』釈説にはみえず、また、大倭国正税帳は高市郡の部分を欠いている。したがって、本来的に相嘗祭の神社であったかどうかは明確ではない。

しかし、天香久山付近は中臣氏の居住地であり、大和国のなかでもその分布が濃密である。飛鳥・甘樫社ともにその近辺に存在する神社である。飛鳥社は飛鳥寺の東方、現在の明日香村飛鳥(26)、甘樫社は甘樫丘の西方、現在の明日香村豊浦にそれぞれ存在する。

飛鳥社は朱鳥元年（六八六）七月五日に紀伊国国懸神・住吉大神とともに奉幣を受けている（『日本書紀』同日条）。この背景はよくわからないが、同年の五月には天武天皇の不予があり、八月にはそのために神祇に祈るとの記事がある。この奉幣も同様に理解することができるであろう。少なくとも、飛鳥社はこの段階で国懸神・住吉大神と同等に扱われていたと思われる。国懸神・住吉大神は『令集解』釈説にもみえる相嘗祭の神社である。したがって、飛鳥社がこの段階で相嘗に加わっていた可能性があるのではないか。このような点から、飛鳥社、そして、甘樫社は、明証を欠くものの、本来的に相嘗祭の奉献を受ける神社であり、天香久山付近に居住する中臣氏の管理下にあった可能性を考えておきたい。

改めて釈説のリストを見てみると、菟足社・村屋社以外には氏族の記載があり、これらを中臣氏が直接的に奉斎・管理している可能性はない。具体的には大和では大倭・大神・穴師・巻向・池・意富・葛木鴨社である。氏族の記載を欠く菟足・村屋社は中臣氏との関連を想定することができる。また、釈説のリストには存在しないが、飛鳥・甘樫社は相嘗祭の対象となっており、中臣氏の奉斎・管理下にあった可能性がある。中臣氏は相嘗祭全体を管轄しながら、同時にとくに奉斎氏族が明確ではない神社について、直接的に奉斎し、管理していたと思われる。一方、大倭社の事例のように、奉斎氏族の存在する神社についても、中臣氏は奉斎氏族あるいは神社そのものと関連を有していたと思われる。

このような中臣氏と相嘗祭社の関連の背景には、もちろん中臣氏が相嘗祭全体を管掌する地位にあることがよこたわっている。そして、そのことが中臣氏の分布と深く連関しているとみることができる。厳密には居住が先行して、そこから奉斎・管理するようになったのか、あるいは神社を奉斎・管理することによって居住するようになっていったのかは、現状で不明であるが。

おわりに

相嘗祭の管理という視点から、大和国における中臣氏の分布について考察してきた。大和盆地の東部に濃密である中臣氏の分布は、同じくこの地域の神社を中心とする相嘗祭とやはり無関係ではなく、中臣氏が相嘗祭を管掌していたことが、その分布と密接な関連にあると理解することができる。

そして、当然、中臣氏は相嘗祭の執行を通して、それぞれの神社、とくに、直接的に執行にあたる神社（さしあたり菟足・村屋・飛鳥・甘樫社）の存続に深く関わるようになり、神社を取りまく在地社会とも結びついていたものと考えられる。ここに、いわゆる中央豪族である中臣氏の大和国の在地社会とのつながりを見いだすことができるであろう。中臣氏には祭祀の執行という職掌を媒介として、在地社会と結びついていくという側面の存在したことを指摘することができる。

このような点は中央豪族の社会的な存立基盤に関わる論点であり、彼ら中央豪族に関する研究の重要な領域のひとつであることはいうまでもない。一般的に、中央豪族の社会的な基盤といえば、部民制支配や土地所有が想起されるが、たとえば、中臣氏の場合、このような在地社会との関連が部民（中臣部）や土地所有の展開とどのように連関しているかが次の問題となろう。これは本稿では果たせなかったが、今後の課題と認識しておきたい。

註

（1）研究史の詳細については前之園亮一「中臣氏について」（『東アジアの古代文化』三六、一九八三年）、中村英重「中臣氏の出自と形成」（同『古代氏族と宗教祭祀』吉川弘文館、二〇〇四年、初出一九八七年）参照。
（2）岩井隆次「中臣氏の本貫について」（『古代文化』三四―一二、一九八二年）。
（3）福山敏男『奈良朝寺院の研究』（高桐書院、一九四八年）。
（4）池田源太「物部・中臣二氏の居地に依る友交関係の可能性」（『日本書紀研究』五、一九七五年）、井上辰雄「大化前代の中臣氏」（同『古代王権と宗教的部民』柏書房、一九八〇年）。
（5）前之園註（1）論文。
（6）中村註（1）論文。
（7）前川明久「中臣氏の歴史地理的考察」（同『日本古代氏族と王権の研究』法政大学出版局、一九八六年、初出一九八〇年）。

（8）『新撰姓氏録』では、中臣氏の系譜につながる氏は大家臣・添県主の二氏のみである。中村英重はこの点より大和を出身地の考察から除外するが、『新撰姓氏録』以前の状況については、改めて考察を試みる必要がある。

（9）この儀礼については横田健一「律令制下の西宮地方」（『西宮市史一』一九五七年）、井上薫「穴師神社の一考察」（橿原考古学研究所編『近畿古文化論攷』吉川弘文館、一九六三年）、吉井良隆「生田社で醸す酒」（『神道史研究』二一―三・四、一九七三年）、中野高行「延喜式玄蕃寮式に見える新羅使への給酒規定について」（『ヒストリア』一二四、一九八九年）、中野高行「難波館における給酒八社について」（『延喜式研究』六、一九九二年）、森公章「古代難波における外交儀礼とその変遷」（田中健夫編『前近代の日本と東アジア』吉川弘文館、一九九五年）など。

（10）中野高行「延喜式玄蕃寮式に見える新羅使への給酒規定について」（註9）。

（11）井上薫註（9）論文、中野高行「難波館における給酒八社について」（註9）。

（12）薗田香融「神祇令の祭祀」（『関西大学文学論集』三―四、一九五四年）、二宮正彦「相嘗祭の一考察」（同『古代の神社と祭祀』創元社、一九八八年、初出一九五九年）。

（13）井上辰雄「大倭国正税帳をめぐる諸問題」（同『正税帳の研究』塙書房、一九六七年）、田中卓「意富神社について」（『日本国家の成立と諸氏族』田中卓著作集二、国書刊行会、一九八六年、初出一九七一年）。なお、両者の論はほぼ同じ方向性を持つと思われるが、田中が批判するように、井上の論には結論においてややあいまいな部分がある。

（14）西宮秀紀「律令制神祇祭祀と畿内・大和国の神（社）」（同『律令国家と神祇祭祀制度の研究』塙書房、二〇〇四年、初出一九九二・九七年）。

（15）西宮の葛木鴨社に関する見解は、西宮秀紀「葛木鴨（神社）の名称について」（同『律令国家と神祇祭祀制度の研究』塙書房、二〇〇四年、初出一九九一年）で詳細に示されている。

（16）井上薫註（9）論文。

（17）中野高行「延喜式玄蕃寮式に見える新羅使への給酒規定について」（註9）。

（18）池田源太註（4）論文、井上辰雄註（4）論文。

(19) 鷺森浩幸「八世紀の法華寺とそれをめぐる人びと」(『正倉院文書研究』四、一九九六年)。
(20) 鷺森浩幸「大安寺の所領」(同『日本古代の王家・寺院と所領』塙書房、二〇〇一年)。
(21) もう一つの中臣氏の集中的な分布地が大和盆地の西北部、とくに矢田丘陵周辺である。こちらの分布の背景は、東部とは異なると思われるが、その具体相については今後の課題としたい。
(22) さしあたり舘野和己「宇奈太理神社の位置」(広瀬和雄・小路田泰直編『日本古代王権の成立』青木書店、二〇〇二年)参照。
(23) 『日本書紀』推古十六年(六〇八)六月十五日条に中臣宮地連烏摩呂がみえる。
(24) 高島弘志「神祇令集解相嘗祭条の検討」(『続日本紀研究』二二四、一九八二年)。
(25) 倭直氏は天武十三年(六八四)九月二日に連姓を賜姓され、十四年六月二十日に忌寸姓を賜姓された(いずれも『日本書紀』同日条)。
(26) 飛鳥社は天長六年(八二九)に移転しており(『日本紀略』同年三月十日条)、それ以前は別の場所に存在した。ただし、いわゆる飛鳥の域内であることはまちがいないであろう。

飛鳥寺西の槻の位置について

鈴木景二

はじめに

七世紀の飛鳥は、宮殿や寺院、さらに儀礼の空間である園地の集中する古代国家の中枢地区となっていた。近年のめざましい発掘調査の成果は、その様相をいよいよ明らかにしてきている。しかし、飛鳥地域に残されているのは地下の遺構だけではない。現に地表に残る地割や地名、石造物など、さまざまなものが古代以来の歴史を重層的に表現しているのである。飛鳥を歩いていると、そうしたものからも歴史を読み取ることができるのではないか、という期待がわいてくる。本稿では、そのような方法の試みとして、飛鳥寺の西の広場にそびえていた大槻の位置を推定してみることにしたい。

『日本書紀』の乙巳の変の記事や壬申の乱の記事などに登場する、国家的な儀礼の場であった飛鳥寺の西の広場に槻の木というシンボルがあり、その空間の性格と深く関わっていたことは、今泉隆雄氏の詳細な研究など(1)によって明らかにされている。まず、その史料と研究を概観しよう。

一　槻木広場の史料と研究

飛鳥寺西の槻に関わる史料は次の通りである[2]。

A　『日本書紀』皇極天皇三年（六四四）正月乙亥朔条。
（乙巳の変の準備の記述のなかで、中臣鎌子が）偶預中大兄於法興寺槻樹之下打毱之侶、而候皮鞋随毱脱落、取置掌中。前跪恭奉。中大兄対跪敬執。自茲相善倶述所懐。既無所匿。

B　『日本書紀』孝徳天皇即位前紀　皇極天皇四年（六四五）六月乙卯条。
天皇、皇祖母尊、皇太子、於大槻樹之下、召集群臣盟曰、〔告天神地祇曰、天覆地載、帝道唯一。而末代澆薄、君臣失序。皇天仮手於我、誅殄暴逆、今共瀝心血。而自今以後、君無二政、臣無弐朝。若弐此盟、天災地妖、鬼誅人伐、皎如日月也。〕改天豊財重日足姫天皇四年為大化元年。

C　『日本書紀』天武天皇元年（六七二）六月己丑条。
先秦造熊令犢鼻而乗馬馳之、俾唱於寺西営中曰、高市皇子自不破至、軍衆多従。爰留守司高坂王、及興兵使者穂積臣百足等、拠飛鳥寺西槻下為営。唯百足居小墾田兵庫運兵於近江。時営中軍衆聞熊叫声悉散走。仍大伴連吹負率数十騎劇来。則熊毛及諸直等共与連和。軍士亦従。乃挙高市皇子之命、喚穂積臣百足於小墾田兵庫。爰百足乗馬緩来。逮于飛鳥寺西槻下、有人曰、下馬也。時百足下馬遅之。便取其襟以引堕、射中一箭。因抜刀斬而殺之。

D　『日本書紀』天武天皇六年（六七七）二月　是月。饗多禰島人等於飛鳥寺西槻下。

E 『日本書紀』天武天皇九年（六八〇）七月　甲戌朔。飛鳥寺西槻枝自折而落之。

F 『日本書紀』天武天皇十一年（六八二）七月　戊午。饗隼人等於飛鳥寺西。発種々楽。仍賜禄各有差。道俗悉見之。

G 『日本書紀』持統天皇二年（六八八）十二月　丙申。饗蝦夷男女二百一十三人於飛鳥寺西槻下。仍授冠位、賜物各有差。

H 『日本書紀』持統天皇九年（六九五）五月　丁卯。観隼人相撲於西槻下。

I 福山敏男氏引用『延暦僧録』中臣鎌足伝逸文

平彼猾臣、鎌子即日昇於一位、由殊藤故、賜藤原姓、又詣寺前樹神加祐、便封彼樹幷授三位。

J 『今昔物語集』巻十一　推古天皇、造本元興寺語第廿二

今昔、推古天皇ト申ス女帝ノ御代ニ、此ノ朝ニ仏法盛ニ発テ、堂塔ヲ造ル人、世ニ多カリ、天皇モ銅ヲ以テ丈六ノ釈迦ノ像ヲ、百済国ヨリ来レル□ト云フ人ヲ以テ令鋳給テ、飛鳥ノ郷ニ堂ヲ起テ、此ノ釈迦仏ヲ令安置給ハムトシテ、先ズ堂ヲ被造ル間、堂ヲ可起所ニ、当ニ生ケム世モ不知ズ古キ大ナル槻有リ、「疾ク切リ去ケテ堂ノ壇ヲ可築シ」ト宣旨有テ、行事官立テ是ヲ行フ間、行事ト「木□曳出ヨ」ナド喤テ、皆人逃テ去ヌ。

（中略）

麻苧ノ注連ヲ木ノ本ニ引廻テ、木ノ本ニ米散シ幣奉テ、中臣祓ヲ令読テ、杣立ノ者共ヲ召テ、縄墨ヲ懸テ令伐ルニ、一人モ死ヌル者無シ。木漸ク傾ク程ニ、山鳥ノ大サノ程ナル鳥五六計、木末ヨリ飛立テ去ヌ。其後ニ木倒レヌ。皆伐リ揮テ御堂ノ壇ヲ築ク、其鳥共ハ南ナル山辺ニ居ヌ。天

皇、此由ヲ聞給テ、鳥ヲ哀テ、忽ニ社ヲ造、其鳥ニ給フ。于今神ノ社ニテ有。龍海寺ノ南ナル所也。(後略)

今泉隆雄氏は、右の史料のほかにも古代の神木関係の史料を博捜され、それらとの比較から飛鳥寺西の槻が斎槻(ゆつき・いつき)すなわち神木・神の依代であること、同様の神木は宮殿・官衙・寺社付近にも見られること、さらに『万葉集』(3)の歌の例から、農耕水源池の堤にも槻が見られることを指摘された。堤の槻は、農耕祭祀にともなう田の神の依代とされている。

そして、飛鳥寺西の槻の下は神聖な場所であり、Gなどの蝦夷の服属儀礼は、斎槻によります神に対して天皇への忠誠を誓約すること、つまり神を媒介とする呪術的なものであることを推定された。飛鳥寺西の広場はそうした場であり、またそこにつらなる飛鳥河原は、誓約のときの禊の場としての性格をもつという。この、槻が神木であり広場が斎庭であるという見方は、その後の通説となっている。

ところで『日本書紀』崇峻天皇元年是歳には、飛鳥寺創建の際に飛鳥衣縫造の祖である樹葉の家を壊して造営したこと、その所在地は飛鳥真神原・飛鳥苫田と呼ばれていたことが記されている。今泉氏は和田萃氏の研究(4)に基づいて、この真神原付近は渡来系の飛鳥衣縫造氏が開発した地域で、斎槻も本来この集団の祀ったものであり、その始祖とされる「樹葉」の名も斎槻に因み、それが飛鳥寺西の広場に含まれるようになって国家的な神の依代となったという経過を推定された。

飛鳥寺西の広場の性格については、藤澤典彦氏も見解(5)を発表されている。藤澤氏は、記紀神話にみられる井・河原が市的な場を形成しており、古代の市には神の降臨する樹木があること、そうした

「市」は、歌垣・交歓・処刑・雨乞・迎賓などの儀礼空間であることを述べ、飛鳥寺西の広場もまた、飛鳥寺造立以前には、市として機能した場であったと推測されている。市であったという確証は得られていないものの、広場が斎庭であるという見方と通じる考え方であり、この見解は飛鳥寺西の広場の性格を考えるうえで、重要な示唆を与えるものである。

それでは、この聖なる槻は具体的にはどこにあったのであろうか。この点について、現在のところ以下のような説がある。

一つ目は、飛鳥寺の西の蘇我入鹿の首塚と称される五輪石塔の位置とする説である。(6) この説は、飛鳥寺の発掘調査報告書において杉山信三氏が提示されたもので、詳しい説明はなく「いま、寺の西に入鹿の首塚と伝える鎌倉時代の五輪塔があるのは、その樹の跡を意味してたてられたものか」と記されているのみである。

二つ目は末永雅雄氏の説で、(7) 飛鳥寺の西の水田のうちに「土木《どぎ》」という小字名があり、これは「ツキ」が訛って残っているのではないか、とする説である。

そして今泉隆雄氏は、場所を明確に特定されていないが、前述の万葉歌の例から、「斎槻は池の堤などにあって農耕祭祀のための依代となることがあるが、この真神原の斎槻も木葉堰の側にあって、衣縫氏集団の農耕祭祀の依代であったのではなかろうか」という案を提示された。木の葉井の取水地である木葉堰付近（小字木ノ葉）を想定されているようである。

これまでの発掘調査では、飛鳥寺の西側で、西面大垣と西門、その外側の石組み溝や塀、石敷きが検出されている。(8) 槻の候補地のうち、五輪塔付近では一九六六年に発掘が行われた。(9) 担当者は「五輪塔そのものは古い形式のものではないが、この場所に五輪塔が建立されて、しかも入鹿の首塚という俗伝があるということは、そこに何らかの根拠乃至は理由があると考えた」が、五輪石塔の場所は史跡に指定され保存されていることを配慮して発掘をせず、その南接地を調査している。その結果、五輪塔の南側約二・七メートルの地点で、石積みの基壇状遺構の南辺一部と東南隅を検出している。その遺構の東南コーナーは、古代の石敷き（SH六六八二）の上にのっているので、それより後代の施設らしく、五輪塔を建てることに関しての施設ともみられると推定している。五輪塔が中世にさかのぼる信仰を伝えていることを窺わせる成果といえよう。

一方、小字「土木」の地点は一九八〇年に発掘が行われた。[10]その結果、旧飛鳥川河川敷と、その東側の人為的に小砂利を敷設した地帯とを区切る南北施設が認められている。古代の飛鳥寺西側の状況や飛鳥川への続き具合を知る手がかりを提供した調査であったが、槻の痕跡は見つかっていない。

このように現在に至るまで、槻の位置を直接探求する手がかりは得られていないのである。

槻のその後は、J『今昔物語集』やI『延暦僧録』のほかには確かな文献がなく、また現に存在していないのであるから、枯れて消滅したと考えるほかはない。しかし、植物としての樹木の消滅は、古くからあったその樹木の聖性、それが根付いた土地に付着した属性の消滅を意味するであろうか。古代の広場の聖樹の属性は、変遷して残されてはいないだろうか。

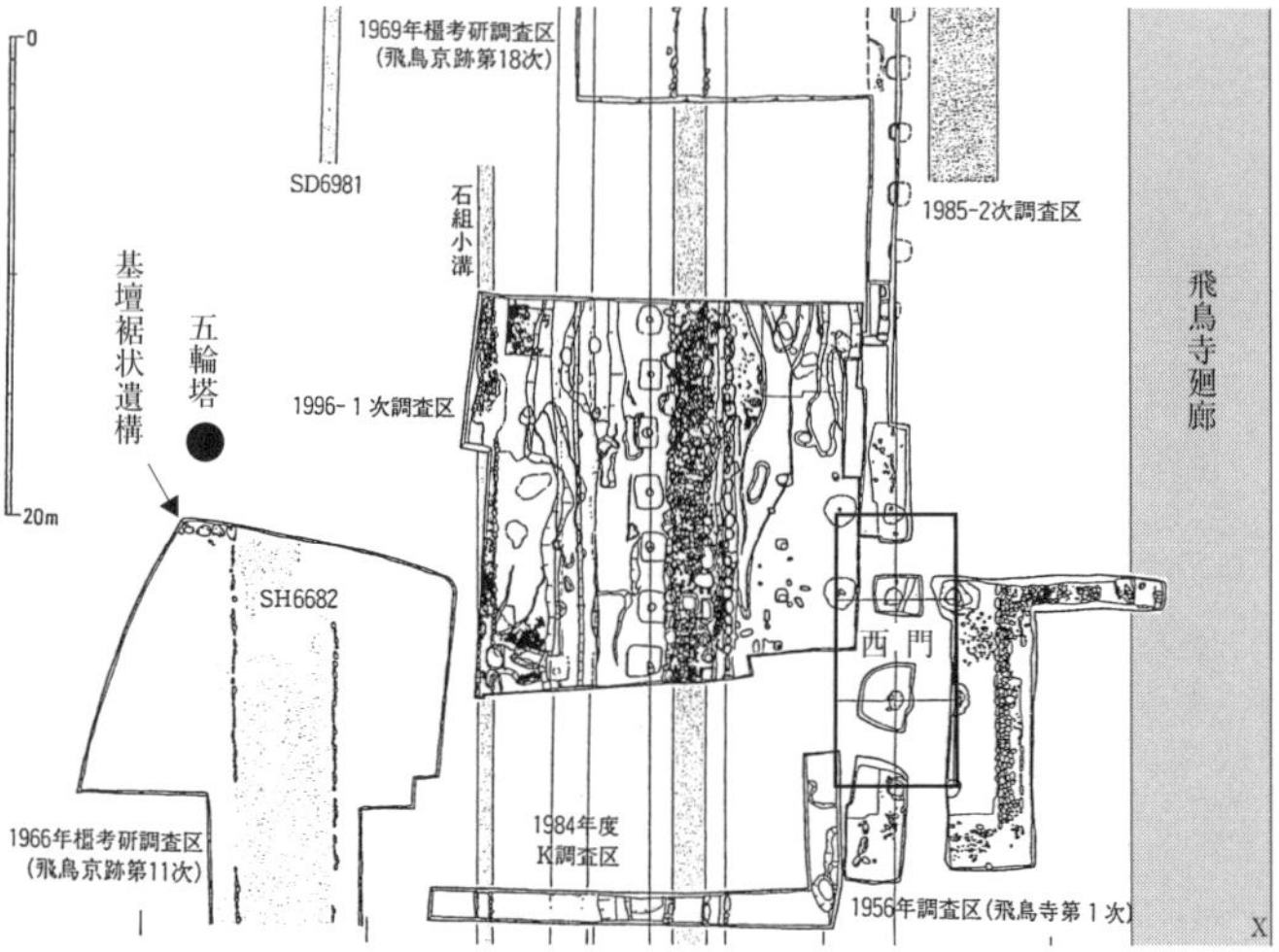

図1　飛鳥寺西門付近の発掘遺構
『奈良国立文化財研究所年報』1997—Ⅱの図をもとに作成

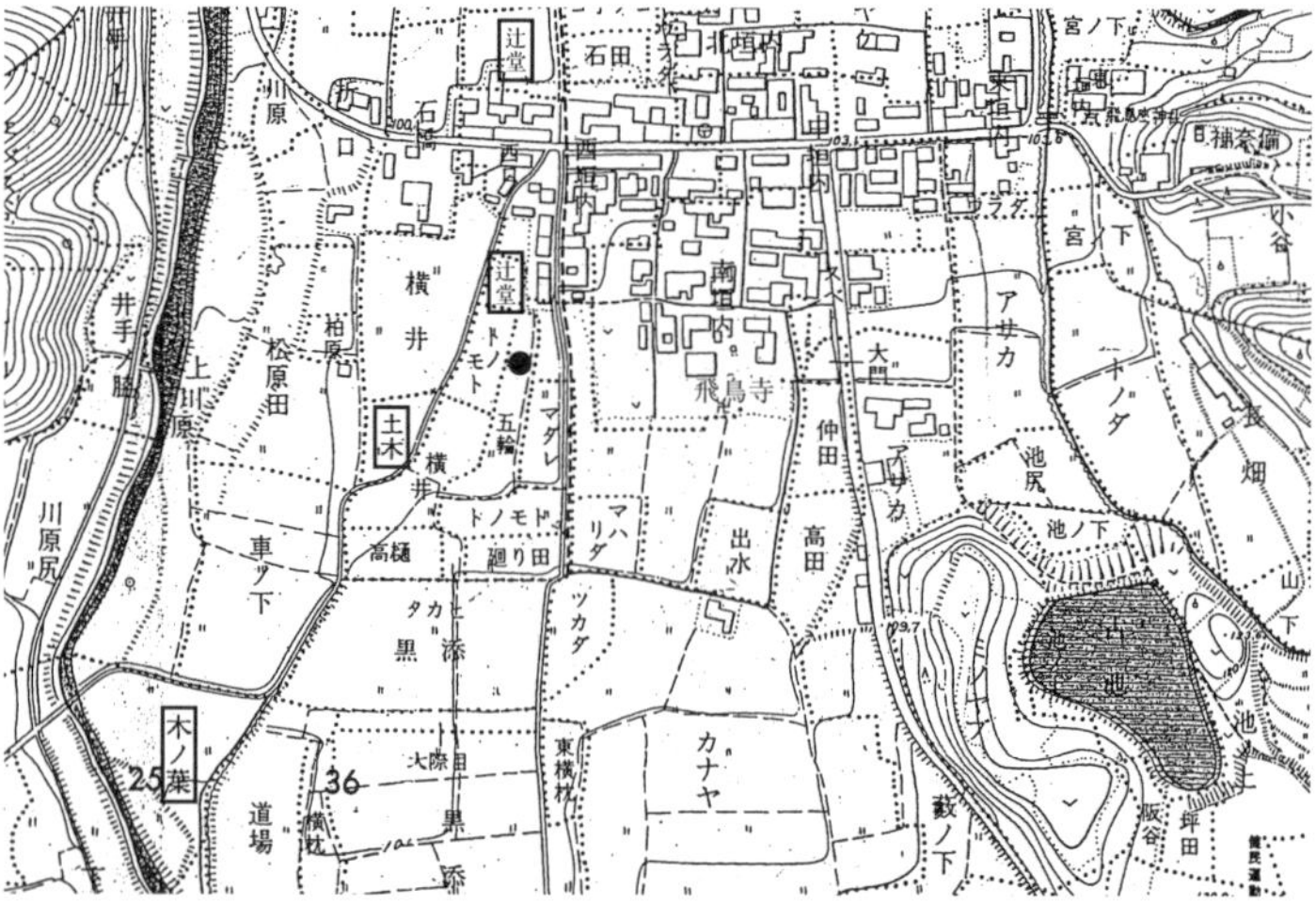

図2　飛鳥寺付近の小字
奈良県立橿原考古学研究所編『大和国条里復原図』をもとに作成（●は首塚）

二　市の聖樹と市の塔

藤澤典彦氏が指摘したように、飛鳥寺西の広場には市と共通する性格がみられる。よく知られているように、古代以来、市は特殊な空間であり神の降臨する樹木があった[11]。海柘榴市の例が著名であり、平城京東市に樹木を植えたことも知られている[12]。このような樹木は、後世にどのような経過をたどったのであろうか。飛鳥寺西の槻も同様の性格をもつとすれば、それに類する事例から手がかりを得ることができるであろう。中世の市場には、神の降臨する象徴的な記念物はないであろうか。

そこで想起されるのは、若狭の小浜に残る市の塔と称される石塔である[13]。近世には小浜城下の市場に立っていたもので、明治六年（一八七三）に和久里の西方寺に移されている。高さ三・五メートルの大型の花崗岩製宝篋印塔（福井県指定文化財）で、「延文三年（一三五八）戊戌七月二十二日大願主沙弥朝阿」の銘が刻まれている。延宝年間（一六七三〜八一）成立の『若狭郡県史』には、以下のような由来が記されている。「市場塔」は、八幡小路にある大石塔で銘文がある。いつ建立されたものかはわからない。毎月二・七・十二・十七・二十二・二十七日に雑物売買の男女がここに来て市をなしたという。この塔はもと上市場にあり、寛永三年（一六二六）正月十三日、上市場で初めて市祭りの能楽があった。同十七年（あるいは十五年）に塔を現在地に移して以来、毎年正月十三日、八幡社地で市祭りの能楽がある。国主からは禄米四石余を賜っている。以上の史料についで、寛延二年（一七四九）成立の『若狭国志』には次のように記す。里民の言い伝えとして、商売会聚して市を為すの

図３　若狭小浜の市の塔

は聖徳太子が始めた仏の道場（からカ）である。ゆえに朝阿がこの塔を市地に建てたのである。朝阿は公家領のときに下司に就き、武家領になったとき職をやめて常に仏号を修し、和久里村に隠棲した。

これらの史料から、この中世の石塔が、江戸初期には城下の市場の象徴として存在していたことは明らかである。最初の場所「上市場」は、現在の小浜市の小浜今宮の広市場にあたり、現在も道幅が広く市蛭子社の小祠が祀られている。移動後の場所は、小浜男山の八幡神社参道で、ここにも蛭子神社の祠が現存する。

この事例からは、市場の象徴として石塔が建てられたこと、それが中世にさかのぼる可能性のあること、その建立者が阿弥号をもつ念仏系の僧であること、市場の移動とともに石塔が移動していたこと、塔の移動後も故地に小祠が残ること、などを読み取ることができよう。石塔が市祭りと関係していること、市の移動とともに移されたことからみて、この石塔は仏教思想による塔ではなく、市に神を招く依代であるとみてよい。聖樹の性格が石造物に継承されたものであると考えることができるであろう。自然物の聖樹は、より恒久的な石塔に転化するのである。その背景には、石そのものが神の

図4　『一遍上人絵伝』巻七　東市跡の石塔（円伊作、国宝、東京国立博物館蔵）
Image: TNM Image Archives　Source: http://TnmArchives.jp/　複製禁止

依代となる性格をもっていることも関係する。

　こうした市の石塔は、さらに古く都にも存在していた。平安京の東市跡に建てられていた五輪石塔である。『一遍聖絵』（一遍上人絵伝）第七の市屋の道場での念仏踊りの場面（上が南）に描かれているもので、『聖絵』をみると、七条大路とみられる東西道路と猪熊小路（南市門）とみられる南北道路の交差点南西部、路面上の長方形基壇の上に五輪塔、笠塔婆、小祠が描かれている。その東北側には高く立てられた柱松も描写されている。この地点は平安京東市の中央部四町の南面中央の交差点、市の門のあったところである。すなわち古代の市の場所に建てられていた石塔なのである[14]。平城京東市の例から類推すると、平安京東市にも樹木が植えられていたと考えられる。平将門の首が懸けられた市司の外の樹は、そうした聖樹であった可能性がある[15]。

市跡の石塔は、その樹木の聖性を継承したものと考えることができよう。またこの石塔には、念仏踊りの祖とされる空也が、市が罪人を処罰するところであることから、その滅罪のために東市門に建てたという伝承があった。[16] この伝承は『打聞集』に見えており、十二世紀前半にはすでに石塔も伝承も存在していたのである。[16]空也が建立したという伝承は、市聖といわれた彼に付会されたものであろうが、贖罪が目的だとする伝承は、仏教の利益による滅罪というより、市の聖域性を伝えるとみるべきであろう。

わずかに二例ではあるが、中世以降の市には聖樹を継承するとみられる石塔が存在した。しかも、それらは念仏踊りや時衆と関わっている。ここで興味深いのは、念仏踊りが古代の歌垣の系譜をひくとする西郷信綱氏の見解である。[17] すなわち古代の市の神樹は石塔に、歌垣は念仏踊りに、形を変えながらも継承されていたと考えられるのである。西郷氏は、市がチマタであり境界でもあることも指摘している。こうした視点で見直せば、同じような石塔は、各地に見出すことができるであろう。

三、槻の位置と門前

市の聖樹の事例をみれば、古代の聖樹が形を変えて後の世に継承されていく場合のあることは明らかである。それでは、飛鳥寺西の槻の場合はどうであろうか。平安時代の終わりまで、聖なる槻の記憶が伝えられていたことは、『今昔物語集』から想像される。[18] その後のことは記録がないが、数百年に及ぶ聖樹の聖性の付着した土地に、なんらかの痕跡が残されたことは十分に考えられる。現在の飛

図5　西から見た整備以前の首塚と飛鳥寺
（入江泰吉氏撮影、入江泰吉記念奈良市写真美術館蔵）

鳥寺の西側、飛鳥川までの範囲でそのような聖跡を求めるとすれば、いわゆる入鹿の首塚以外にない。

　現在の入鹿の首塚は、整備された遊歩道の曲がり角に石塔と丸石が置かれているだけに見えるが、整備以前の写真[19]（**図5**）を見ると、田の中の盛り上がった塚に石塔および丸石が設置されていた様子がよくわかり、明らかに特定の地点における信仰対象の塚であった。この石塔について、宝暦元年（一七五一）の『古跡略考』には、「蘇我入鹿大臣石塔、村ヨリ一町未申ノ方、田中に五輪少し残れり、里人もさこそ申侍る」と記され、本居宣長は明和九年（一七七二）の奈良への旅でこれを見て、「此寺（飛鳥寺）のあたりの田のあぜに、入鹿が塚とて、五輪なる石、半はうづもれてたてり、されどさばかり古き物とはみえず」（『菅笠日記』下）と書き残している。寛政三年（一七九一）の『大和名所図会』にも、「荒墳《あれつか》、飛鳥にあり、俗云、入鹿の塚とぞ」と紹介されている。入鹿の首塚とするのは、飛鳥が乙巳の変の舞台であることによって言い出されたものであろうが、非業の最期を遂げた人物に関連づけることは、平安京東市の石塔が罪人の贖罪に関連づけられたり、玄昉のために建てられたとも言われていたことを想起させる。

それでは、この石塔の地点はどのような属性をもつのか。興味深いことに、この付近の小字名に「辻堂」が存在する。(20) 石塔の位置は「五輪」であるが、すぐ東が「トノモト」、北側が「辻堂」である。「トノモト」は堂の下の意と解することもできる。「辻堂」という小字名は、この石塔の近くに辻堂の存在したことを物語る。石塔の南側で発掘された中世の石組みの基壇裾はこの辻堂にともなうものではないだろうか。いずれにせよ、この付近はかつて辻であり、そこに塚と石塔が位置しているのである。辻とはチマタと同じく道の分岐するところであり、辻占などで知られるように境界空間でもあり、八十のチマタというように市の立つ場であった。整備以前の石塔の地点は、道もなく辻としての性格をもっていたようには見えない。とすると、堂が建ち石塔が建てられた辻としての属性は、中世以前の属性に基づくと考えるのが妥当であろう。

以上のように考えると、この石塔の場所は、中世にさかのぼる辻・チマタあるいは市の立つような属性をもつ地であり、そこに立つ石塔は、その空間に神を招く神樹の系譜を引くものと考えられる。飛鳥寺の西門の前に、中世にさかのぼる聖なる場と神樹の痕跡が残るとすれば、その基層にあるのはとりもなおさず、飛鳥寺の西の広場とその象徴であり神の依代である槻であると考えるのが自然であ

図６　甘樫丘から見た飛鳥寺西門復原基壇と首塚

る。入鹿の首塚と称される塚と石塔こそ、姿を変えた飛鳥寺西の槻木であろう。杉山氏の指摘は正しかったと思う。

槻の木の位置が判明することによって、この槻の性格にいまひとつの観点を加えることができる。その位置は、発掘によって確認されている飛鳥寺西門から西へわずか三十メートル弱のところに位置している。この槻木は広場の聖樹であるだけではなく、門前の聖樹の類型に入るのである。今泉氏が指摘されたように、寺院や官衙の聖樹には、門の前にある事例が見られる。(21)先にみた平安京東市の石塔が市の門に建られたという伝承も、その前身として存在したと想像される聖樹が、門前に位置していたことを想像させる。

これまでの史料では、門前の聖樹の存在自体は知られていたが、飛鳥寺西の槻の場合もそうであるとすれば、そのもとで行われた儀礼が知られているから、逆に他の門前の聖樹とその広場の機能をも類推することが可能となる。門前は神樹に神が降臨する広場であったし、そこで宴が行われることもあった。『万葉集』にみえる大伴家持の庄の門の槻下における宴飲の事例は、それに対応する。飛鳥寺の位置がもと衣縫造氏の居館であるとすれば、豪族居館の門前の聖樹ということになるであろう。門傍らの聖樹が神の降る依代であったことは、『古事記』上巻の神話からも推測することができる。天若日子の物語には、天神の命を受けた雉が天下って天若日子の門の湯津楓《ゆつかつら》の上に居て詔を伝えたという場面がある。また、火遠理命すなわち山幸彦が海神の宮を訪ねたとき、塩椎が彼に教えたのは、道に従って行くと宮室があり、その神の御門に至ると傍らの井上に湯津香木《ゆつかつら》がある、その木の上にいれば海神の娘が気づくであろう、ということであった。この場合は井戸をともなうが、ともに門前の聖樹が他界から到来する、神の降臨する依代と考えられていたことを明確に示している。(22) このような門前は、囲まれた空間とその外の開かれた空間の境界、すなわち辻・チマタとしての広場であった。

むすび

飛鳥寺の位置は地理的にも飛鳥の中心にあたる。そこにそびえていた槻の場所は、かつては飛鳥衣縫造氏の居館の門前のチマタであったらしい。そう考えると、この門前を中ツ道の推定線が通るということの意味を、問い直す必要が出てくるであろう。(23) 石神遺跡などの調査成果により、飛鳥時代には、この付近を中ツ道が貫通していないことが判明している。しかし、飛鳥に宮殿が営まれる以前には、飛鳥の中心を南北に通る道、原初の中ツ道が存在していたのではないだろうか。
飛鳥寺の西にあった聖樹は、政治の舞台が飛鳥から離れても、聖樹としての信仰を残した。そして樹木は消滅しても塚と石塔に姿を変えながら、いまなおその存在を表現し続けている。古代史や明日香に関する書籍の口絵や挿図に、必ずといってよいほどこの石塔が掲載されているのも、象徴的な印象を与えるからではないだろうか。現地に立って、五輪塔の位置に大きな槻の木の姿を思い浮かべることによって、飛鳥地域の古代景観とここで行われた儀式を具体的に描くことができるであろう。

註

（1）熊谷公男「蝦夷の誓約」（『奈良古代史論集』第一集、奈良古代史談話会、一九八五年）。今泉隆雄「飛鳥の須弥山と斎槻」（一九九二年。同『古代宮都の研究』吉川弘文館、一九九三年）。狩野久・橋本義則「飛鳥寺西の広場と漏刻台」（『飛鳥・藤原宮発掘調査報告Ⅵ――飛鳥水落遺跡の調査――』奈良国立文化財研究所学報第五五冊、真陽社、一九九五年）。今泉隆雄「権力表象の場としての古代宮都」（『国立歴史民俗博物館研究報告』第七四集、一九九七年三月）。木下正史「飛鳥寺西辺の儀礼空間」（『国立歴史民俗博物館研究報告』第七四集、一九九七年三月）。

（2）『飛鳥・藤原宮発掘調査報告Ⅵ――飛鳥水落遺跡の調査――』奈良国立文化財研究所学報第五五冊（真陽社、一九九五年）には「史料」として、漏刻関係史料および飛鳥寺西槻・須弥山史料が集成されている。なお、本稿で取り上げた史料Ⅰは、報告書にも言及されているように（一一六頁、注16）、福山敏男氏の論文「飛鳥寺の創立」（同『日本建築史研究』墨水書房、一九六八年、一八三頁）に引用されているものであるが、現在刊行されている『新訂増補国史大系』の『日本高僧伝要文抄』所収『延暦僧録』などにはみられず、出処を確認できない。

（3）『万葉集』巻十三・三二二三番「……神奈備の　清き御田屋の　垣内田の　池の堤の　百足らず　三十槻が枝

に……」（新編日本古典文学全集）。

（4）和田萃「飛鳥川の堰——弥勒石と道場法師——」（『日本史研究』一三〇号、一九七三年）。

（5）藤澤典彦「古代における誓約の場」（横田健一先生古稀記念会編『文化史論叢』上、創元社、一九八七年）、同「飛鳥の祭祀空間」（『週刊朝日百科　日本の国宝　別冊　国宝と歴史の旅10　新しい飛鳥の歩き方』、二〇〇一年）。

（6）奈良国立文化財研究所編『飛鳥寺発掘調査報告』奈良国立文化財研究所学報第五冊、真陽社、一九五八年、六頁注2。

（7）末永雅雄「飛鳥調査三本の柱　研究所回顧録（十一）」（『青陵』第四三号、一九八〇年）。

（8）飛鳥寺の西側の調査については、前掲註（1）の『飛鳥・藤原宮発掘調査報告Ⅵ——飛鳥水落遺跡の調査——』、今泉氏、木下氏の論文のほか、「飛鳥寺の調査——一九九六——一・三次、第八四次」（『奈良国立文化財研究所年報』一九九七—Ⅱ）がまとめている。

（9）「第一一次調査（大字飛鳥一三七、一三八番地）」（『飛鳥京跡（二）』奈良県史蹟名勝天然記念物調査報告第四十冊、一九八〇年、奈良県教育委員会）。

（10）「飛鳥京跡七七次調査（明日香村飛鳥小字土木一七二）」（『奈良県遺跡調査概報』一九八〇年度第二分冊、奈良県立橿原考古学研究所、一九八二年）。

（11）勝俣鎮夫「売買・質入と所有観念」（一九八六年。同『戦国時代論』岩波書店、一九九六年）。

（12）『万葉集』巻三・三一〇番。同歌は、門部王が「東市之樹」を詠んだ歌で、「東市之殖木」が詠み込まれている。

（13）『福井県史』資料編十五　民俗（一九八四年、八一四頁）。『若狭郡県史』（『小浜市史』史料編第一巻、五三八頁）、『若狭国志』（同上、三五二頁）。江戸時代に八幡神社前の市場に建てられていた様子は、「小浜町絵図屏風」享和三年（一八〇三）、「天保二年小浜城下町絵図」（一八三一年）に描かれている（『城下町古地図散歩一金沢・北陸の城下町』平凡社、一九九五年、一五二・一六二頁）。この石塔が当初建てられた目的や位置は明らかでないが、外岡慎一郎氏は現在安置される西方寺の付近が、丹後街道に近く、中世の今富名にあたるから、この地に市があってそこに建てられた可能性もあるとする（「中世若狭の市庭――丹後街道に沿って――」〈『北陸道Ⅱ　丹後街道Ⅰ』歴史の道調査報告書二、福井県教育委員会、二〇〇二年〉）。

(14)　この場面に描かれた東西道路の比定ついては、七条大路とする五味文彦氏らの見方と、それを批判して一筋北の北小路とする黒田日出男氏の見方（「表象としての空也と一遍――五味文彦氏「絵巻の視線」批判――」〈『思想』八三九、一九九四年五月〉）がある。黒田説は、『聖絵』より約半世紀前の承久四年（一二二二）ごろの完成とされる『閑居友』に、「北小路猪熊に石の卒塔婆の侍めるは、いにしへはそこになむ市のたちけるに侍」と記されること、『聖絵』に描かれた東西道路の幅が大路にしては狭いとみられること、五輪塔の基壇が道路敷にまで張り出して道の半ばを塞ぐように描かれていることは大路として相応しくない、ということなどである。しかし、道幅は必ずしも狭いともみえず、また道路上に信仰対象が設けられることもないとはいえない。後世の例であるが、もと市の塔が所在した小浜今宮の市蛭子社は、現在も道路敷地に祀られている。『閑居友』の記述については、註(16)参照。

(15)　『貞信公記抄』天慶三年（九四〇）五月十日条に、「将門首不収市司、可懸外樹之事」とある。前田禎彦「平安時代の法と秩序――検非違使庁の役割と意義――」（『日本史研究』四五二号、二〇〇〇年）参照。

(16)　五輪塔に関わる文献は次の通りである。

一、『空也誄』「其年、東郡（都カ）囚門、建卒堵婆一基、尊像眩曜兮満月、宝鐸錚鏦兮鳴風、若干囚徒皆垂涙曰、不図瞻尊容聴法音、善哉得抜苦之焉」（『大日本史料』天禄三年九月十一日条）。

二、『拾遺抄』巻十　雑部下「市門にかきつけて侍ける　空也上人　一たひも南無阿弥陀仏といふ人の蓮のうへにのほらぬはなし」（群書類従）。

三、『打聞集』二十六「其公野聖は東市門に八尺石率塔婆を立、盗人かなき（鉗）はく所なれば、其罪失はむとて立也けり、」（改造文庫）。

四、『拾遺抄註』「市門ハ七条猪熊ナリ、七条町トイヘル、僻事也、市屋アリ、市マツリアル所ナリ、著鈦祭ナリ、夏冬二度アリ、昔ハ其市ニテアキナヒハシケリ、町ハ私事ナリ、彼市ニテ盗人ヲモトヒ（問）、又犯人ハバスル（罰）モノ、アマネク市ニテ人ニミゴリ（見懲）サセム為トコソ申メレ、ソノ小路ノ末ヲバ、フルクハ市門トイヒケル、今ハ北小路トナヅケタリ、件ノ市ニ石卒都婆アリ、空也上人ガタテタル也、其ソトバニ、此歌ヲ書付云々」（群書類従）

五、『閑居友』上四「その跡とかや、北小路猪熊に石の卒塔婆の侍めるは、いにしへはそこになむ市の立ちけるに侍、或は、その卒塔婆は玄昉法師のために空也上人の建て給へりけるとも申侍にや、まことにあまたの人を育まんとたしなみ給ひけむ、さこそはと思ひやられ侍」（新日本古典文学大系）。

六、「東市町正応五年前図」（林屋辰三郎『町衆』中央公論社、一九六四年、古代学協会・古代学研究所編『平安京提要』角川書店、一九九四年、三六〇頁）の猪熊七条の東南の坪東側に、「石塔婆　空也上人建ル」の註記がある。

これらについては、前掲黒田註(14)論文で検討され、石井義長氏も詳細に検討している（『空也上人の研究その行業と思想』法藏館、二〇〇二年、二七九頁）。改めてこれらの史料を見ると、空也の事績として確度の高い『空也誄』にみえるのは、囚門つまり囚獄司の門に卒塔婆を建てたことである。市に関するのは、和歌を市の門に書き付けたという『拾遺抄』の詞書きである。市の石塔については記されていない。『打聞集』以降の説話に表れる空也が市に石塔を建てたという話は、囚獄司門の塔建立と市門の和歌書付が混同し、さらに当時、東市門の位置に存在していた石塔も混同された結果ではないだろうか。囚獄司と市がともに刑場でもあったこと、空也が市聖と呼ばれたことも混乱を助長した要因と思われる。石塔の位置は、『打聞集』に「東市門」とあることが手がかりとなる。「平安京左右京図」（九条家本『延喜式』、『平安京提要』口絵）の道路名註記には、東市を南北に貫く猪熊小路を「南市門」と記し、また七条大路との交差点には門の表示と「東市南門」の註記がある。これらによれば石塔は猪熊七条にあったと思われる。時代性がはっきりしないが「東市町正応五年前図」の石塔の註記の位置が、七条猪熊の西南角であることも傍証となる。黒田氏が指摘されるように、『閑居友』は石塔所在地を北小路猪熊とするが、石井氏が指摘するように「侍める」と推量で書かれていることからすると実態に基づくかどうか決し難く、『拾遺抄註』の記述に基づいて書かれた可能性がある。『拾遺抄註』の記述も、市門について七条猪熊とはじめに書いてあり、北小路についての記述は文意がとりにくく混乱があるように思う。また石塔は東市にあるというのみで具体的位置は触れていない。さらに歌を市門に書き付けたということを、石塔に書き付けたと解釈していることも問題が残る。

(17) 西郷信綱「市と歌垣」(一九八〇年、『古代の声　うた・踊り・市・ことば・神話』増補版、朝日選書、一九九五年)。この論文では市の樹、自然石の市神、市の境界性なども説かれている。

(18) 『今昔物語集』の説話で伐られたという槻木が、飛鳥寺西の槻を指すことは間違いないと思われる。しかし、実際の歴史では、槻は飛鳥寺の堂舎と並存している。おそらく説話が形成された時点では、すでに槻木自体がなくなっていたことを示すと思われる。また槻木を切り倒して堂を建てたというストーリーは、『日本書紀』の「樹葉の家を壊して堂を建てた」という話が影響していると考えられる。それにもかかわらずこうした説話があることは、平安時代まで聖樹の記憶が残されていたためかもしれない。また、史料Iは、平安時代以降に飛鳥寺がこの槻の木の残存を梃子に、経済的権利獲得を図ったことを暗示しているように思う。

(19) 杉本苑子・入江泰吉『飛鳥路の寺』保育社、一九七〇年、五二頁など。

(20) 奈良県立橿原考古学研究所編『大和国条里復原図』吉川弘文館、一九八一年、八八図。なお、飛鳥寺の西北方、東西道路の北にも「辻堂」の小字がある。現在、飛鳥寺の西北の交差点が近いので、それにともなう辻堂があったのかもしれない。

(21) 今泉氏の挙げられた聖樹のうち門前の聖樹と考えられるものは以下の通り。山城国葛野郡家前の槻(『続日本後紀』承和十四年〈八四七〉六月甲寅条)、常陸国行方郡家の南門の大槻(『常陸国風土記』行方郡)、大伴家持の庄の門の槻(『万葉集』巻二十・四三〇二)、大和額田寺南門前の槻(『額田寺伽藍並条里図』、石上英一「古代荘園図」一九九三年〈同『古代荘園史料の基礎的研究』上、塙書房、一九九七年、三七頁〉)。葛野郡家前の槻は、松尾大神が「我、時々来遊之木也、」と託宣下という(『本朝月令』四月上巳松尾祭事)。石上英一氏は、飛鳥寺西の槻木との比較から、額田寺の南門の前の槻の木の付近を儀礼の広場であると指摘している。このほか、越中国射水郡大領の門前の林中で、大伴家持の送別の宴を開いた事例(『万葉集』巻十九・四二五一番)も含めることができるかもしれない。平安京の東西の囚獄司の門の脇にあった樗(梅檀)(角田文衞『平安京散策』京都新聞社、一九九一年。前掲前田註(15)論文)も同類の可能性がある。この樗は、空也が東都囚門に建てた卒塔婆との関係を推測させる。『今昔物語集』には、平安京五条西洞院の桂宮の前に大きな桂の木があったので桂宮と称したという話がみえる（巻二十四第十・前掲『平安京散策』）。さらに、十三世紀前半の讃岐国善通寺の南大門東脇には、「西行ガ松」という「古大松」があり（仁治三年〈一二四二〉道範『南海流浪記』群書類従）、徳治二年（一三〇七）『讃岐国善通寺領絵図』（『日本荘園絵図聚影』五上 二二）にも描かれている。善通寺は奈良時代の瓦が出土する古代寺院であり、南大門からは「作り道」が延びていた（高橋昌明「地方寺院の中世的展開」〈小山靖憲・佐藤和彦編『絵図にみる荘園の世界』東京大学出版会、一九八七年〉）。この大松も古代の門前の聖樹の系譜をひくものであろう。

（22） 井戸の側の聖樹の具体例として、天平勝宝八歳（七五六）六月十二日「孝謙天皇東大寺宮宅田園施入勅」（『大日本古文書』四・一一八頁）の図に描かれた大安寺所の井戸と樹木がある。この園地は「御井薗」と呼ばれるから（同六・五八七頁、同二三・六一六頁）、この井戸は特別な井戸と考えられる。また樹木は、隣接する坪の樹木とは明らかに描写が異なり、根元も塚のように見える。この比定地付近に小字名「榎葉井」が残ることから（岸俊男「遺存地割・地名による平城京の復原研究」〈同『日本古代宮都の研究』岩波書店、一九八八年、二一〇頁〉）、聖樹の榎と推定される。聖樹と聖なる井戸の存在は、この地が大安寺の園となる以前、特別な土地であったことを示しているのではないだろうか。

（23） 井上和人「飛鳥京域論の検証」（一九八五年、同『古代都城制条里制の実証的研究』学生社、二〇〇四年）。

古代の「米」と「飯」

吉野秋二

はじめに

古代の米に関しては、文献史学に限らず諸分野で膨大な研究の蓄積がある。近年では、網野善彦の稲作文化一元論批判をめぐり、論争が繰り広げられた(1)。しかし子細に見ると、生産・流通局面に関する研究の隆盛とは対照的に、消費局面に関する研究は大きく遅れている。本稿は、かかる現状認識を踏まえ、「飯」の記載を有する史料を集成し検討するものである。長屋王家木簡・正倉院文書など一次史料を有機的に活用し、古代の食生活をリアルに復原してみたい(2)。

なお出典表記に関して、『大日本古文書』編年文書は『編年』、奈良文化財研究所(旧奈良国立文化財研究所)『平城宮木簡』、同『平城京木簡』は、『平』・『京』×(刊数)—×(木簡番号)、同『平城宮発掘調査出土木簡概報』は『城』○(号数)—○頁、向日市教育委員会『長岡京木簡』一は、『長』一—×(木簡番号)と略す。また、木簡釈文中の◦は穿穴を示す。予め了解されたい。

一　長屋王家木簡の「米」と「飯」

平城京左京三条二坊の長屋王邸跡の発掘調査では、溝状土壙ＳＤ四七五〇から一大木簡群「長屋王家木簡」が出土した。そのなかで、過半を占めるのが日々の食料支給を記録した木簡、通称「伝票木簡」である。伝票木簡は、被支給者名＋支給品目・数量＋「受」・「授」受取人名＋日付＋支給担当者名という構成をとる。

木簡①・小子十三口米六升半受黒万呂　○
・　八月廿日大嶋○
（『京』一―二七九）

たとえば、木簡①の記載は、「小子」十三人に米六升半を、受取人「黒万呂」を介し、八月二十日付で担当者大嶋が支給した旨を意味する。これらは邸内の食料支給担当部署が作成した支給控で、一定期間ごとに食料支給担当部署から政所（務所）に回送された。そして監査・集計後、政所宛文書木簡・考課木簡などとともに廃棄されたわけである(3)。

したがって伝票木簡は、八世紀前期における王臣家の給食システムを示す希有な一次史料といえる。

本稿で着目するのは、その支給品目・数量である。

伝票木簡の品目記載は、木簡①をはじめ「米」が圧倒的に多く、「飯」が続き、「塩」「粥米」「粉米」「味物」「海藻」「醬」などが数点ある。[4] ただし渡辺晃宏は、「飯」については、一部支給責任者が書癖で「飯米」（食事用の米）を略した表現、と主張している。[5]「飯」支給木簡と「米」支給木簡で対象者に大差がないこと、「飯」木簡が特定支給責任者に集中する傾向が存することが根拠である。この説に従えば、米以外を支給物とする伝票木簡はきわめて限定的な数量となる。

管見では、現在まで渡辺説に対する批判はなく、大方の承認を得ているように思う。[6] しかし、数点とはいえ副食の支給事例が存することは無視できない。また、同一支給責任者の伝票木簡に「飯」と「米」の両方が混在する事例が存することなど、反証となる事実もある。伝票木簡は他に類例の乏しい史料群であり、今少し慎重に検討すべきだろう。

そこで、私が注目するのが以下のような木簡である。

木簡②・鏤盤所　長一口米二升 帳内□（二）口一升　銅造一口二升半 雇人二口四升　右五人米九升半受龍万呂。
・　　十二月廿六日　阿加流「稲栗」　稲虫　。　（『京』二―一九五一）

木簡③・鋳物所　鋳物師二人　雇人一口　四升。
・右三人飯一斗二升　受□万呂 閏月十二日　山万呂。　（『城』二五―二八頁）

木簡④・鋳物師二口飯八升帳内一口二升雇人一口四升。
・右四人一斗四升受［　　］　。　（『城』二二―二四頁）

右掲木簡②〜④は、いずれも「鋳物所」「鏤盤所」など金属加工関係部署に属する工人等を対象とするもの、品目記載は、木簡②は「米」、木簡③④は「飯」である。ここで注意すべきは、各々への支給量である。

賦役令役丁匠条には、「凡役丁匠、皆十人外、給一人充火頭。疾病及遇雨、不堪執作之日、減半食。闕功令陪。唯疾病者、給役日直。雖雨非露役者、不在此限。」と、病気や雨天で勤務できない場合、朝・夕二食の内、一食分を減らす旨の規定がある。正税帳、大粮申請文書等によれば、律令官司の給食は、この規定に則り一日米二升を基準とし、職種・勤務時間により調整する（基本的には漸減する）方式をとっていた(7)。長屋王家の「米」支給伝票木簡の支給量も、一部を除き一人五合〜二升半に収まる。公的家たる長屋王家は律令官司に準じた支給法をとり、一日・一食単位の支給を伝票木簡に記録したのである。

「米」支給を記す木簡②も例外ではない。「鏤盤所」の「長」「銅造」「帳内」「雇人」各一人に対する支給量は、各々二升、二升五合、一升、二升だから、一日分である。手工業関係部署を対象とする「米」支給木簡を概観すると、技術者・雇人（雇傭労働者）への支給量は、ほぼ二升で一定している。「銅造」への支給量二升五合は、特殊技能を加味した特例だろう。一方、「帳内」への支給量はこの種の木簡では一升である。これは、王家の恒常的構成員か否かで支給量を区別したことを物語る(8)。

一方、「飯」支給木簡③④の支給量は、「鋳物師」「雇人」へは一人四升、「帳内」へは二升であり、「米」の事例の倍量になっている。とくに「鋳物師」「雇人」に対する支給量四升は、前述の「米」の一般的支給量の上限を大きく超えている。

この現象に関しては、二つの解釈があり得る。一つは、前述の渡辺説を前提とし、例外的に二日分まとめて米を支給した事例（それが偶然、「飯米」を略し「飯」と表記された）とする解釈、もう一つは、文字通り飯を支給したもので、炊飯時の体積増大が支給量に反映されたとする解釈である。[9] 結論を言えば、私は、後者を是と考える。

木簡⑤　西宮小子二口米二升受望末呂 十二月廿五日稲虫　。　（『京』一―一八九六）

木簡⑥・鶴司少子 虫万呂 田人 国嶋　右三人飯六升受。
・得万呂　十月廿五日　老　。　（『京』二―一九〇一）

木簡⑦・。下番少子 兄上 梶取　右二人飯四升　。
・。受兄上　十月十七日大□。　（『京』二―一八九〇）

右掲木簡⑤～⑦はすべて、四～十六歳の若年者「小子（少子）」を支給対象とするものである。[10] ただし、木簡⑤の支給品目は「米」、木簡⑥⑦は「飯」である。「小子」対象木簡全体を概観すると、「米」支給木簡は、木簡⑤のように支給量が一人一升のものと五合のもの（前掲木簡①など）が相半ばする。ただし、五合は一食分の支給と考えられるので、「小子」に対する一日の「米」支給基準は一升、技術者・雇人（前掲木簡②）の半分となる。

一方、「飯」支給木簡は、木簡⑥⑦も含め七点あるが、すべて支給量は一人二升、「米」の場合の一日一升の倍量になっている。[11] 前掲木簡③④と合わせ計九点。もはや、これらが飯米ではなく、飯の支給を記録していることは確実である。

以上の考察を踏まえ伝票木簡全体を概観すると、他にも、「御弓造兵舎人」「絃刺衛士」（『城』二一―二四頁）、「斯」（『京』二―一九二六）、「政人」[12]（『城』二七―九頁）などに対し一人三升の「飯」支給を記す事例が確認できる。ただし、一人五合～二升の「飯」支給木簡も多数存することも事実である。後者には、一食単位（間食も含め）の飯支給を記したケース、「飯米」を略して「飯」と記したケース（実際には、米を支給したケース）、二つのケースが併存した可能性が高い。[13] したがって不確定な部分が残るが、伝票木簡全体で飯支給木簡が数十点あることは間違いない。

以上、長屋王家の伝票木簡の「飯」「米」の表記について考察し、食料支給担当部署が米と飯の両方を支給したこと、飯の支給基準を米の倍量に設定したことを指摘した。二では、他の史料から自説の蓋然性を確認してみたい。

二 「飯」と「米」の支給量

ここでは、寺院などの帳簿、長屋王家木簡以外の米飯木簡を素材として、飯と米の量の関係に関わる情報を集成し、前の考察を補強する。

1　食口案と相節帳

正倉院文書には、東大寺写経所が日ごと・月ごとに写経事業従事者への食料支給を記録した帳簿「食口案」が数点存する。左掲はそのなかの一点、「写書所食口案」（天平勝宝二年〈七五〇〉）の冒頭部の記述である（数字は簡体で記した）。

勝宝二年
正月中行事事　合食口単九百四十七人返上飯六斗三升料除十三人十人書師三人校生定九百三十四人
書師五百廿五十八人　五百十九人見写経　六人遣使　三人政所公文任使
装潢八十九五人　五人〻四十人造大般若紙　廿四人造法花紙　六人造政所公文紙
校生百七八十十五七人　百七十二一人遣使人見校法花　五人遣使
雑使九十六人　十人紙打　五人遣使　卌人堂守
　四人政所公文造所任使　卅七人雑任使
食領卅人　史生十八人
二月中食口合二千一百二十九人
返上飯三斗八升八人料六人書師人別五升二人校生人別四升定二千一百二十一人
（以下略）(14)

まず内容を略記する。一月、写経所は「食口」として九四七人を予算計上していたが、「書師」十人、「校生」三人、計十三人が欠勤、実労は「書師」五二八人、「装潢」八十五人、「校生」一七七人、

「雑使」九十六人、「食領」三十人、「史生」十八人、計九三四人であった。「返上飯六斗三（二）升」は、欠勤者十三人分の飯（食べられず返却された残飯）の量である。続く二月の部分の「返上飯」は合計三斗八升であるが、ここでは「書師」五升・六人、「校生」四升・二人と、身分別に「飯」の量が記されている。この食口案は正月から十一月まで欠失なく接続するが、「返上飯」記載は、左掲部に続く部分でも毎月存する。

同様の記載は、他に「写書所食口案」（天平勝宝三年正月・二月）、「写書所告朔幷食口案」（天平勝宝三年）にも見える。前者は、天平勝宝三年正月・二月の食口案、後者は正月〜五月までは告朔案、六〜十二月は食口案を貼り継いだものだが、「返上飯」記載は、前者の正月・二月、後者の四月・五月の計四カ月に見える。

以上三点の帳簿の「返上飯」記載を、天平勝宝二年・三年に分けて集計・整理すると**表1・2**のようになる。「返上飯」の総量は、月ごとにかなり変動があるが、一人あたりの量は、身分別に「経師」（「書師」「書生」）・「装潢」五升、「校生」四升、「雑使」「舎人」三升、「考参」二升で計算して矛盾はない[15]。したがって、これが東大寺写経所の飯の支給基準と見なし得る。

一方、「米」に関しては、「食口案」も含め多くの帳簿に支給データが残っている。たとえば、前掲二食口案と同時期の予算帳簿、天平勝宝二年十月十二日「造東大寺司解」（『編年』三―四六二頁）は、写経従事者の一日の食米を、「経師」「題師」「装潢」二升、「校生」一升六合、「雑仕」一升二合で計上する。この数値は、奈良時代を通じほぼ一定しており、東大寺写経所の米の支給基準とみてよい。したがって東大寺写経所では、飯の支給基準を米の二倍半に設定していたと判断できる。

表1　天平勝宝２年の「返上飯」

	総　量	内　訳
正月	６斗２升	書師５升×10人　校生４升×３人
２月	３斗８升	書師５升×６人　校生４升×２人
３月	１石２斗７升	経師５升×23人　校生４升×３人
４月	１斗１升	書生５升×１人　雑使３升×２人
５月	１石８斗３升	書生５升×28人　装潢５升×３人　校生４升×７人
６月	１石３斗４升	書生５升×20人　装潢５升×２人　校生４升×６人
７月	２斗１升	書生５升×３人　雑使３升×２人
８月	４斗	書生５升×８人
９月	７斗９升	書生５升×15人　校生４升×１人
10月	１石２斗４升	書生５升×20人　校生４升×３人　考参２升×６人
11月	４斗４升	書生５升×２人　校生４升×４人　考参２升×９人

表2　天平勝宝３年の「返上飯」

	総　量	内　訳
正月	４斗６升	書生５升×６人　校生４升×４人
２月	２斗９升	書生５升×５人　校生４升×１人
４月	５斗５升	書生５升×11人
５月	３升	舎人３升×１人

表1は「写書所食口案」（天平勝宝２年）、**表2**は「写書所食口案」（天平勝宝３年正月・２月）と「写書所告朔幷食口案」（天平勝宝３年）に拠る。なお、一部、文書の原記載を誤記と判断し改定した数値を記入。

食口案の飯に関する記載としては、他に「奉写灌頂経所食口案」（天平宝字六年〈七六二〉十二月）十二月十日の項に「又借用飯一斗」という記述がある。この部分には「自保良来仕丁等給料米四升」と註が付されているが、「借用した飯一斗は、保良宮派遣の仕丁等に対する『給料米四升』分にあたる」、との意味だろう。この飯と米の換算率も、前述の「返上飯」と同一基準である。

以上の考察によって、東大寺写経所の給飯基準が、長屋王家より多め、米の二倍半だったことが判明した。しかし、以下に例示する平安期の「相折帳」（院宮王臣家・寺家などが作成する予算帳簿）には、長屋王家と適合する記述が数例確認できる。

左掲は、『兵範記』仁平二年（一一五二）四月十六日条の関白藤原忠通の息男、基実の御随身所始に関する記述である。

一月卅日相折用途

能米二石四斗

九斗　白飯一石八斗料（日別六升代能米三升人別三升）

六斗　菜料（日別二升）

九斗　酒直料（日別三升）

例米二斗二升

一斗四升　雑仕女二人食料（日別八合）

九升　　飯薪直

油三升（夜一合）

件式法、検先例所相定也。当月料、令成十五ヶ日下文了

「能米二石四斗」は随身二人の一カ月の食費総額、「白飯一石八斗料」「菜料」「酒直料」は細目である。傍線部に「白飯一石八斗料」として米九斗を計上する点に注意したい。下註は一日分の見積もりで、「白飯」が随身二人で日別六升（人別三升）、白飯日別六升に対応する能米が三升と算出されている。つまり、換算基準は「白飯」＝米×2である。

同様の記述は、寺家の相折帳にも見える。康治二年（一一四三）「筑前国観世音寺年料米相折帳」（『平安遺文』二五〇四）は、観世音寺の年間の経費を米換算で算出するが、「恒例御国関八講料」の項で「同講料」の「炊飯六石料」として「米三石」、「法花会仏僧供料」の項で「僧供炊飯代」の「炊飯三石代」として米一石五斗を計上する。また、大治二年（一一二七）八月二十八日「筑前国山北封所当結解状」（『平安遺文』二一〇八）でも、筑前観世音寺御八講「炊飯一石五斗料」を米七斗五升としている。したがって、筑前観世音寺の飯と米の換算基準は、長屋王家・藤原忠通家と同一と判断できる。

これに対し、管見では、前述の写経所文書以外には、炊飯による膨張を二倍半に見積もる事例は見あたらない。換算法が異なる理由は不明だが、一般的換算基準は、飯＝米×2とみて間違いなかろう。

2　請飯木簡

飯の支給・請求に関わる木簡は、長屋王家木簡以外にも多数出土している。そのなかで左の二点は、特に記載が詳細な事例である。

木簡⑧・陰陽寮移　大炊寮　給飯捌升　右依
　　・例給如件録状故移　□□□□（年八月カ）従八位下（16）

木簡⑨　内酒殿　夫弐人料飯捌升人別四升 山作　弘仁元年十月十八日 大舎人□□（安カ）(17)

まず木簡⑧は、平城宮第二次大極殿東外郭付近小土壙（ＳＫ四四五三）から出土した、陰陽寮から大炊寮へ飯を請求した請飯木簡である。日下の署は判読不能だが、官位から陰陽寮大属のものと考えられる。伴出木簡に陰陽寮関係のものが数点あるので、廃棄元は差出の陰陽寮側である。請求時の控の可能性も残るが、一応、大炊寮から飯とともに陰陽寮に戻され、廃棄されたと考えておきたい。

一方、木簡⑨は、平安宮内酒殿・釜所・侍従所跡の井戸跡から、越州窯青磁碗や「南曹」（灰釉陶器碗）、「東曹司」（緑釉陶器皿）と記された墨書土器、銭貨、木製品（曲物・碗・箸）とともに出土したものである。内容は、内酒殿の造営・修造業務等従事者への飯支給に関するものである。差出・宛先のない記録簡体裁であり、内酒殿内の支給控の可能性が高い。ただし、請求文言（「請」など）の省略を想定して、木簡⑧と同様、厨を有す官司・機関に対する請飯木簡とみることも可能である。

木簡⑧⑨共に全体の給飯料は八升だが、木簡⑨では、内訳が夫二人人別四升と明記されている。これは、前掲木簡③④の長屋王家の技術者・雇人への給飯量と一致する。雇傭労働者への飯支給が、一般に一日四升を基準としたことを示唆するものといえる。

左掲木簡⑩は、平城宮左京七条一坊十六坪の発掘調査で東一坊大路西側溝から出土したものであるが、如上の推測を裏付けるものとして重要である。

木簡⑩　十日□［　］（朝カ）今日夕二升

・請食一斗二升十一日□□（朝夕カ）四升
　十二日□（朝カ）二升　六月十三日□（案カ）×
・□　□□□□□□□（18）

伴出木簡は、年紀は天平二年（七三〇）～宝亀七年（七七六）（題籤軸「宝亀七年六月諸司継文」）、衛門府・皇后宮職関係の内容を有するものが多い。木簡⑩は六月十三日付で、十三日以前の四日分の飯（「食」）を請求したものだが、一部に判読不能の部分がある。ただし、全体の請求料一斗二升と確定部分の細目を対照すると、十・十一日が朝・夕各二升で四升、十二日が朝二升、十三日（「今日」）が夕二升、と判断できる。同一人物の四日分の飯を計算、請求したものだろう。伴出木簡に「間食弐升給案主蔵人等料」「請□　右命婦已下役夫」「次官従」などの記載が見えるので、官人または役夫などへの飯支給に関するものだろう。

この事例では、一日朝・夕各二升、合計一日四升という基準が確認できる。二食支給、一食支給が混在するが、勤務時間の長短等による調整だろう。したがって、これも一人一日飯四升を基準とする飯支給の事例と判断できる。

以上、一人あたりの支給・請求量について数点の木簡を選んで考察したが、考察結果は飯支給・請求木簡全般に応用できると思う。左掲は、長岡京左京三条二坊八町の太政官厨家跡の溝ＳＤ一三〇一―Ｂから出土した請飯木簡である。

木簡⑪　請書手飯四升十月三日軽間嶋枌　（『長』一―一四）

木簡⑫　請飯四升　十二月廿三日軽間嶋枌　（『長』一―一二）

請飯木簡は、右掲木簡⑪⑫を含め断簡も含めて全三十点出土し、内二点には延暦八年（七八九）の年紀をもつものが含まれる。以下、今泉隆雄説に従い概要を記す[19]。これらは延暦八年前後の一括資料であるが、書式により二類に分類し、日付順に排列できる。まず、a類は、木簡⑪のように、部署名（「考所」二点）または役職名（「書手」十点、「書工」一点、「写手」一点、「書生」一点）など被支給者を明記するもので、延暦八年八月～同十一月の発給である。ただし、「書工」「写手」「書生」は「書手」の異称なので、実質「書手」と「考所」の二種となる。一方、b類は、被支給者を明記しないもので、延暦八年十二月～九年六月の発給である。この期間は、被支給者が「書手」のみなので記載を省略したと考えられる。

以上だが、要するにa類・b類を通じ、「考所」を対象とする二点以外は、「書手」が被支給者ということになる。そこで注意すべきは、「考所」二点以外の請飯量が、右掲木簡⑪⑫を含め、四升でほぼ一致していることである[20]。被支給者は「書手」一人である可能性が高い。木簡に人数記載がないのは、一人分の常食ゆえ省略したのだろう[21]。

左掲『うつほ物語』（祭の使）には、請飯木簡の使用形態を窺わせる記述がある。

日に一度、短籍を出だして、一笥の飯を食ふ。院司、かいとり、「藤英が糧一つの捻り文」と笑はれ、博士たちにいささか数まへられず。

勧学院学生藤英が、「短籍」（「捻り文」）と引き替えに日々の飯を受給している。東野治之は、奈良時代にかかるケースで「短籍」として木簡が使用されたと推測している。(22) その実体は木簡⑪⑫の如きものだろう。「書手」は、発給された請飯木簡を太政官厨家に持参し、自ら飯を受け取ったのではないか。請飯木簡全般に関しても、とくに請求量が少量のものに関しては、同様の使用形態を想定すべきだろう。

以上、長屋王家木簡以外の諸史料を、飯の分量に注意して概観し、米二升に対応する飯の支給基準が四升であることを実証した。三では、捨象した史料も含め、給飯システムを全体的に論じてみたい。

三　給飯システムの実態

ここでは、前の考察から派生する三つの問題をとりあげ、律令制社会における給飯システムの運用実態に迫ってみたい。

1　飯支給の特質

長屋王家では、伝票木簡を作成した食料支給担当部署が、米と飯の両方を支給していた。問題は両者の使い分けであるが、左掲『扶桑略記』（第二十四裏書）延長八年（九三〇）二月六日条は、やや特殊だが、手がかりとなる事例である。

以米百石穀四百石、賑給左右京病者窮人等。但米内以五斗毎条炊飯給之。為飢窮者也。

左右京内の賑給の際、支給物として準備した米・穀の内、米の一部を炊飯して「飢窮者」に給したとある。八・九世紀の賑給の支給物は米・穀が一般的だが、貞観二年（八六〇）五月の淳和大后斎会の事例を嚆矢として、仏事を契機とする賑給（施行）を中心に飯の支給事例が増加し始める。これらは、院政期以後、「熟食施行」として一般化する。(23)

賑給において米・穀を支給するのは、田租貢納の再分配という思想的意味に加え、これらが蓄積・交換が容易な一般的等価物（現物貨幣）であることが大きい。これに対し、飯支給の利点は、すぐに「食べられる」という点に尽きる。深刻な「飢窮者」、調理器具を持たない者にとって、この利点は大きい。

左掲は『三宝会』法宝一八の冒頭、大安寺僧栄好が、一日分の配給飯四升を、寺辺に居住する母親、童子、乞者の四等分にしたことを述べた部分である。

昔、大安寺ニ栄好トイフ僧アリ。身マヅシウシテ、オコナヒツトム。坊ヨリイヅル事ナシ。老タル母ヲ寺ノ外ニスヱタリ。一人ノ童ヲ室ノウチニツカフ。七大寺、古ハ室ニ釜檜（衍カ）ヲオカズ、政所ニ飯ヲカシキテ、露車ニツミテ、朝ゴトニ僧坊ノ前ヨリヤリテ、一人ノ僧ゴトニ小飯四升ヲウク。栄好是ヲウケテ四ニ分テ、一ヲバ母ニタテマツル。一ヲ来ル乞者ニアタフ。一ヲバミヅカラクフ。一ヲバ童ニアテタリ。マヅ母ニオクリテ、マイルヨシヲ聞テノチニ、ミヅカラ食フ。師食ヒテノチニ童クフ。アマタノ年ヲヘテ此事アヤマタズ。

傍線部には、栄好の時代（奈良後期～平安初期）、南都七大寺では「室ニ釜檜ヲオカズ」、政所で一括して飯を炊き、一日一回、僧坊に届けていたとある。『三宝会』が成立した平安中期には、僧坊は、「釜」「檜《コシキ》」を保有し、飯を自炊したのだろう。このように、飯の供給は一般に、厨の保有機関から非保有機関（その構成員）へと行われる。

諸史料に見える「飯」の被支給者も、陰陽寮・内酒殿のような小官司（木簡⑧⑨）、〇〇所・〇〇司といった末端部署（木簡③⑥）、臨時の行事所・造営所、あるいは屋外作業従事者・雇傭労働者が多数を占める。(24) とくに衛府関係の請飯木簡は点数が多いが、そのほとんどは出先の警固を担当する機関から出土している。出先機関には「食司」という担当部署の設置も確認できる。(25)「食司」は、日々の人員配置に応じて常食の出納を調整し、結果を「食口案」に相当する帳簿に集計したのであろう。

2　半食残

前の考察で、一日の米の基準支給量二升に対応する飯のそれが四升にあたることを証明した。ただし、種々の要因により、実際の飯の支給量は、四升に満たないケースも多い。たとえば、木簡⑥⑦の「小子」への基準支給量は、若年者ゆえ成年者より低めに設定されている。また、成年者でも、木簡⑩に見えるように、一食単位で支給すれば、支給量は半減することになる。当然ながら飯支給は、米支給と比較すると、臨時の間食も含め、一食ごとに支給されるケースが多いはずである。

さらに、当時の共同炊事の方法に関しても考慮が必要である。彌永貞三による造石山院所関係文書の分析によれば、造石山院所は、仕丁の食米二升の内、一升二合分を常食にあて、残り八合はプールし、「半食残」（生料現給）という名目で、月末に現米で支給していた[26]。また、共同炊事分の一升二合分に関しても、一部を酒、薬、副食物に充当するケースがあった。かかる方式を採れば、飯の支給量は、基準より四割以上減ることになる。

彌永は、天平期以後、厮制の無実化とともに「半食残」方式が一般化したと推測している。しかし、この推測には確たる根拠はない。実際、前述の「返上飯」「借用飯」の事例は、すべて天平勝宝期以後のものだが、「半食残」方式は採られず、食米をすべて炊飯に充てている。「半食残」方式の採否は、組織・対象者によってばらつきがあったと思われる。一応、組織・機関の恒常的構成員で支給量の多い者が採用対象になりやすいと予想できる。今後、検討を深める必要がある。

3　飯の流通

「半食残」方式は、共同炊事の際、残飯の発生を抑えるための処置であった。しかし、東大寺写経所の「返上飯」「借用飯」の事例のように、臨時の飯の過不足は、支給者側・受給者側双方で日常的に発生したはずである。その際、いかなる対処法がとられたのか。

長屋王家木簡には、伝票木簡以外にも、「店」「西店」に関する木簡に飯に関する記載が見える。関係木簡は全十二点に及ぶが、四点を選び左に掲げる。

木簡⑬・十一月四日店物　飯九十九笥 直九十九文　別笥一文
・酒五斗直五十文　別升一文 右銭一百卌九文
（『城』二一―一九頁）

木簡⑭・○十一月五日店物□（飯カ）九十四□（笥カ）価九十四文
　・○酒五斗直五十文 □□□（百卌カ）四文［　　］　（『城』二七―一四頁）

木簡⑮・十一月六日店物□（飯カ）六十七
　・［　　　　］［　　］　（『城』二七―一四頁）

木簡⑯・十一月八日店物酒四斗上
　・□直卌五文［　　］　（『城』二七―一四頁）

舘野和己は、「店（西店）」を、米の進上、「餘」（近志路）の交易・進上、「店物」（飯・酒）の売却などを担当する長屋王家の邸外機関と推測する[27]。皇親と五位以上の貴族は雑令皇親条により左右京市に出肆できないが、「店」は、東大寺市庄のように市の外辺に位置し、王家の交易拠点となったと思われる。『日本後紀』大同元年（八〇六）九月壬子条「遣使封左右京及山埼津難波津酒家甕。以水旱成災、穀米騰躍也。」に見える平安京「左右京」の「酒家」は、平城京の「店」の発展形であろう[28]。

長屋王家の「店」の商品は、飯と酒であった。木簡⑬～⑯は、一日分の売り上げの銭に付した付札であり、売り上げの内訳が記してある。その内、木簡⑬⑭⑮には、十一月四日、五日、六日の三日間、一笥一文の価格で、飯を各々九十九笥、九十四笥、六十七笥販売した旨が記録されている。

「笥」は、現代の「櫃」にあたる蓋付きの曲物だが、関根真隆によれば、「大」「小」の別があり、「大笥」は約五升、「小笥」はその半分の容積をもつ(29)。前に考察した飯の標準支給量が四升、最大支給量が五升（東大寺写経所経師など）だから、「笥」の容積は、「大笥」がほぼ一日分、「小笥」が一食分にあたる。これは、「笥」の規格が、飯の一般的支給量に拠ったことを示している。

前述のように、長屋王家の場合、一升の米で二升の飯を炊いていた。木簡⑬〜⑮の「笥」を「大笥」と仮定すると、約二升半の米で炊いた飯を一文で販売したことになる。当時、米三升（穀六升分）が銭一文なので（『続日本紀』和銅四年五月己未条）、「店」の販売価格は、米の直段に炊飯の手間賃・利益を約二割上乗せしている。

また、「店」の飯の販売量は、同様の基準で計算すると、一日、三石三斗五升（十一月六日）〜四石九斗五升（十一月四日）となる。「店」の施設としては、米や交易物を貯蔵する倉の存在は推測できるが、厨の有無はわからない。ただし、仮に厨があっても、長屋王邸内で発生した食事の残飯が店の商品となった可能性は認められる。

『延喜式』左右京職には、「凡京中衛士仕丁等坊不得商賈。但酒食不在此例。」と、「衛士仕丁等坊」での、「酒食」以外の販売を禁止する規定がある。これは東西市の保護規定でもあるが、禁止品目から除外された酒・飯は、逆に東西市で販売された形跡がない。つまり、律令制期の都城では、酒と飯は市外で販売する原則であり、長屋王家の「店」はこの原則に則り、酒・飯のみを商品としたわけである(30)。

都城では、衛士・仕丁のように、郷里から離れ不規則な職務に追われる人々が多数存在していた。そのため、酒・飯に関しては自由な交易を認め、「酒食を買う生活」を保証したのであろう。このような飯の交易は「店」に限らず、さまざまな次元で日常的に行われたと思われる。衛士・仕丁自身も、飯を「買う」だけではなく、給食の残飯を「売った」可能性もある。都城には、律令官司・王臣家等の画一的・機械的な給食システムを補完する商業が存在したのである。

おわりに

以上本稿では、飯と米の分量に焦点をあて、古代社会における米の消費実態の復原を試みた。しかし、調理法の如何、[31]白飯と黒飯（玄米飯）の異同など、多くの問題を捨象している。史料の見落としも多いと思う。ご批正をお願いし擱筆する。

註

（1）網野善彦『「日本」とは何か』（講談社、二〇〇〇年）、佐原真『食の考古学』（東京大学出版会、一九九六年）など。

（2）基本史料は、『古事類苑』飲食部、岡崎桂一郎『日本米食史』（丸山舎書籍部、一九一三年）、関根真隆『奈良朝食生活の研究』（吉川弘文館、一九六九年）参照。

（3）奈良国立文化財研究所『平城京左京二条二坊・三条二坊発掘調査報告――長屋王邸・藤原麻呂邸の調査――』（一九九五年）。なお、最近、渡辺晃宏「削屑からみた長屋王家木簡」（『木簡研究』二一、一九九九年）が異論

を提出しているが、従えない（拙稿「『人給所』木簡・墨書土器考」〈『古代文化』五四―九、二〇〇二年〉）。ただし、古尾谷知浩「食料支給事務と四等官・雑任」（同『律令国家と天皇家産機構』塙書房、二〇〇六年、初出二〇〇五年）のように渡辺説を支持する見解もあるので、別稿で再説するつもりである。

（4）「□所給物」として「海藻」「醤」「伊支須」「塩」を支給した事例（『京』二―一七八四）、「鋳物師」「雇人」に味物を支給した事例などがある（『城』二二―二四頁）。

（5）渡辺晃宏「長屋王家木簡と二つの家政機関」（『奈良古代史論集』二、一九九一年）。なお、支給品目を「飯米」とする伝票木簡もある（『城』二五―一〇頁）。

（6）ただし、関根真隆「長屋王家木簡に見る物名について」（奈良国立文化財研究所編・発行『長屋王家・二条大路木簡を読む』二〇〇一年）は、渡辺説を支持しつつ「或いは炊いた飯であったのか、よくわからない点もある」と述べる。

（7）彌永貞三「仕丁の研究」（同『日本古代社会経済史研究』岩波書店、一九八〇年、初出一九五一年）。

（8）櫛木謙周「長屋王家の消費と流通経済」（『国立歴史民俗博物館研究報告』九二、二〇〇二年）。ただし、「帳内」への支給量は、伝票木簡全般では規則性に乏しい。

（9）現代の炊飯法（体積で米の一割から三割増しの水を加える）では、飯の重量は、炊飯前の米の二・二〜二・四倍になる（倉澤文夫『米とその加工』建帛社、一九八二年）。

（10）戸令三歳以下条。なお、森公章「平城京左京三条二坊の邸宅と住人」（同『長屋王家木簡の基礎的研究』吉川弘文館、二〇〇〇年、初出一九九五年）、松村淳子「長屋王家の少子と帳内」（佐藤宗諄先生退官記念論文集刊行会編『『親信卿記』の研究』思文閣出版、二〇〇五年）は、長屋王家木簡の「少子（小子）」は、成年者もしくは成年者を含む概念として使用されていたとするが従い難い。この点は、寺崎保広「長屋王家木簡にみえる小子と帳内」（同『古代日本の都城と木簡』吉川弘文館、二〇〇六年、初出一九九七年）参照。なお、正倉院文書には「童子」に対する給米記載を有する史料が数点あるが、その支給量は、成年の寺院構成員より少ない。

（11）「小子（少子）」への飯二升支給事例は、本文掲載の二点以外では、『城』二二―二〇・二二頁。『城』二五―一〇頁（二点）、二七―一〇頁。長屋王邸内のＳＥ一八〇出土のものにも一点ある（『城』二〇―一〇頁）。なお関係木簡については、前掲松村註(10)に一覧表がある。
(12) 「政人」への「米」の基準支給量は、一日一升五合と推測される(『京』二―一八七三)など。
(13) 伝票木簡を保管する際、個々の支給責任者が飯支給と米支給の分別を徹底していれば、支給責任者間の表現の不統一は、さほど問題ではないと思う。
(14) 本稿引用の食口案四点に関する復原の詳細は、西洋子「食口案の復原(1)」(『正倉院文書研究』四、一九九六年)参照。『編年』掲載の文書名・掲載頁は以下の通り。
「写書所食口案」(天平勝宝二年)……「写書所食口帳案」(一一―一七四~一七六頁)、「写経所解」(三―三七八頁)、「写書所食口帳」(一一―二二七~二三五頁)。

「写書所食口案」(天平勝宝三年正月・二月)……「写書所食口帳案」(一一―四八九~四九二頁)。

「写書所告朔幷食口案」(天平勝宝三年)……「写書所告朔案帳」(一一―五〇六~五三八頁)、「写書所解」(三―四九五~五〇〇頁)。

「奉写灌頂経所食口案」(天平宝字六年十二月)……「奉写灌頂経所食口案帳」(一六―二五~五〇頁)。
(15) 前掲彌永註(7)。
(16) 寺崎保広「奈良・平城京跡(第三五次)」(『木簡研究』一二、一九九〇年)。
(17) 辻裕司「京都・平安宮内酒殿・釜所・侍従所跡」(『木簡研究』一八、一九九六年)。
(18) 舘野和己「奈良・平城京跡左京七条一坊十六坪」(『木簡研究』一七、一九九五年)。なお、木簡出土遺構から祭祀遺物や生産関係遺物も出土しているので、宅地の性格と木簡の内容は合致しない可能性もある。
(19) 今泉隆雄「長岡京太政官厨家の木簡」(同『古代木簡の研究』吉川弘文館、一九九八年、初出一九八四年)。
(20) b類に一点、年月日不詳の断片で「二斗」と記されたものがある。
(21) 平安京右京五条一坊六町から「細工所飯肆」と記された木簡が、平安前期の土器とともに出土している(竜子正彦「京都・平安京跡右京五条一坊六町」〈『木簡研究』二二、二〇〇〇年〉)。「肆」の下は欠損し判読不能だが、「升」とあった可能性が高い。
(22) 東野治之「奈良平安時代の文献に現われた木簡」(同『正倉院文書と木簡の研究』塙書房、一九七七年、初出一九六四年）。長屋王家木簡伝票木簡の一部には、受取人記載を「即」「即自」「已」などとするものがある。これらは、被支給者自身が食料支給担当部署に出向いたことを示す。ただし、伝票木簡全般では、記載上、受取人の立場（支給側か受給側か）は判然としない。森公章「長屋王家木簡三題」（前掲註10『長屋王家木簡の基礎的研究』、初出一九九六年）参照。

(23) 櫛木謙周「『京中賑給』に関する基礎的考察」（『富山大学人文学部紀要』一二、一九八七年）、拙稿「非人身分成立の歴史的前提」（『ヒストリア』一六四、一九九九年）。

(24) 事例として二点例示する。まず、二条大路木簡中（二条大路北側溝SD五三〇〇出土）の一点で行幸関係。

・人員二百二人　百九人別三升　飯三石三斗　三石一斗□一石四斗
　九十三人　別一升五合　飯一石四斗　合飯四石七斗
・竪子所三人　左衛士卅九人　丈部二人
　木工寮七人　右卅九人　領八人
　造宮八十三人　衛門廿一人

（『城』二四―一七頁）

次は、長岡京太政官厨家跡（SD一三〇一―B層）出土木簡で造営所関係。

・造大臣曹司所　史生粁飯□(陸カ)升　倉長□□(貳升カ)
　息人貳升　合壹斗
・　十月廿三日史生宇努「韓國」
　茨田清成

（『長』一―一）

(25) 「食司」は、平城宮内裏外郭土壙（SK八二〇）から出土した左掲の西宮兵衛詰所関係木簡などに見える。

・東三門　額田　林　神　北門　日下部　北府　服□(結カ)
　各務　漆部　秦　縣　大伴
・合十人　五月九日食司日下部太万呂状

（『平』一―一〇〇）

なお、食料関係木簡・伴出遺物の出土パターンに関しては、拙稿「食器の管理と饗応」（『文字と古代日本4 神仏と文字』吉川弘文館、二〇〇五年）。

(26) 前掲彌永註(7)。

(27) 舘野和己「長屋王家の交易活動」（『奈良古代史論集』三、一九九七年）。なお、長屋王家木簡出土後、平城京二条条間路北側溝から「店」と「市」を区別して記載した木簡が出土し（『城』三四―二七頁）、「店」が市外の商業施設であることは確実になった（前掲櫛木註8）。

(28) 米を買い占め、騰貴に関与する「酒家」＝「店」の活動は、金融機能の存在を窺わせる。中世「酒屋」の原型を見出すことも可能かもしれない。なお、『うつほ物語』（藤原の君）は、大臣三春高基が七条の邸内に「てうたな」を設けた様子を描くが、その商品は「魚」「塩」などである。

(29) 前掲関根註(2)。飯の支給量の調整は、枡による計量よりも、容器（笥）のサイズによる方法が一般的だったと思われる。ただし、東大寺二月堂修二会食堂作法では、法具として「飯枡」が使用されている。岡崎譲治「二月堂修二会用具」（元興寺文化財研究所『東大寺二月堂修二会の研究　研究篇』中央公論美術出版、一九七九年）参照。

(30) 舘野和己『古代都市平城京の世界』（山川出版社、二〇〇一年）。酒が東西市で販売されないのは、市の秩序を守ることを意図したものだろう（櫛木謙周氏のご教示による）。ただし、医薬品としての用途を考慮し、自由流通を認めた可能性もある。『日本書紀』顕宗即位前紀には「餌香市」での酒の販売を詠んだ歌謡があるから、律令制以前の市では、酒も販売されたと思われる。なお、中国でも、宋代「酒」「飯」の行は、非課税の優遇措置を受けている（宮澤知之『宋代中国の国家と経済』〈創文社、一九九八年〉、一八〇頁）。

(31) 文献史学では甑で蒸して調理したとするのが通説だが、考古学では、坂井秀弥「古代のごはんは蒸した「飯」であった」（『新潟考古学談話会会報』二、一九八八年）などの蒸米派、前掲佐原註(1)などの煮炊き派に意見が分かれている。

八世紀の燃灯供養と灯明器

平松良雄

一　はじめに——灯明器研究の意義——

大和に限らず歴史時代の遺跡からは土器に燃焼痕跡をもつ、いわゆる灯明皿が普遍的に出土する。灯明皿または灯明器(1)は容器内に燃料を満たし、灯芯を置いて燃焼させた結果、器に燃焼痕跡が残される。そのため機能の判別が容易であり、比較的注意が向けられる遺物といえよう。

そもそも列島内で灯明器は、いつから何のために使用されたのであろうか。たとえば縄文時代の釣手型土器や弥生時代の東海の丸窓付土器、古墳時代の手焙型土器などは、その形状から灯火器としての機能が推定されているものである。しかしこれらの器種は散発的に展開する物であって、土器として型式学的に系譜がたどれるものではないし、限定された時空間で特化された器種とみなすべきであろう。また史料としては「火盌(2)」という言葉があるが、これは灯明器を指すと考えられている。このように土器文化が始まって以降、土器を灯明器として使用することは決して希なことでもなかったと考えられる。

灯明は元来、採光目的で行われるものだが、実質的な採光以外の目的で灯明が行われることがある。

文献上の灯明の初見は、『日本書紀』白雉元年（六五〇）十二月晦日条である。同条によれば、難波の味経宮の朝廷内で二千百人の僧尼による一切経読経の後、夕刻に二千七百余りの燃灯が行われ、安宅経や土側経が読呪された。これは仏教法会の一環として燃灯を供養するもので、実用的な採光目的の灯火とは異なる。したがって灯明器には祭器としての意義があり、燃灯という行為自体が、列島内に仏教の荘厳装置の一つとしてもたらされたといえよう。灯明器の日本における濫觴を上記の『日本書紀』の記述を採用すれば七世紀後半からと考えられる。しかし灯明が仏教に伴われて日本にもたらされたのであれば、六世紀半ばから存在することになろう。同時に列島内はもとより韓半島やアジア大陸の当時の生活習慣などの仏教以外の文化要素も含まれるので、この点は今後注意が必要となろう。

如上の観点からすれば、灯明痕跡を有する土器は日常的な器、すなわち常灯と祭器の燃灯供養の二種が存在することになる。本来ならば灯明器としての区分を検討したうえで論を進めるべきであるが、本稿ではその余裕がない。灯明器のうち明らかに供養の器としてとらえられる例を次節にて検討したいが、その便宜的な手段として寺院出土例に限定する。厳密には寺院内出土の灯明器すべてが供養の器として使用されたわけではなく、常灯も当然含まれるはずである。したがって寺院内での出土状況から判断せざるを得ない。

寺院の空間構造について、上原真人は廻廊で区画された空間を仏地と僧地に分けている(3)。仏地には金堂・塔が属し、僧地には講堂・食堂・僧尼房・鐘楼・経蔵などが属すると規定した。この仏地という限定された空間における出土位置や傾向をみて、燃灯供養として判断する。しかし、燃灯として抽出した灯明器にも、常灯の混入がないとは断言できない。

一方、寺院外の出土でありながら燃灯に供された灯明器として考えられる例もいくつか知ることができた。これらの灯明器の分析を行ったうえで、史料からも燃灯の様相を見ておきたい。さらにその背後にある燃灯の意義についても言及したい。

二　灯明器の使用例

前掲した主意に沿って、灯明器として使用された土器を八世紀の時間内に限定して抽出しても、膨大な事例がある。またそのなかから、明らかに燃灯供養に供された事例を網羅するのは困難である。寺院出土の灯明器で使用状況が推定できる事例と、寺院外でも明らかな燃灯供養の事例に限って以下に検討を加える。

1　平城京左京二条二坊・三条二坊SD五一〇〇

平城京左京二条二坊・三条二坊においては、デパート建設に先立って、一九八六年度から一九八九年度にかけて十回以上の発掘調査が実施された。今回対象となるのは、SD五一〇〇[4]から出土した灯明器である。SD五一〇〇は二条大路の路面上に道路南側溝に接して掘られた大きな素掘溝で、幅二・六〜三・五メートル、深さ〇・九〜一・二メートルを測り、一二〇メートル分が検出された。南濠状遺構と呼ばれ、その性格は防御用・築地用土の採取・ゴミ捨て等が考えられてはいるが、不明である。天平七年（七三五）以降から機能して恭仁宮遷都以前の十二年（七四〇）までに埋まったと推定されている。

この報告書において巽淳一郎は灯明器について以下のような考察を巡らし、重要な指摘を数々行っている。以下に同報告に導かれながら摘記する。

ＳＤ五一〇〇出土土器からは多量の灯明器が抽出されている。灯明器として認定するには土器の器表面の煤の付着か、あるいはそれに準ずる痕跡を見出さなければならない。ＳＤ五一〇〇出土土器は洗浄過程において油煙が流失したため、灯明器の判定に困難をきわめたとされる。巽は同報告においてこの判断基準を確実なものにするために土師器皿を復原製作し、灯明器の燃焼実験を行っている。今は実験の前提条件に立ち入らないが、この結果、燃灯に供する前後で燃焼によって色調が著しく変化することを指摘している。[5]同時に長期間にわたって使用した灯明器の色調には、また異なった変化が現れるとも指摘している。

この巽の実験結果は、土中しての経年変化の観点についてはは全く言及していない。この点についてはやや問題が残るが、経年変化を加味したうえで灯明器の観察を行っても、大略は首肯できるものと言えよう。

巽はこれらの成果を踏まえて灯明器について検討を加えた。『正倉院文書』（大日本古文書　一―五七三）の記載から、口径四寸の皿を「油杯」と呼び、灯明専用器が存在していたことが明らかにされている。[6]これらは奈文研分類[7]の土師器皿Ｃ・杯Ｅの法量が一致するものが該当すると指摘した。ＳＤ五一〇〇木屑層からは土師器六五七点、須恵器三二三点、計九八〇点の灯明器が出土した。しかしＳＤ五一〇〇出土の灯明器は油杯という灯明専用器にあらず、一般的で多種多様な大型食器に加えて、宮延式の他に庶民・奴婢用や使用中の土器までも使用されていたことが明らかとなった。完形品が多かったことから使用痕跡の分析が良好で、灯芯痕跡が一、二カ所の短時的な使用の土器が圧倒的に多かったとされる。

そして官や寺での灯明の実態を、灯油の消費状況から分析した。巽は『吉祥悔過所請雑物解案帳』（大日本古文書　一六-四九三）から一夜分の灯油消費量を僧房二合、堂四合と割り出した。

ところで『伊豆国正税帳』（大日本古文書　二-一九三）には、天平十一年（七三九）段階の胡麻油の価格が記載されている。これによると油九合六勺で稲八束六把四分に相当し、関根真隆の研究成果[8]によれば油一升が稲九束、米に換算すると四斗五升となる。後の天平宝字四年（七六〇）には油一升当たり米一斗二升、同六年には油一升当たり米二斗に換算されている。これからみると多少の変動はあるものの、油は非常に高価な物品であり、一般庶民が安易に消費できるものではなかったとみられている。

次いで巽は下記木簡の分析から、寺院以外の灯油の消費量を明らかにした。

五〇〇五・油二升一合　大殿常灯料日別三合七日料　油八合　膳所料三日料
　油七合　文基息所灯料日一合　油六合　内坐所物備給灯料
　油一升四合　天子大坐所灯料　油四合　召女豎息所灯料
　　合六升

この木簡から、左京三条二坊にあった大殿では常灯料として一日三合が必要と考えられる。行幸した天皇の部屋では一日二合、供奉僧文基の部屋では一日一合、女豎の部屋では約五・五勺が必要となった。篠原俊治によれば当時の一升は約八二九ccに換算できるという[9]。この成果と巽自身が燃灯実験で得たデータ[10]をもとに木簡に記載された灯油の消費量をみると、天子の坐所では一夜二合すなわち約一六六ccで、これを六時間で燃焼させると仮定すると灯明器二個分に相当する。したがって常灯としての灯明器の消費量には限りがあり、約千点に及ぶ灯明をわずかな時間で消費するのは非常のことである。また五〇点以上の須恵器鉢A[11]の存在や僧尼の交名の木簡が出土したことから、相当数の僧尼か出家者が滞在していたことが推測されている。そして僧尼等が宮中・邸内に請せられるのは写経か法会の場合が多いので、さまざまな階層が会する仏会に伴う供養、万灯供養で用いられたと結論づけた。

以上、巽の行った考察を要約して、灯明器研究の到達点について概観したが、既に八世紀の灯明器の様相をほぼ述べ尽くしていると言えよう。

2　山田寺例

山田寺では史跡整備のための発掘調査が実施されており、土器も多数出土している[12]。報告書に導かれつつ内容を検討してゆく。遺物の総数は整理箱一〇七箱に及ぶという。灯明器も多数出土しているが、今回対象とするのは灯籠周辺出土の土器である。灯籠の周辺から土師器皿だけが多量に出土したとされる。その多くの個体には灯芯の燃焼痕跡が認められ、灯籠を中心とした三メートル四方で二九三カ所に及ぶと報告されている。これらは小片なので、土師器皿を灯籠の灯火器として使用した後に周囲に投棄したものと考えられている。帰属時期としては八世紀後半（平城Ⅳ期）から十世紀後半に及ぶものの、九世紀前半から後半にかけての土器が中心となるとされる[13]。

灯籠の機能は堂内の主尊を礼拝するための照明であり、本来なら灯籠と礼拝の位置を示す礼拝石がセットで配置され、礼拝石から主尊を礼拝するものである。山田寺金堂での灯明器使用例からは灯籠との関連が見出せる。伽藍の中では堂内においても燃灯が捧げられるが、堂の外でも燃灯が捧げられることを示す好例であろう。

3　東大寺羂索堂例

東大寺では防災工事の事前調査の結果、境内各所から各時代の灯明器出土が報じられている。今回対象とするのは羂索堂前庭の出土例と、大仏殿前庭の金銅製八角灯籠についてである。

羂索堂の前庭部は一九九一年に発掘調査が行われた[14]。現地表下約一・二メートルの位置で奈良時代の礫敷面が検出された。この礫敷面上において土師器皿が二一点、須恵器杯B蓋三点が出土している。これらは羂索堂の軒先から南へ約二四メートル、堂の中軸線から西へ約四・五メートルに位置する。直径約一メートルの範囲の礫間にこれら土器が集中して含まれていたが、調査区の北（すなわち羂索堂方向）にも土器が堆積していることが確認された。この範囲に一括廃棄されたものと考えられる。土師器はほぼすべて皿Cで斉一性が高く、口径は一一～一六センチメートルの範囲で、一二・六センチメートル前後に集中する。これはまさに「油杯」と言ってよいであろう。器高指数は一二・七から二二・五までと変動幅が大きいが、中心は一九・五前後にあるとみられる。皿Cは胎土によって三つに分類されるが、出土状況に差異は見られなかったので、同一に扱われていたと考えられる。これら

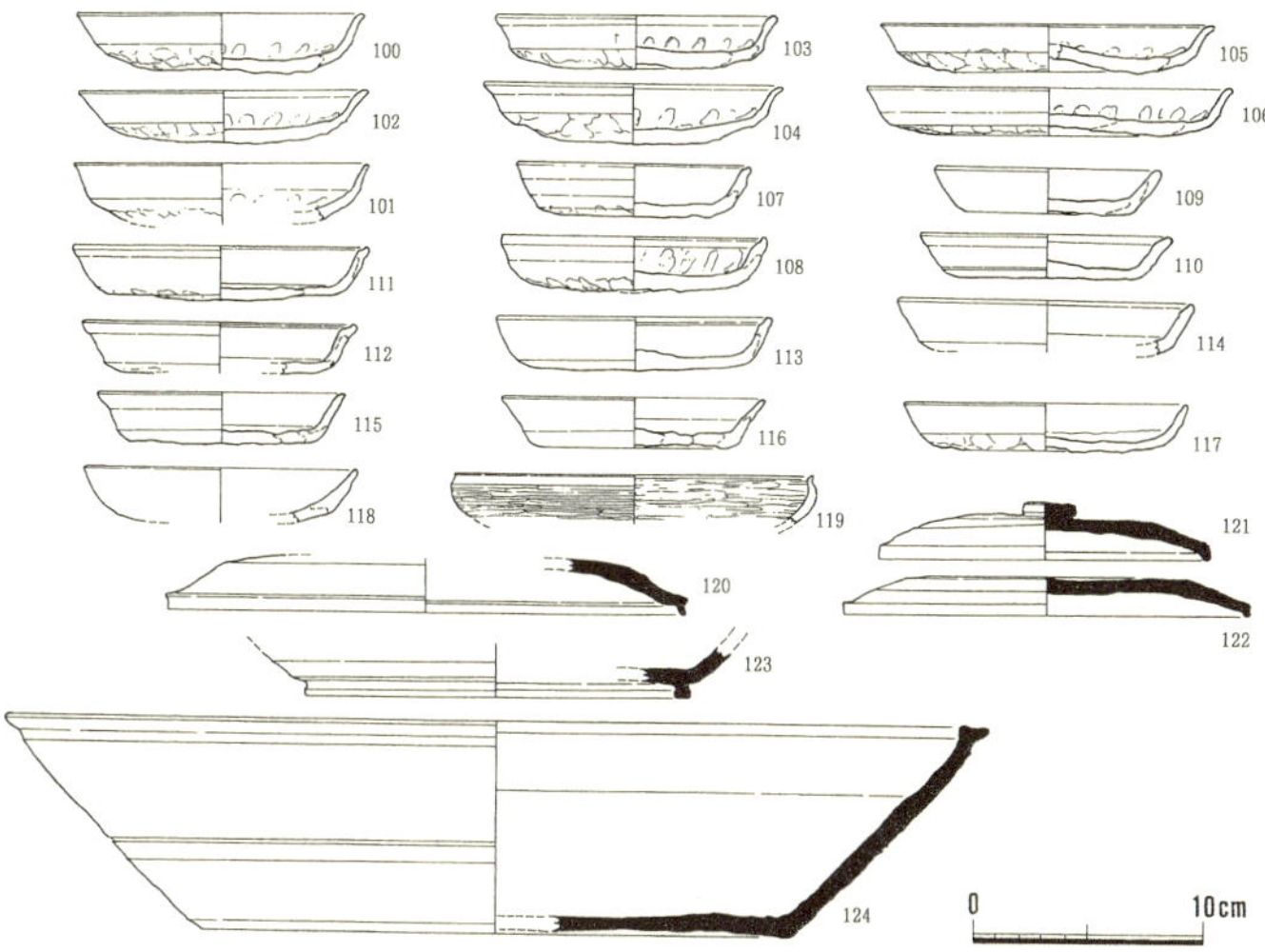

図1　羂索堂南面出土土器（S＝1／6）

には燃焼による煤が付着するものと、受熱による胎土の色調変化が見られるので、灯明器として使用されたと考えられる。煤は口縁を周回するように付着しており、灯芯の位置を変えて複数回の燃灯に供されたと考えられる（**図1**）。ただ、出土状況と出土位置から考えると、おそらく燃灯供養に供され、その位置からさして移動していないと考えられる。この灯明器廃棄範囲より北へ五メートルも離れていない位置には、羂索堂[15]の石製灯籠が設置されている。これは鎌倉時代に設置されたものではあるが、奈良時代の灯籠を踏襲した可能性もある。この周辺に灯明器が廃棄されていた理由もそこにあり、山田寺灯籠の事例と共通するものと考えられる。

これらの灯明器のみからは年代を絞り込むのは困難だが、伴出する他の器種からは平城Ⅲ期中段階から新段階のものと考えられる。平坦地造営のための整地土からも平城Ⅲ期の土器が出土しており、このころ一帯の整備が行われていると考えられる。羂索堂の創建年代については諸説があるが、これらの土器の示す年代は、東大寺の造営が行われて羂索堂が東大寺の伽藍の一部として整備された時期を示すと考えられる。

4　大仏殿前庭金銅製八角灯籠

大仏殿前庭に設置された金銅製八角灯籠では基壇部分の発掘調査が二回実施されているが[16]、調査区が限定されたこともあって、明らかな灯明器は出土していない。

神田雅章は解体修理による新知見を踏まえて、この八角灯籠が天平宝字年間（七五七〜六七）の末からそれ以降に製作されたと説いた[17]。今は詳細に立ち入らないが、以下に八角灯籠が八世紀代の製作であり、燃灯供養に供された施設であったことを確認しておく。

この灯籠については竿の八角柱の各面に南から西廻り、すなわち反時計廻りに『菩薩本行経』『阿闍世王受決経』『施灯功徳経』『業報差別経』の要文が記されている。これら四部の経典は、『法苑珠林』『諸経要集』に大略一致するとされている。この刻記文については東野治之は、書体が勅書銅板と近似すると指摘した[18]。勅書銅板は天平宝字七年（七六三）に東大寺の塔婆に施入すべく製作されたと東野は想定しているので、竿の刻記時期も同じころと想定される。神田も註(17)文献で竿の上下端に刻まれた文様の年代観について考察し、線刻時期については奈良時代後期から平安初期までの年代観を導き出している。よって刻記の年代観としては、天平宝字年間の末と考えても大過ないといえる。後に述べるが、上記した四部の経典はいずれも燃灯供養の功徳について説いているので、燃灯供養の思想的根拠となるにふさわしいものである。それが八世紀末とはいえ、この八角灯籠に刻まれた意義が極めて重要となる。

5　福ヶ谷遺跡例

天理市の福ヶ谷遺跡は白川池の東南の丘陵の南斜面、標高一二四メートル付近に位置している。

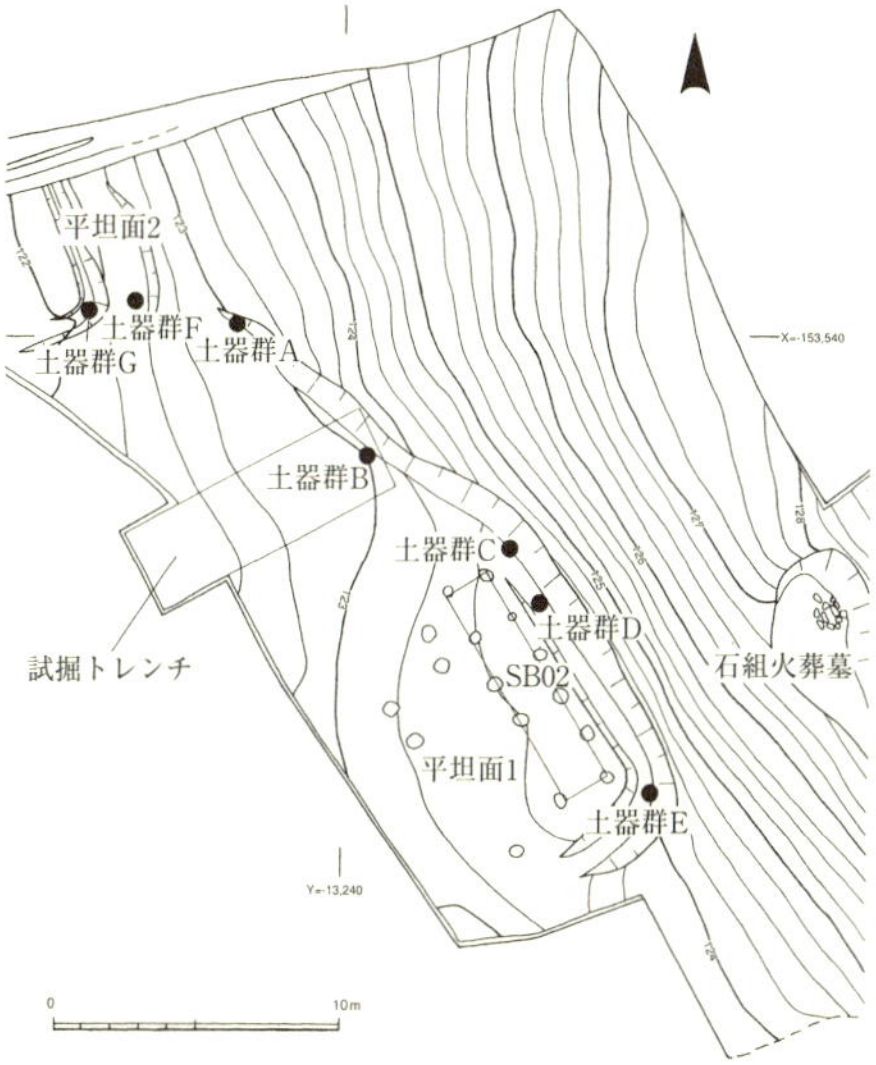

図2　福ヶ谷遺跡遺構図（S＝1／500）

福ヶ谷遺跡は一九九一年に発掘調査が実施され[19]、東地区では八世紀に造成された平坦地上に掘立柱建物が二基検出された。そして建物の背後の斜面に一括投棄された土器群A～Gが構成される。このうちSB〇二に付随してC～E群が形成されたと考えられる（**図2**）。出土したのは土師器一六八点、須恵器一七点である。内訳としては土師器皿が全体の八五パーセントを占める。皿は直径一五センチメートル未満のものが大半とされ、C類に相当する。この皿ほぼすべてに煤痕跡が残っており、灯明器としての使用が考えられると報告されている。土器の帰属時期は平城

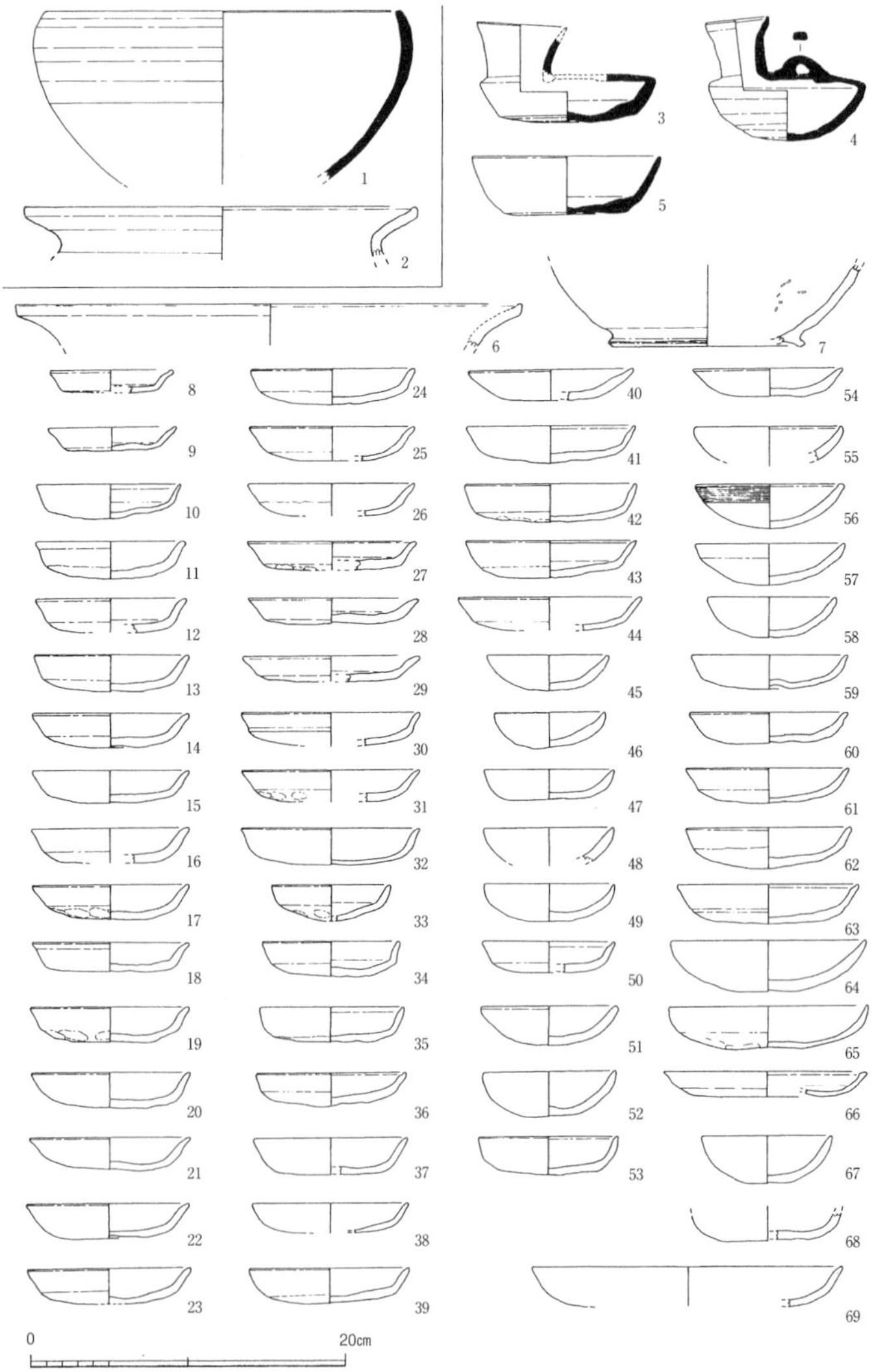

図 3　福ヶ谷遺跡出土土器　A・B群（S＝1／6）

Ⅱ〜Ⅴ期の間に収まると考えられている（図3）。松田真一はこれらの遺構と土器群の分析を通じて「急峻な斜面を削って造成した狭小な場所にカット面に寄せて設けられた特殊な建物」とし、「奈良時代初期から累々と造営された火葬墓群を背景にした立地にあって灯明器や小型の須恵器など特別な組成からなる土器群を伴った建物は、葬地における葬送や埋葬に密接にかかわる儀礼などを行うなかで必要な施設」であったと推定している[20]。

報告書にしたがって再度、土器を見てみる。報告では灯芯の位置や数の記述は限定されており、実見していないので具体的な使用痕跡は把握しきれないが、写真から見る限りでは、単独のものから複数の灯芯が確認できるものまでが含まれている。また最もまとまって出土したB群の出土状況を見ると、皿を重ね合わせて、比較的丁寧に埋納したと理解できるので、使用後に塵芥として乱雑に投棄されたものではないと考えられる。

注目されるのは土器群に須恵器鉢Aが含まれていることである。鉢Aは前述したように僧侶の存在を示すもので、この建物や土器群形成にあたっては僧侶が関与したことをうかがわせる。B群はほぼ、皿Cと須恵器の杯Aと小型の平瓶で構成される。この平瓶は皿C、すなわち油杯に燃料を注ぐにふさわしい器形である。建物SB〇二の周囲を囲むように土器群C・D・Eが形成されているので、建物内部で燃灯器を使用した後に廃棄したものと考えたい。このように見ると、これら灯明器は松田も推定しているように葬送儀礼の一環として使用された可能性が高く、僧の関与も考え合わせて、燃灯供養があったものと考えたい。その意味においては、福ヶ谷遺跡例は八世紀段階で葬送儀礼において燃灯があったことを示す興味深い事例と言える。ただし死者に対して燃灯したのか、あるいはその場に

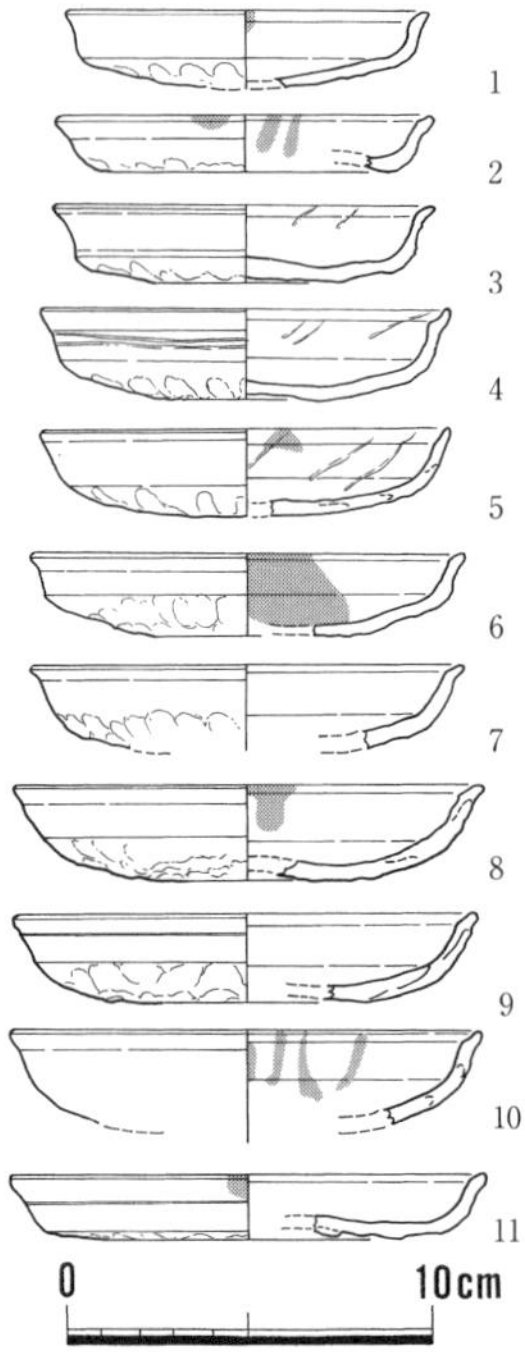

■灯芯痕・煤付着範囲

図4　葛城山頂出土土器（S＝1／4）

勧請した主尊に対して燃灯したのかは即断できないが、建物が仮設的な簡素なものと推定されているので、前者の可能性があろう。この点については下節「四　燃灯の思想背景」で再述したい。

6　葛城山頂例

葛城山頂付近には、**図4**に示したような土器が多数採集された。この土器はほぼすべてが土師器皿であり、奈良文化財研究所の分類に従えば皿Cに相当する。図示できたのは一一点である。口径は一〇・〇〜一三・二センチメートルの間に収まり、一一センチメートル後半が多い。器高指数も二〇前後である。油杯の指標となる口径一二センチメートルよりは若干小さい。このうち3から5の三点については、内面に斜放射状の暗文を意識したキザミが施されている。採集資料なので年代幅については不安定だが、ある定点を示すことができる。暗文の退化傾向から見ると、おそらく平城Ⅲ期の終わりからⅣ期初めにかけての時期と考えられる。これらの皿には灯芯痕跡が確認できる。現地に埋蔵される総数は計り知れないが、この山頂において燃灯行為があったことは疑いない。この採集地点は山頂よりやや東に位置し、大和盆地を睥睨できる。それは大和盆地のどこからでも視認できることになるが、とくに飛鳥、藤原京付近からの眺望は良好と言えよう。夜間に点灯されたならば、光量の問題もあるが、おそらく葛城山麓から視認できたのではないかと考えられる。

短絡的ではあるが、ここで直ちに想起されるのは道鏡が葛木山に籠もって如意輪法を修したという『七大寺年表』の記事である。[21]横田健一[22]や堀池春峰[23]も、道鏡が葛木山で修行したという見解をとる。また承和三年（八三六）三月十日に葛木山は七高山の一つにも指定されている。一般的に葛木山は今の金剛山を指すと言われ、金剛山頂には後の葛城修験の拠点となる輪王寺も存在する。しかし盆地からの視点を考慮すると、今の葛城山を指すとしても矛盾はないであろう。後世には戒那山寺が葛城山頂からやや大和側に下った斜面に展開することも、葛城山が宗教的聖地として重視されていた根拠となろう。戒那山寺は興福寺末である。土器の年代観からみれば道鏡と同時代の八世紀代の僧が葛城山頂に籠居して、燃灯を伴う法を修していた可能性が高い。

三　史料から見た燃灯

前節までは八世紀の土器を対象として燃灯について見てきたが、一方、史料にはどのように灯明器が記されているのであろうか、同時代の『正倉院文書』や、『日本霊異記』などから灯明の記述を抽出してみる。灯明は器だけで成り立つわけではなく、燃料や灯芯も必要である。これら灯明を取り巻く物資の使用状況や物流の観点からも徴してみる。

1　灯明器の素材について

八世紀の史料を見ると、土器以外の灯明器があったことがわかる。阿弥陀院の悔過所の資財には「「堂」白銅灯杯一口口径三寸七分」と記され、直径一一・六センチメートルほどの白銅製灯杯があった(24)。通有の「油杯」と表記されず、直径はやや小さいが、互換性があると想定される。この他、具体例は明らかにできなかったが、「堂白銅灯台一基高三寸六分　足三」と見えて、三つ足の灯台があり、「灯杯」と素材と記述方法からみてセットとなる可能性がある。「灯杯」の用語はこの一例ではあるが、普遍的に使用されたものと想定される。

また油杯は土師器を指し、土器が圧倒的に多いが、特殊な例として瓷杯、すなわち施釉陶器の例があることはすでに巽によって指摘されているところである。

灯芯の素材としては「望陁布壱端長四丈広二尺六寸　三尺五寸読経時巾幷灯心用料(25)」とある。望陁布は調布、すなわち麻布であり、一反が五丈二尺に満たない四丈ではあるものの、官物として考えられる(26)。このうち三尺五寸を読経時の巾と灯芯に用いると記されている。麻布を切り裂いて帯状にして灯芯としたものと推測される。やや時代の降る『延喜式』巻第三十六の「主殿寮」には、「灯炷布二寸」と記されている。これが灯芯と考えられ、こちらも布を使用していることが共通する。『延喜式』では灯明器自体の名称は奈良時代の油杯、灯杯から「灯盞」と変化し、灯芯も「灯炷」と呼ばれているのは、単なる名称の変化のみならず、質的な変化を含んでいると思われる。

2　『正倉院文書』にみる燃灯供養の様相

燃灯供養はどの場面で行われるのであろうか。おそらく供養としては副次的になるので、詳細な記載は見出せないが、『正倉院文書』中には下記の四例を見出した。一つは天平宝字二年（七五八）の香山薬師寺の千灯悔過例[27]。次いで上山寺悔過所における天平宝字八年（七六四）の胡麻油の申請例[28]で、堂と僧房の灯料が計上されている。三つには吉祥悔過所の天平宝字八年例[29]がある。ここでも堂と僧房の灯料が申請されている。この他、某悔過所でも年紀不明の供養の折に油が堂・僧房・大衆の所で灯料として使用された[30]。

このように香山寺の千灯悔過、上山寺悔過所、吉祥悔過所、某悔過所において燃灯供養が行われている。四例ではあるが、すべからく悔過に関わっていると言える。

上山寺悔過所については三件の史料（註28史料①〜③）が確認できた。ここで使用された胡麻油の内訳は、僧の供養料・堂灯料・僧房灯料となっている。つまり食用の他に、堂（おそらく金堂）と僧房の燃料も含まれていた。①では一七日（即ち七日間）の悔過において「堂」では一夜ごとに四合、計二升八合、二棟の僧房では一夜ごとに二合、計一升四合、灯油料として四升二合が計上されている。②は「不用」とあり、未施行の可能性があるものの、①とまったく同じで、計四升二合が計上されている。ここでは悔過僧が八人で七日間供奉することがわかる。③も不用と記入され、未施行の可能性がある。ここでは悔過僧七人の七日分の供養料としての油と灯料が請求されている。灯料については堂の記述が見られず、僧房分の一升四合が計上されている。

吉祥悔過所では天平宝字八年三月十七日から四月十日までの間で、三七日（即ち二一日間）の悔過が行われた。その間、堂で一夜四合、計八升四合、僧房では一夜二合、計四升二合、灯油料として十二升六合が計上されている。

某悔過所から提出された油注文を、以下のようなリストとして表示してみた。

表　某悔過所油注文表

日付	堂料	僧房料	大衆料	供養料（菜料）
3月16日	三升	二合	一合	
17		二合	一合	五夕
18		二合	一合	四升
19		二合	一合	（一升）
20		二合	一合	
21		二合	一合	三升
22		二合	一合	（一升）
23		二合	一合	
24		二合	一合	
25		二合	一合	（半升？）
26		二合		
27		二合		
28		二合		三升
4月2日				三升
計	三升	二升六合	一升	十三升五夕（二升半？）

このうち燃灯供養として純粋に用いられたのは堂料の三升で、僧房料・大衆料の合計三升六合は常灯と燃灯供養分を含んでいると考えられる。

以上の史料からは、堂や僧房での灯油の使用量が規定されていたことがわかる。やや降った史料となるが、『延喜式』には「長夜二合、短夜一合五勺」と規定されており[31]、平安時代前期には夜間の時間帯に合わせて、厳密に灯油消費量が管理されていると言える。

これらの史料からは供養の実態は不明ながら、堂以外にも僧房や大衆、すなわち僧侶の使用する燃灯の例が浮かび上がる。僧房内の灯明器使用についてはさまざまな状況が想定できる。房内に念持仏を安置する例も知られるので、その御前に捧げられたとも考えられる。また学習などの採光のためにも燃灯が供される可能性があるので、厳密に燃灯供養としての分離は困難で、一部に常灯を含む可能性がある。

写経所内に仏堂があった例が知られている。天平宝字元年（七五七）九月二十六日には、胡麻油二升が「堂灯料」として申請されている(32)。ここでも燃灯が捧げられ、仏事が執り行われていたものと考えられる。しかし一方では写経所に属する仏師・経師・画師らの使用も確認できる(33)。年紀は記されていないが、天平六年（七三四）五月一日付の『造仏所作物帳』の断簡と推定されている。写経所官人が作業のために灯明を使用した例と言えるが、官営工房の一種と言えるので、一般庶民の使用するものではないと知れよう。このように、灯明器の使用については出土状況の確認が大前提となろう。

3　『日本霊異記』にみる燃灯供養の様相

以上の例は国家主導の、すなわち官が檀越となって営まれた法要で、十分な布施があって灯明も大規模だったと考えられる。その一方で、庶民が営んだ法要にも燃灯供養は欠かせなかった。以下には『日本霊異記』の燃灯供養例を掲げる。『日本霊異記』は九世紀初頭の成立ではあるが、収録された説話は八世紀代に遡ると考えられ、同時代の史料として使用にたえるものであろう。中巻第二十八・三十四・四十二話に燃灯供養の場面が描かれる。第二十八話では、貧女が大安寺の釈迦仏の前に花・香・油（灯）を供奉して一月余り日参祈願したところ銭四貫を得ている(34)。

第三十四話の舞台は平城京右京の植槻寺の近辺の富豪の屋敷内に建立された仏殿で、高さ二尺五寸の銅製観音像が安置されていた。ここでも供物として「香花灯」を捧げ、現世利益を祈願する女性の姿が見える(35)。

第四十二話は第二十八話の類似譚だが、年紀が明らかで、個人が特定される点が異なる。すなわち平城京左京九条二坊の海使蓑女が、穴穂寺の千手観音に福分を願って一年も経たないうちの天平宝字七年（七六三）十月十日にその奇跡が起きたと記されるが、蓑女も常に花・香・油（灯）を捧げていた(36)。また同文下条の賛中にも「夕焼香焼(灯)(37)」と見え、燃灯を捧げる時間帯が示されている。

下巻第五話では、河内国安宿郡内の信天原山寺で孝謙朝に起きた事件について述べられている(38)。ここでは妙見菩薩に対して燃灯供養するのは、個人ではなく畿内から集まった知識であったことが確認できる。

先にも触れたが関根の研究成果に従えば、八世紀後葉に至っても油一合で米一升二合に相当するから、非常に高価なものであった。油一合でも一夜分の灯明にしか値しなかった。上記説話に見られる供物は花香油と記されている。これらのうち、おそらく最も高価なのは香と考えられる。次いで灯油であり、花はどこでも入手できるであろうし、庶民ならば野辺の花ということも考えられる。これらの貧者が一回の供養でいかほどの灯油を費すかは不明だが、仮に一杯当たり約四勺（三三cc）と考えて、巽の実験結果を単純にあてはめても二時間半は点灯できる計算になる。二時間の間に経典や陀羅尼、願文の読誦は十分に可能であろう。

燃灯供養には写経所の官人も参加していたと考えられる。どのような法会かは不明だが(39)、写経所官人の物部道成は宝亀三年（七七二）九月一日に、六日間の休暇を取って御灯を奉ろうとしていた。休暇を取って行うことから推測すれば、『日本霊異記』下巻第五話のように、知識としての私事であったと考えられる。

この他、やや特殊な事例としては、上巻第三話の鐘堂の四隅に灯明を設置する場面がある。[40] 尾張の道場法師が童子のころ、元興寺に出没する悪鬼を退治するに際して鐘堂の四隅に灯明を置いて、蓋をしている。この説話の意味するところは明らかにできなかった。

四　燃灯の思想背景

灯明器を用いた燃灯供養という修法は、日本においては天皇以下庶民までさまざまな階級の人々が実践したことは、今までに論じてきたところから明らかであろう。しかしこの行為は、いかなる典拠があって行われるに至ったのであろうか。以下にその根拠となる史料を検討してゆきたい。それは仏教の教義に則っている以上、第一に経典をあたるべきだと考える。次いで、いかなる規範に基づいているのかを、律典からも見ておきたい。そして最後には、国内の民衆を教化する立場の僧侶がいかに考えていたかを紹介する。

1　燃灯供養の思想的背景

まず施灯の功徳を説いた経典としてとくに検討しておかなければならないのは、前節二―4で述べた八角灯籠の竿に刻まれた四部の経典である。以下、各経典について石田茂作の研究[41]に導かれながら、将来年代などを確認する。

『菩薩本行経』（大正新脩大蔵経 一五五）のことで、天平三年（七三一）に初写されている（大日本古文書 七―二七）。この経典では度闍那謝梨王が我が身を千灯として燃やして、無上正真之道を求める場面が描かれる。これは一種の捨身行と考えられる。王侯貴族が我が身を犠牲にして菩提を得る説話の一つである。焚剝指臂や指灯もこの行為のうちに入ると考えられ、最高の布施と考えられる。とくに指灯は『灯指因縁経』（大正新脩大蔵経 七〇三）などにその功徳も説かれるところである。しかし一方では、焚剝指臂を禁止した条文や記事が散見されるので[42]、日本国内でも実践されていたと考えるべきであろうか。

『阿闍世王受決経』（大正新脩大蔵経 五〇九）は天平九年（七三七）に初写されている[43]。この経典には阿闍世王が釈尊に多くの灯明を捧げるものの、貧しい老婆の捧げた一灯の功徳に及ばないことが説かれる。老婆は両銭で二合の麻油を得ているが、最終的には膏屋の主人の好意で、三十五合を得て捧げる。老婆はこの功徳によって釈尊から授記された。著名な「貧者の一灯」の根拠となる経典である。

『施灯功徳経』（大正新脩大蔵経 七〇二）は天平十年（七三八）に初写されている[44]。この経典は仏陀が舎利弗に向かって仏塔廟に施灯する功徳を説く内容となっている。施灯に八種の功徳があると説く。

『業報差別経』は『仏為首迦長者説業報差別経』（大正新脩大蔵経 八〇）のことで、天平五年（七三三）に初写されている[45]。この経典には、灯明を奉施すると得られる十種の功徳について説かれている。

このようにいずれの経典も天平十年までに確実に写経所で初写されていることが確認できるが、経典の将来はそれ以前と考えられる。八角灯籠にはこれらの経典を抄出して刻記されている。それは

『法苑珠林』『諸経要集』によく一致するとされる。『法苑珠林』は『大乗法苑義林章』のことで、唐の窺基の撰述で、天平三年に初写されている。[46]『諸経要集』（大正新脩大蔵経 二一二三）は唐道世の撰述にかかり、天平十九年には初写されている。[47]『法苑珠林』『諸経要集』などが何時の段階で日本に将来されたかは明らかにできないが、八世紀前葉においては既にこれら経典が燃灯供養の思想的背景となっていたと考えられる。

2　修法と灯明

特定の修法において灯明を供奉することが明らかな例がある。

薗田香融は古代仏教における山林修行の実態と、山林修行が当時の僧侶にとって重要な修行項目となっていたことを明らかにした。そして山林抖擻を行う一派は、自然智宗と呼ばれていたことを明らかにした。自然智宗は吉野の比蘇寺において、八世紀初頭に唐僧神叡が行った山林修行を中心とする「宗派」であるが、この自然智宗は当時の他の、法相、華厳といった教学の宗と対立するものではなく、天賦の叡智の獲得を旨とするものである。神叡の法脈を継ぐ元興寺法相学派のみならず、大安寺華厳系の唐僧道叡も修しており、薗田は当時の僧尼に広く受容されていたものと考える。やや後世の僧、護命の例から、一カ月のうち半分は深山で虚空蔵法を修し、半分は本寺で宗旨を研精したことも明らかにした。

この自然智宗が所依する経典は『虚空蔵菩薩能満諸願最勝心陀羅尼求聞持法』（大正新脩大蔵経 一一四五）で、インド僧善無畏三蔵が開元五年（七一七、日本養老元年）に訳出したものである。この

『求聞持法』は留学僧道慈が、養老二年（七一八）に日本に将来したと薗田は考えている。[48] 以上が薗田によって明らかにされた『求聞持法』であるが、以下に本論と関わる箇所を摘記する。

虚空蔵菩薩を主尊に、「空閑静之処。或浄室塔廟山頂樹下」に安置して「五種供具」を供える。その供具は「塗香・諸華・焼香・飲食・灯明」とされている。さらに灯明には「用牛酥油亦通許」と規定されている。「焼香飲食灯明次第取之。皆誦一遍手持供養。」とあり、真言を誦しながらこれらの供物を手に取って捧げるように指示している。修法の作法からみると、灯明は油を溜めて手に取れるような容器に入っていることが必須である。また山中で『求聞持法』を修した後、考古学的に残される遺物はこの器のみとなる。

翻ってみると、葛城山中の灯明器はこのような『求聞持法』を修した痕跡の可能性も考えられる。註(21)既出の『七大寺年表』では道鏡が虚空蔵法を修したというが、この虚空蔵法は『求聞持法』と考えておきたい。

3　灯明の規律

僧団内で灯明を使用する場合は、『摩訶僧祇律』（大正新脩大蔵経　一四二五）巻第三十五の「明威儀法之二」において「然（燃）灯法」規定されている。僧房内での使用は、暗闇で僧が倒れたことによって漸く釈尊の許可が下りたという。詳細は略すが、最初に舎利および形像（仏像）の前に灯し、礼拝後には消すように定められている。灯を消すときは吹き消すことを禁じている。点灯する場所はこの他、厠、禅房の中、経行する道などがあげられている。また点灯・消灯に際してはそれぞれ呪を唱えることが定められている。

『四分律』（大正新脩大蔵経　一四二八）巻第五十「房舎揵度　初」でも、灯明においての規定が見られる。ここでは燃灯は油を器に盛って炷を用いよ、と規定されている。設置場所については板床や縄床角頭、瓶の上、蟻が油にたかるようであれば、壁龕の中に置けと言う。また炷を器から引き出す場合には、油で手が汚れないように鉄の箸を用いることが規定されている。

これらの律が日本の僧団内においてどの程度遵守されているのか、筆者には不明だが、常灯として用いる場合でも一定の規律に則って施灯の意味をもっていることが指摘できる。

上山寺悔過所の僧房内や大衆で灯明が使用されている事例は前節で指摘したが、僧房内の灯明をどのようにとらえるかを示すと考えられる。

4　燃灯供養の担い手

『東大寺諷誦文稿』は、僧侶が法会で唱える説教の雛形や講説のための覚書を雑多に書き記したメモ集のようなもので、弘仁～天長年間（八一〇～三三）に法相宗系の僧が筆記して東大寺に伝来したと考えられている。最近では鈴木景二がその重要性について注目し、考察を深めた史料である(49)。九世紀初頭の成立なので本稿での射程範囲とは若干異なるものの、地方寺院あるいは民衆レベルでの法会の実態を示す貴重な史料と考えられる。この『文稿』から、燃灯に関する記述部分を抽出してみる(50)。

第三六行目「所設上香花燃灯種々大御供養約如来之境界所受収都无トイフトモ。慈悲衆生界ヲ故垂哀愍納受。」

亡者供養に際して香花や燃灯が捧げられた。目前で僧侶がこの解文を唱えつつ回向を行ったと考えると、二―5で検討した福ヶ谷遺跡での遺構と類似するものと考えられる。

第一三三行目「夏以蟬之空腸思於慈父。冬以蠶之裸身恋於恩母。朝焼香設。斎以行三皈五戒諷誦三蔵。夕燃油捧花而発十善八戒。稽首諸仏加以。」

このように説いて、亡父母に対しての焼香・燃灯を勧めている。

これら『文稿』は信者を前にしての講説であり、これを聞いた信者が燃灯供養の意義を見出し、先祖に捧げるのである。この『文稿』と『日本霊異記』の記事をみると、どのような場面で、何を供え、何の経典を呪すか、といった当時の民衆レベルの供養の状況が想起できる。

まとめにかえて

以上、八世紀の燃灯について、遺物である灯明器を出発点として、関連史料について概観してみた。遺物における灯明器は普遍的にみられるのに反して余程の好条件がそろわなければ、燃灯供養の痕跡とは判断できない。それでも今回検討したように少数例があげられた。史料や聖教を通じて燃灯の実態や用法についても追究してみたが、修法での使用方法をさらに検討する必要がある。また、律典に定められた僧房内での使用法も今後の検討課題としたい。

本来なら施灯供養の真の意義として、捨身の施灯についても踏み込むべきであるが、筆者の力量を超える分野でもあり、考古学的な資料も現在のところ検出されていないこともあり、今後の課題としておきたい。

註

（1）用語としては「灯明皿」が一般的であろうが、灯明用の容器としては皿以外の器種も実際使用されている。巽淳一郎は「第Ⅳ章　遺物　C　SD五一〇〇出土土器と特殊製品」（『平城京左京二条二坊・三条二坊発掘調査報告』奈良国立文化財研究所、一九九五年）において、皿以外にも灯明使用痕を見出して「灯明器」と呼称しており、本稿でもこれに従う。以下、灯明器として用語を統一する。

（2）『古事記』。

（3）上原真人「8仏教」（『岩波講座　日本考古学4　集落と祭祀』岩波書店、一九八六年）。

（4）註（1）引用文献に同じ。

（5）註（1）文献の二一九頁参照。本稿における土器観察の視点とも関わるので以下に引用する。「容器には電気窯で八〇〇度程の火度で焼成した素焼きの皿を、灯心材には木綿の細ひもを、燃料には純正の胡麻油を使用した。油は、底に二～三㎜程度の深さ入れ《ママ》、なくなれば補給することにし、六時間灯し続けた。実験の結果、使用前の素焼きの皿は、明るい灰黄色を呈していたが、灯明を灯すと色合いが大きく変わることが判明した。すなわち、内面の油が浸み込んだ部分は、全体に暗灰色に変わり、内面には部分的に赤橙色の発色が現れる。一方、外面の油が浸み込んだ部分は、内面より明るい色合いの黄土色に変り、また明るい赤橙色のドーナツ状のリング斑文が現れる。リング外側周縁部は薄いあざやかなピンク色を呈する」。

（6）一九九五年の報告の後に、巽「Ⅱ-3　陶製の枡・油杯」（『古代の官衙遺跡　Ⅱ遺物・遺跡編』奈良文化財研究所、二〇〇四年）で再述している。

（7）最新の分類案が神野恵「三-一-三　土器類」（『奈良文化財研究所学報第七十冊　平城宮発掘調査報告XVI　兵部省地区の調査』独立法人文化財研究所奈良文化財研究所、二〇〇五年）で提示されており、以下特記しない限り、この分類名称に従う。

(8) 関根真隆『奈良朝食生活の研究』吉川弘文館、一九六九年。
(9) 篠原俊治「日本古代の升」(『平安京左京五条二坊九町・十六』京都文化博物館報告第七集、一九九一年)。
(10) 灯明皿一枚に灯芯一本の条件で、六時間連続燃焼させると七五ccを要したという。単純に割り付けることはできないが、この実験結果を敷衍すれば一時間当たり一三cc程度必要となろう。
(11) 関根真隆は註(8)文献において、『法隆寺流記資財帳』をはじめとする史料に記された鉢の器高指数を割り出し、それが正倉院宝物の鉢や出土土器の鉢Aとおおよそ一致することを指摘した。よって尖底の内弯した口縁を持つ鉢Aこそ史料中に見られる「鉢」であり、出家者の持物と限定してよい。『四分律』(大正新脩大蔵経 一四八二)をはじめとした律に鉢の使用方法が規定されているが、とくに天平十五年に初写された『四分律刪繁補闕行事鈔』(大正新脩大蔵経 一八〇四)「鉢器制聴篇第19」にも、「僧祇云。鉢是出家人之器。非俗人所宜」とあり、厳格に規定されていたと考えられる。
　余談になるが、インドの釈迦生存期(紀元前五〇〇年頃)の北方黒色磨研土器(N.B.P.W.)の鉢型土器はまさに鉢Aと同形であり、仏教の伝来とともに器形が伝来された例と言えよう。このN.B.P.W.は器壁は薄く、非常に硬質な焼成で、黒色に焼成され、外見は金属器にも見える。内弯する独特の器形は、指先で内容物を掬いやすいように発達したものである。また破損部位を補修して使用された例も多く知られ、日常雑器とは明らかに異なった扱いを受ける。
(12) 独立行政法人文化財研究所・奈良文化財研究所『山田寺発掘調査報告』二〇〇二年。
(13) 今回実見叶わなかった。同報告の掲載図には灯芯の数は示されていないが、写真図版から見ると、単独のものから複数のものまでが見られる。
(14) 奈良県教育委員会編『東大寺防災施設工事・発掘調査報告書　発掘調査篇』東大寺、二〇〇〇年。
(15) 竿の銘文によれば、建長六年(一二五四)に宋人石工の伊行末によって発願、設置された。
(16) 初回は一九七四年に実施された。奈良県教育委員会事務局奈良県文化財保存事務所編『国宝東大寺金堂(大仏殿)修理工事報告書』東大寺大仏殿昭和大修理委員会、一九八〇年、による。二回目は一九九八年に実施された。文化庁文化財保護部美術工芸課・奈良県教育委員会事務局文化財保存課編『東大寺　国宝八角燈籠修理報告書』東大寺、一九九九年、による。
(17) 神田雅章「東大寺八角燈籠の姿形と製作年代」(『南都佛教』八七号、南都佛教研究会・東大寺、二〇〇六年)。
(18) 東野治之「古代の書と文章」(『岩波講座　日本通史6』岩波書店、一九九五年、後に補訂して「聖武天皇勅書銅板」〈『日本古代金石文の研究』岩波書店、二〇〇四年〉に収録される)。なお鈴木景二は「聖武天皇勅書銅板と東大寺」(『奈良史学』五号、奈良大学史学会、一九八七年)において平安時代の製作と指摘している。
(19) 宮原晋一編『福ヶ谷遺跡・白川火葬墓群』奈良県立橿原考古学研究所、一九九六年。
(20) 註(19)同報告書、松田真一「第4節　東地区の遺構と土器のまとめ」。
(21) 「天平宝字七年癸卯。(中略)少僧都道鏡。九月四日任。法相宗東大寺。或西大寺。河内国人。弓削氏。天智天皇孫志基親王第六子也。義淵僧正弟子。初籠葛木山修如意輪法。苦行無極。高野天皇聞食之。於近江保良宮有御薬。仍召道鏡被修宿曜秘法。殊有験。御疲平復。仍被任少僧都」とあり、後ほど触れることになる如意輪法を修していることが注目される。
(22) 横田健一『道鏡』人物叢書、吉川弘文館、一九五九年。
(23) 堀池春峰「道鏡私考」(『芸林』八―五、一九五七年、後に『南都仏教史の研究（下）』法藏館、一九八二年に収録)。
(24) 大日本古文書　六―六七三『阿弥陀悔過料資財帳』による。ここでは灯明器は灯杯とも記されており、名称が必ずしも油杯に固定されていなかったことがわかる。白銅の灯杯・灯台は神護景雲元年八月三十日に、三綱が新造したか購入したかのいずれかで入手したと考えられる。
(25) 大日本古文書　一六―二七二『造石山院所用度帳』(『正倉院文書』続々修三八―九裏)。
(26) 関根真隆「奈良時代布の一考察」(『立正史学』三〇、一九六六年)、吉川真司「常布と調庸制」(『史林』六七巻四号、京都大学史学研究会、一九八四年)等を参照。
(27) 大日本古文書　一四―二一七『香山薬師寺三綱牒』(『正倉院文書』続々修一八―六裏)。
(28) ①大日本古文書　一六―四七三『上山寺悔過所解案』(『正倉院文書』続々修四三―一七裏)、②大日本古文書　一六―四九九『上山寺悔過所解案』(『正倉院文書』続々修四三―一七)、③大日本古文書　一六―五〇二『上山寺御悔過所解案』(『正倉院文書』続修後修一〇)。

(29) 大日本古文書　一六-四九三『吉祥悔過所請雑物解案帳』(『正倉院文書』続修別集一〇裏)。

(30) 大日本古文書　一六-四九七『悔過所油注文』(『正倉院文書』続修別集七裏)、年紀不明。

(31) 『延喜式』巻二十一「玄蕃寮」「灯油」「凡諸寺灯油者。大寺用当寺物。但東西寺用官家功徳分封物。其諸国国分二寺幷諸定額寺。別稲一千束已下五百束已上出挙。以利息買用之。長夜二合。短夜一合五勺。八月九月十月十一月十二月正月為長夜。二月三月四月五月六月七月為短夜。年別附税帳使。申送官。々下寮勘会」。上記四例の悔過はいずれも三、四月に集中しているにもかかわらず、一夜二合で計算されている。

(32) 大日本古文書　四-二四〇『奉写経所解』(『正倉院文書』続々修一八-五)。

(33) 天平六年『造仏所作物帳』(大日本古文書　一-五五四)「胡麻油一斗二升仏師経師画師等所灯幷雑用料」。

(34) 以下、岩波古典文学大系『日本霊異記』による。『極窮女於尺迦丈六仏願福分示奇表以現得大福縁　廿八』「(前略)買花香油而以参往於丈六仏前。(中略)献花香灯。(後略)」。

(35) 『孤嬢女憑敬観音銅像示奇表得現報縁　第卅四』「(前略)其銅像手繋縄牽之。供花香灯。(後略)」。

(36) 『極窮女憑擎(敬千か?)手観音像願福分以得大富縁　四十二』「(前略)如常買花香油。擎往千手前而見。(後略)」。

(37) 『攷』には「焼疑灯字」とあり、従う。

(38) 『妙見菩薩変化示異形顕盗人縁　第五』「河内国安宿郡信天原山寺。為妙見菩薩献燃灯処。畿内毎年。奉於燃灯。(略)知識縁依例。献於燃灯菩薩。並室主施於銭財物」。

(39) 大日本古文書　六-三九六『物部道成請暇解』(『正倉院文書』続修二〇)。

(40) 『得雷之憙令生子強力在縁　第三』「(前略)童子鐘堂之四置四灯。覆盆。(後略)」。

(41) 石田茂作『写経より見たる奈良朝仏教の研究』東洋文庫、一九三〇年。

(42) 『続日本紀』養老元年(七一七)四月壬辰条、養老六年(七二二)七月十日付『太政官謹奏』、僧尼令二十七などで焚剃指臂を禁じている。

(43) 大日本古文書　七-六五『写経請本帳』(『正倉院文書』続々修一六-八)。

(44)　大日本古文書　七―一一一『経師充帳』（『正倉院文書』続々修二七―四）。
(45)　大日本古文書　七―九『写経目録』（『正倉院文書』続々修一二―三）。
(46)　大日本古文書　七―五『写経目録』（『正倉院文書』続々修一二―三）。
(47)　大日本古文書　九―三八五『写疏所解』（『正倉院文書』続修別集二七）。
(48)　薗田香融「古代仏教における山林修行とその意義――特に自然智宗をめぐって――」（『南都佛教』四号、南都佛教研究会・東大寺、一九五七年、後に『平安佛教の研究』法藏館、一九八一年に収録）。
(49)　鈴木景二「都鄙間交通と在地秩序――奈良・平安初期の仏教を素材として――」（『日本史研究』三七九、日本史研究会、一九九四年）、同「地方支配における仏教と都鄙往還」（『在地社会と仏教』奈良文化財研究所、二〇〇六年）などを参照した。
(50)　中田祝夫『改訂新版　東大寺諷誦文稿の国語学的研究』風間書房、一九六九年、から抽出した。

挿図典拠

図1　註(14)文献より一部改変して引用した。
図2　註(19)文献より一部改変して引用した。
図3　註(19)文献より一部改変して引用した。
図4　新規作成

春日寺考

竹内　亮

はじめに

筆者はかつて、飛鳥池遺跡（奈良県高市郡明日香村）出土の「寺名木簡」について考察したことがある[1]。この木簡には大和国内に七世紀後半ごろ存在した十二の寺名が列記されており、一部は既知の古代寺院名と合致したが、残りは未知の寺名であった。そうした未知の寺名のなかに、「春日部（寺）」があった。前稿ではこの春日部寺を奈良市藤原町に所在する横井廃寺であると考えたが、その検討の際、「春日寺」なる古代寺院の存在を知った。春日寺については、前稿の補注で言及し、「春日部寺」とは別寺であると結論づけたが、「春日寺」自体に関する考察は不十分であった。本稿の第一の意図はこのような前稿の欠を補うところにあるが、春日寺という一寺院の考察を通じて、古代寺院の類型についての見通しを得ることができればなお幸いと考えるものである。

一　史料

春日寺に関する史料はきわめて少なく、確実なものは次の二つのみである（補註）。

【史料一】『日本文徳天皇実録』仁寿三年（八五三）九月丙申（九日）条

是日、僧正延祥大法師卒。延祥、俗姓槻本氏、近江国野洲郡人也。数歳辞レ家、師二事僧正護命一。護命察二其敏慧一、加レ意教誘。延暦七年受二具足戒一。其年、護命於二春日寺一講二涅槃経一。延祥預聴焉。

（後略）

【史料二】「石川瀧雄家地売券」（『平安遺文』一六六号、薬師院文書）

謹解　申売買立家□□□□〔地券文事カ〕

合家壱区、地参段、墾田肆段壱佰歩（東五条五上春日里□坪并四春日里卅二坪）

四至（東限墾田東畔　南限公田／西限春日寺田　北限公田）　立物三間檜皮葺屋壱宇

右家、得二左京六条一坊戸主従七位下石川朝臣真高之戸口同姓宗我雄一男瀧□□〔雄解カ〕状一偁、己家充二饒益銭弐拾捌貫文価直一、与二売実行王一既畢。依勒二売買両人之署名一、欲レ立二券文一者。刀禰覆勘、所レ陳有レ実、□〔仍カ〕署名如レ件、以解。

貞観十四年十二月十三日　売人石川朝臣「瀧雄」

相売人石川朝臣

買人「実行王」

（以下、保証刀禰署名・郡判・国判等略）

史料一にみえる延祥（七五八〜八五三）、およびその師である護命（七五〇〜八三四）はともに元興寺の僧で、師の護命はいわゆる南寺伝法相宗を興隆に導いた功績によって知られる。(2) 史料一は延祥の卒伝で、延暦七年（七八八）に護命が春日寺において涅槃経の講説を行い、同年に受戒した延祥がこれを聴聞したとある。『日本高僧伝要文抄』護命僧正伝には、延暦二十年（八〇一）五月、法華寺阿弥陀浄土院において涅槃経を講説、菩薩戒を授けたとある。このことから、春日寺における護命の涅槃経講説も、あるいは菩薩戒の授戒に伴うものであったとも考えられ、春日寺が八世紀末の時点において、ある程度の規模と寺格を有する寺院として存在したことがうかがえる。

史料二は、大和国添上郡内の京東五条四・五里にまたがって所在する土地の売券で、四至記載に「西限春日寺田」とある。この土地に関する公験類としては、史料二を含む四通の文書が東大寺薬師院文書に含まれており、本来一連の手継券文を構成していたものとみられる。以下、これらの文書について全文を転載する煩を避け、必要項目のみを抜粋する。

文書①　延暦七年（七八八）十二月二十三日「大和国添上郡司解」（『平安遺文』五号）

土地　家一区地四段百歩

建物　檜皮葺板敷屋二宇　各四間、在東庇　草葺椋一宇　板屋三宇　二、各五間　一、三間屋形屋

門屋一基

四至　東限　稲城王家中垣　南限　中道

西限　大春日朝臣難波麻呂家中垣　北限　佰姓口分田陌

所在　添上郡春日郷
売手　尋来津首月足
買手　小治田朝臣福麻呂
文書②　弘仁七年（八一六）十一月二十一日「雄豊王家地相博券文」（『平安遺文』四二号）
土地　合一区地三段　墾田四段一百歩
四至　東限並城王家西道　南限公田
　　　西限美濃女王家　　北限公田
所在　大和国添上郡春日郷、京東五条五里上春日里五坪
売手　雄豊王
買手　石川朝臣円足（※雄豊王所有の平安京内の家屋と相替）
文書③　貞観十四年（八七二）十二月十三日「石川瀧雄家地売券」（『平安遺文』一六六号）
土地　合家一区地三段　墾田四段一百歩
建物　三間檜皮葺屋一宇
四至　東限墾田畔　　南限公田
　　　西限春日寺田　北限公田
所在　京東五条五里上春日里□坪、同四里春日里卅二坪
売手　石川朝臣瀧雄（※②の石川朝臣円足の親族か）
買手　実行王　　　　（※④によれば、実際の買手は東大寺僧命順）

文書④　延喜十一年（九一一）四月十一日「東大寺上座慶賛愁状」（『平安遺文』二〇六号）
土地　家地三段　新開レ為田　墾田四段百歩
所在　添上郡（春日郷）、京東五条五里上春日里五坪、同四里春日里卅二坪
経緯　「右検二案内一、件墾田等、故専寺造司専当命順大法師、以二去貞観十四年一、従二本主石川朝臣瀧雄之手一所二買得一也。但彼大法師、為レ恐二格制一実行之名立券也。」

②から④までは一連の所有移転過程を示しているが、①の買手と②の売手は別名義となっており直接連続しない。また、①の地目は建物六棟と門一棟から構成される家地四段百歩のみであるが、②以下の地目はこれと同一面積の墾田、および一棟のみの建物から構成される家地三段からなっており、①から②までの間で少なくとも一回の所有移転、四段百歩の家地の田地化、三段の家地の追加が行われたことがわかる。①・②の四至記載を比較すると、①・②ともに西限は他家の家地、北限は田地に隣接している一方、東限については①他家の家地から②道へ、南限については①道から②田地へと変わっている。よって、延暦七年から弘仁七年までの間に、もともと存在した四段百歩の家地の東方および南方に三段の家地が追加されたが、西限・北限についてはおそらく変化しなかったものと考えられる。したがって「春日寺田」の地は、延暦七年の時点では大春日朝臣難波麻呂の家地であったが、弘仁七年までに美濃女王の家地となり、その後貞観十四年までに田地化され、春日寺の寺田となったことが判明する。

古代の寺田の多くは寺辺に存在したことが知られる。大和国内を例にあげると、山辺郡の石上寺、高市郡の葛城寺などはいずれも寺地を取り巻くようにまとまった寺田を所有していた[3]。「春日寺田」

写真　春日寺跡（北東から）

の地は添上郡春日郷であり、条里の固有里名は「春日里」（京東五条四里）および「上春日里」（同五里）といずれも「春日」を冠することから、この付近は古代において「春日」と呼ばれた地域の中心部にあたると考えられる。寺田の所有主体である春日寺も「春日」の名を冠しており、この付近に所在した可能性が高い。このような寺辺の寺田は、寺院創建時に檀越によって施入されたものが主体を占めたと考えられるが、近傍の地の買得などによりそれを拡大することもあり得たであろう。史料二にみえる春日寺田も、そのようにして寺辺の所領を拡大したものと考えられる。

二　現地比定と遺跡

史料二には春日寺田に隣接する土地の条里坪付が記載されており、春日寺の位置を推定する

白毫寺尾上町
西勝寺支坊
白毫寺
東山霊苑
第五号ノ一
第五号ノ四
第七号ノ一
第四号ノ
踏木谷池
宅地造成中
5
8
6
7
段木
岡添
針木
稲葉
橋詰
山崎
上金田
四枝
岩渕寺西
山添
戌亥
高台
高芝
石倉
半田
0
100
200
300
400
500
600m

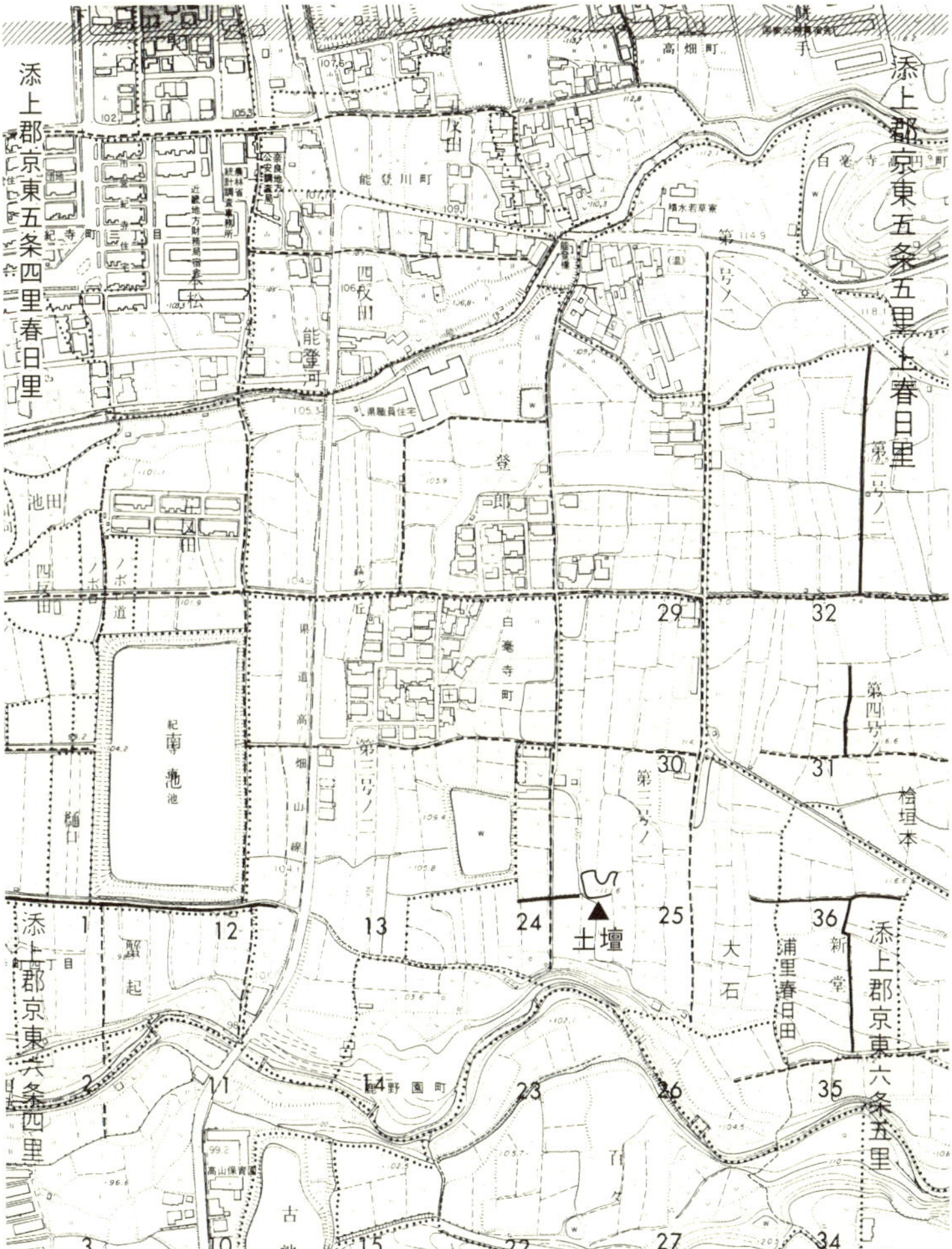
添上郡京東五条四里春日里
添上郡京東五条五里上春日里
添上郡京東六条四里
添上郡京東六条五里
高畑町
能登川町
白毫寺町
紀寺町
四反田
能登河
登郎
池田
ノボリ道
紀寺南池
樋口
県道高畑山線
第二号ノ
第三号ノ二
第四号ノ二
檜垣本
新堂
浦里春日田
大石
土壇
驚起
高円野園町
古池
油山
金池
田尾
1
2
3
10
11
12
13
14
15
22
23
24
25
26
27
29
30
31
32
34
35
36

図1　大和国条里復原図

手がかりとなる。件の土地は、京東五条五里（上春日里）五坪、および京東五条四里（春日里）三十二坪にまたがって所在した（図1）。条里復原図が示すように、この両坪は東西に並ぶ位置関係にあり、西側の京東五条四里三十二坪内、もしくはその西の二十九坪内に春日寺田が位置することになる。前節で述べたように、春日寺田は春日寺の寺辺に所在した所領と推定されるが、三十二坪の西方一帯にはかつて「堂の前」、「ノボロウ」（登廊ヵ）、「金芝」（金堂ノ芝（＝基壇）ヵ）、「御門」、「ブタイ」（舞台ヵ）等の寺院伽藍を想起させる小字名が分布していたとされ[4]、右の推定を裏付ける。この条件にちょうど当てはまる位置に、古代建物基壇跡と考えられる土壇が存在する。図1の京東五条四里三十坪南辺部、南の京東六条四里二十五坪との境界に接する位置に、北に開く凹字状の丘状地形が描かれているのが、その土壇である。

この土壇は、一九三七年に中村春壽氏により現地調査および遺物採集が行われている。以下、中村氏の調査簡報[5]によってこの土壇の概要を記す。当該土壇は周囲の水田耕作面から約二メートル程度の高まりをなしており、規模は南北約一五メートル、東西約二〇メートルである（図2）。土壇の上面および周囲の水田畦畔上には多数の古代瓦が散布しており、この土壇が古代の瓦葺建物基壇跡であることを示している。土壇の平面形は北に向かって開く凹字形を呈しているが、これは周囲の水田耕作のために、土壇の北辺中央部が耕作面と同レベルまで掘り下げられたことによる。南辺にも土壇上面から約一メートル程度掘り下げられたように見える湾入部があるが（図2—C地点）、瓦を包含する厚さ約三〇センチメートルの土層が南辺の湾入部断面に確認でき、この瓦堆積層のレベルが耕作面から約一メートル前後であることから、南辺湾入部分の上面が本来の基壇の上面であり、これより上部は建物廃絶後に二次的に堆積した土層であるとされている。

本稿を記すにあたり、筆者が二〇〇七年四月にこの土壇の現地を踏査したところ、土壇の平面形状や瓦の分布状況は、現在でも戦前の中村氏による調査時とほぼ同様の状態を保っていることを確認した。土壇上および周囲の水田畦畔では、凹面に布目痕、凸面に縄叩き痕を有する平瓦、および玉縁を有する丸瓦の散布が確認でき、そのほとんどは古代の瓦とみなすことができた。また、調査簡報にもある通り、瓦の一部には火炎にあたった痕跡があり、この基壇上の建物が火災を経験した可能性を示唆している。中村氏による調査では、外区外縁に凸線鋸歯文、内縁に四十個程度の珠文を有し、内区に蓮子を有する複弁八葉蓮華文軒丸瓦が一点採集されており、その文様的特徴は藤原宮式軒丸瓦に近い。筆者による踏査では軒瓦は確認できなかったが、散布する平瓦のなかに青灰色に堅く焼き締まった厚みのある破片が複数確認でき、比較的古い時代のものであることがうかがわれた。以上のことから、この建物の創建は遅くとも奈良時代を下るこ

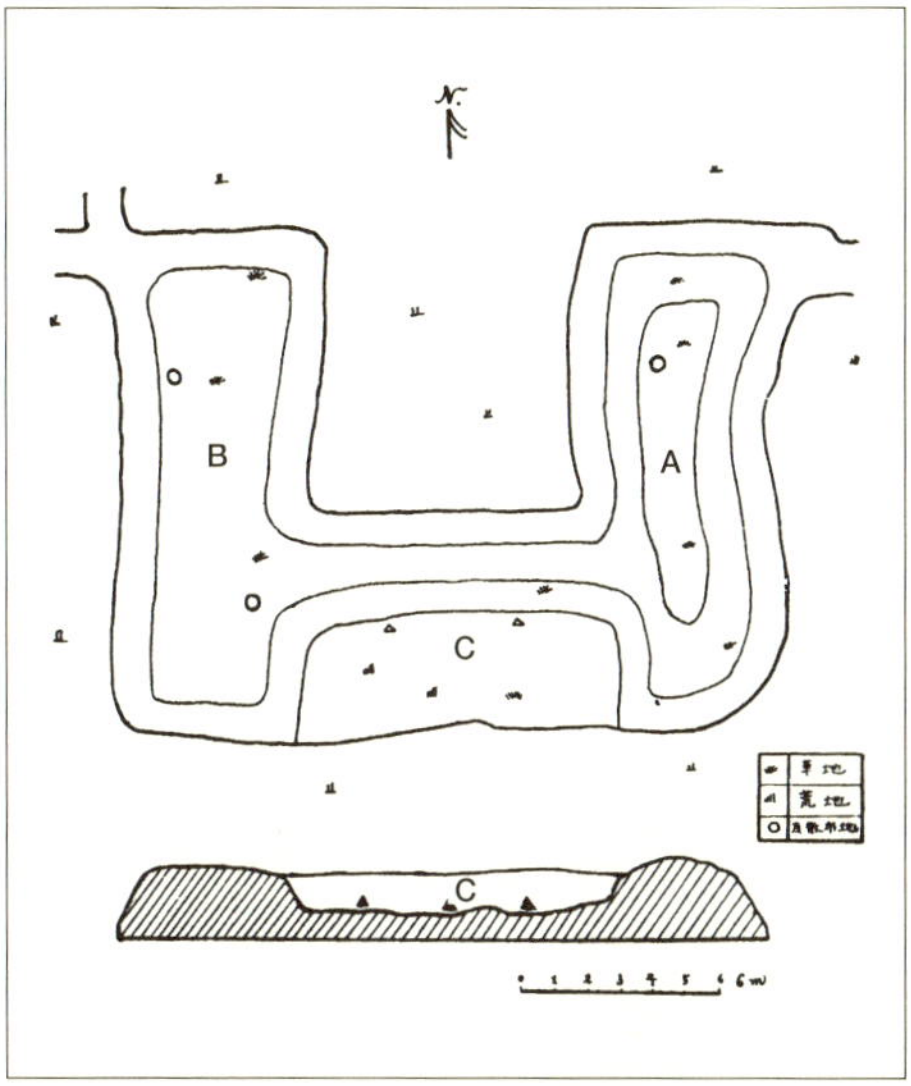

図2　春日寺基壇遺構図

とはなく、奈良時代初頭ごろあるいは藤原宮期ごろまで遡る可能性があり、中世に至るまでに火災によって廃絶したのではないかと推測される。この基壇跡こそが、春日寺の遺跡であろう。現在地上に確認される明瞭な遺構はこの基壇のみであるが、周囲にかつて分布した小字名からみて、少なくとも門および回廊を有する伽藍であったと推定される。

ところで中村氏の調査簡報では、この遺跡を「石淵寺址」と称している。石淵寺は三論宗の高僧として著名な勤操が止住したことによって知られる古代寺院であるが、田村吉永氏[6]や福山敏男氏[7]が指摘しているように、『西大寺三宝料田畠目録』[8]（西大寺叡尊一門に対する鎌倉時代の所領寄進目録）に、「添上郡東六条五里内七段岩淵寺西辺、字橘内北辺　添上郡東六条五里卅五坪内一段小字四枝、岩淵寺西」という条里坪付記載があり、これにより石淵寺の位置が知られる。すなわち、石淵寺は添上郡京東六条五里三十五坪の東方に所在したと考えられる（図1東南隅、小字「山添」一帯）。高円山の南西麓にあたるこの付近では戦前には布目瓦の散布が確認できたらしく、一九三〇年ごろには平城宮式に似た軒丸瓦が出土したこともあるらしい[9]。また、『平城坊目遺考』[10]では石淵寺跡を、「白毫寺より凡十五丁許東南、字ガランボと云」う地点の篠原のなかに所在する平坦地としている。「ガランボ」は伽藍坊の転訛であろう。現在、白毫寺集落から同地付近までは奈良県道八十号線（主要地方道奈良名張線）がほぼ最短ルートで結んでおり、その距離は一キロメートル程度でしかないが、かつては白毫寺集落と鹿野園集落を結ぶ道としては、現在の奈良県立高円高校グラウンドの西辺を南下して東南方向へと折れる道（旧名張街道）が利用されており[11]、このルートを経るとおよそ一・五キロメートル（約十五町）となって、『平城坊目遺考』の記載と一致する。以上により、高円山南西麓の同地が石淵寺の故地であることはほぼ確実であり、中村氏の調査した土壇は石淵寺とは別の遺跡ということになる。

京東五条四里三十坪の土壇を石淵寺跡とする中村氏の説は、同地における焼瓦散布状況と、天地院と石淵寺の間の闘争によって両寺ともに炎上した、という所伝[12]とを結びつけたものであり、一応それなりの根拠を持つ説であった。一方、この土壇が石淵寺跡ではなく春日寺跡であることはじつは早くから指摘されており、岩井孝次氏は同地を「春日寺」、高円山南西麓の地を「岩淵寺」として正しく評価している[13]。また、田村吉永氏は中村氏による調査よりも前に、すでに史料二を引用して件の土壇一帯を春日寺の故地として取り上げている[14]。ところが、中村氏の調査簡報が掲載された『大和志』四巻十二号において、田村氏は中村氏の調査した土壇が「六条五里卅五坪東方」に所在するものと誤解し、これを石淵寺と評価する中村氏の説にお墨付きを与えてしまっている[15]。おそらく単純な誤解であろうが、その結果として中村氏の説は石淵寺の位置に関する定説となって現在に至るまで影響を及ぼしており、たとえば一九九八年刊行の『奈良県遺跡地図』においても、件の土壇周辺、および高円山南西麓一帯が、双方とも石淵寺跡として記載されている（**図3**、93地点、60地点）。今後、件の土壇は春日寺の基壇跡として、あらためて正しく評価されるべきであろう。

三　春日寺と春日離宮

前節までの検討により、春日寺なる古代寺院が添上郡春日郷の京東五条四里三十坪を含む地に存在したことが明らかとなった。この地は北を能登川、南を岩井川に画され、御蓋山の南、高円山の西に

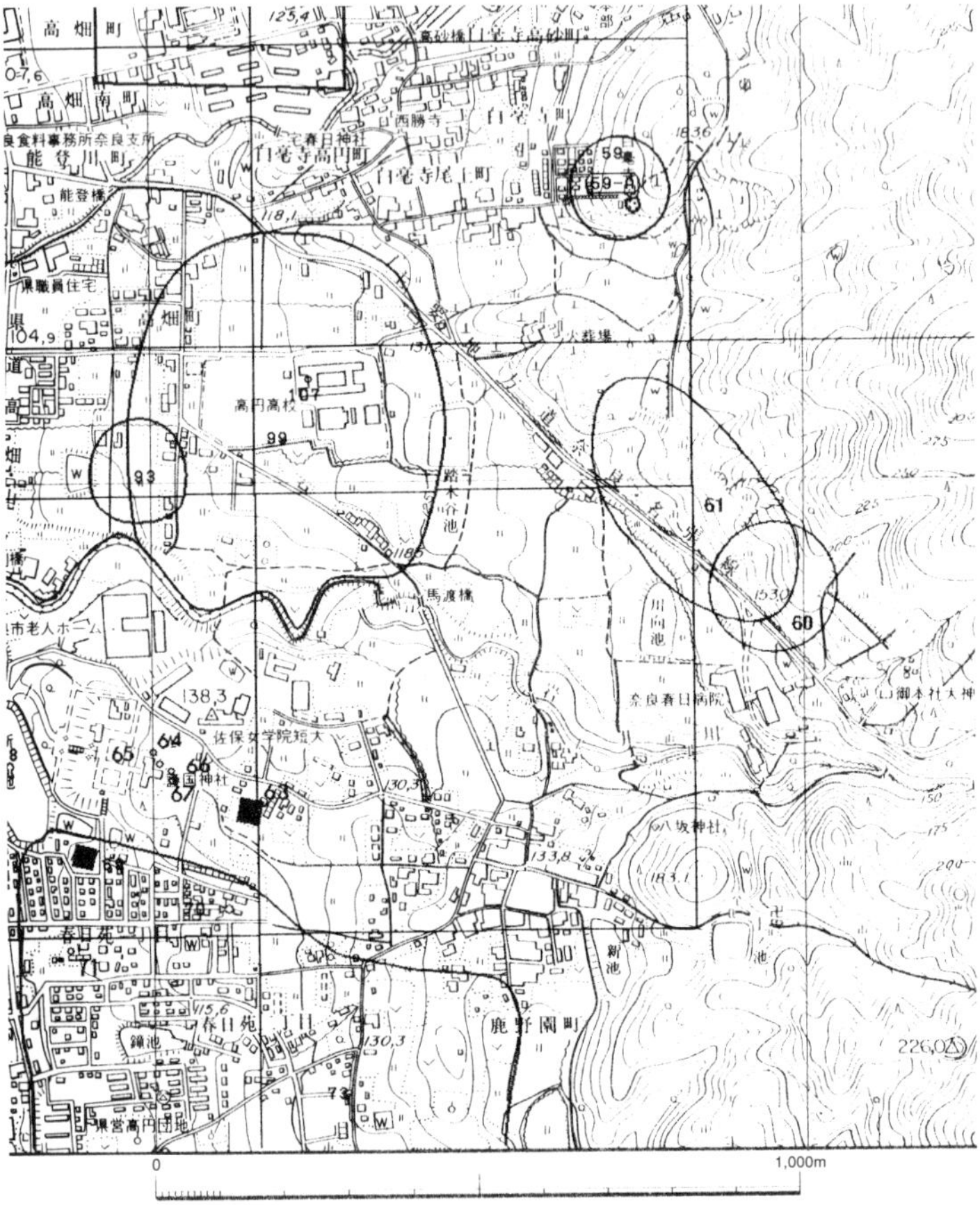
高畑町
高畑南町
能登川町
能登橋
県職員住宅
西勝寺
白毫寺高円町
白毫寺尾上町
59
59-A
火葬場
高円高校
107
99
93
61
60
馬渡橋
川向池
奈良春日病院
佐保女学院短大
護国神社
65
64
66
67
八坂神社
春日苑
新池
鹿野園町
鎌池
県営高円団地
73
71
0
1,000m

図3　奈良県遺跡地図

広がる高燥の台地上にあたる風光明媚な好地である。また、当該里は条里の固有里名では「春日里」、その東隣の京東五条五里は「上春日里」と称されており、古代において「春日」と称された地の中心部にあたると考えられる。そこで、本節では、春日寺の性格について考えてみたい。

空海の文集である『性霊集』に、次のような文が収められている。

【史料三】『遍照発揮性霊集』巻四

為酒人内公主遺言　一首

吾告二式部卿、大蔵卿、安勅三箇親王一也。（中略）追福之斎、存日修了。若事不レ得レ已者、於二春日院一転二七七経一、周忌則東大寺。所有田宅林牧等類、班二充三箇親王、及眷養僧仁主一。自外随レ労、分二給家司僕孺等一而已。亡姑告。

弘仁十四年正月廿日

史料三は、空海が酒人内親王からの依頼によって弘仁十四年（八二三）に作成した遺言状である。酒人内親王（七五四〜八二九）は光仁天皇の皇女で、母は聖武天皇皇女の井上内親王である。宝亀三年（七七二）に母の井上内親王が廃后、同母弟の他戸親王も廃太子となったが、同年十一月、酒人内親王は伊勢斎王に卜定され、「春日斎宮」に「権居」した（『続日本紀』同年十一月己丑〈十三日〉条）。春日斎宮とは、斎王が伊勢に下向する前に潔斎するための施設、すなわち後世の野宮に相当する仮宮と考えられる。伊勢斎宮を退下後、酒人内親王は異母兄である皇太子山部親王（後の桓武天皇）の妃となって朝原内親王を産み、遺言状の作成から六年目の天長六年（八二九）に七十六歳で薨じた。

この遺言状に七七日の経を転読すべき場所としてみえる「春日院」については、春日寺と同一の寺院とみる堀池春峰氏の説[16]、酒人内親王の所有する院とみる佐藤健太郎氏の説[17]の二説がある。佐藤氏の説は次のような根拠による。すなわち、『新撰年中行事』には勅旨牧で飼養される馬牛に捺される焼印の文字が記載されており、その焼印の文字は、「粟」ならば「粟田院」、「松」ならば「松本院」というように、当該牧が勅旨牧に編入される以前にその牧を所有していた院の名称の一字であるという。そうした焼印の文字のなかに「春」があり、「春」字を冠する院号として『性霊集』所載の「春日院」が想定できる、というのである。後述するように、春日の地には天皇・皇族の宮やその付属所領が存在したことが確かめられ、聖武天皇および志貴皇子の双方の血を引く酒人内親王が春日の地に院を所有していたという推定も、成立の余地がないとはいえない。しかし、「春日院」は『性霊集』以外に全くその名が見えないし、また『性霊集』所載の文はいずれも漢文としての文体を整えるために修辞や美辞麗句の類を多用しており、文面をそのまま受け取ってよいかどうかはやや慎重に考えるべきであろう。問題の部分は、「寺」字の繰り返しを意図的に避けるため、春日の「院」、東大の「寺」という対句的な用字を用いているとも考えられるのではないか。よって、史料三については、堀池氏の説の如く、酒人内親王が春日斎宮における潔斎の日々を追想して、春日斎宮の近傍にあたる春日寺に没後の祈修を託したものと考えておきたい。

以上のような推定は、もし認められるとすれば、春日寺の性格を考えるうえでの手がかりとなり得る。すなわち、春日寺は皇族の追福を祈願する仏事を修していることから、天皇や皇族を檀越とする寺院であった可能性が浮上するのである。

春日の地は、古くから天皇や皇族の宮が存在したことで知られる。天平勝宝八歳（七五六）、聖武太上天皇の菩提を弔うため東大寺に勅施入された皇室所領の一つに、春日離宮を前身とする春日庄があった。春日離宮は、和銅元年（七〇八）に元明天皇が平城遷都の事前視察のために行幸した際、行宮として用いられたことで知られ（『続日本紀』同年九月乙酉〈二十七日〉条）、聖武天皇の在世を偲ぶ和歌中にみえる高円離宮（「高円の宮」「高円の野の上の宮」「高円の尾の上の宮」など。『万葉集』巻二十、四三一五、四三一六、四五〇六～四五一〇番歌）も春日離宮を指すと考えられている(18)。また、志貴皇子は宝亀元年（七七〇）に「御春日宮天皇」の追号を贈られており、春日に宮を有していたことが知られるほか、長屋王邸跡より「春日宮帳内」と記す削屑木簡が出土していることから（『平城京木簡』二—二四四六号）、長屋王も春日の地に宮を所有していた可能性がある。

春日離宮は、春日地域の何処に立地していたのであろうか。春日庄の範囲は、寛弘九年（一〇一二）八月二十七日付「東大寺諸司等解」（『平安遺文』四六八号）にみえる京東六・七条の三・四里にわたるとされるが、この四カ里の範囲は十一世紀当時の東大寺による誇張であって、天平勝宝八歳の勅施入当初の面積は六町程度と考えられており(19)、春日離宮の立地を考えるうえではやや信憑性に欠ける。一方、春日庄については天平勝宝八歳の後にも所領が勅施入されたことが知られる。

【史料四】「勅旨所牒」（『平安遺文』四八九七号、古代学協会蔵(20)）

勅旨所牒東大寺三綱

地壱町参段在春日酒殿東院 天平勝宝八歳図所載

牒。被二内侍司典侍従四位上和気朝臣宣一偁、依二件図所載之数一、施二入東大寺一。□〔宜カ〕三綱承知、依レ宣勘受。便可二牒報一。今以レ状牒。々至准レ状。故牒。

延暦八年六月十五日（以下、署名略）

この文書は「春日酒殿東院」の地一町三段が、延暦八年（七八九）に東大寺に勅施入された際のもので、公験として東大寺に伝わったが、のちに寺外に流出したものである。史料中に「天平勝宝八歳図」「件図」とあるのは、春日庄の文図のことを指す[21]。文図とは所領施入文書と絵図を一体として扱う際の呼称で、天平勝宝八歳の勅施入に関わる春日庄の文図が存在したことは、大治五年（一一三〇）三月十三日付「東大寺諸国庄々文書并絵図等目録」（『平安遺文』二一五六号）に、「一通文図 載春日、清澄、飛驒、猪名、水成瀬 天平勝宝八歳十二月十三日」とあることによって知られる。「春日酒殿」は、春日神社の酒殿とする説もあるが[22]、天平勝宝八歳施入の春日庄域を記す絵図に当該地が載っていることから、元来春日離宮の一部を構成していた施設とみるべきであろう[23]。また、天平勝宝二年（七五〇）に「春日酒殿」への行幸があり、唐人に位を授けたという記事がある（『続日本紀』同年二月乙亥〈十六日〉条）。これと関連する可能性のある事柄として、養老元年（七一七）に遣唐使が「蓋山之南」で神祇を祀ったという記事があり（『続日本紀』同年二月壬申朔条）、蓋山（御蓋山）の南が渡海成就を祈る神地として重視されていたことが指摘されている[24]。春日酒殿で行われた唐人への授位も渡航成就祈願に関わるものであるとすれば、春日酒殿は御蓋山の南に立地した可能性が高いと言える。天平勝宝八歳の勅施入時点での春日庄の規模は、先述したように六町程度であったと考えられており、所載の絵図もさほど広い範囲をカバーしていたとは思われない。したがって、春日酒殿、およびそれを含む春日離宮は、後世の春日庄関係史料にみえる京東六・七条ではなく、岩井川北岸にあたる京東五条の「春日里」「上春日里」を中心とするエリアに存在したと考えるのが最も自然である。文献史料からはこれ以上の追究は難しいので、ここで発掘調査の成果に目を転じてみることにする。

一九八二年、奈良県立橿原考古学研究所によって県立高円高校校舎建設に伴う事前発掘調査が実施された。出土した遺跡は地名から「白毫寺遺跡」と名付けられている。調査地は条里坪付でいうと、京東五条五里「上春日里」の五・六・七・八坪にわたっている。このうち京東五条五里五坪は、史料二で売買の対象となった家地の所在地であるが、五坪の全域を発掘したわけではなく、同家地がまたがって立地する京東五条四里三十二坪との坪境付近については未発掘である。また、前述のように、同家地は延暦七年から弘仁七年までの間にもともと存在した家地の、東方および南方の土地を取得して拡張されており、拡張部分の建物は一棟のみであることから、もともとの四段百歩の家地は発掘調査地外の可能性が高い。以下、発掘調査概報(25)にしたがって遺跡の概要を記す。

検出された遺構はいずれも奈良時代から平安時代前期にかけてのもので、池二カ所、井戸七基、掘立柱建物五棟、および多数のピット群などがある。特徴的な遺構として、二カ所で検出した池があげられる（図4）。北側の池1は東西方向の自然地形の谷を利用したもので、池底が二段になっており、上段は苑池としての機能を有していたらしく、汀線沿いには庭石的な石を配し、池底には石敷が施されていた。池の取水口近くに配された大型の石の間から遺物が出土し、中には木簡（釈読不能）や扇とみられる木製品も含まれていた。南側の池2も同様に、東西方向の谷地形を利用したものである。また、石組井戸が一基検出されており（SE1）、井戸から溝が西流して池1の下流部にあたる北側の谷へと水を導き、泉水的な機能を有していたと考えられている。この井戸内からは三彩陶器片や、次のような荷札状の木簡一点が出土している。

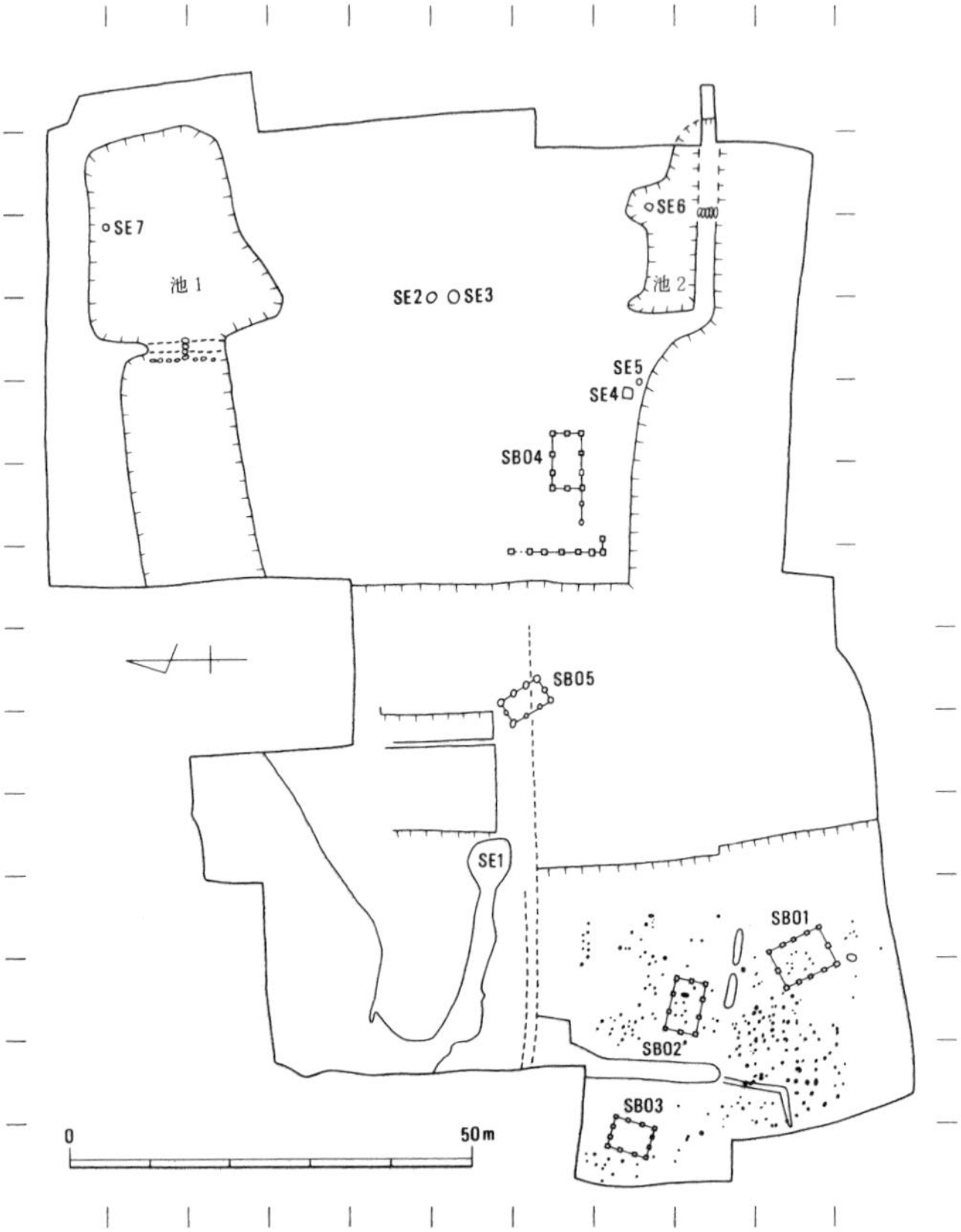

図 4　白毫寺遺跡遺構図

【史料五】　白毫寺遺跡出土木簡（『木簡研究』五、第一号）

「＜天平五年閏月廿六日白□合　（一九六）×（一八）×三　〇三三型式

発掘調査概報では、この遺跡が春日離宮跡である可能性を示唆しながらも、慎重に断定を避けている。しかし、大がかりな石組構造を持つ池や井戸、三彩陶器、荷札木簡といった遺物の存在は、この遺跡が公的施設もしくは大規模邸宅等に付属する苑池であることを如実に示している。この白毫寺遺跡こそ、春日離宮の有力候補とすべき遺跡であろう。

先述のように、春日離宮には酒殿が付属していた。酒殿とは酒を醸すための建物のことで、内裏には内酒殿があり、造酒司管理のものとしては平安宮では外記庁の東に酒殿があった[26]。また、離宮に付属する酒殿も存在した。奈良県明日香村の飛鳥京苑池遺構は、飛鳥浄御原宮の内郭北側に立地した禁苑の遺構であり、『日本書紀』天武天皇十四年（六八五）十一月戊申（六日）条にみえる「白錦後苑」に該当するとされるが、この苑池は藤原遷都後もしばらく維持されていたことが出土木簡の年紀から判明しており[27]、藤原遷都後は離宮として存在したことになる。同苑池からは「造酒司解伴造廿六人」と記す文書木簡が出土しており（『木簡研究』二五、第三四号）、藤原宮の造酒司が管轄する酒の醸造が、同苑池内に立地した酒殿で行われていた可能性が指摘できる。酒の醸造に不可欠なものは水であり、湧水を利用した泉水を庭園内に引き込む苑池は、醸造の適地である。白毫寺遺跡が春日酒殿の故地そのものである可能性も、あながち否定することはできないのではないだろうか。

以上のように春日離宮は、春日寺が立地する京東五条四里「春日里」の東隣、京東五条五里「上春日里」五・六・七・八坪を含むエリアに存在したと推定される。春日寺の位置する四里三十坪と春日離宮推定地とはわずかに一坪を隔てるのみであり、隣接しているといっても過言ではない。したがって、春日寺は春日離宮と関連を有する皇室ゆかりの寺院であると結論しておきたい。

おわりに

本稿では、春日寺をケーススタディとして、寺院と離宮との関わりについて一つの見通しが得られたと考える。寺院と離宮との関係はさまざまな形態があり、都下の官大寺に一所領として離宮を施入するケースや、豊浦寺のように離宮そのものを寺院とするケースなどがある。こうした形態の他に、寺院と離宮とが一つのセットとして存在するというケースがあり得ることを、春日寺の例は示唆するものと考えられる。こうした類型が他の寺院と離宮についても想定できないかどうか、今後も検討を重ねていきたい。

註

(1) 伊藤敬太郎・竹内亮「飛鳥池遺跡出土の寺名木簡について」(『南都佛教』七九号、二〇〇〇年)。
(2) 富貴原章信『日本唯識思想史』(初版は大雅堂、一九四四年。改訂版は国書刊行会、一九八九年)。
(3) 延久二年(一〇七〇)「興福寺大和国雑役免田畠等坪付帳」(『平安遺文』四六三九・四六四〇号)参照。
(4) 田村吉永「小研究 四 春日寺の事」(『大和志』第二巻第七号、一九三五年)。
(5) 中村春壽「大和石淵寺址に関する一資料」(『大和志』第四巻第十二号、一九三七年)。
(6) 田村吉永「岩淵寺の位置について」(『大和志』第四巻第十二号、一九三七年)。

（7）福山敏男「石淵寺」（『奈良朝寺院の研究』、初版は高桐書院、一九四八年。増訂版は綜芸舎、一九七八年）。
（8）西大寺文書一〇一函一番。『鎌倉遺文』一九八九三号。佐藤信編『古代荘園絵図群による歴史景観の復元的研究』（文部科学省科学研究費補助金研究成果報告書、二〇〇三年）所収。
（9）岩井孝次「大和北部に於ける出土古瓦の分布――奈良市を中心とする瓦の出土地及其文様に就いて」（『夢殿』第十九冊 綜合古瓦研究〈第二分冊〉、一九三九年）。
（10）金沢昇平『平城坊目遺考』（初版は明新社、一八九〇年。復刻版は『平城坊目考・平城坊目遺考』五月書房、一九九八年）。
（11）陸軍仮製二万分一地形図「奈良」（一八八九年測量、地図資料編纂会編『明治前期関西地誌図集成』柏書房、一九八九年所収）、同「櫟本」（一八八七年測量、同上所収）参照。
（12）『和州旧跡幽考』巻四、添上郡「石淵寺」の部（奈良県史料刊行会編『大和名所記』豊住書店、一九七七年所収）参照。
（13）前掲註（9）論文。
（14）前掲註（4）論文。
（15）前掲註（6）論文。
（16）堀池春峰「平城京東山中の寺社」（奈良公園史編集委員会編『奈良公園史』奈良県、一九八二年。同『南都仏教史の研究』遺芳篇、法藏館、二〇〇四年に再録）。
（17）佐藤健太郎「駒牽の貢上数と焼印に関する一考察――『新撰年中行事』の記載を中心に」（『史泉』第一〇二号、二〇〇五年）。
（18）堀池春峰「春日離宮」（『田山方南先生華甲記念論文集』田山方南先生華甲記念会、一九六三年。同『南都仏教史の研究』諸寺篇、法藏館、一九八二年に再録）。
（19）前掲註（18）論文。『東大寺要録』巻第六、封戸水田章第八所収の長徳四年（九九八）東大寺所領（「諸国諸庄田地」）目録中に「大和国添上郡春日庄田六町二段六十四歩」とある。
（20）角田文衞「勅旨省と勅旨所」（『古代学』第十巻第二～四合併号、一九六二年。同『律令国家の展開』法藏館、一九八五年に再録）所収。
(21) 鷺森浩幸「文図について」（『続日本紀研究』二九〇号、一九九四年。同『日本古代の王家・寺院と所領』塙書房、二〇〇一年に再録）。
(22) 前掲註(20)論文。
(23) 吉川真司「東大寺山堺四至図」（金田章裕・石上英一・鎌田元一・栄原永遠男編『日本古代荘園図』東京大学出版会、一九九六年）。
(24) 前掲註(18)論文。
(25) 奈良県立橿原考古学研究所編『奈良県遺跡調査概報』一九八二年度第一分冊、奈良県立橿原考古学研究所、一九八三年。
(26) 菊池（所）京子「「所」の成立と展開」（『史窗』第二六号、一九六八年。同『平安朝「所・後院・俗別当」の研究』勉誠出版、二〇〇四年に再録）。
(27) 奈良県立橿原考古学研究所編『飛鳥京跡苑池遺構調査概報』学生社、二〇〇二年。
(補註) 近世には興福寺のことを春日寺と呼ぶことがあったらしく、『大和名所図会』興福寺の条に「春日の神宮寺として春日寺ともいふ」とある。春日社が鎮守神として興福寺との関係を深めるのは九世紀末以降のことであり、本稿で主に対象とする八世紀から九世紀半ばまでの間に興福寺が春日寺と呼ばれていた可能性は低い。

図版出典

図1 奈良県立橿原考古学研究所編『大和国条里復原図』奈良県教育委員会、一九八〇年。
図2 中村春壽「大和石淵寺阯に関する一資料」（『大和志』第四巻第十二号、一九三七年）。
図3 奈良県立橿原考古学研究所編『奈良県遺跡地図』（第三版）奈良県教育委員会、一九九八年。
図4 奈良県立橿原考古学研究所編『奈良県遺跡調査概報』一九八二年度第一分冊、奈良県立橿原考古学研究所、一九八三年。

平城京の水田守——梨原荘試論——

吉川真司

序

延暦三年（七八四）十一月、桓武天皇は長岡宮に行幸し、これが平城廃都の実質的な出発点となった。その後、平城旧京は左京が添上郡、右京が添下郡に属し、併せて大和国による土地支配を受けることになる。廃都後の平城宮・平城京については、これまでにも数多くの研究がなされてきたが(1)、土地支配、とりわけ九世紀におけるその実態についてはいまだ不明瞭な部分が少なくない。

近年私は、九世紀の平城京に「京内水田守」なる職権を行使する組織があったことに気付いた。「水田守」という語は類例を見ないが、開発された水田を管理・支配する職務と考えて大過ないだろう。本稿では、この「水田守」に関する史料の初歩的読解を試み、班田制が崩壊していく時期の平城旧京の土地支配について考えたいと思う。

一　東大寺西南院

問題の史料は『東大寺要録』巻四、諸院章の西南院条である。まず、東大寺本（室町時代書写）の体裁どおりに全文を掲げよう。

【史料①】

一　西南院
右（一）件院新堂者如意寺本願女親王藤原貞
子鎮護国家於東大寺西南院以天平神護年中
為一院所草創也即（二）奉安丈六金色尺迦如来像
薬師如来像千手観音像等也仏聖（三）灯油料奉
施入京内水田守梨原荘田合九町九段百八十歩
在（四）平城内二条二坊三坪南大二段三百卌六歩
　四坪三段三百二歩
　十二坪南大一段三百卅歩
　四坊一坪二段百七十四歩
　十一坪三段二百廿歩
　五坊八坪一町一段

二条二方四坪二段一百七十歩五坪一段　歩
　三坪南百廿　　　　　三坊　坪　南二百九十歩
四条三坊二坪一反三百卅七歩三坪五段七十歩南少百廿歩 東少百十歩
　七坪西二百卅歩　　　四坊十三坪一町百歩
五条三坊一坪一段南少三百歩二坪東百卌歩
　三坪三段　　　　　　四坪三反
　五坪四段　　　　　　七坪東百卌歩南少北百廿歩 西少百八十歩
(五)左京三坊二坪四段四百八十歩
左京二条二坊三坪七段三百歩　　畠三段
　　三方十坪一反百八十歩

短い史料だが、前半の（一）～（三）では東大寺西南院に新堂が建てられ、「京内水田守梨原荘田合九町九段百八十歩」が仏聖灯油料として施入されたことを述べ、後半の（四）（五）で施入田が平城京のどの坪にどれだけあったかをリストアップしている。これでわかるように、「京内水田守梨原荘」の「京」は明らかに平城旧京を指すものである。

しかし、『東大寺要録』に難読部分があるためか、この史料の意義は看過されてきた。何よりも必要なのは基礎的な考証を行ない、解釈を固めることである。ここではまず、その前提として、東大寺西南院の歴史について概観しておくことにしたい。

西南院は南大門の西隣、東大寺学園の跡地にかつてあった院家である。『東大寺続要録』諸院篇、西南院条は次のような歴史を語っている。[2]

【史料②】

西南院

右、件院者、如意寺本願女親王藤原貞子、為鎮護国家以天平神護年中図（為カ）一院所草創也。秀（委）見要録。而顚倒之後送年序之間、仏場削跡人屋並摸（棟カ）。而沙門聖守令興霊場為建僧院、対于六人之領主、買取一所之敷地。即弘長三年八月五日壬子一間四面堂舎一宇建立之。文永元年九月三日五間四面僧房造立之。同年五間四面庫院同営作。同二年十月比立経蔵。為遁火難、只如土蔵。（後略）

すなわち、天平神護年中（七六五～六七）に創建された西南院は、いつしか廃絶して人家となっていたが、その敷地を聖守が買い取り、弘長三年（一二六三）に小堂を建て、文永二年（一二六五）までに僧房・庫院・経蔵などを造立していったというのである。このうち草創の経緯は『東大寺要録』に基づく記載だが（ただし後述するような誤解がある）、聖守による復興は『東大寺続要録』独自の記事である。

しかしその後、西南院は大きく変化した。[3] 聖守の西南院復興に刺激されたか、西隣の新院を伝領した定済も院家再建を思い立った。新院は定済の師定親が仁治三年（一二四二）に三論道場として再興したが、建長八年（一二五六）興福寺西金堂衆によって破却されたままになっていた。そこで聖守が西南院と新院の相博を申し出たところ、定済は感嘆随喜してこれに応じた。かくして文永四年以後、西南院は定済の院家、新院（新禅院）は聖守の院家として整備され、それぞれ文永七年・弘安四年（一二八一）院御祈願所に定められたのである。『東大寺続要録』に収める文永七年四月日「後嵯峨院庁下文」は、御祈願所指定を求める定済解状を引くが、定済は「当院家者、天平神護年中、隣大伽藍矣卜甲区之地、発大誓願兮拓締構之基。異朝本朝之高僧多来至于彼砌、顕宗密宗之深法専弘伝（于脱カ）此場。当寺最初之別院、国家鎮護之道場也」と述べ、西南院の由緒を称揚している。院家の創建はやはり天平神護年間のこととされ、「当寺最初之別院」だという主張は興味深いが、羂索院の存在を思えば容易に認めがたいところがある[4]。

その後の西南院の歴史には不明な点が多い。建武二年（一三三五）に「興福寺凶徒」によって破却されたが[5]、応永二十九年（一四二二）の修正会には「荘厳頭西南院方擬講」が見え[6]、なお存続していたかもしれない。しかし、十七世紀中期の「東大寺寺中寺外惣絵図」は建物を描かず、ただ「西南院殿屋敷今ハ田畠」と記すのみである。

二　西南院新堂

いよいよ史料①の解釈に入るが、難解な部分は二箇所に限られると言ってよい。すなわち、（一）の文章理解と（四）（五）の所在地比定である。

まず（一）について考証する。改めて全文を掲げると、「右件院新堂者如意寺本願女親王藤原貞子鎮護国家於東大寺西南院以天平神護年中為一院所草創也」である。これを三段に分け、史料②の冒頭部分を参看しながら、解釈を加えていきたい。

【右件院新堂者】「件院」は前行の「西南院」を指している。「新堂」と言うからには当然「旧堂」

があったはずであり、したがって（一）は西南院そのものではなく、院内に新しく建てられた堂宇について述べた文と考えねばならない。史料①がほぼ新堂の記述に終始しているのは、西南院がこの堂宇を中心に再編成されたためであろうか。

【如意寺本願女親王藤原貞子】　まず「藤原貞子」については、かなりの地位と財力をもつ貴族女性と推測され、六国史に現われる二人の同名人物のうち、藤原三守女にして仁明天皇女御となった藤原貞子のことと見るのが妥当であろう。(7)そして、藤原氏が「女親王」（内親王の意ならん）であったはずはないから、「女親王藤原貞子」という表現は「某内親王と藤原貞子」を示すか、「女御藤原貞子」の誤りであるか、そのいずれかと考えられる。誤写とするのは字形から見てやや苦しく、本稿では前者の解釈を採りたいと思う。つまり、「如意寺本願の某内親王、および藤原貞子」と解するのである。

藤原貞子は仁明天皇が東宮時代から寵愛した女性で、成康親王・親子内親王・平子内親王を生み、后位には登らず女御に留まったが、後宮での勢いは並ぶ者がなかったという。仁明の死後、嘉祥四年（八五一）に出家して尼となり、貞観六年（八六四）に薨去すると仁明の深草山陵の兆域内に葬られるという殊遇を得た。(8)

一方「女親王」については、仁明と貞子の間に生まれた親子・平子のどちらかと思われるが、長女の親子内親王である可能性が高い。というのも、仁明の可愛がりかたが平子内親王と比較にならないからである。親子は承和十四年（八四七）に内裏で初笄儀を挙げたが、養育財源として承和四年に二八五町、同十年には二〇町の賜田が与えられ、さらに嘉祥元年にも八〇町を賜わった。(9)彼女は仁寿元年九月に死ぬが、薨伝に「(仁明)天皇、殊ニ之ヲ憐愛ス。天皇崩ジテ後、哀慕休ムコトナク、遂ニ以テ性ヲ滅ス。時人之ヲ悲シム」とあり、父娘の情愛の深さが知られる[10]。平子にこうした記事は見られない。結論の先取りになるが、西南院新堂に施入された田地も本来は勅旨田であり、それが仁明の寵愛する親子・貞子の施入田にするため賜与された（＝賜田の一種）と推測される。

最後に「如意寺本願」であるが、以上の考証によれば、親子内親王にかかる語と見るほかない。彼女の生存年代から、如意寺創建は承和〜仁寿年間のことと推測され、したがって平安京東郊、如意ヶ岳南斜面に展開する山林寺院如意寺を指す可能性が高い。『阿婆縛抄』は平親信（九四六〜一〇一七）が如意寺を建立したとするが、文献的初見は承平八年（九三八）の平時望追善供養記事である[11]。つまり、創建は十世紀前葉以前に遡り、高棟流平氏と関係が深い寺院であった。史料①から創建時期は九世紀中葉に絞り込めるが、親子・貞子の死後、なぜ平氏に結びついたかはわからない。なお、如意寺の東門は山科藤尾からの道に開き、貞子の父三守が「後山科大臣」と呼ばれたことが想起される。また如意寺にわずかに遅れて、すぐ南の山峰に安祥寺が創建された点も興味深い[12]。

【鎮護国家於東大寺西南院以天平神護年中為一院所草創也】　まず後半の「以天平神護年中為一院所草創也」だが、これは「新堂」について述べた文とは考えられない。何故なら、親子内親王・藤原貞子と時期的に合わないし、「為一院所草創也」というのは一つの院としての創建、つまり西南院全体の創建を語っているからである。しかし先述の如く、（一）は新堂に関する記述であり、首尾呼応していないことになる。この矛盾は「以天平神護年中為一院所草創也」を直前の「東大寺西南院」の説明と考えることでひとまず解消できる。つまり、本来は「東大寺西南院」につく細字一行書きの註であったのが、誤って本文として書写されたと解するのである。かかる誤写は珍しいものではない。

この解釈が認められれば、前半の「鎮護国家於東大寺西南院」についても若干の意改を施すことで意味が通じる。これを史料②は「為鎮護国家」と記すが、「為」が入るのはすこぶる自然であり、従うべきであろう。また「於東大寺西南院」は場所を示すフレーズであるが、その場所で新堂をどうしたのか、行為を示す文字がないのでよくわからない。校訂案としては、やや大胆な想定ではあるが、「建」などの文字が脱落していると見ることもできる。つまり、「為鎮護国家、建於東大寺西南院」と復原するのである。

しかし、短い部分に三箇所もの誤りを想定することには、やはり躊躇を覚える。そこで第二案として、註の竄入と見た後半「以天平神護年中為一院所草創也」のうち、「所草創也」だけは最初から本文であった、という解釈を提示したい。註は「以天平神護年中為一院」となるが、一つの院家として発足したという意味は変わらない。このように見れば、(一)(二)ともに本文「也」で終わって落ち着きがよく、文字の意補も必要なくなる。ほかにも種々の可能性が考えられるが、私はさしあたりこの第二案を採りたいと思う。

＊　＊　＊

以上の考察をまとめ、解釈のたやすい(二)(三)とともに、校訂案と句読点を付した本文を示しておく。

【史料①(前半)】

一、西南院

右、件院新堂者、如意寺本願女親王・藤原貞子、為鎮護国家於東大寺西南院以天平神護年中為一院。

所草創也。即奉安丈六金色尺迦如来像・薬師如来像・千手観音像等也。仏聖灯油料、奉施入京内水田守梨原荘田合九町九段百八十歩。

三　仏聖灯油料田

史料①の後半、(四)(五)部分の読解に移ろう。

ここまでの検討によれば、(四)(五)に列挙された水田は、親子内親王・藤原貞子から西南院新堂に施入されたものであった。施入時期は二人の生存期間、すなわち承和～仁寿年間と想定され、これは後述する平城京の水田化とも時期的に矛盾しない。むろん平城京が首都として機能していた天平神護年間の施入などとは、とうてい考えられない。

さて、(四)(五)の理解が難しいのは、ここでも書写時の誤脱があるためらしい。記載を読みやすくしたのが**表**であるが、たとえば07の「二条二方四坪」は前後の関係から「三条二坊四坪」の誤りと見られるし、08には面積、10には坪、21には条が脱落している。21の「四百八十歩」も奇妙である。同じような誤脱は他にもあるに違いない。

そうした前提に立ちながら、できるかぎりの読解を試みよう。まず問題となるのは、01～20が左京・右京のどちらに属するかである。21～23が左京とあるから、それまでは右京だと解するのも一案であるが、左右の順序が逆になる上、明らかな反証が存在する。すなわち11～13が右京だとすると、そこには垂仁天皇陵が存在し、これほどの田地があったとは考え難いのである。したがって、01～20

表　西南院仏聖灯油料所

01	？京2条2坊3坪	南大	2段346歩
02	4坪		3段302歩
03	12坪	南大	1段330歩
04	4坊1坪		2段174歩
05	11坪		3段220歩
06	5坊8坪		1町1段
07	2条2坊4坪		2段170歩
08	5坪		1段 α歩
09	3坪	南	120歩
10	3坊？坪	南	290歩
11	4条3坊2坪		1段337歩
12	3坪		5段 70歩（南少120歩、東少110歩）
13	7坪	西	230歩
14	4坊13坪		1町 100歩
15	5条3坊1坪		1段 （南少300歩）
16	2坪	東	140歩
17	3坪		3段
18	4坪		3段
19	5坪		4段
20	7坪	東	140歩（南少北120歩、西少180歩）
21	左京？条3坊2坪		4段480歩
22	2条2坊3坪		7段300歩（畠3段）
23	3坊10坪		1段180歩
（総施入面積）		9町9段180歩	

には左京の二条・三条・四条・五条の水田が列挙されていると判断せざるを得ない。そうすると、逆に問題になるのが21～23であり、これらが原文どおり左京だとすると、01と22が同じ坪となって不可解である[13]。誤写の可能性もあるから確たることは言えないが、原史料と思しき施入文書の書式としては、やはり左京、右京の順にそれぞれ一条、二条、と書き連ねていくのが自然であろうから、ここでは21を右京一条、22・23を右京二条の記事と考えておくことにしたい[14]。

次に各坪の面積表記であるが、難解なのは「大」「少」や方位の表記である。たとえば、

01　三坪　南大二段三百卌六歩
12　三坪　五段七十歩南少百廿歩 東少百十歩
20　七坪　東百卌歩南少北百廿歩 西少百八十歩

といった記載である。一般の土地台帳では大＝二四〇歩、小＝一二〇歩という単位を用いるが、この史料の大・少は明らかに違う。また方位表記が各坪内における水田の位置を示すかといえば、12や20の面積を見る限り、否定的にならざるを得ない。確証はないのだが、これらは各坪に接する道路が水田化した部分を指し示すための記載ではあるまいか。つまり大は大路、少は小路を言い、東西南北は各坪のどの側の道路かを示すものと考えるのである。唯一問題となるのは01だが、たとえば「西大」（西側の東一坊大路路面に開発された水田）の誤りと見ればひとまず解決できる。20の「南少北百廿歩」にも何らかの誤りがあるのだろう。もちろん強く主張するつもりはなく、平城京の水田化が条坊道路から始まったという指摘を勘案し(15)、一案として提示するのみである。ただ、仮にこの考えが妥当であるとすれば、水田となった平城京道路の管理方式を窺い得るであろうし、また、たとえば20の坪に関わる水田は、すべて路面上にあり総面積一段八〇歩だったことになる。

以上、不十分ながら（四）（五）の内容を読み取ってきた。割註で示された路面上水田（らしきもの）を別立てにして計算すれば、01〜23の総面積は七町七段七九歩＋αとなる。これは（三）の「合九町九段百八十歩」の約四分の三に過ぎず、やはりかなりの誤脱を想定せざるを得ない（後欠なのかもしれない）。それを承知の上で、仏聖灯油料に施入された田の位置を示すと、**図**のようになる。こ

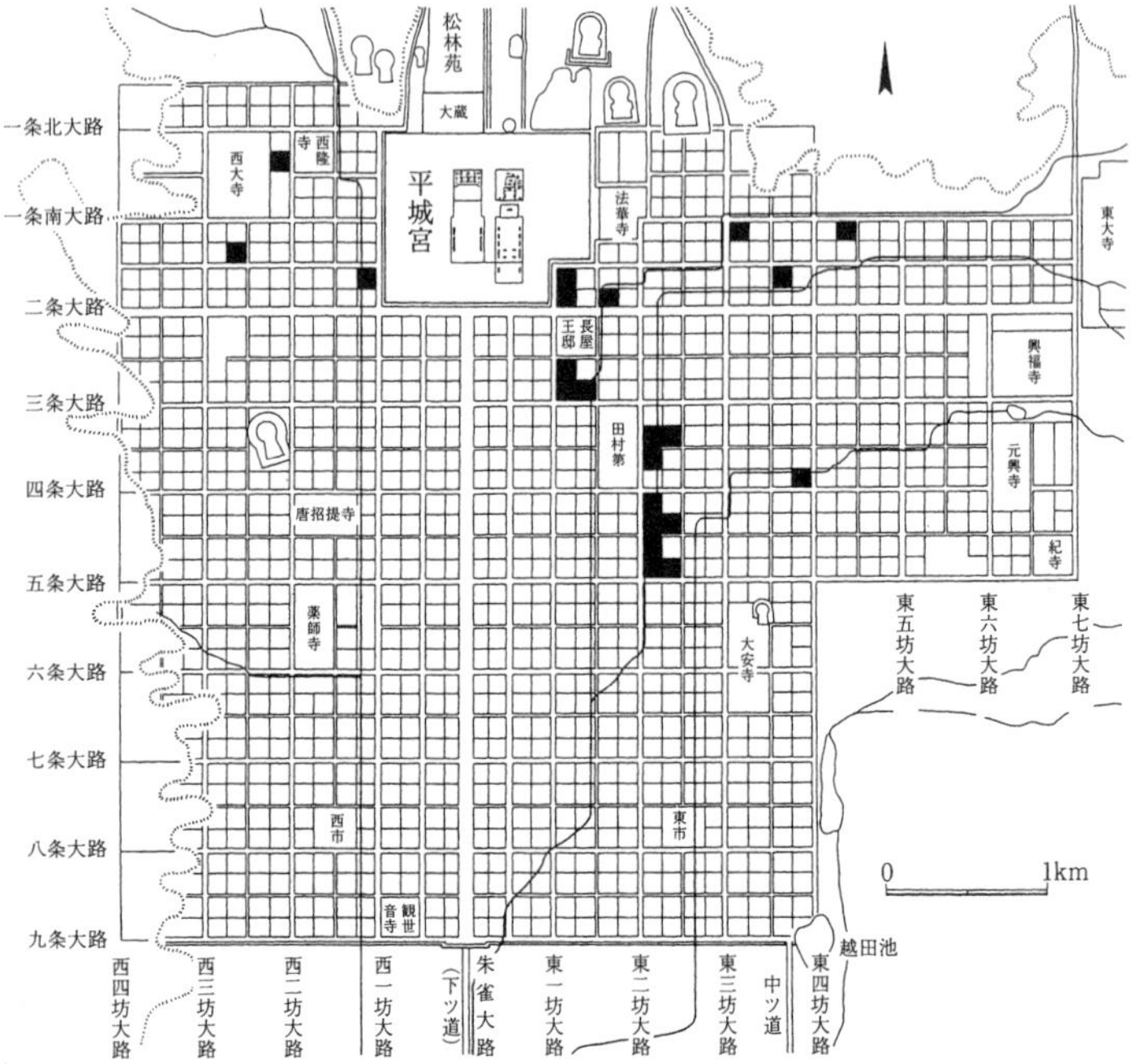

図　東大寺西南院仏聖灯油料田の分布
（原図：小澤毅『日本古代宮都構造の研究』第21図）

れを以て本章の結論とする。

四　水田守梨原荘

ようやく「水田守」について論じ得る地点に到達した。まず、ここまでの知見をまとめると、おおむね次のようになる。

一、東大寺西南院は天平神護年間に院家として発足した。

二、承和～仁寿年間に親子内親王・藤原貞子が西南院新堂を創建した。

三、このとき新堂の仏聖灯油料として、平城京の水田守である梨原荘の田九町九段百八十歩が施入され、(16) それらは確認できる限り、すべて京内に散在していた。
それでは、梨原荘とは如何なる組織だったのであろうか。
十〜十一世紀の史料には、内蔵寮領梨原荘なるものが現われる。たとえば寛和三年（九八七）から永延三年（九八九）にかけて、左中将藤原実資は三度に及ぶ春日参詣を行ない（自らの参拝と摂政春日詣・春日行幸への随行）、奈良ではすべて「内蔵寮梨原（梨子原）荘」に宿した[17]。二度目は「寮頭同宿」とあり、実資は内蔵寮の施設を使用したと考えられる。また十一世紀前半、源経頼も春日祭内蔵寮使として「梨原荘」を用いており、その際には「荘方儲」があった[18]。春日祭での天皇奉幣は内蔵寮が行ない、したがって春日祭使の中心は内蔵寮使であったが、内蔵寮領梨原荘はその宿泊・供給施設となっていたのである[19]。しかし、やがて内蔵寮使が後景に退き、祭使の主役が近衛府に移っていったためであろうか[20]、十一世紀後葉になると「梨原（梨子原）」は近衛府使が宿し、饗禄の儀を行なう場としての性格を強めていった[21]。『江家次第』巻五、春日祭使途中次第、「申日着梨子原」の傍書には次のようにある。

【史料③】

梨子原在二条大路南。自本府儲七間萱葺屋・屛風・畳等、自京都相具之。件梨子原者、上古為近衛府領地故也。

いつ記された傍書かわからないが、「梨子原」が昔は近衛府領の地だったとする点はすこぶる疑わしい。内蔵寮領の便用、荘家の荒廃などが重なるうちに、こうした認識が生まれたのであろう。それとともに「梨原荘」という表記も影をひそめていった。

一方、天喜五年（一〇五七）には、濫行下手人が東大寺に籠り隠れたので引き渡してほしい、と「内蔵寮所領梨原荘」が朝廷に訴えている。東大寺は、彼奴は「寺辺住人」ではないがたまたま「寄宿」して事件を起こし、すでに逃散してしまったと答えた(22)。これが内蔵寮領梨原荘の終見であるが、同荘がなお組織として機能していることを示すとともに、東大寺「寺辺」近くに立地したことを推測させる、興味深い史料である。

このように梨原荘は、十世紀後葉～十一世紀中葉には内蔵寮領として活動していた。平城旧京にあった同名の荘園であるから、それは「水田守梨原荘」の後身と推定されるのであるが、では春日祭使の宿泊・供給機能は「水田守」とどうつながるのだろうか。答えは簡単であって、ともに内蔵寮の平城京出先機関としての役割だと考えればよい。

九世紀には、内蔵寮は確かに平城京内の水田に関わっていた。

【史料④】

先是、大和国言。平城旧京、其東添上郡、西添下郡。和銅三年、遷自古京、都於平城。於是両郡自為都邑。延暦七年、遷都長岡。其後七十七年、都城道路、変為蒭（衍カ）田畝。内蔵寮田百六十町。其外私竊墾開、往々有数。望請、収公令輸其租。許之(23)。

【史料⑤】

大和国平城京内田地十六町三段百廿歩、賜従四位下行山城権守在原朝臣善淵。先是、善淵奏言。奉為平城太上天皇、建精舎於陵次。買得旧京荒地、墾闢為田、充修理精舎之資。而内蔵寮称格旨、収為勅旨。請頼恩弉、永為私田。詔許之(24)。

史料④は貞観六年（八六四）の記事で、平城京が水田化しつつあり、内蔵寮田が一六〇町に上っているが、そのほかにも密かに開墾が行なわれているので、収公して租を徴収したいと大和国が上申し、許可を得ている。一方、史料⑤によれば、在原善淵は祖父平城太上天皇のために寺を建て、平城京の荒地を購入・開墾して修理費に充てていたが、内蔵寮が「格旨」だと言って取り上げ、勅旨田にしてしまった。そこで貞観八年、善淵の願いを容れ、改めて一六町余の田地が「私田」として賜与されたのである。

特に興味深いのが史料⑤に見える内蔵寮の職務であって、開墾された平城京の荒地を勅旨田として召し上げている[25]。そのためには当然、現地の実検組織が動かねばならない。かくして集積された勅旨田＝内蔵寮田は貞観六年段階で一六〇町あり、内蔵寮はその管理・経営を行なう必要があった。私は、平城旧京における〈開発摘発→勅旨田化→水田経営〉という一連の職務を「水田守」の具体的内容と捉え、内蔵寮の出先機関である梨原荘がその任に当たったと想定するものである。

右のように考えることによって、次の史料[26]も十全に理解することができる。

【史料⑥】

相換地記

地弐町伯弐拾捌歩（熟地七段　常荒地一町三段百廿八歩）

右、造東大寺地。在山城国相楽郡蟹幡郷。

家地壱町弐段伯弐拾肆歩　五丈草葺屋壱間

右、従三位紀朝臣勝長家。在平城左京二条五坊七町。

以前地・家、各有便宜。仍相換如件。
上座満位僧「寿堅」　延暦廿三年六月廿日
寺主法師位暇　都維那住位僧「伍浄」
（知事・別当計六名ノ位署省略）
参議従三位行左兵衛督兼造東寺長官紀朝臣「勝長」
僧綱　依請。
律師伝灯大法師位「勝虞」　威儀師伝灯法師位「慈晧」
律師伝灯大法師位　威儀師修行法師位「光厚」
律師伝灯大法師位「如宝」　権威儀師伝灯法師位「聞珠」
勅旨梨原庄
勘件家地、不入応開田之限。
検校鋳銭長官従五位下田口朝臣「息継」
大和国司
覆検、知実。
参議正四位下行（中略）守藤原朝臣　正六位下行大掾安部朝臣「諸根」
（介・掾・目計四名ノ位署省略）
山城国司
覆検、知実。

e　d　c　b

参議右衛士督従四位下兼行守藤原朝臣　　正六位上行掾紀朝臣「河守」

（介・目計四名ノ位署省略）

「二通　一通、送家。副図。附使治部史生大石豊主。　一通、寺家留。」

「延暦廿三年春夏季帳、相替状、勘注付了。」

「左京二条五坊七町開発七段余。

依東大寺地、除帳既了。

f

知事一番書生「日置奥山」

添上郡擬主帳「評家貞」

大同四年六月六日

造東大寺所使布師千尋」

『読申案主安曇年人』

『判収』

『知事』「安禎」

（知事・修理別当・別当計四名ノ位署省略）

g

この史料によると、山城国相楽郡にあった造東大寺所の地と平城左京二条五坊七町にあった紀勝長の家地が交換されることになった。そこで東大寺別当・三綱と紀勝長が相博文書を作成し（a）、僧綱がこれを認め（b）、勅旨梨原荘の検校が勘検し（c）、さらに相博地が所在する大和国・山城国の国司が覆検した（d）（e）。寺院資財の地だから僧綱と国司が判許に関わるのは理解できるが、問題は勅旨梨原荘の判辞である。「件ノ家地ヲ勘フルニ、マサニ開田スベキ限リニ入ラズ」――これは明らかに「開田」の可能性を調べ、それがないことを確認した文言である。つまり梨原荘は近隣の荘として相博を承認したのではなく、平城京内の水田開発を監督する立場から、土地の所有権移転について問題がないことを証明したのである。「勅旨」梨原荘とは天皇御料の荘家の意であるから、天皇財産を預かる内蔵寮の梨原荘と同一実体と考えてよい。したがって、「京内水田守梨原荘」の職務は、遅くとも延暦二十三年（八〇四）には行なわれていたことになり、おそらく平城廃都後の早い時期まで遡ると推測される。その際、史料⑤にいう「格」が、開発田没収の法的根拠となっていた可能性もあるだろう。

ただこう考えても、（g）部分の解釈は難しい。大同四年（八〇九）になって七段余の開発が記され、東大寺の地なので「除帳」したと大和国書生らが証署している。「除帳」とは何か、なぜ水田守は関与しないのか。ここで注意すべきは、大同四年が校田の最中であったことである。推考するに、「帳」とは校田帳を指し、相博以来ひそかにこの土地を開発してきた東大寺は、校田を好機として国司に申告し、墾田として班給対象にしない（校田帳から除く）ことを認めさせたのではないだろうか。むろん一つの想定に過ぎないが、梨原荘の監督が水も漏らさぬものでなかったことは、確かに読み取れそうである。

そう言えば、史料④も内蔵寮の目を逃れた開発について述べ、大和国司が収公して輸租田（墾田）とする方策を記している。『延喜式』主税上の「凡大和国平城京内、開墾私地者、為輸租田」という条文は、ここに起源をもつと考えられる。かくして九世紀後葉には内蔵寮による勅旨田獲得は後退し、大和国司の平城京支配が進んだと推測されるが、それを国司受領化という全国的動向の一環と見ることも可能であろう。水田守の職務も徐々に縮小・形骸化し、やがて梨原荘は宿所として知られるばかりになるのである。

さて、ここで史料①の仏聖灯油料田の問題に立ち返りたい。親子内親王と藤原貞子が西南院新堂に施入した田地は、京内水田守梨原荘が管理していた勅旨田の一部であったと考えられる。仁明天皇は二人の意を汲んで、自らの財産を分与したのである。時期的には、高丘親王への平城宮地四〇余町の賜与（承和二年〈八三五〉）や太皇太后橘嘉智子への平城京空閑地二三〇町の献上（承和三年）[32]に続くものであろうが、勅旨田の賜与は前例がない。その意味では貞観二年（八六〇）の不退寺・超昇寺への水田施入、同四年の高丘親王らへの勅旨田返賜[33]の先蹤をなすものと言える。平城京の土地・水田の下賜記事では平城太上天皇関係者が目立つが[34]、決してそればかりではなく、天皇御料田の再分配という視角からとらえ直すべきことを、西南院施入田の事例は教えてくれる。そして、散在的なその立地（図参照）からは、梨原荘による摘発・勅旨田化の実態とともに、利用しやすい田を特に選んで施入したという事情も看取できよう。

貞観六年に一六〇町あった内蔵寮田（勅旨田）が、その後どうなったかは判然としない。天皇関係者に下賜された田、荒廃・押領などによって内蔵寮の手を離れた田もあったろうが、梨原荘田は部分的には平安末期まで存続した。養和二年（一一八二）、左京四条二坊五坪の田が売買された際の文書には「於負所梨子原官物、無懈怠可被□進」との文言が付され、梨子原荘下司が花押を据えている[35]。梨子原荘は負所として官物を収取したわけだが、しかし内蔵寮が同荘を領知していたとは限らない[36]。ましてその頃には、京内水田守の職務など、すでに遠い過去のものになっていたのである。

五　梨原荘の位置——結語にかえて——

くだくだしい考察を続けてきたが、本稿で述べたかったのは、梨原荘は内蔵寮の平城京出先機関として、勅旨田の集積・管理を行なっていたという、その一点であった。最後に、内蔵寮領梨原荘の位置を論じて、結語にかえたいと思う。

近年、梨原荘の前身を「宮南梨原宮」、すなわち天平勝宝元年（七四九）十二月に入京した八幡神の神宮が置かれた離宮と考え、それが平城京左京二条二坊にあったとする学説が盛んである[37]。主な根拠を検すると、史料①から左京二条二坊が梨原荘の一画にあたり、それが「宮南」に相応しいということらしい。しかし、史料①は梨原荘が管理した広大な勅旨田のほんの一部を示すものであるから、そこから荘家の位置を知ることなど不可能である。そもそも「宮南」の候補は他にもあるのに、なぜ左京二条二坊だけを特別視するのか、私には全く理解できない。

平安時代の内蔵寮領梨原荘や近衛府使宿所の梨原は、現在の奈良市内侍原町付近（平城京左京二条六坊五坪・三条六坊八坪・同九坪）にあったと考えられる。論拠は現存地名だけではない。史料③に「梨子原ハ二条大路ノ南ニアリ」とあるが、京都から興福寺・春日社に向かうルートは〈ウワナベ越え→不退寺→法華寺鳥居→一条南大路（一条通）→東五坊坊間東小路（船橋通）〉というもので、梨原は不退寺や法華寺鳥居よりも奈良側にあったから[38]、船橋通と二条大路が交わる付近に想定することができる。そして、その東方が現内侍原町なのである[39]。また先述の如く、天喜五年（一〇五七）に梨原荘は東大寺「寺辺」近くにあったし、治承四年（一一八〇）の南都焼亡の際、興福寺「寺外」の佐保殿・梨原が焼けていて、[40]興福寺にも近接していたと推定される。

九世紀の水田守梨原荘と十世紀以降の内蔵寮領梨原荘が連続するという私見が認められるなら、前者も現在の内侍原町付近にあった可能性が出てくる。しかし、この場所はどう見ても「宮南」ではない。梨原荘は梨原宮の後身ではないと考えるのも一案であるが、離宮が勅旨荘に転化するのはきわめて自然な動きである。春日祭使宿所として便利なように、荘家が梨原宮跡から現在の内侍原町付近に移った、と想定するのがよいのかもしれない。確かに京内水田守の機能を果たすには、現内侍原町は北東に偏りすぎている。

しかし結局、八～九世紀の梨原宮・梨原荘の位置は茫漠としたままである。水田守の実像をクリアに捉えるためにも、荘家の立地については今後さらに追究されねばなるまい。

註

（1）舘野和己「平城京その後」（門脇禎二編『日本古代国家の展開』上、思文閣出版、一九九五年）、同「平城宮その後」（大山喬平教授退官記念会編『日本国家の史的特質』古代・中世、思文閣出版、一九九七年）、同「平城旧京の変遷過程」（同『古代都城廃絶後の変遷過程』奈良国立文化財研究所、二〇〇〇年）、堀健彦「平安期平城京域の空間利用とその支配」（『史林』八一―五、一九九八年）、古尾谷知浩「平安初期における天皇家産機構の土地集積」（同『律令国家と天皇家産機構』塙書房、二〇〇六年、初出二〇〇三年）、など。

（2）東大寺本（室町時代書写）を底本として校訂・翻刻した。

（3）『東大寺続要録』諸院篇、西南院条（後略部分）・新院条。

(4) 西南院跡に近接する東大寺地蔵院の発掘調査で、興福寺式軒丸瓦（六三〇一型式）が出土していることには一応注意が必要である。ただし、種別が判然としないため時期は決定できない。吉川真司「東大寺の古層」（『南都佛教』七八、二〇〇〇年）、参照。

(5) 建武二年七月二十五日「東大寺寺官大衆等連署起請文」（内閣文庫所蔵東大寺文書、『大日本古文書　家わけ第十八　東大寺文書之五』一四六号）。

(6) 応永二十八年十二月日「大仏殿修正会造花頭役差定」（東大寺文書三―九―一三七）。

(7) もう一人は『日本三代実録』貞観十年十二月九日戊辰条に一度だけ見える人物であるが、「女親王」（または「女御」）という表現に相応しくない。なお、堀池春峰「梨原宮と梨原庄」（『奈良県観光』三二一、一九八三年）も仁明天皇女御の藤原貞子に比定する。

(8) 『日本文徳天皇実録』仁寿元年二月丁卯条、『日本三代実録』貞観六年八月三日丁巳条。

(9) 『続日本後紀』承和四年二月癸亥条・承和十年十一月丁酉条・承和十四年四月乙巳条・嘉祥元年八月壬寅条。また、貞観六年には山城国紀伊郡の地九町余が菅原幽児から内蔵寮に売進されたが、この地は故親子内親王家領を（おそらく侍女の）幽児が賜わったものであった（貞観六年正月二十一日「山城国紀伊郡司解」『平安遺文』一四三号）。吉川真司「院宮王臣家」（同編『日本の時代史5　平安京』吉川弘文館、二〇〇二年）、参照。

(10) 『日本文徳天皇実録』仁寿元年九月丁亥条。仁明の死は嘉祥三年（八五〇）三月、貞子の出家は翌嘉祥四年二月、そして親子の死が同年（仁寿元年）九月であった。

(11) 梶川敏夫「如意寺跡」（『古代文化』四三―六、一九九一年）。典拠史料は『阿娑縛抄』巻二〇〇、諸寺略記上、『貞信公記抄』承平八年四月十三日条。

(12) 第一四研究会「王権とモニュメント」編『安祥寺の研究Ⅰ』（京都大学、二〇〇四年）。なお、「安祥寺資財帳」には上寺山の北限を「檜尾古寺所」と記し、如意寺西方院跡では平安前期の瓦や土器が発見されている（梶川敏夫「如意寺跡」〈前掲註11〉）。これらが親子内親王創建の如意寺とどう関わるかは、今後の研究課題とせねばならない。

(13) 01と22の合計面積は一町二八六歩であるが、これは問題ではない。平城京では一坪を一町二段一二四歩と計算したし、坪四周の道路面積を含む可能性もあるから、一町を超えても変ではないのである。

(14)　しかし21を右京一条三坊二坪とすると、そこは西大寺寺地（伽藍地に付属する東辺寺地）である。一条二坊二坪、あるいは一条三坊一坪の誤写であろうか。

(15)　舘野和己「平城旧京の変遷過程」（前掲註1）。ちなみに平城京の小路の幅はさまざまであったが（井上和人「古代都城制地割再考」〈同『古代都城制条里制の実証的研究』学生社、二〇〇四年、初出一九八四年〉）、最大規模の側溝心々間二〇大尺（＝二四小尺）の小路が一坪全長（四〇〇小尺）にわたって水田化したとすると、その面積は九六〇〇平方尺、つまり二六七歩となる。また最小規模の側溝心々間一五小尺の道路について同じ計算をすると、面積は一六七歩となる。塀（築地）～側溝の水田化も考えられるし、坪の大きさも不整であるから、右の数字は目安にしかならないが、（四）（五）で東西南北を以て示される水田は、「大」を除けば、これらの面積とほとんど齟齬しない。

(16)　施入後、これらの田が「〇〇荘」と呼ばれたかどうかは判然としないが、「東大寺領梨原荘」でなかったことだけは確実であろう。そもそも「東大寺領梨原荘」なるものは史料上に全く見られないし、東大寺領と西南院領は区別して考えるべきだからである。

(17)　『小右記』寛和三年正月八日条・正月九日条・三月二十八日条、永延三年三月二十二日条。

(18)　『左経記』万寿二年十一月五日条、長元元年十一月五日条。

(19)　古尾谷知浩「内蔵寮の出納体制」（同『律令国家と天皇家産機構』〈前掲註1〉、初出一九九一年）。

(20)　栗林史子「春日祭使について」（『風俗』二七―四、一九八八年）。

(21)　『玉葉』治承二年十月一日条・十月十三日条・十月二十九日条・十一月一日条・十一月二日条。梨原での禄法は「寛治（一〇八七～一〇九四）例」に拠ったという。また『中右記』嘉承元年十一月七日条でも祭使が着いている。しかし、『山槐記』保元四年二月十一日条・治承三年二月八日条は、近年の近衛府使は梨原に着かないと述べ、祭使宿所としての利用が十二世紀中葉には衰えたことが判明する。『玉葉』記事は特例と言うべきか。

(22)　天喜五年十二月三日「官宣旨」（東南院文書、『平安遺文』八七一号）、同年十二月九日「東大寺政所請文案」（東大寺文書、『平安遺文』八七二号）。

(23)『日本三代実録』貞観六年十一月七日庚寅条。
(24)『日本三代実録』貞観八年三月二十八日甲辰条。
(25)吉川真司「院宮王臣家」(前掲註9)、古尾谷知浩「平安初期における天皇家産機構の土地集積」(前掲註1)。
(26)延暦二十三年六月二十日「東大寺家地相博文」(東南院文書、『平安遺文』二五号)。この文書については、佐藤全敏「東大寺別当の成立」(『日本史研究』四九〇、二〇〇三年)が基礎的検討を行なっているが、写真版によって正確な釈文を立て直した。
(27)「左京二条五坊七坪の土地を「勅旨梨原庄」として墾田を許さなかった」と解釈した堀池春峰「梨原宮と梨原庄」(前掲註7)や、「勅旨梨原庄内にあたらないことを鋳銭長官が検校し」たと読んで「鋳銭司が勅旨梨原庄を管理していた」と論じた堀健彦「平安期平城京域の空間利用とその支配」(前掲註1)はもとより、「近接勅旨荘」の勘検と述べる佐藤全敏「東大寺別当の成立」(前掲註26)も、判辞を正しく解釈できていないのではないか。
(28)吉川真司「院宮王臣家」(前掲註9)。史料⑤の「収為勅旨」も同様である。
(29)ただし、この段階では、梨原荘は勅旨所の出先機関であった可能性もある。
(30)林陸朗「平安時代の校班田」(同『上代政治社会の研究』吉川弘文館、一九六九年、初出一九五八年)。
(31)堀健彦「平安期平城京域の空間利用とその支配」(前掲註1)。
(32)『続日本後紀』承和二年正月壬子条、承和三年五月癸亥条。
(33)『日本三代実録』貞観二年十月十五日辛卯条、貞観四年六月十四日辛亥条。前者には「件田、大同四年勅賜上毛野・叡努・石上内親王等。彼親王等偏謂、私地捨充功徳。而歴代以降、尽被収公」とあり、もともと京内賜田であったかのようだが、収公されていることから推せば、やはり史料⑤と同様、荒地・空閑地が開墾されたものであろう。
(34)舘野和己「平城旧京の変遷過程」(前掲註1)。
(35)養和二年三月十二日「平姉子田地直米請取状」(興福寺文書、『平安遺文』四〇一九号)。
(36)元弘三年(一三三三)五月二十四日「内蔵寮領等目録」(宮内庁書陵部所蔵文書)には、「同(大和)国内侍

原荘、二季春日祭料所、南都衆徒令相伝之、不随寮家所勘」とあって、興福寺衆徒が梨原荘を伝領・支配していたことが知られる（同文書には、「大和国内侍原内小南供御人」に関する記載も見える）。また、年月日未詳「東大寺領大和国諸荘注文」（鎌倉時代、東大寺文書一―一二四―四八四）も、「添下郡梨原荘内右京八条三坪（坊カ）十六坪合八段」（梨原荘全体とは言ってないことに注意）はかつて東大寺領であったが、顚倒して国中甲乙人が当知行していると述べる。

(37)　堀池春峰「梨原宮と梨原庄」（前掲註7）、『新日本古典文学大系　続日本紀三』（岩波書店、一九九二年）天平勝宝元年十二月戊寅条脚注、渡辺晃宏「二条大路木簡と皇后宮」（奈良国立文化財研究所編『平城京長屋王邸跡』吉川弘文館、一九九六年）、など。

(38)　吉川聡「法華寺の鳥居」（本書所収）、『玉葉』治承二年十一月二日条、『年中行事秘抄』二月、春日使事、永享七年『佐保田荘引付』（天理図書館所蔵二条家文書）。永島福太郎「平城京址と荘園」（『大和文化研究』八―八、一九六三年）、同「南都奈良の交通路」（『橿原考古学研究所論集』一三、吉川弘文館、一九九八年）も参照のこと。

(39)　春日参詣ルートが船橋通を経るというのは、室町時代の『佐保田荘引付』による推定である。仮にもっと古い時期の参詣路が〈一条南大路→東六坊坊間路〉だったとすれば、梨原の位置は現内侍原町とうまく重なる。

(40)　『山槐記』治承四年十二月二十八日条。佐保殿については、佐藤宗諄「佐保殿覚書」（『奈良歴史通信』三四、一九九〇年）。

南都諸寺を結ぶ道
――平城京廃絶後も存続する条坊側溝の検討――

土居規美

一　本稿の目的

平城京[1]をはじめとする都城の内には、条坊制に規制された、いわゆる条坊道路が碁盤の目状に走っていた。条坊道路は、その両側に側溝を備えているのが常であり、その側溝が発掘調査によって検出されることで、条坊道路の施行状況や施行計画が明確となり、加えて都城内の排水の状況をも解明することができる。それらの条坊側溝は、その帰属する都城本体が他の都城へ遷都すると、時期をおくことなく埋没することが多い。つまり、側溝としての機能を失うのである。現に、平城京内において検出されている条坊側溝のうちのほとんどは、長岡京への遷都後すぐの時期に埋没していることが発掘調査によってわかっている[2]。しかし、それらの条坊側溝のうち、平城京廃絶後もしばらく存続していた側溝が存在する。それらの側溝がなんらかの意味をもって存続していたと考えるならば、それらを検討することにより、廃都後の平城京域の様相を垣間見ることができるのではないだろうか。

平城京において廃都後も存続する条坊側溝に対して検討を加えている研究をあげておく。まず、佐藤亜聖氏はそれらの側溝の機能として、灌漑水路機能を想定している[3]。氏は、それらの側溝が一部を除いて九世紀後半から十世紀前半までの間に廃絶することから、この時期になんらかの要因によって水利システムが改変されたとし、この際改変された水利システムは、十三世紀後半までの耕地形態を規制する主要な水利システムとなったことを指摘する。一方、堀健彦氏は、これらの側溝は道路側溝機能をもつものと解釈した(4)。そして、平城京廃絶後も存続する側溝をもつ三条大路、東三坊大路などは、平城京域と他地域を結ぶ重要なルートであると指摘し、そのような道路ほど遅くまで維持されたとした。また舘野和己氏は、平城京内で検出されているすべての条坊側溝を集成し、大路の側溝ほど平安時代以後も存続している例が多いことから、基幹的な役割を果たす大路は小路よりも維持されたとした(5)。さらには、中近世に掘り直された溝に関しては、すでにその時期には道路上には水田が広がっていることを想定して、用水路としての機能を果たしていたとする。

このように、平城京廃都後も存続する条坊側溝については二つの機能、すなわち灌漑水路機能と道路側溝機能があることが指摘されているが、存続する条坊側溝の機能について一元化する必要はないと思われる。灌漑機能を有する側溝が道路側溝、あるいは他の用途で使用されていても不思議ではないからである。本稿では、主として道路側溝という機能面から存続する条坊側溝を検討し、廃絶後も存続していたと思われる条坊道路を抽出することによって、平城京のその後の一面をとらえてみたい。

二　存続する条坊側溝と条坊道路

1　存続する条坊道路の抽出

平城京における発掘調査で検出された条坊側溝の集成には、舘野和己氏が行った網羅的なものがある。[6] 発掘調査で検出される条坊側溝は、推定通りの位置で検出されるものもあれば、推定位置とは若干誤差のある場所で検出されるものもある。ここでは、報告書などで条坊側溝と推定されているもの、あるいは条坊側溝を踏襲していると推定されている溝のうち、長岡京への遷都がなされた八世紀末以降の時期の遺物を含むものを抽出した（**表**）。ここから、⑴対称となる側溝が存続しているもの、⑵古地図上で確認できる条坊道路を踏襲する道路のうち、側溝が存続していることが**表**から確認できるもの、という二点のどちらかにあてはまる条坊側溝が、道路側溝として機能していた可能性が高いであろうという推測のもとに、存続する条坊道路の抽出を行ってみる。

表　平城京廃絶後の時期の遺物を含む条坊側溝

	名称	幅（m）	深（m）	位置	備考	出典
1	朱雀大路東側溝ＳＤ〇七	A：七・一～ B：二・二～	〇・九五 〇・五	左四一	奈良後半・平安前半土器出土	奈良市教委平七年度概報
2	朱雀大路西側溝	四	一	羅城門	平安期まで存続	大和郡山市教委一九七二

3	西一坊坊間路西側溝SD九二〇	五〜一一	一・七五	右八一一	C期：奈良末〜平安初	奈文研一九八四
4	西二坊大路西側溝SD一〇三	五	一	右二三〇二・二三〇三	奈良期土器・平安期銭貨出土	奈良市教委平五年度概報
5	西二坊坊間路西側溝踏襲SD五六	〇・六五	〇・二五	右二二〇七・〇八・〇九・一〇	十二世紀初の遺物含む	橿考研一九九八
6	西二坊坊間路西側溝踏襲SD五七	〇・六	〇・一五	右二二〇七・〇八・〇九・一〇	十二世紀初の遺物含む	橿考研一九九八
7	西二坊坊間路東側溝踏襲SD〇四	一・四	〇・四	右二二〇七・〇八・〇九・一〇	十二世紀前半〜中頃	橿考研一九九八
8	西三坊坊間路東側溝SD一〇四	三		右二三〇七	奈良〜平安の土器含む	奈良市教委平九年度概報
9	西三坊坊間路東側溝SD一〇四			右二三〇九	西三坊坊間路：丘陵切通し須恵器・土師器・瓦器出土	奈良市教委平七年度概報
10	西三坊坊間路西側溝SD一〇三	三	〇・七	右二三一一	奈良〜平安の土器・銭貨出土	奈良市教委平八年度概報
11	西三坊坊間路東側溝SD一〇四	〇・八	〇・五	右二三一一	奈良〜平安の土器含む	奈良市教委平八年度概報
12	西三坊坊間路西側溝SD一〇三	三・〇〜三・七	〇・六〜〇・七	右二三一一	八世紀後半〜九世紀初を中心とする遺物出土、橋脚跡あり	奈良市教委平一二年度概報
13	東一坊大路西側溝		一・三〜	左五一一四	溝の中位から瓦器片出土	奈良市教委平一二年度概報
14	東一坊大路西側溝SD〇二	一二・五	二・五	左五一一五	下層に十世紀末土器含む溝埋没後の層に十二世紀後半土器	奈良市教委平六年度概報
15	東一坊大路西側溝SD六四〇〇	八・六	一・七	左七一一五・七一一六	最下層は奈良時代の遺物含む最終廃絶は十二〜十三世紀	奈文研一九九七
16	東一坊坊間路西側溝SD〇二	八・九	一・五	左四一一〇・四一一一	下層に八世紀末九世紀初の土器含む、上層に十二世紀土器含む	奈良市教委平八年度概報

17	東三坊大路東側溝SD六五〇	A：二・五 B：二	A：一・一 B：〇・九	左一三一五・一三一六	上層に九世紀後半土器含む 下層に九世紀前半土器含む	奈文研一九七五
18	東三坊大路西側溝踏襲SD五七〇			左一三一五・一三一六	中世以降とみられる堆積土	奈文研一九七五
19	東三坊大路西側溝SD五六六A			左一三一五・一三一六	奈良～平安時代に比定できうる堆積状況	奈文研一九七五
20	東三坊大路東側溝踏襲SD〇九	一三・八～	二・二	左四四〇二	上層に十二世紀末土器含む 下層に八～九世紀土器含む	奈良市教委 平一〇年度概報
21	東三坊大路東側溝踏襲SD一〇	一八・二五	二・一	左四四〇二	瓦器片出土、平安以降に埋没	奈良市教委 平六年度概報
22	東三坊大路西側溝SD〇二	一・八		左六三一三	路面に十一世紀中頃の土坑あり	奈良市教委 昭五八年度概報
23	東五坊大路西側溝SD〇二			左五五	中世土器含む	奈良市教委 平九年度概報
24	東六坊大路東側溝踏襲SD〇一	二・三	〇・六	左五七〇三	中世遺物含む	奈良市教委 昭六一年度概報
25	東七坊大路西側溝SD〇一	三	〇・四	大乗院跡	奈良中～十世紀の土器含む	奈良市教委 平二年度概報
26	東七坊大路東側溝SD九〇			東大寺旧境内	断面観察のみ、奈良～平安初の瓦	橿考研 一九七六年度概報
27	一条南大路南側溝SD〇四	不明	〇・六	左二四〇八	底面まで奈良時代の遺物と瓦器など中世の遺物を含む	奈文研 昭五五年度概報
28	一条南大路南側溝SD〇一			左二四〇九	八世紀前半・十二世紀前半土器含む	奈文研 昭五六年度概報
29	二条条間路北側溝SD一〇一	二・四	〇・二	右二三〇二・二三〇三	奈良後半・平安期土器	奈良市教委 平五年度概報

30	二条条間路南側溝SD一〇二	三・五	一・五	右二三一〇	少量の九世紀後半・十二世紀前半の土器を含む	奈良市教委平六年度概報
31	三条大路北側溝SD〇一	B・C：二・四 D：三・九		左三一	C期：平城Ⅶ	奈文研昭五五年度概報
32	三条大路北側溝SD〇一	一・七	〇・一六	左三四一三	中世溝SD〇三に切られる	橿考研一九八九年度概報
33	三条大路南側溝SD〇五	一・三〜一・七	〇・二	左四五〇一	十二世紀初頭〜十三世紀前半の遺物出土	奈良市教委平七年度概報
34	三条大路北側溝溝二	〇・五	〇・九	右三	中世後期以前に開削	橿考研一九九七年度概報
35	三条大路北側溝重複SD八六五			右三三〇五	中世	奈文研昭五七年度概報
36	四条条間路踏襲流路一二	一〇〜		左四四〇七	九世紀以降に埋まる	奈良市教委平一一年度概報
37	六条条間路南側溝SD〇一	A：二・五 B：一・八 C：四・二	〇・五 〇・四	右六一一四	A下層 B中層：黒色土器含む C上層：瓦器含む	奈文研昭五六年度概報
38	六条条間路南側溝SD〇一	二・二〜	〇・五	右六一一四	八〜九世紀の瓦・土器	奈良市教委昭六一年度報告
39	六条条間路南側溝踏襲SD〇二	四・二	〇・六	右六一一四	八〜十二世紀の瓦・土器	奈良市教委昭六一年度報告
40	七条条間路北側溝SD〇一	八・四	〇・九	大安寺旧境内	八〜九世紀後半土器 灰釉・緑釉・凝灰岩切石含む	奈良市教委昭五九年度概報
41	八条条間路北側溝SD〇〇六	一・一	〇・三五	左八三 東市推定地	平安前半の緑釉出土	奈良市教委東市概報Ⅰ
42	八条条間路南側溝SD〇〇一・〇〇三	一・六	〇・三	左八三 東市推定地	奈良中〜平安初の土器	奈良市教委東市概報Ⅰ

43	九条大路北側溝SD〇一	二・七	〇・八	右九二	A期：平城Ⅲ以前、B期：平城Ⅲ、C期（平城Ⅳ〜平安）：幅狭める、簡易な護岸あり	奈文研一九八一
44	九条条間路北側溝SD二三五二	三	〇・九五	左九三一〇	上層のSK三六一八から九世紀末土器	奈文研一九八六
45	六・一五坪境小路西側溝SD一〇三	一・六	〇・四	右二三〇六	奈良〜平安の土器含む	奈良市教委平六年度概報
46	五・六坪境小路北側溝SD一〇一	一・〇〜二・四	〇・二五〜〇・三五	右二三〇六	八世紀末〜九世紀初・九世紀末の遺物	奈良市教委平一二年度概報
47	四条条間北小路北側溝SD〇二	〇・一五〜	〇・五五	左四三一六	八・九世紀の遺物 氾濫痕跡あり	奈良市教委平一二年度概報
48	一一・一四坪境小路西側溝SD〇二	三・二	〇・三	左四四一一	改修：八世紀末〜九世紀初	奈良市教委平一〇年度概報
49	一一・一四坪境小路西側溝SD〇二	二・二	〇・六	左四四一一	八世紀末〜九世紀初の土器	奈良市教委平九年度概報
50	一五・一六坪境小路北側溝SD一〇二一	二・五		左四四一六	八〜九世紀土器含む	奈良市教委平八年度概報
51	九・一六坪境小路東側溝SD一〇六二	三		左四四一六	上層：八世紀末〜九世紀初 下層：八世紀後半〜九世紀初	奈良市教委平八年度概報
52	一〇・一五坪境小路西側溝SD〇二	二・七	〇・七	左八一一五	上層：奈良末〜平安初 下層：奈良後半	奈良市教委平九年度概報
53	一〇・一五坪境小路東側溝SD〇三	二・九	〇・四	左八一一五	上層に奈良末〜平安初遺物含む	奈良市教委平九年度概報
54	三・六坪境小路東側溝SD〇二四	一・四	〇・三	左八三 東市推定地	上層：十世紀後半 中下層：奈良中〜後半	奈良市教委東市概報Ⅴ

凡例
・「名称」は各報告書に拠っている。
・「幅」のABCは、報告等に記載されていたもので、時期を表す。Aが最も新しい時期である。

・「幅」「深さ」は、報告等に明記されていない場合は、不明として空欄にした。
・「位置」の「左」は左京、「右」は右京を意味し、数字は上から順番に条坊坪を意味する。（例）「左一三一五」＝「左京一条三坊十五坪」
・「出典」の「奈文研」は奈良国立文化財研究所（現・奈良文化財研究所）、「橿考研」は奈良県立橿原考古学研究所、「奈良市教委」は奈良市教育委員会を指し、それぞれが編集発行している概報集、もしくは報告集を併記している。

まず、対称となる側溝がともに存続している条坊道路としては、**表**より、朱雀大路、西三坊坊間路、東三坊大路、東七坊大路、二条条間路、三条大路、八条条間路をあげることができる。ただし、朱雀大路は、他で検出されている側溝では奈良時代の遺物しか含まない。よって、全体が道として機能していたとは考えがたいため、ここでは除外する。

次に、明治時代の平城京域の地図（**図1**）を参照すると、左京の一条南大路、六条条間路、西一坊大路、西二坊大路、八条大路、右京の一条条間路を踏襲する位置に道路があることがわかる[7]。これらと**表**とを照合すると、左京二条四坊の調査で検出されている一条南大路南側溝から十二世紀前半の土器が出土しており、また、右京六条一坊で検出されている六条条間路南側溝は、長岡京への遷都後、三期にわたって改修が行われた痕が見られ、最上層の溝から中世の土器が出土している。このことから、左京の一条南大路と六条条間路が、平城京廃絶後も道路として存続していた可能性が高いと考える。

以上により、存続する条坊道路としては、西三坊坊間路、東三坊大路、東七坊大路、二条条間路、三条大路、八条条間路、左京の一条南大路、六条条間路をあげることができよう（**図2**）。

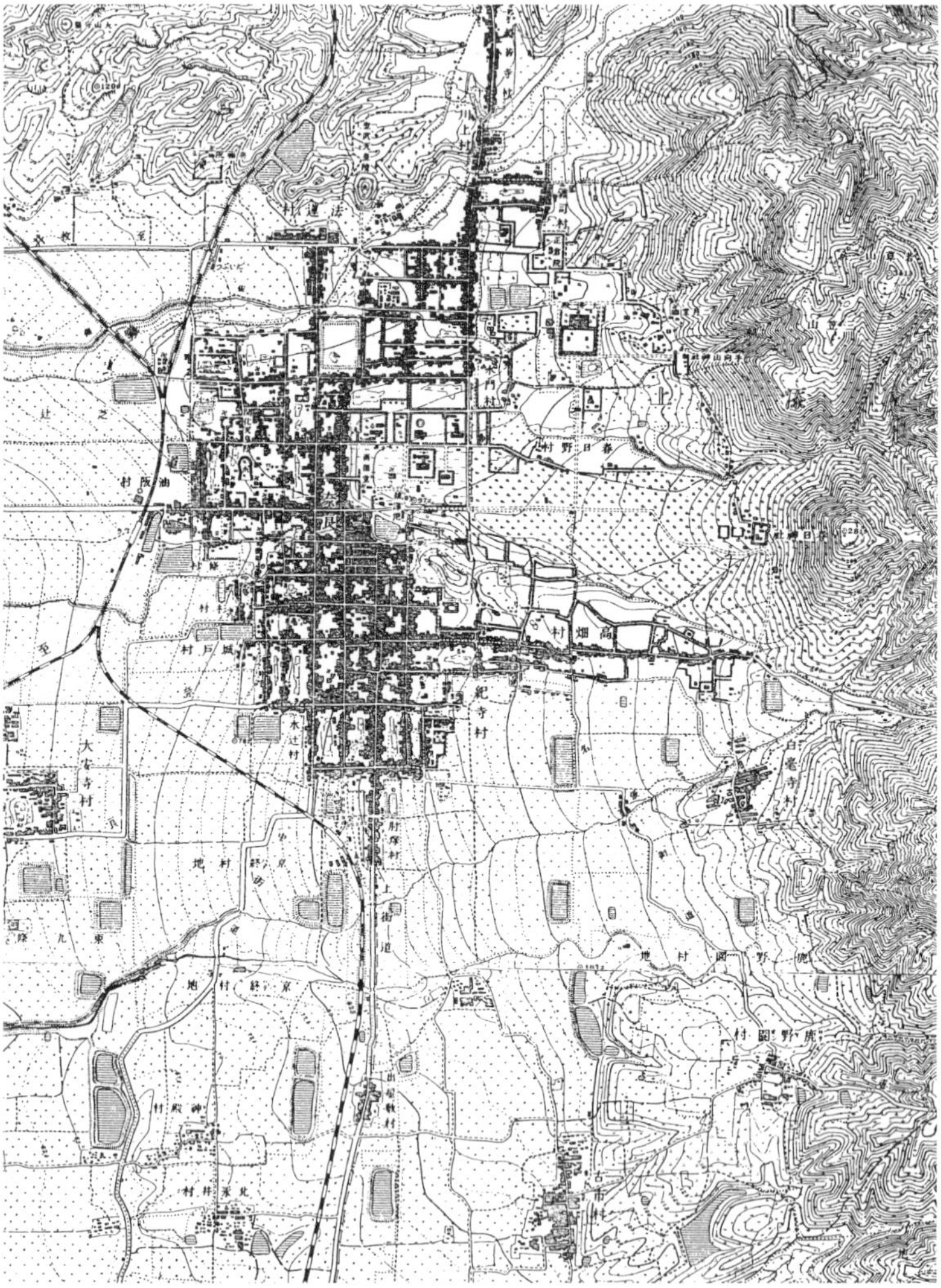

※京阪地方仮製二万分一地形図に加筆。

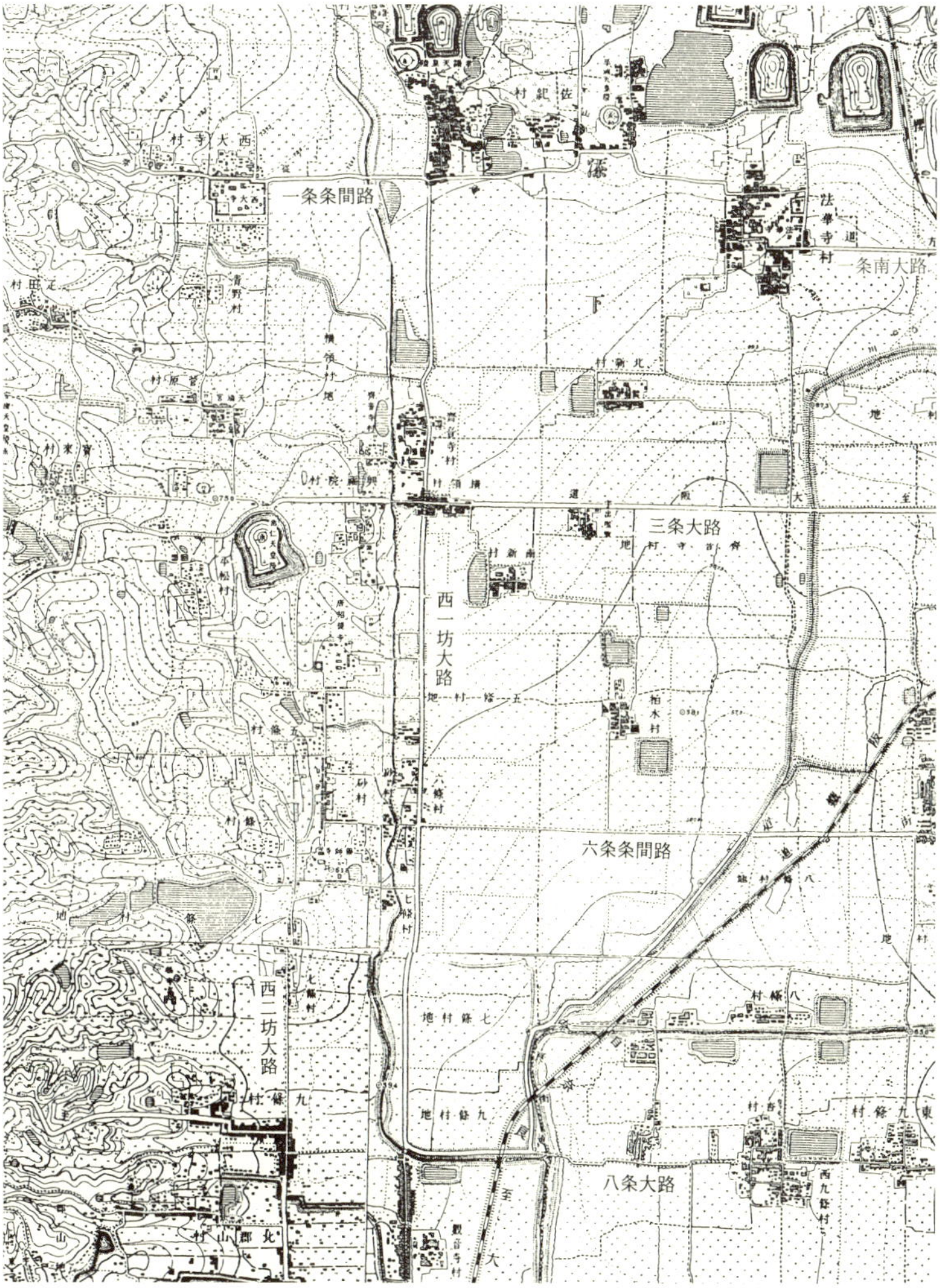

図1　明治期の平城京域（1／32000）

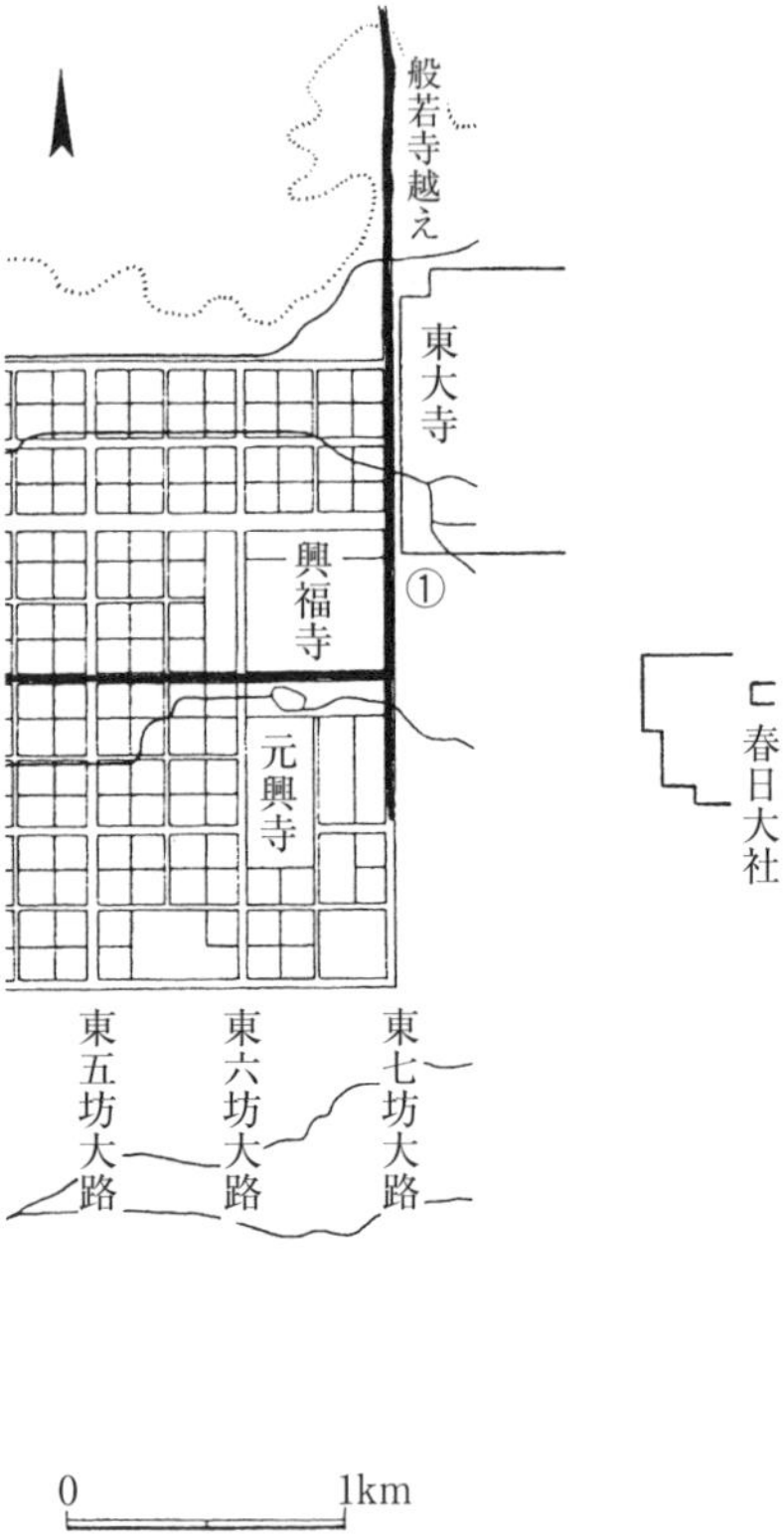

①：世尊院跡
②：左京一条三坊十三坪
③：平城宮内裏地区

2　存続する条坊道路の位置付け

東三坊大路と三条大路について堀健彦氏は、東三坊大路は平安京と平城京を、三条大路は河内と平城京を結ぶ基幹道路であったため存続したものと指摘している[8]。つまり、それぞれの道には発着点があり、目的をもって存続しているということである。このように、道には原則として発着点と目的が備わっているという考えを踏まえて、先に抽出した条坊道路に付加される目的を探ってみる。まず、堀氏の指摘するように、東三坊大路と三条大路は平城京と他地域を結ぶ幹線道路として存続していた

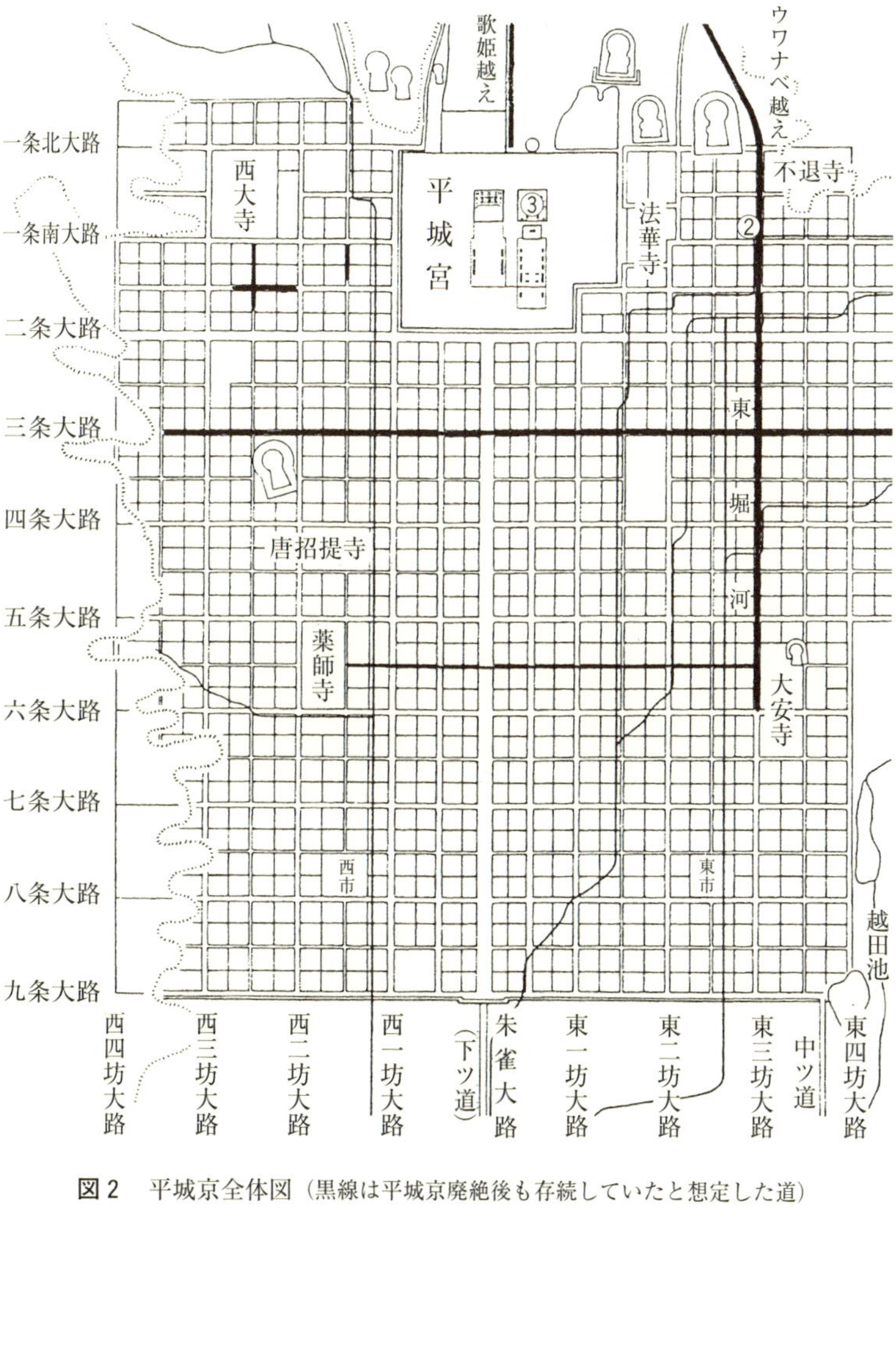

図2　平城京全体図（黒線は平城京廃絶後も存続していたと想定した道）

と思われるが、さらに言うならば、東三坊大路は不退寺を経て大安寺へ、三条大路は興福寺・春日大社へ続く道とも言えよう(9)。東七坊大路は言うまでもなく東京極大路であり、東大寺と興福寺の間を走る道である。二条条間路、西三坊坊間路は右京二条三坊で検出されている部分のみを指すが、ここは西大寺のすぐ南の地にあたる。八条条間路が検出されている部分は東市推定地であり(10)、ちょうど東市推定地の北辺を限る道である。また、左京の一条南大路は法華寺と東大寺を結ぶ道、六条条間路は大安寺と薬師寺を結ぶ道と解釈することが可能である。

このように見てみると、八条条間路を除いた道路はすべて、寺社となんらかの関係があることがわかる。では、上記の存続する条坊道路と、その存続と関係が深いと思われる寺社の動向とを見てみる。

東三坊大路は、左京一条で検出した東側溝には九世紀後半までの土器しか含まれないが、左京四条で検出した東側溝は十二世紀末の土器を含む。ただし、左京四条で検出したものは溝幅が大きく、本来の東三坊大路東側溝を踏襲して、側溝ではない新たな目的のもとに掘られた溝である可能性が高い。東三坊大路は、左京六条で検出された路面上で十一世紀中ごろの土坑を検出していることから、その時期には衰退していたものと推測したい。大安寺は経楼跡の発掘調査において、十世紀中ごろから十一世紀初めにかけてのものとされる焼土層が確認されているように(11)、そのころから度重なる火災に遭っていたことがうかがえる。また、発掘調査によって、旧境内の北側は十二世紀ごろから居住空間として利用されていたことがうかがえ、再建された伽藍は小規模なものにとどまっていたことが推測されている(12)。火災により大安寺の寺勢が衰えるとともに、東三坊大路も衰退したのであろう。

三条大路・東七坊大路は東大寺・興福寺との関係性を指摘した。三条大路の側溝は、検出地点によっては、中世の遺物を含むところと奈良時代の遺物しか含まないところがある。ただ、左京四条五坊で検出された南側溝は、奈良時代の南側溝想定地よりもやや北側で検出されており、位置をずらして側溝が造り替えられたために、奈良時代の遺物しか含まない側溝が存在していることが考えられる。そのように考えるならば、三条大路は奈良時代の路幅を変更しながら存続していたと言えよう。一方、東七坊大路の側溝は、ともに平安時代前半の遺物を含んでおり、このころまでは存続していたと思われる。東七坊大路の東に隣接する興福寺子院であった世尊院跡の調査では、東七坊大路に面する門の遺構が平安〜鎌倉時代にかけて徐々に大路側にせり出すかたちで造り替えがなされていることがわかっており、(13)東七坊大路も三条大路と同様、路幅を狭くしながらも存続していたものと考えられる。この両路の存続と関係が深いと思われる東大寺と興福寺は、南都諸寺のなかでは衰退を免れた寺院として位置付けられることが多い。興福寺は藤原氏の氏寺であるうえに、国家的法会である維摩会の舞台であったこと、東大寺は聖武天皇の建立によるため、多くの資材を備えていたことなどによるところが大きかったと思われる。(14)両寺とも、治承の大火、いわゆる平氏による南都焼き討ちによって灰塵に帰したが、その復興は早かった。三条大路と東七坊大路は、この両寺とともに存続したのであろう。

西大寺との関係性を指摘した西二坊坊間路と二条条間路は、側溝から出土した遺物の年代は平安時代とされており、具体的な年代はわからない。西大寺は、一代の名僧叡尊上人によって復興がなされたことで著名であるが、平安時代においては、度重なる火災に遭ったことが知られており、四王堂を除く主要伽藍は再建された様子がうかがえず、十世紀中ごろに至っては伽藍のほとんどが荒廃していたようである。(15)西二坊坊間路と二条条間路は、おそらく鎌倉時代の復興の時期までは存続せず、平安時代における西大寺の荒廃とともに廃絶したものと思われる。

一条南大路は、通称「佐保路」と呼ばれる道であり、東大寺の転害門へ続く道である。一条南大路の南側溝は左京二条四坊において二カ所検出しているが、それぞれ、十二世紀前半と中世の遺物を含む。法華寺は平安時代に衰退した後、鎌倉時代初頭に重源による修造がなされ、その後、西大寺の叡尊によって復興されたことが知られる。(16) 一条南大路は、平安時代には東三坊大路から東大寺あるいは興福寺へ向かう際に使用され、また、法華寺が重源によって修造された際には、法華寺と東大寺とを結ぶ道として使われたのであろう。

六条条間路は、南側溝に十二世紀までの土器を含む。薬師寺は、興福寺維摩会と並ぶ最勝会が催される場であったため、平城京廃絶後も重要な地位を占めていたが、天禄四年（九七三）の大火によって東西両塔を除く伽藍のほとんどを焼失したことが知られ、また、発掘調査で検出された西僧房は、この大火の後再建がなされなかったことがわかっているため、大安寺と同様、中心伽藍の再建にとどまったことがうかがえる。(17) 寺地の北側では十二〜十三世紀ごろの井戸が数基検出されていることから、大安寺と同様、寺地の北側は居住空間として利用され始めていることがわかる。この寺地の北側と中心伽藍の境界にあたる道が六条条間路であるが、この道は、大安寺でも寺地の北側と中心伽藍の境界にあたる。両寺の南大門に面する道は六条大路であり、そちらが両寺を結ぶ道にあたると考えるほうが自然であるが、六条大路が平城京廃絶後も存続した形跡がうかがえない以上、平城京廃絶後に両寺を結んでいた道は六条条間路と考えたい。

ここで抽出した道路は、いずれも奈良時代の条坊道路を踏襲した道路である。三条大路や東七坊大路のように、道幅を変えて存続した道路も他にもちろん存在しただろう。また、いまだ発掘調査で確認されていない条坊側溝もあると思われるため、上記の道路が平城京廃絶後も存続していたすべての道路ではない。しかし、抽出した道と寺院との関連が深いということが看取できた以上、平城京廃絶後も存続した条坊道路が、寺院を中心として走っていたという仮説は蓋然性が高いのではないだろうか。

3　廃絶後の平城京における主要交通路とその変遷

以上のように、平城京廃絶後も存続する条坊側溝のうち、道路側溝として機能した可能性の高いものを抽出した結果、それらの道は、廃絶後の平城京と他地域とを結ぶ基幹道路というだけではなく、平安時代に平城京内に所在した寺院と関わりの深い道路であることがわかった。長岡京への遷都によって都市としての機能を失った平城京内には、存続する寺院を核として、条坊道路を踏襲する道が走っていたという景観が復元できるのである。

では、それらの存続する条坊道路のなかでもとくに主として扱われた、主要交通路とでも言うべき道路について考えてみたい。周辺の発掘調査の成果などを見てみると、平城京廃絶直後では、東三坊大路が主要交通路として位置付けられたと思われる。東三坊大路へは、京都側からはウワナベ古墳の東脇を抜けて入るが、平城京の入口ともいうべき地には不退寺が所在する。不退寺は、境内地の発掘調査が進んでいないため、考古学的な創建年代や寺そのものの時期的な変遷は不明であるが[18]、九世紀前半に平城還都を計画したものの失敗に終わった平城上皇の萱御所があった地に、上皇の菩提を弔うために、在原業平によって創建されたと言われている。[19] その不退寺の西側、東三坊大路を挟んでちょうど西正面にあたる地で行われた国道二十四号線建設にともなう調査では、東三坊大路の両側溝（表—17〜19）とともに、平安時代初頭とされる整地層と、その上で建物群が見つかった。[20] 東三坊大路の東側溝からは告知札が見つかっており、平城京廃絶後も東三坊大路では人の往来が激しかったことを物語る資料として注目されている。また、周辺で寺院の建立があったことをうかがわせる木簡も出土しており、不退寺の創建と関わる史料として重要視されている。さらに、不退寺の南西に位置する一条高校敷地内での調査において、九世紀初頭〜十世紀前半に使用されたとみられる大型井戸と、九世紀を前後する時期の掘立柱建物が見つかっている。[21] この井戸は、その規模が平城宮内で見つかる井戸の大きさにほぼ匹敵することから注目を集めている。このように、不退寺周辺の東三坊大路沿いでは、平安時代初めの時期の遺構が散見するうえ、寺院の建立、大型井戸の存在、東三坊大路に立てられたと思われる告知札など、特殊な雰囲気が強い。これは、他の存続している条坊道路の周辺では見られない事象である。より具体的な景観復元は、不退寺旧境内地を含めた発掘調査の成果を待たねばならないが、平城京廃絶後の九世紀から十世紀にかけて、そのような特殊な空間を縦貫する東三坊大路が、主要交通路であった可能性は高い。

では、東三坊大路が、この時期に主要交通路として位置付けられた背景について推測してみる。先述しているように、東三坊大路は大安寺へつながる道である。大安寺の旧境内地は現在、奈良市教育委員会による整備事業にともなって調査が進められているが、旧境内地内に所在する杉山古墳の周濠から平安時代初期の土器が大量に出土しており、法会などの行事に関わるものではないかと指摘されている。[22] 大安寺は、奈良時代においては官大寺の筆頭格とされる大寺であったが、奈良時代後半になって聖武天皇創建の東大寺にその寺格を奪われた。しかし、光仁・桓武朝に至って再び筆頭格に返り咲き、多くの法会が催されたことが史料にみえることに加えて、仏像などの美術品もこのころの優品が多いという。[23] 一方、不退寺は、先述したように平城上皇とのつながりの深い創建事情をもっている。つまり東三坊大路は、光仁・桓武天皇と関わりの深い大安寺と、平城天皇と関わりの深い不退寺をその道沿いに備えていることとなり、光仁天皇から続く桓武・平城という系譜のなかで、長岡京・平安京から平城京へ入る道のなかで最も重要なルートとされたと考えられるのではないだろうか。

ところで、南都の交通路については、永島福太郎氏が「春日神供運送路注文」に見える路名から、とくに北路の木津路・車路・笠置路の比定を行っており、車路に比定する「うわなべ越え」が、京都と南都を結ぶ京都街道として中世も発達したと述べている。[24] この「うわなべ越え」は、言うまでもなく、平城京廃絶直後において主要交通路とされていた可能性が高いことを指摘した、東三坊大路へ続く道のことである。本稿では、東三坊大路は大安寺の衰退とともに十一世紀ごろには衰退したものと考えており、中世まで存続したものとは考えていない。ただ、永島氏は、木津路に比定する「歌姫越え」も京都街道の可能性があることをも述べている。「歌姫越え」は、下ツ道の延長にあたることから、古くから使用されてきた道であることが知られているが、奈良時代においては、平城宮によって下ツ道との間が遮断されたうえ、松林苑が造営されたため、交通路としては機能していたとは考えがたい。

しかし、平城京廃絶後に、不退寺と同じく平城上皇に縁の深い創建事情をもつ超昇寺がその道沿いに建立されていることから、再び交通路として機能し始めた可能性がある。その証左となるような側溝などの遺構は見つかっていないが、興味深い調査成果として平城宮跡内裏地区の調査がある。ここでは、柱穴の小さい総柱建物で、床面積が五〇平方メートル前後のものから約一五〇平方メートルのものが見つかっている。しかし、柱穴から時期決定の決め手となる土器が出土しなかったようで、平城宮廃絶後の遺構という時代設定のみで、正確な年代は報告されていない。ただ、近接する奈良時代の井戸SE七九〇〇の最上層から、十二世紀前半〜中ごろの土器が出土している。おそらく、内裏地区を利用する際にSE七九〇〇の上面がくぼみとして残っていたため、土器などを廃棄してそれを埋め、その後で建物群を造営したのではないだろうか。このことから内裏地区で検出された建物群は、十二世紀中ごろ以降のそう遠くない時期のものと考えられる。[25][26]

現在、通称一条通りと呼ばれている道は、平城宮北限よりも南を走っており、歌姫越えはこの道と交差するのであるが、内裏地区はちょうどこの交差点付近にあたる。現在の一条通りがいつごろから使われ始めた道なのかは不明であるが、平城宮の西面北門（伊福部門）跡を通ることから、奈良時代において宮内道路があった可能性が高く、それが下地となった道であるとするならば比較的古い道であろう。「歌姫越え」との交差点付近で見つかった先述のような遺構群は、この交差点付近の往来が激しくなったことを示しているように思われる。また、東七坊大路が路幅を変えて存続していたことを指摘したが、東七坊大路はそのまま般若寺坂を越えて京都へと続く道となりうる。つまり、十一世紀ごろになって東三坊大路が衰退するとともに、山城へ抜ける道として般若寺坂と「歌姫越え」が使われるようになったのではないだろうか。[27]

主要交通路と想定した東三坊大路が衰退したあとの平城京内には、東七坊大路・三条大路・六条条間路・左京の一条大路が機能している(28)。六条条間路と一条大路はともに寺院間を結ぶ道であるが、三条大路は暗峠を経て大阪へと、東七坊大路は般若寺坂を越えて京都へとつながる。この三条大路と東七坊大路は、ともに興福寺、東大寺へと続く。両寺は平城京に所在した諸寺のなかでも、大きく衰退することなく存続した寺院であり、いわゆる南都の成立の要因として位置付けられてきた存在である。東三坊大路が衰退したあとは、三条大路と東七坊大路が主要交通路として機能していたと考えられる。東三坊大路から三条大路・東七坊大路へという主要交通路の変遷は、平安時代初期において光仁・桓武・平城天皇との関わりのなかで寺勢を取り戻した大安寺が再び衰え、興福寺、東大寺が勢力を強めたことを表しているように考えられ、ひいては、中世都市奈良の成立と密接な関係があるものと思われる。

三　おわりに

このように、廃絶後の平城京では、条坊道路のなかでも寺院を結ぶ道が存続し、そのなかでも主要交通路と思われる道の時期的な変遷は、中世都市奈良の成立と密接な関係があることが看取できた。藤原京から平城京へ遷都する際、京内および周辺の寺院の主要機構はともに平城京へと遷ったが、平城京から長岡京への遷都にあたっては、それがなされなかった。そのため平城京は、廃絶後も寺院を訪れる人々が行き交い、道が残ったのであろう。それがのちに「南都」と呼ばれ、中世都市奈良の成立に結びつく。平城京の廃絶によって、平城京に帰属していた条坊道路は、南都諸寺を結ぶ道へと変貌を遂げたのである。

本稿では、多くの推論を重ねたうえに、条坊側溝という限られた遺構の検討のみではあるが、平城京廃絶後の様相の一端を解明できたのではないかと思う。ただ、存続する条坊道路との関係性を指摘した寺院については、考古学的知見にはあまり触れられなかった。他にも、存続する条坊道路の周辺の調査や歌姫越えなど、まだまだ考古資料の検討の余地が残されているため、存続する条坊道路についてのより具体的な位置付けは今後の課題としたい。

周知のように、古代都市平城京は中世都市奈良として再生する。中世都市奈良の成立時期についてはまだ確固たる説がないが、本稿の検討から述べると、三条大路と東七坊大路が東三坊大路の衰退にともなって主要交通路となる、十一世紀以降のことと思われる。平城京廃絶後の平城京域については、若干の先行研究が見られるものの[29]、考古学的な研究は乏しい。今回のような作業を手始めとして、平城京廃絶後の様相について考古資料をもとに検討し、中世都市奈良の成立時期やその要因、また平城京における古代から中世への転換についても言及していきたいと思っている。

［付記］　本稿は、二〇〇四年十一月に提出したものであるため、**表**についてはそれ以後の調査データを含んでいないことをご了承いただきたい。なお、提出後に得た、平城京廃絶後も存続していた条坊道路の良好な調査事例として、元興寺文化財研究所が平城京右京北辺にあたる地で行った調査があげられる（元興寺文化財研究所『平城京右京北辺』、二〇〇五年）。ここでは、一条北大路が、道幅を変

えながら十二世紀前半ごろまで機能していたことが指摘されている。これを含む新たな調査事例については、また機会を改めて検討することとしたい。

私が「大和を歩く会」に初めて参加させていただいたのは、奈良女子大学大学院在学中であった。第五十八回目で、京北条里を歩く回であったと思う。それ以来、会でさまざまな方に出会い、周囲のほとんどが考古学関係者で占められていた私にとっては、大きな刺激を与えてくれる場となった。この度、終了記念の論集が出されるということで、非常にお世話になったという想いから、どうしても名前を連ねさせていただきたく、未熟な論考ではあるが掲載していただいた。編集の皆様と、会で出会った多くの方々に感謝申し上げる次第である。今後も、平城京という古代都市の廃絶と中世都市奈良の成立を通して、大和の地域研究を進めていきたい。

註

（1）対象とする時期によっては「平城京跡」、「旧平城京」と呼称しなければならないが、煩雑になるため、ここでは一括して「平城京」と呼ぶ。
（2）舘野和己『古代都城廃絶後の変遷過程』（科学研究費研究成果報告書、二〇〇〇年）。
（3）佐藤亜聖「律宗集団と耕地開発」（シンポジウム「叡尊・忍性と律宗系集団」実行委員会編『叡尊・忍性と律宗系集団』大和古中近研究会資料Ⅳ、二〇〇〇年）。
（4）堀健彦「平安期平城京域の空間利用とその支配」（『史林』八一―五、一九九八年）。
（5）前掲註（2）。
（6）前掲註（2）。
（7）ここで、江戸時代以前の古地図などではなく、明治期の地図を使用したのは、地図として正確性が高くて古いものを参照したかったためである。江戸時代以前の古地図の使用については今後の課題としたい。

（8）前掲註（4）。

（9）東三坊大路は、大安寺を過ぎたいずれかの地点から中ツ道へ入るものと思われ、大安寺が発着点というわけではない。中ツ道は越田池付近から南下する道であり、藤原道長が吉野へ詣でた際に利用したと『御堂関白記』（寛弘四年八月条）にある。

（10）大井重二郎氏によると、平城京東市は平安時代においても「辰市」として存続したことが文献上に見えるという（『平城古誌』初音書房、一九七四年）。ただ、それは東市跡に集中することなく、分散した景観を呈していたとも述べている。また考古学的に言っても、この東市推定地で検出された辰市の時期にあたる遺構が非常に少ないことから、おそらく辰市は東市推定地とは別の所に営まれたと思われる。本文であげた八条条間路は、両側溝より出土した土器から、おおよそ平安時代前半ごろまで機能していたと考えられる。東市推定地で検出される遺構が減る時期、および東堀河が埋没する時期とほぼ符合するため、それらの遺構と一連の道路なのであろう。なお、この東市推定地で辰市関連の遺構が検出されないことから、ここを東市ではないとする説もある（池田裕英「平城京東市に関する覚書」〈『奈良市埋蔵文化財調査センター紀要一九九七』、一九九八年〉）。

（11）細川富貴子ほか「史跡大安寺旧境内経楼第八一次」（『奈良市埋蔵文化財調査概要報告書平成一〇年度』奈良市教育委員会、二〇〇〇年）。

（12）鐘方正樹「第Ⅷ章総括」（『史跡大安寺旧境内Ⅰ』奈良市教育委員会、一九九七年）。

（13）林部均「旧世尊院」（『奈良県遺跡調査概報一九八七年度』奈良県立橿原考古学研究所、一九九〇年）。

（14）永島福太郎『奈良』（吉川弘文館、一九六三年）。

（15）奈良県教育委員会・奈良国立文化財研究所『西大寺防災施設工事・発掘調査報告書』（西大寺、一九九〇年）。

（16）太田博太郎「法華寺の歴史」（同編『大和古寺大観』第五巻、岩波書店、一九七八年）。

（17）奈良国立文化財研究所『薬師寺發掘調査報告』、一九八七年。

（18）国道二十四号線建設にともなう奈良国立文化財研究所による調査において、「不退寺式」とされる瓦が出土している（奈良国立文化財研究所『平城宮跡発掘調査報告Ⅵ』、一九七五年）。年代が平安時代とみられることと、不退寺の西側で集中的に出土していることから、不退寺の創建瓦とされている。しかし、奈良市教育委員会による平城京右京二条三坊六坪の調査において出土した同笵瓦は、八世紀末～九世紀初頭に位置付けられる土器と共伴しており、創建瓦とするならば土器の年代と矛盾すると指摘されている（松浦五輪美ほか「平城京跡（右京二条三坊六坪）の調査、第四四三―四・―五・―六次」『奈良市埋蔵文化財調査概要報告書平成一二年度』奈良市教育委員会、二〇〇二年）。ただ、不退寺の創建年代が考古学的に明らかでない以上、創建瓦か否かは言い切れないであろう。

(19) 工藤圭章「不退寺の歴史」（『大和古寺大観』第五巻、岩波書店、一九七八年）。橋本聖圓・山岸常人編『日本の古寺美術17　法華寺と佐保佐紀の寺』（保育社、一九八七年）。

(20) 奈良国立文化財研究所『平城宮跡発掘調査報告Ⅵ』、一九七五年。

(21) 松浦五輪美「平城京左京一条三坊十三坪の調査　第四四〇次」（『奈良市埋蔵文化財調査概要報告書平成一一年度』奈良市教育委員会、二〇〇一年）。

(22) 前掲註(12)。

(23) 本郷真紹「光仁・桓武朝の国家と仏教――早良親王と大安寺・東大寺――」（『佛教史学研究』三四―一、一九九一年）。

(24) 永島福太郎「南都奈良の交通路」（『橿原考古学研究所論集第十三』吉川弘文館、一九九八年）。

(25) 溝辺文和「超昇寺再考」（『奈良文化論叢』、一九六七年）。なお、超昇寺が歌姫越えに接して存在していたことについては、いまだ確固たる説はないが、平城宮内裏地区の調査において、鎌倉時代後半～室町時代ごろのものと思われる超昇寺銘の入った軒丸瓦が見つかっていることから（奈良国立文化財研究所『平城宮発掘調査報告ⅩⅢ』、一九九一年）、平城宮北方の地にあったことは間違いないと思われる。

(26) 奈良国立文化財研究所『平城宮発掘調査報告ⅩⅢ』、一九九一年。

(27) ただ、永島氏も指摘するように、山城へ抜けるルートのなかでは、東七坊大路へつながる般若寺越えが使用されることが多くなるため、こちらが主要ルートであったと思われる。「歌姫越え」が平城京内のどこへ続く道なのかは確定しがたいが、東へ行って折れ曲がると法華寺付近を経て、東大寺へつながる一条南大路へ入ることができ、また、西へ行くと西大寺へ続く。どちらへ行くことも可能であることを指摘するにとどめたい。

(28) このように、東三坊大路という南北道路が衰退し、三条大路などの東西道路が盛行することについて、佐藤亜聖氏は、廃絶後の平城京内の交通路が、縦ラインから横ラインへ変遷したと指摘する(佐藤亜聖「中世都市奈良の成立と変容」〈『シンポジウム中世都市奈良と各都市の諸相』発表資料、二〇〇四年〉)。

(29) 永島福太郎「平城京址と荘園」(『大和文化研究』八―八、一九六三年。前掲註14)、大井重二郎『平城京と条坊制度の研究』(初音書房、一九六六年。前掲註10)、舘野和己「平城京その後」(門脇禎二編『日本古代国家の展開 上』思文閣出版、一九九五年)。同「平城宮その後」(大山喬平教授退官記念会編『日本国家の史的特質 古代・中世』思文閣出版、一九九七年)。同「遷都後の都城」(古代都城制研究集会実行委員会編『古代都市の構造と展開』古代都城制研究会第三回報告集、一九九八年。前掲註2)。堀健彦(前掲註4)。

法華寺の鳥居

吉川　聡

はじめに

奈良中世史研究の第一人者である永島福太郎氏は、「南都奈良の交通路」と題する近稿で、次のように述べている(1)。

貴顕の南都入りに「うわなべ越え」がかなりある。「法華寺鳥居」を記す例が多い。この法華寺鳥居の旧跡が判明すれば、「うわなべ越え」の路線がわかる。これの調査が待たれる。

すなわち十二世紀ごろ、平安時代院政期から鎌倉時代前期にかけての奈良関係史料には、「法華寺の鳥居」なるものが、しばしば登場するのである。そしてこの鳥居については、当時の奈良を考えるうえでも興味深い問題をはらんでいるように思われる。しかし氏が述べるように、その位置も未だ確定していない状態である。そこで、私なりに検討を試みたい(2)。

一　法華寺の鳥居の史料

法華寺の鳥居は、奈良をめぐる交通や、合戦に関する史料に多く見られる。時期は十二世紀のものが多い。以下にその例を掲げる。

1　合戦関係

たとえば、治承四年（一一八〇）十二月、平重衡の軍勢が南都を焼き討ちするが、その時の様子を『長門本平家物語』巻十一では次のように描写している(3)。

三千余騎の軍兵を南都へ差向らる。大衆此由を聞きて、奈良坂・般若寺の二道を切ふさぎて、在々所々に城郭を構へて、老少・中年、弓矢を帯しかつちう《〔甲冑〕》をよろひて待かけたり。十二月二十八日、重衡の朝臣、南都へ発向す。三千余騎を二手にわけて、奈良坂・般若寺へ向ふ。大衆かち立打物にて防ぎ戦ひけれども、三千余騎の軍兵馬上にてさんざんにかけたりければ、二の城戸口ほどなく破れにけり。（中略）重衡朝臣は法華寺の鳥居の前に打立ちて、南都をやきはらふ。（中略）恥をもおもひ名をもをしむほどの者は、奈良坂にて討死し、般若寺にて討れにけり。（中略）戦場にて討るる所の大衆七百余人。内四百余人が首をば法華寺の鳥居の前にかけてけり。

南都の大衆は「奈良坂」「般若寺」の二道を防衛したが、重衡軍はその二道を突破して南都を焼き払った。ということはこの時代、北方の京都方面から奈良に入る主要な街道は、この「奈良坂」「般若寺」の二道だったと判断される。そのなかで法華寺の鳥居は、重衡が陣を置いた場所として登場する。

その後、重衡は一の谷の合戦で捕えられ、元暦二年（一一八五）六月に木津で斬首される。その首は奈良に運ばれて晒されるが、その時の様子を『長門本平家物語』巻十九では次のように述べている。

> 三位中将〔平重衡〕の頸、武士ども南都の大衆中へ送りければ、大衆請取て、東大寺・興福寺の大垣を三度めぐらして、法花寺の鳥居の前にて、治承の合戦の時、ここに打立て南都を亡したりし者とて、鉾に貫きて高く差あげ、人々に見せて、般若野のそとば〔卒塔婆〕に釘付にこそしたりけれ。

重衡は法華寺の鳥居に陣を敷いたため、まずそこで首を晒され、次に般若野で晒されたという[4]。これは、焼き討ちの時に「奈良坂」「般若寺」の二道から攻撃したことと対応するのだろう。第4項で後述する事実もふまえれば、「奈良坂」の道沿いに法華寺の鳥居があり、「般若寺」の道沿いに般若野があると考えて誤りない。法華寺の鳥居・般若野が、陣を構え首を晒す場所として登場するのは、その場所がそれぞれの道における奈良の入り口の、境界の場所だったことを示すものである。

法華寺の鳥居は、この場所で合戦している事例も存在する。まず保延四年（一一三八）には、興福寺別当の玄覚の没後、寺務を執行すべしとの藤氏長者宣を得た信実と、新別当に任じられた隆覚とが対立する。そのなかで、吹田荘から運上してきた米四十余石を、新別当隆覚の下僧が抑留したため、信実の所従が行き向かいて奪い取り、「法花寺鳥居辺」において「合戦」している[5]。また長寛元年（一一六三）には、興福寺別当の恵信は大衆と対立し、大衆によって奈良を追われてしまう。そこで恵信は軍兵を集め、寺家に討ち入らんとして、合戦に及んでいる。その様子は、「以二法隆寺一為二集会所一、先襲二寄西京一。於二西田井三条口・法花寺鳥居東辺一合戦、及二三箇日一。（中略）然而本寺衆徒忘レ身相禦之間、八月廿五日俗〔賊〕軍背北」と語られている。(6) つまり法隆寺から西ノ京を経て興福寺に討ち入らんとして、三日間にわたって戦闘を繰り広げるが、その合戦の場の一つが、法華寺の鳥居の東側だった。

保延四年・長寛元年のいずれも、興福寺に入ろうとして合戦に及んだ事例である。その時の戦場として、法華寺の鳥居が登場する。十二世紀に法華寺の鳥居は、奈良の入り口の、交通の要地にあった。

2　春日詣・春日行幸関係

法華寺の鳥居が見えるのは、合戦の場合のみではない。貴人が奈良入りする際の史料には、法華寺の鳥居が見えることがある。とくによく登場するのは、春日社に藤氏長者が参詣する春日詣や、天皇が参詣する春日行幸の場合である。

まず藤氏長者の春日詣をとりあげる。春日詣では藤氏長者は牛車で奈良に向かい、奈良の佐保殿に宿泊するのが例である。その奈良入りの際、たとえば藤原頼長の仁平元年（一一五一）の春日詣の時には、頼長自身が次のように書き留めている。(7)

至二法花寺鳥居一、洗二車輪一。此処、有二流水一也。隆長更騎レ馬、余理レ鬢。須三更整二行列一。而上下不レ来。今無レ由レ整。

奈良に入る前に法華寺の鳥居で車を止めて、牛車の車輪を洗っている。そこには水が流れているのだという。また自らの身だしなみも整えている。行列も整えようとしたが、この場合は頼長が早く到着してしまったために思うようにいかなかったという。

　このような所作は今回だけのことではない。頼長が仁平三年（一一五三）に春日詣をした時も同様の記述が見える(8)。また文治四年（一一八八）に藤氏長者の九条兼実が春日詣をした際には、奈良に入る時には「到二法花寺鳥居下一、洗二車輪一可レ整二行列一。而依レ及二夜漏一無二此儀一。是又先例也」とある(9)。すなわち、法華寺の鳥居の所で車輪を洗い行列を整えるべきなのだが、夜になってしまったのでそうしなかった。それは先例だという。法華寺の鳥居での行事は十二世紀中期の頼長の時代には確認でき、十二世紀後期の兼実の時代には先例として確立していた。

　また、この兼実の春日詣については、京都を出発する際の記事も一部を掲げておく。

　　為レ渡二院御桟敷一、横道数町。京中殆及二七十丁一。仍日景已高、殆及二午斜一。於二九条口一、懸二引替牛一、人々僕従皆騎レ馬、舞人随身以下用二乗替一如レ常。

　平安京内部では、桟敷で上皇等が行列を見物していた。その前を通るように寄り道をしたので、とても時間を取ってしまった。そして平安京を出た九条口で、牛車の牛を替え、従者も馬に乗り、舞人・随身以下も乗替馬に乗り換えている。つまり、京都においては平安京内の行進は晴れやかなパレードであり、平安京を出たところで旅支度を整えている(10)。一方、奈良においては、法華寺の鳥居で旅支度を改め、再び威儀を正したパレードとなるのである。だから法華寺の鳥居が、史料に頻出することとなっている。これは帰り道でも同様で、やはり法華寺の鳥居までは威儀を正しているべきだった(11)。

次に天皇の春日行幸を検討する。行幸の場合、天皇は輿に乗り、貴族たちが馬に乗って供奉する。治承二年（一一七八）の高倉天皇の春日行幸では、行幸に供奉した大納言兼左大将の藤原実定が書き留めた記録が残っており、そこにも法華寺の鳥居が登場している。(12) 三月二十二日に京都から奈良に向かう往路の記録と、翌二十三日に奈良から京都に帰る帰路の記録を、並べて掲出しておく。

（往路）至二法花寺一乗二晴馬一、馬副随身等下レ馬。如二京儀一。過二十余町一之後、左右構二桟敷一見物済焉。衆徒群衆。秉燭之間、入二御社頭頓宮一。

（帰路）予於二法花寺鳥居一乗レ車、用二宇治路一。今朝遂〔送カ〕二使於土御門大納言許一、「長途騎馬之間、腰所労更発、於二今日一少々可□。仍不レ可レ参二美豆頓宮一」（中略）仍向二宇治路一了。猶不当之所為也。然而一身不レ可レ守レ株。又現所労無レ術之故也。嘉応〔応保カ〕之度、先公自二法花寺一令レ用レ車給也。

往路では「法花寺」で、筆者の実定は乗替馬から晴馬に乗り換え、馬副・随身は下馬している。また、帰路では「法花寺鳥居」で、実定は腰の所労のために馬から車に乗り換え、木津川西岸の淀路を通る天皇とは同行せずに、東岸の宇治路を通って帰洛している。先例でも「法花寺」で車に乗っているのだという。法華寺といい法華寺の鳥居というのも、おそらくは同一地点であり、やはりそこで威儀を整えている。「京儀ノ如シ」とあるように、そこから奈良側は平安京内と同様のパレードだったのであり、そのパレードを、桟敷を構えて人々が見物していたのである。

つまり法華寺の鳥居とは奈良の入り口にあり、そこから奈良側は、平安京中と同様、都市の内部として位置づけられていた。

ただし、当時の奈良の市街地が、法華寺の鳥居にまで及んでいたわけではなかろう。右の治承二年高倉天皇春日行幸の往路では、「法花寺」から十余町を過ぎた後に桟敷が出現している。この十余町の間は農村地帯だったのだろう。また補節で述べるように、『建久御巡礼記』は阿閦寺の位置を、法華寺の鳥居の南東の田中の、松が一本生えたところだと述べている。やはり鳥居の周辺には田園が広がっていたと考えられる。田園地帯にある大きな鳥居は、目印としては格好の目標だったろう。しかし、それが奈良の入り口と認識されている点には、興味をそそられる。

3　鳥居の時期

この鳥居がいつから存在したのかは、明らかにし難い。ただし私の不十分な史料収集によれば、史料上の初見は今のところ、天治元年（一一二四）である。この年、鳥羽上皇は高野山に行幸するが、その帰路に、火打崎（現・奈良県五條市火打町）から奈良盆地を北上し、奈良で東大寺東南院に立ち寄っている。その際、「於二法華寺鳥居前一御二車駕一。経二興福寺東北大路一、着二御于東南院之房一」と見えている[13]。その後は右に述べたように、十二世紀、平安時代院政期から鎌倉時代前期にかけて、史料に頻出している。後世では後述のように、室町時代の十五世紀の史料にも見え、このころまでは存在していたと思われる。しかし、江戸時代の延宝九年（一六八一）に開板された『大和名所記（和州旧跡幽考）』は、阿閦寺の説明の際に、法華寺の鳥居について「当代はとりゐもなく、松も見えず」と語っている[14]。江戸時代の十七世紀には法華寺の鳥居は消滅しており、その所在地もわからなくなっている。

それでは、法華寺の鳥居とはどこにあったのだろうか。この点に言及した先行研究は通常、法華寺の東門跡付近と考えている。[15] しかしそれは誤りと考えられ、高橋美久二氏が言及するように、東三坊大路沿いと考えるべきである。[16] この点は次に掲げる、春日祭使が奈良から京都に帰る際の記録によって明確となる。[17]

4　交通路の検討

辰時令レ起二梨原一。（中略）於二餺飩還〔岡カ〕一自二法華寺鳥居一一町許北行。路西辺岸上也。陪従発二歌笛一留レ馬。（中略）次於二奈良坂一有下糺二盗人一事上。

春日祭使の一行は、宿所の梨原をたち、餺飩岡・奈良坂と経過している。餺飩岡とは、法華寺の鳥居から一町ほど北に行ったところだという。[18] 奈良坂では「盗人ヲ糺ス事」を行うが、これは盗人を糺す寸劇を演じて禄を給う行事である。『江家次第』はそれを、「至二不退寺之辺一之間、又搦二盗人一令レ申二贓物一」「奈良坂一度知二故実一之者、為レ免二一所役一馳帰。昔尾張兼時於二奈良坂一預レ禄之後、於二不退寺前一作レ詩曰（後略）」などと記述しており、[19] その行事を行う奈良坂とは、不退寺付近であったことが知られる。つまり南から北へ、法華寺の鳥居・餺飩岡・不退寺（奈良坂）が続くことになる。不退寺の位置より見て、この道は平城京東三坊大路としか考えられない（図1参照）。よって法華寺の鳥居を通る道とは、横田拓実氏が提唱したウワナベ越え――東三坊大路の延長路線で、ウワナベ古墳の東側を抜けて奈良山を越える道。現在はＪＲ関西本線・国道二十四号線が走る――のはずである。[20] ならば法華寺の鳥居も、東三坊大路沿いに存在したと考えられる。

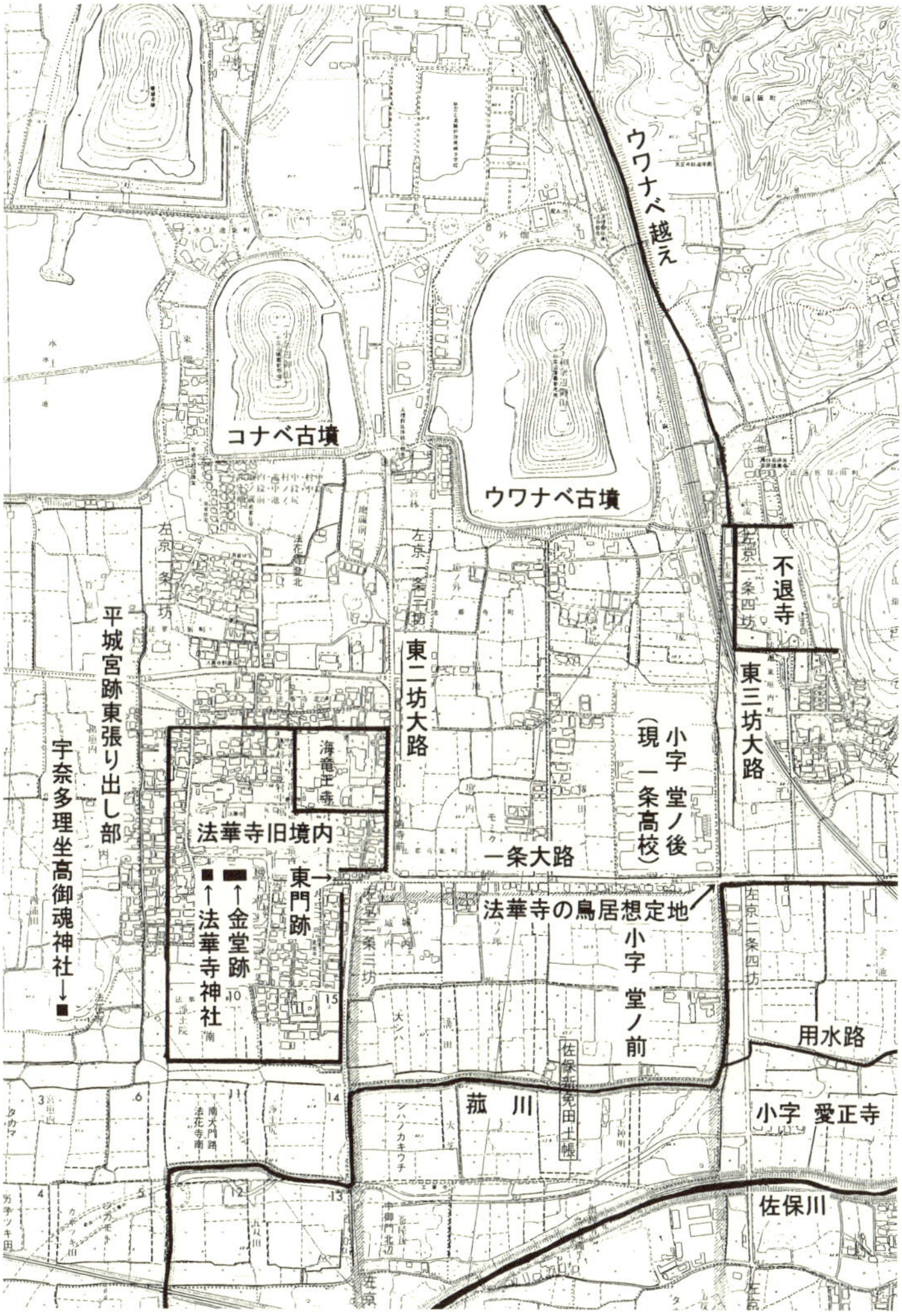

図1　法華寺の鳥居関係地図
（1／13,000　橿原考古学研究所編『大和国条里復原図』を修正）

このウワナベ越えは歴史地理学の面からも、奈良山を越えて山城側に入ると、「作り道」の地名が残る直線道路痕跡となって、木津へつながること、この道沿いに「奈良坂」の地名が残っており、本来の奈良坂とはこの道だったらしいこと、また「車坂」の地名もあり、中世に「車路」と呼ばれている道もこの道であろうことが、すでに指摘されている(21)。第1項では、京都方面から奈良に入る街道には「奈良坂」「般若寺」の二道があり、法華寺の鳥居は「奈良坂」沿いにあったことを述べた。その「奈良坂」が、このウワナベ越えに相当する。一方の「般若寺」の道は、いわゆる般若寺坂越え(22)——平城京東七坊大路の延長路線で、東大寺転害門の西側から般若寺門前を抜けて木津へ至る道——に当たるはずである(23)。

二道はどちらも木津に通じているが、既述のように十二世紀の春日詣・行幸等ではウワナベ越えが用いられている。東三坊大路の側溝からは九世紀の告知札も多く出土している(24)。平安時代から鎌倉前期にかけては、このウワナベ越えこそが、木津から奈良に入る最も正式な道だったはずである(25)。

法華寺の鳥居の位置については、室町時代にも参考となる史料がある。永享七年（一四三五）の「佐保田庄引付」には次のようにある(26)。

一、法花寺大道等道造事御幸道云々

不退寺前ハ不退寺沙汰。自二灌頂木一。

自二大鳥居一至二灌頂木一佐保田。自二灌頂木一至二新堂道一広岡。自二新堂道一至二阿弥陀堂一法蓮。自二阿弥陀堂一至二辻橋一阿古屋川。自二辻橋一至二市西口一新在家市。自二市西口一至二芝辻口一芝辻沙汰歟。

これは「御幸道」とも呼ばれた、「法花寺大道等」に関する史料である。「御幸道」の名は足利義満の春日詣の際にも見え、京都・奈良間の街道の名称だった。(27) この街道における奈良近辺区域を、一乗院郷が整備する際の諸郷の分担を記したのが、当該史料である。不退寺の前は不退寺の担当、と書いた後に墨線で抹消し、大鳥居から灌頂木までは佐保田の担当、と書き改めている。不退寺前付近は道路を整備する必要はなく、法華寺の鳥居よりも奈良側のみでよい、ということなのだろう。街道はやはり、不退寺前・法華寺の鳥居を経由している。以後の地名は私には明確に比定できないが、「市西口」は北市の西口、「芝辻口」は芝辻を指すと考えられるので、永島福太郎氏が論じたように、(28) 一条大路を経て芝辻に南下していると思われる。

また応永十三年（一四〇六）の「法花寺田畠本券」には次のような記載がある。(29)

大鳥居
一反。在二法花寺大鳥居北脇一。自二大道一西領。□ノ四反目也。
四至限東大道、南際目、西畔、北際目

一反の土地が法華寺の鳥居の北脇にあったことを記すが、その四至記載によると、東側は大道に面していたとある。鳥居が東三坊大路の西側にあったと考えればよかろう。(30)

以上から、十二世紀ごろには「奈良坂」とはウワナベ越えを指し、奈良に入るには東三坊大路を経て、一条大路に入るのだと考えられる。(31) その路線上には法華寺の鳥居が、東三坊大路の西側に存在していた。鳥居が奈良の入り口に当たるのならば、その位置として最もふさわしいのは、東三坊大路と一条大路の交差点ではなかろうか。

ただしこのように考えると、従来、法華寺の東門跡付近——東二坊大路と一条大路の交差点——に比定したのに対して、法華寺から一坊分東に離れて鳥居が存在したことになる。この点はやや不自然な観もある。

二　寺院と鎮守社

1　法華寺の鎮守社

では、法華寺の鳥居とは何なのか。ここで想起されるのが、法華寺にはすでに九世紀に鎮守社が存在していた事実である。法華寺の鎮守社は、宇奈多理坐高御魂神社の問題に関連して私見を簡潔に述べたことがあるが、[32] ここでもう一度確認しておく。

『日本三代実録』貞観元年（八五九）四月十日条には次のようにある。

授二法華寺従三位鷹枕高御産栖日神正三位、正四位上火雷神従三位、従四位下法華寺坐神従四位上一。

史料の冒頭に「法華寺」とあるが、別稿でも述べたようにこの「法華寺」は地名であり、「鷹枕高御産栖日神」「火雷神」「法華寺坐神」の三神が、法華寺境内に鎮座していると解するべきである。[33] その後、元慶三年（八七九）にも授位があり、[34] その結果「鷹枕高御産栖日神」は従二位、「火雷神」は正三位の位を得ている。寺院の鎮守神としては破格の待遇といえる。法華寺の鳥居とは、これら法華寺の鎮守社の鳥居と考えるのが自然だろう。

では法華寺の鎮守社とは、どこに存在したのだろうか。そこで中世の状況を見ると、中世、法華寺には二つの鎮守社が存在した。嘉元二年（一三〇四）成立の「法華滅罪寺縁起」には次のようにある。

塡〔鎮〕主権現ハ天照大神をはじめたてまつりて、我朝の神々を奉請したてまつれり。いつも清浄の法施にあきみち給えり。また寺のにし二三丁ハかりありて、一のやしろいます。北野の宮の御事なり。当寺のちんしゆとあかめたてまつる。（中略）虚横のつミをうけてつくしへなかされ給て、あら人神とそなり給ける。

この史料から、「鎮守権現」に天照大神以下の神々を祀っていたこと、また法華寺の西側二、三町の所に「北野の宮」があり、菅原道真を祀っていたことがわかる。また元亨二年（一三二二）成立の「法華滅罪寺年中行事」には年始正月勤行事に「社参三ヶ日桜梅宮幷惣社」などとあり、「桜梅宮」と「惣社」とが記されている[35]。

このうち「北野の宮」「桜梅宮」とは、平城宮跡東張り出し部に鎮座する、宇奈多理坐高御魂神社のことである。宇奈多理坐高御魂神社は現在は式内社とされ、このような名称となっている。しかし別稿でも述べたように、古代の宇奈太理坐高御魂神社は当該地ではなく、奈良市古市町に存在していた。当該地は近世以前には桜梅天神・楊梅天神などと呼ばれていた[36]神社なので、比定に誤りない。一方、「鎮守権現」「惣社」と見えるのは、法華寺金堂跡西側に鎮座する、法華寺神社を指すだろう（図1参照）。

九世紀の鎮守社がいずれを指すかといえば、前述のように法華寺旧境内地に比定するべきであり、それに当てはまるのは法華寺神社である。法華寺神社は近世には牛頭天王と呼ばれているが[37]、中世には天照大神以下の神々を祀っているのだから、九世紀の高御産栖日神等を受け継ぐ神社として不自然ではない。また鎮座地についても、延文四年（一三五九）の「法華寺尼別受指図」には、現在の法華寺神社鎮座地に「鎮守」が描かれており[38]、古代以来の位置を保っているると考えてよかろう。よって九世紀の鎮守社は、現在の法華寺神社に比定される。

そして私が注目したいのは、法華寺神社の位置が、一条大路の延長線上に当たっており、かつ、現社殿が東向きに建っている事実である。すなわち、平城京左京の一条大路は東大寺転害門から法華寺東門跡まで通じているが、それを法華寺内部まで延長させれば、法華寺神社の正面に至るはずなのである。このような位置関係をふまえれば、一条大路は法華寺神社の参道としての意味も持っており、その道路上に法華寺の鳥居が存在した、と理解可能なように思われる。

ただし、実際には法華寺神社の東側、社殿の正面には法華寺金堂跡が存在している。金堂を越えてまで神社の参道が延びていたと理解するには、問題も残るだろう。そこで次に、古代寺院とその鎮守社の立地について瞥見しておきたい。

2　古代寺院における鎮守社の立地

寺院に鎮守神がみえる史料上の初見は、東大寺の事例だろう。奈良時代まだ大仏造営中の天平勝宝元年（七四九）に、宇佐八幡神は宇佐を発って京に向かい、禰宜が東大寺を拝している[39]。その後身は、手向山八幡宮となって現存する。ただし、現社地は嘉禎三年（一二三七）に遷座してきた場所であり[40]、奈良時代の状況は不明である。現在は、手向山八幡宮は大仏殿南東に西面して鎮座し、その参道は東西方向に走り、大仏殿回廊南東角に鳥居を開いている[41]。つまり鎌倉時代以降の実態だが、手向山八幡宮は東大寺の伽藍中軸線と直交する、東西方向の中軸線を有している。

八幡神については、他の寺院でも九世紀に鎮守として勧請する事例が見られ、今日に存続しているものも多い。たとえば大安寺では、石清水八幡宮を貞観二年（八六〇）に勧請した行教が、そのころに大安寺鎮守の八幡宮を勧請している。この鎮守社は現在も八幡神社として、南大門跡の南東、東塔跡の北側に現存する。十二世紀にも現在位置に鎮座していたことが判明するので、当初からの鎮座地と考えてよかろう。[42] 現在社殿は西向きで、参道は東西に走り、大安寺旧境内地西端の東三坊大路に鳥居を開いている。[43] この場合も鎮守社の中軸線は、伽藍中軸線と直交して東西に走っている。

また薬師寺にも九世紀末の寛平年間ごろに、八幡神が勧請されている。[44] 休岡八幡神社として、南大門の南側に現存する。この位置は『今昔物語集』でも同様であり、[45] やはり鎮座当初からのものと想定できる。現在社殿は西向きで、参道は東西に走り、薬師寺旧境内地西端の西二坊大路にとりついている。[46] さらに、西大寺にも旧鎮守社の八幡神社が存在する。鎮座年代は確定できないが、十二世紀には現在地に存在していたことが確認できる。[47] 現在社殿は東向きで、東西に参道が走り、西三坊大路に鳥居を開いている。

平安京の事例でも、東寺の鎮守八幡宮は九世紀に勧請されたと考えられている。[48] その社殿は近世以前には、境内の南大門北西に立地し、東面して、南大門・金堂を結ぶ伽藍中軸線に正面を向けていた。[49]

その他、鎮座の年代は確定できないが、奈良やその周辺に現存する古代寺院は、旧鎮守社を有していることが多い。そして旧鎮守社の多くが、南北方向の伽藍中軸線に対して直交する、東西方向の中軸線を持っている。たとえば秋篠寺における八所御霊神社、唐招提寺における竜王社、室生寺における天神社[50]、金峯山山下蔵王堂（金峯山寺蔵王堂）における威徳天神（天満神社）、醍醐寺下醍醐における清滝宮[51]などを挙げることができる。

また、神社に神宮寺が設置される場合でも、やはり直交する中軸線を有する場合がある。大神神社神宮寺の大御輪寺は神宮寺の古例で、八世紀後半には存在が確認できる[52]。明治以後は神社に変わり、現在は大神神社摂社の大直禰子神社となっている。その立地を見るに、大神神社は西面し、東西に延びる長い参道を有している。大御輪寺はその大神神社参道の北側に南面して立地しており、寺の参道は南北に延びて、大神神社の参道にとりついている[53]。神社に神宮寺が付属する場合でも、両者の中軸線が直交して配置されている例と言えよう。

さらに私が歩いた経験から述べれば、南北方向の伽藍中軸線を持つ寺院に対して、直交する東西方向の中軸線で神社が鎮座する事例は、少なくとも大和国やその周辺では、中小の寺院・神社でもかなり一般的に存在している。二例のみ挙げれば、奈良県田原本町大字法貴寺にあり、中世長谷川党法貴寺氏の氏寺・氏神であった法貴寺千万院と池坐朝霧黄幡比売神社の関係、また、藤原道長が金峯山登山の路次に宿泊した「井外堂」[54]に比定されている奈良県天理市西井戸堂町に所在する妙観寺と山辺御県坐神社の関係は、中軸線が直交している。

このような、寺院と神社における中軸線直交の関係がどこまで一般化できるのかは、今後深めるべき課題としておきたい[55]。とりあえずここでは、以下の点を確認しておく。おそらくは八世紀の宇佐八幡神による大仏造営協力を一つの契機として、寺院に鎮守社が導入されていく。その時に中軸線を直交させて配置することが、通常のプランだったといえる。

3　法華寺の鳥居の所在地

ならば法華寺神社が東面しているのも、寺院鎮守社の一般的配置と理解できる。ただし法華寺神社については、社殿が一条大路延長線上に位置し、京の大路を参道と想定した。またその鳥居を、法華寺東門からさらに一坊分離れた所に比定した。つまり、他の鎮守社に較べて格段に大きな規模を持っている。しかしこの点も、法華寺の神が九世紀に高い神階を授与されている点を勘案すれば、この神社がとくに重視されていることとの表現と解釈できるだろう。

以上から私は、法華寺の鳥居の位置は、東三坊大路と一条大路の交差点の西側、つまり現在の一条高校の南東だったと想定する。

この地点は、嘉吉三年（一四四三）の検注結果を図示した「大和国佐保新免田土帳」に描かれている（図2）[56]。写真で見る限り土帳には、鳥居とわかる表現はない[57]。ただし、東三坊大路・一条大路交差点の北西隅には「辻子堂」、南西隅には「石塔平清盛公□□□□（塚云々カ）」が記されている[58]。南西隅の「石塔」の地点については、現在も梅檀の古木の切り株が残っており（図3）、その切り株の洞《うろ》の中には小さな五輪塔などが安置されている[59]。この場所が辻として重要な地点だったといえよう[60]。

法華寺の鳥居は、一条大路上における奈良の入り口であり、とくにウワナベ越えのルート上にあるので、史料に頻出した。しかしウワナベ越えはやがて衰退し、般若寺坂越えが一般化する[61]。それとともにこの場所の重要性は失われ、鳥居自体も消滅していくのだろう。

ただし、法華寺の鎮守社は九世紀には確認できるが、鳥居が史料に頻出するのは十二世紀になって

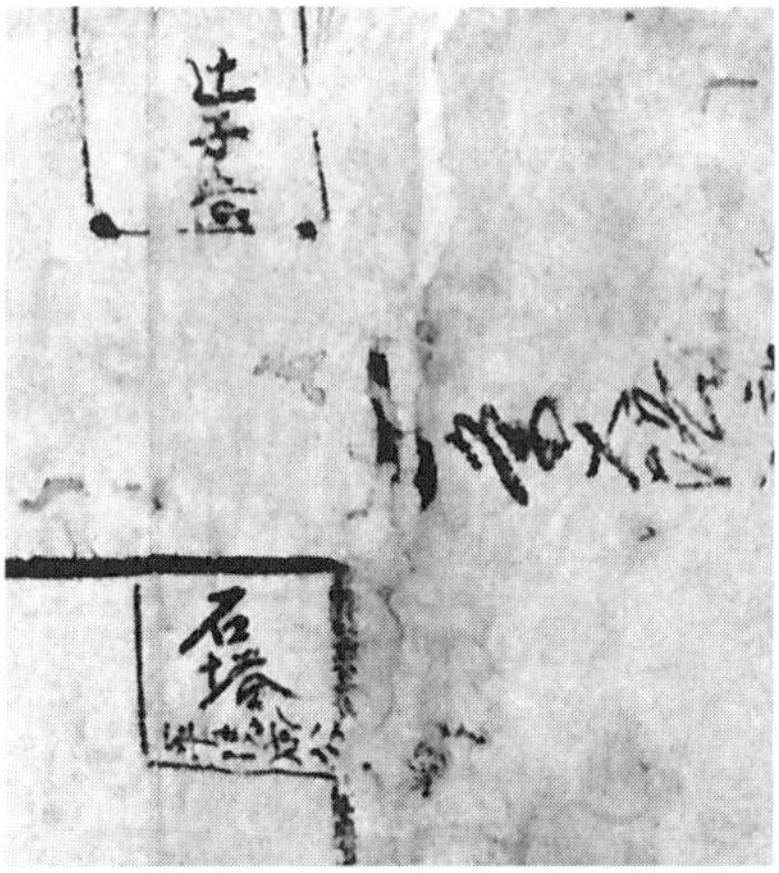

図2 「大和国佐保新免田土帳」部分（法華寺の鳥居想定地付近。嘉吉三年〈一四四三〉。独立行政法人国立公文書館蔵）

図3 交差点南西の梅檀の切り株

からである。この数百年の差は、理由があるのだろうか。そこで第三節では、当時の奈良の状況について見ておきたい。

三　中世の奈良

中世の奈良は、興福寺・東大寺が支配する宗教都市だった。そして古代の平城京が中世の奈良へと変貌していく様相は、永島福太郎氏・安田次郎氏などによって論じられ、おおむね以下のように考えられている。古代平城京は全体的には田園化していく。しかし興福寺・東大寺の門前は、十一世紀から十二世紀には民家が密集し、都市が形成されていた。そのころには興福寺はその四方の門前を四面郷として把握していたが、やがて十二世紀末期には南都七郷に再編され、興福寺が支配した。その外縁には十三世紀ごろに、興福寺の門跡である一乗院郷・大乗院郷が形成される。また東大寺門前は、十二世紀には東大寺の支配を受け、後には東大寺七郷に編成されている(62)。

中世の奈良はこのように、寺院を中心として郷に編成され、同心円状に形成されていくと考えられている。安田氏はその核となる南都七郷編成の契機として、十二世紀末、南都焼き討ちからの復興事業を重視している。

ただし私がここで注目したいのは、中世奈良の西の境界である。中世奈良の郷のうち、最も西に位置したのは一乗院郷の不退寺郷だった(63)。その後近世には不退寺村は、法蓮村の内部と位置づけられている。近世の法蓮村は奈良奉行の支配を受ける奈良廻り八カ村の一つであり、広義の奈良であり続けた。その法蓮村の西側には法華寺村が存在するが、法華寺村は中世の郷にも、近世の奈良廻り八カ村にも含まれていない。法華寺村は奈良の外側なのである。そして法蓮村と法華寺村の境界線は、近世・近代から現在に至るまで、東三坊大路である。ならば、中世奈良の西の境界は、東三坊大路だったと考えることができる(64)。

このように考えて初めて、鳥居がこの場所に位置し、重視された理由が明確となる。一条大路が東三坊大路と交差する所は、後の法華寺村の入り口だった。だから法華寺の鳥居がここに位置したのである。またその地点は中世奈良の西の境界だった。だから一条大路上の奈良の入り口として重視されたのである。

法華寺の鳥居は、十二世紀前期の天治元年（一一二四）以降に史料に現れる。それ以降、鳥居が合戦の場となり、また鳥居で行列の威儀を整える慣習が確立する。つまり十二世紀前期には、この地が奈良の入り口と認識されているのである。[65]それは、かつての平城京とは異なる中世奈良の範囲が、一般的に認知されるに至ったことを意味しよう。ということは、中世奈良の大枠は、十二世紀前期には成立していたと言えるのではなかろうか。

先行研究によれば、十一世紀末に大和国司は実権を失い、興福寺の優位が確立する。[66]また十二世紀前期の保延二年（一一三六）には春日若宮祭も始まり、[67]興福寺は春日社とも一体となって大和国を支配するようになる。全国的にはこのころに、中世荘園制が成立しつつあった。[68]中世の奈良はまずはそのころに、興福寺を中心とする都市と周辺農村、という大きなまとまりとして姿を現しているように思われる。一方、支配単位としての郷は、その核となる四面郷が形成されるのがこの時代である。どうも中世奈良の成立を考えるには、郷の編成や都市化の進展とは、少し違った観点も必要なのかもしれない。

法華寺の鳥居は、奈良の入り口を示す目印だった。と同時に、その史料への出現は中世奈良成立の指標とみることも可能だと思われる。この鳥居は、奈良を読み解く鍵の一つになり得るのかもしれない。

補節　派生する問題

以上のように考えた場合、他の論点にも波及する問題があるので、三点ほど、派生する問題について言及しておく。

1　阿閦寺（芸亭）の位置

奈良時代八世紀の貴族である石上宅嗣は、その居宅に阿閦寺という寺院を造営したが、その南東隅に、外典の書物を収納する区画を設けて芸亭と名づけ、好学の者に閲覧させたという(69)。その場所については、建久二年（一一九一）の巡礼記録である『建久御巡礼記』法華寺に次のようにある(70)。

此寺（法華寺）ノ鳥居ノ東南幾不レ去、田中ニ松一本生所、是昔ノ阿閦寺ノ跡也。

阿閦寺は、法華寺の鳥居の東南のほど遠からぬ場所で、当時松が一本生えていたという。従来の説では、その場所は平城京左京二条三坊の小字堂ノ前付近、つまり東三坊大路と一条大路の交差点からは西南の地が有力視されている(71)（**図1**参照）。その根拠は、法華寺の鳥居の位置を、従来は法華寺東門付近と考えていたためであり、また小字堂ノ前が阿閦寺関連の地名と解釈されたためである。ただしこの堂ノ前という小字地名は、一条大路の北側の地名が堂ノ後であることも考え合わせると、直接的には、**図2**の「大和国佐保新免田土帳」に見える「辻子堂」を指していると考えるべきものである。

本稿のように東三坊大路と一条大路の交差点に法華寺の鳥居を比定するならば、阿閦寺の位置は当然、その東南の、左京二条四坊に比定しなければならない。この左京二条四坊には、東西に細長く(三・六・十一・十四坪)、愛正寺という小字地名が現存している。地名「愛勝寺」は永享七年(一四三五)の「佐保田庄引付」(前掲)にも見え、「愛勝寺方二町三反小」が「井料」を負担していたことなどが判明する。この「井料」に関しては、十二世紀の僧覚顕書状が注目される。その文書は、「抑佐保田住人等、阿閦寺井料事訴二中僧都御房一候也」と釈読することが可能なのである[72]。ならば、地名愛勝寺・愛正寺は、阿閦寺の転訛と想定できるだろう。阿閦寺、さらには芸亭は、この小字愛正寺付近に比定するのがよいと思われる。

2　興福寺と春日社の関係

二節では、寺院と神社の中軸線が直交する事例を述べた。この点で注意されるのが、興福寺と春日社の関係である。その立地は以下の通りである。興福寺伽藍は南面し、その南大門の南側には三条大路が東西に延びている。そして三条大路は興福寺旧境内の南東隅で平城京の東端に突き当たるが、そこには春日社の一の鳥居が開いており、鳥居をくぐると三条大路の延長線はそのまま、春日社の参道となっている。他の例に較べるとかなり大規模だが、中軸線直交の事例と同様である。ただし、春日社の参道は二の鳥居より東側では南に湾曲しており、春日社神殿の南側にとりつく。そして春日社の神殿自体は、南面しているのである。つまり参道は伽藍中軸線と直交するが、社殿は伽藍と同様に南面する形をとっている。

春日社は、その成立時期に議論がある神社である。古社記等では神護景雲二年(七六八)に、御蓋山に鎮座したことを記す[73]。しかし、それ以前にも春日社の存在を示す史料があり、とくに天平勝宝八歳（七五六）成立の「東大寺山堺四至図」（前掲）には、春日社付近に「神地」の区画を記している[74]。よって、それ以前から春日社が存在していたと考える説もある[75]。しかし近年では、「東大寺山堺四至図」の「神地」の場所は、春日社よりも北に位置すること、また、「神地」は御蓋山を拝するように東西を向いており、南面する春日社とは異なっていることが指摘されている[76]。付け加えれば、「東大寺山堺四至図」では、興福寺と「神地」の間には「山階寺東松林廿七町」が、塀で囲われた区画として存在している。この時点では、現状のような、三条大路を延長させた参道の存在は想定しがたい。本稿で述べた知見によれば、参道のあり方も神社にとって重要な意味を持っている場合があった。ならばやはり、「東大寺山堺四至図」の「神地」とは、現在の春日社そのものではないと考えたほうが自然ではなかろうか。

春日社の神殿は、九世紀には現在と同様、南面していた[77]。また参道については、『日本三代実録』元慶六年十月二十五日条が注目される。それによると、元慶六年（八八二）までは春日社の春秋の祭の際には、馬場の準備は興福寺が行っていた。しかし仏・神の違いで好ましくないので、大和国が行うことにしたという。この史料からは、九世紀には春日社と興福寺が、関係を有しながらも相互に独立していた実態が窺える[78]。また、馬場は後世、春日社一の鳥居東側の参道が用いられている。馬場が存在したならば、現在と同様の参道が存在した可能性が高い[79]。

以上を勘案して、現状では一応次のように考えておきたい。「東大寺山堺四至図」の「神地」は、御蓋山を祀る場所ではあったろう。神護景雲年間に、その御蓋山信仰に藤原氏の氏神という性格が付与された。その時、参道が東西方向に延びて興福寺前に至るが、神殿は南面するという現在の春日社が成立したのではなかろうか。

3　宇佐八幡宮と弥勒寺

春日社の場合、神殿は南面した。この点で参考になると思われるのが、豊前国の宇佐八幡宮の事例である。宇佐八幡宮の西側には明治維新まで、神宮寺の弥勒寺が存在していた。その弥勒寺は北で東側に振れるが、ほぼ南北方向の伽藍中軸線を持っていた。一方、宇佐八幡宮は小椋山の山頂に南面して鎮座するが、参道は神殿から西方に延び、山の麓で弥勒寺の南東隅にとりつく。[80] つまり春日社と同様、参道は伽藍中軸線と直交するが、神殿は寺院と同じく南を向いている。

宇佐八幡宮は神亀二年（七二五）に現在地に鎮座し、弥勒寺もその後程ない天平九年（七三七）に、現在地に造営されたと伝えられている。[81] 前述のように、古代寺院に鎮守社が導入された一つの契機は、八幡神の活動にあったと思われる。その本家の宇佐八幡宮には、八世紀前半にすでに神宮寺が存在していた。その神社と寺院の配置が右のようであったことは、やはり注目すべき事実なのではなかろうか。

不確実な憶測にしか過ぎないのだが、現状での見通しを記しておく。春日社・宇佐八幡宮のような配置は、神社と寺院が関係を持ちつつも、寺院に対して神社の独立性が高いことを表現しているように思われる。八世紀前半に宇佐八幡宮で、このような形で神社・寺院が配置された。その後、より寺院に密着する形で寺院の鎮守社が設置されていく。そのなかで、両者の中軸線直交関係が一般化するのではなかろうか。

むすびにかえて

論点は、奈良をめぐる交通路・神仏習合・中世奈良の成立など、多岐に及んだ。また扱う時代も長期にわたった。これらの論点は一つひとつが重要なテーマであり、準備不十分なこの小論では、到底論じ尽くせない広がりを持っている。そのため、論証に不十分な点を多く抱えることとなった。しかし、鳥居の存在や神社の配置などは、視覚的には重要なランドマークだが、文献史料の文字面を眺めていても、その重要性はなかなか認識できない。本稿は、大和とその周辺を歩き回って得た着想を、そのまま形にしたものである。法華寺の鳥居というランドマークを軸として考えてみると、さまざまな論点が関係し合いながら見えてくるように思われた。それゆえ、見通しに過ぎない憶測も、あえて記しておいた。推測にわたった点は、今後検証していきたい。併せて、本稿の方法の有効性についても、さらに追求したいと考えている。

註

（1）永島福太郎「南都奈良の交通路」（『橿原考古学研究所論集』第一三、吉川弘文館、一九九八年）。なお永島氏はほぼ同時期の論文、「鏄飩が岡」（『青陵』第一〇一号、一九九九年）、「奈良坂と鏄飩が岡」（『日本歴史』第六二〇号、二〇〇〇年）、「奈良街道」（『月報五街道』第八六号、二〇〇一年）でも、中世奈良をめぐる交通路について論じている。

(2) この問題については、拙稿「法華寺の鳥居」（奈良文化財研究所編『奈良の寺』岩波書店、二〇〇三年）で要点のみを述べている。

(3) 『平家物語長門本』（国書刊行会）。法華寺の鳥居は『延慶本平家物語』『源平盛衰記』にも見える。

(4) 晒す前に重衡の首を、「東大寺・興福寺の大垣を三度めぐらして」いるのは、中世興福寺で行われた刑罰である、大垣廻しの儀式である。永島福太郎「大垣廻し」（『魚澄先生古稀記念国史学論叢』魚澄先生古稀記念会、一九五九年）参照。なお、法華寺の鳥居は『延慶本平家物語』『源平盛衰記』にも見える。

(5) 『興福寺別当次第』巻二、隆覚法印権大僧都（『大日本仏教全書』第一二四冊、興福寺叢書第二所収）。吹田荘は摂津国島下郡に所在。

(6) 『興福寺別当次第』巻二、法務僧正恵信。

(7) 『台記別記』巻五、仁平元年八月十日条。

(8) 『台記別記』巻七、仁平三年十一月二十六日条。

(9) 『玉葉』文治四年正月二十七日条。

(10) 通常は平安京を出たところで旅支度を整えているが、宇治などで貴人が見物している場合には、その先で整えることもある。先述の仁平三年藤原頼長の春日詣を参照。

(11) 先述の仁平三年藤原頼長春日詣の際には、帰路に「親隆朝臣衣冠、在㆓車後㆒。自㆓法花寺鳥居下㆒乗㆑車、偸在㆓上達部座後㆒」とある（『台記別記』巻七、仁平三年十一月二十八日条）。

(12) 『庭槐抄』治承二年三月二十二日・二十三日条（『群書類従』巻三四、帝王部所収）。

(13) 『高野御幸記』天治元年十一月一日条（『群書類従』巻四二、帝王部所収）。

(14) 『大和名所記（和州旧跡幽考）』巻四、添上郡、阿閦寺。

(15) 管見に触れた主要先行研究を挙げておく。吉田東吾『大日本地名辞書』第二巻上方（冨山房、初版一九〇〇年、増補版一九六九年）大和国添上郡の宇奈太理神社の項、水木要太郎「石上宅嗣宅趾」（『奈良県史蹟勝地調査会報告書』第七回、一九二〇年）、福山敏男「阿閦寺」（同『奈良朝寺院の研究』綜芸舎、一九七八年、初出一九四八年）、永島福太郎「平城京址と荘園」（『大和文化研究』第八巻八号、一九六三年）の第二章註7、池田源太『大和叢攷』（豊住書店、一九七九年）二五四頁・四三九頁・五〇五頁・五四四頁など。

(16) 高橋美久二「古代の道路と瓦の運搬」（同『古代交通の考古地理』第一章第四節、大明堂、一九九五年、初出一九九一年）。

(17) 『玉葉』治承二年（一一七八）十一月二日条。

(18) 渋沢美由紀「香取神宮白状祭について」（『昭和女子大学文化史研究』第六号、二〇〇二年）など参照。

(19) 『江家次第』巻五、春日祭使途中次第。

(20) 横田拓実「最近の平城京発掘調査」（『日本史研究』第一五二号、一九七五年）。なお私の前稿「法華寺の鳥居」（『奈良の寺』前掲註2）の第一刷では、この道を「こなべ越え」と呼んでいるが、これは編集段階での校正によるものであり、私の本意ではない。コナベ古墳の東または西を通って上記の道に続くと想定されている「コナベ越え」（足利健亮「恭仁京プランの復原」〈『日本古代地理研究』大明堂、一九八五年、初出一九六九年〉参照）は、少なくとも平安時代以降は主要な街道でなかったと判断している。

(21) 足利「恭仁京プランの復原」（前掲註20）、高橋「古代の道路と瓦の運搬」（前掲註16）。

(22) 永島「南都奈良の交通路」（前掲註1）参照。

(23) 近世以降には、奈良盆地と京都方面をつなぐ街道として、歌姫越え――平城宮の第一次大極殿地区と第二次大極殿地区の中間地点から北上し、歌姫を通って西木津の相楽へ抜ける道――もよく用いられている。この歌姫越えは、平城宮造営以前には、下ツ道を北上した際に京都方面に抜ける街道だったとも想定されている。しかし本稿第一節第1項で述べたように、平安・鎌倉時代には「奈良坂」「般若寺」、つまりウワナベ越え・般若寺坂越えのみが見える。この時代、奈良に入る街道としては歌姫越えはあまり用いられていなかったと判断される。

(24) 『平城宮発掘調査報告』Ⅵ（奈良国立文化財研究所編、一九七五年）。

(25) 『嘉禎二年中臣祐定記』嘉禎二年（一二三六）十月九日条（『春日社記録』日記一所収）には、奈良から北に抜ける「北路」として「木津路　車路　笠置路」を記す。これは高橋「古代の道路と瓦の運搬」（前掲註16）が述べるように、木津路が般若寺坂越えを、車路がウワナベ越えを、笠置路が、近世の伊賀街道——般若寺坂越えから東方に分岐して上梅谷・加茂経由で笠置に至る道——（『加太越奈良道見取絵図』第二巻解説編、東京美術、二〇〇一年など参照）と考えるべきだろう。

(26) 天理図書館所蔵保井文庫。

(27) 『至徳二年記』至徳二年（一三八五）七月十七日条（『続群書類従』巻四〇、神祇部所収）には義満の奈良下向ルートについて、「御幸路歟。将又可レ為二東路一事」とある。

(28) 永島「平城京址と荘園」（前掲註15）第二章註7。

(29) 『大日本史料』第七編之八、応永十三年雑載所収。

(30) 後述するように、鳥居の位置を東三坊大路と一条大路の交差点に比定するなら、この一反の土地の南方には一条大路が位置するはずである。この史料にはその記述は見えないが、面積が一反なので、該当の土地が一条大路に接していなかった可能性は十分ある。

(31) 一条大路は奈良時代から、佐保を貫く街道だったと思われる。一条大路に開く東大寺転害門について八世紀の「東大寺山堺四至図」（『日本荘園絵図聚影』三、近畿二、東京大学出版会所収）では、「佐保路門」と記している。また『菅家本諸寺縁起集』東大寺、輾磑門（『校刊美術史料』寺院篇上、中央公論美術出版所収）には、「此門与二法花東御門一同達也云々。号二一条大路一也」とある。転害門は、手向山八幡宮の祭礼で、八幡神が宇佐から影行した神行を再現したという輾磑会の御旅所ともなっている（和田義昭「東大寺鎮守八幡宮手掻会について」〈『中世の権力と民衆』日本史研究会史料研究部会編、創元社、一九七〇年〉など参照）。

(32) 拙稿「文献資料より見た東院地区と東院庭園」（『平城宮発掘調査報告』XV本文編、奈良文化財研究所、二〇〇三年）。

(33) 『日本三代実録』の神階授与等の記事では、神名の前に国名のみを記すのが一般的だが、時には本条のように、具体的地名のみを記す場合もある。たとえば貞観元年二月三十日条では、「筑前国従二位勲八等田心姫神」等と「太政大臣東京一条第従二位勲八等田心姫神」等が並記されている。

(34) 『日本三代実録』元慶三年六月朔条。また『延喜式』巻一五、内蔵寮、法華寺神子条にも「平城法華寺大神」

が見える。

(35)「法華滅罪寺縁起」「法華滅罪寺年中行事」ともに『大和古寺大観』第五巻、秋篠寺・法華寺・海竜王寺・不退寺（岩波書店、一九七八年）に所収。

(36)『式内社調査報告』第二巻京・畿内二（皇学館大学出版部、一九八二年）など参照。

(37)法華寺蔵法華寺村絵図・境内図（『大和古寺大観』第五巻〈前掲註35〉等にも所収）。

(38)『大和古寺大観』第五巻（前掲註35）所収。

(39)『続日本紀』天平勝宝元年十一月己酉条・十二月戊寅条・丁亥条。

(40)村山修一「中世に於ける東大寺八幡宮」（『国史学』第五三号、一九五〇年）など参照。

(41)十七世紀成立の「東大寺寺中寺外惣絵図」（『奈良六大寺大観』第九巻、東大寺一、岩波書店、一九七〇年所収）でも、現状と同様の参道・鳥居を描く。

(42)『七大寺巡礼私記』大安寺、『朝野群載』巻一六、興福寺大衆牒・石清水八幡宮護国寺牒。『七大寺巡礼私記』には、「斯神殿者、在二東塔之北一」とある。

(43)現在の鳥居前に近接する左京七条三坊十五坪を、永仁六年（一二九八）の「西大寺田園目録」（『西大寺叡尊伝記集成』〈奈良国立文化財研究所監修〉所収）では「大安寺鳥居前」と記しており、十三世紀には鳥居が存在していたことが知られる。

(44)『朝野群載』巻一六、石清水八幡宮護国寺牒等で、別当英紹が勧請したことを記す。

(45)『今昔物語集』巻一二第二〇話には、「此ノ寺ニハ南ノ大門ノ前ニ昔ヨリ八幡ヲ振リ奉テ寺ノ鎮守トセリ」などとある。

(46)近世の境内図（『奈良六大寺大観』第六巻、薬師寺全、岩波書店、一九七〇年所収）には西二坊大路に鳥居を開いている。

(47)長承三年（一一三四）五月二十五日大和国当寺敷地図帳案（『平安遺文』第五巻二三〇二号文書）。

(48)『東宝記』巻三、仏宝下、鎮守八幡宮などでは、空海が弘仁年間に鎮守八幡宮を勧請し、神像を自刻したとする。ただし東寺八幡三神像の作風からは、石清水八幡宮よりも後の成立とみる見解が有力である。津田徹英

「僧形八幡神像の成立と展開」(『密教図像』第一八号、一九九九年)参照。

(49)「東寺伽藍指図」(週刊朝日百科『日本の国宝』六六、教王護国寺(東寺)二、一九九八年、『東寺と「東宝記」』東寺宝物館、一九九六年所収)など参照。

(50)正和三年(一三一四)の「宀一山図」(『大和古寺大観』第六巻、室生寺、岩波書店、一九七六年所収)にも、現状と同様の立地で天神社が描かれている。

(51)承徳元年(一〇九七)鎮座とされる。『醍醐寺大観』第一巻(岩波書店、二〇〇二年)参照。

(52)『日本高僧伝要文抄』巻三所引「延暦僧録」沙門釈浄三菩薩伝に「大神寺」と見える。

(53)「三輪山絵図」(『大神神社史料』第二巻、一九七四年所収)も参照。この絵図では大御輪寺は「若宮」とあり。

(54)『御堂関白記』寛弘四年(一〇〇七)八月四日条。

(55)反例としては、神護寺が挙げられる。承平元年(九三一)「神護寺実録帳写」(『平安遺文』第一巻二三七号文書)には「大門鳥居」、鎮守社の「平岡神宮」が見える。そして寛喜二年(一二三〇)の「山城国神護寺領高雄山絵図」(『日本荘園絵図聚影』二、近畿一、東京大学出版会所収)では、神護寺と京都を結ぶ、現、周山街道の御経坂峠上には「大門鳥居」が、峠を京都側に下りた麓の現社地には「平岡八幡宮」が描かれている。八幡神ときわめて密接な関係を持って創建された神護寺において、鎮守の平岡八幡宮が神護寺から離れて存在している点は注目に値しよう。

(56)土帳の全体写真は『日本荘園絵図聚影』三、近畿二(前掲註31)参照。

(57)鳥居想定地点には、「一条大路」の文字がある。写真ではその「一」の字の上にもう一本線があり、これが鳥居を示しているようにも見える。しかし、「一」字には虫喰いがあり、虫喰いによってそのように見えているだけかもしれない。

(58)〔 〕内の釈読は永島「平城京址と荘園」(前掲註15)も参照。平清盛が見えることについては、平重衡による南都焼き討ちの際に、法華寺の鳥居が登場したことが留意される。

(59)所有者のお話によれば、以前はもっと多くの石造物が存在したのだが、大部分は不退寺に納めたとのことである。なお大きさ等より見て、現存石造物は土帳の「石塔」そのものではあるまい。また、木が枯死する以前の昭和二十年代の写真が、『入江泰吉　古都の暮らし・人』（奈良市写真美術館、二〇〇五年）の№67に掲載されている。

(60) 現在当該場所には菰川が流れており、「大和国佐保新免田土帳」も同様に表現する。第一節第2項で掲出した、仁平元年藤原頼長春日詣史料の、鳥居の所に「流水」があるという記述とも矛盾しない。

(61) 近世には、上古の奈良坂とは油坂のことだと理解されており、ウワナベ越えは忘れられている。『奈良坊目拙解』巻一〇油坂町・巻一三奈良坂町、『大和廻（和州巡覧記）』奈良坂の項参照。

(62) 永島福太郎『奈良』（吉川弘文館、一九六三年）、永島「東大寺七郷」（『南都佛教』第四号、一九五七年）、安田次郎『中世の奈良』（吉川弘文館、一九九八年）。また佐藤亜聖「中世都市奈良の成立と変容」（吉井敏幸・百瀬正恒編『中世の都市と寺院』高志書院、二〇〇五年）、佐藤「中世都市奈良研究の現状」（『元興寺文化財研究所研究報告』二〇〇四、二〇〇五年）など参照。

(63) 中世奈良の郷は、永島『奈良』（前掲註62）、『奈良県の地名』奈良市奈良町（五〇三頁、平凡社、一九八一年）参照。また一乗院郷は本稿第一節第4項所引「佐保田庄引付」も参照。

(64) この点は永島「南都奈良の交通路」（前掲註1）でも簡潔な指摘がある。

(65) 法華寺の地域的まとまりも、このころに形成されるのだろうか。『中右記』承徳元年（一〇九七）三月二十日条には、「行幸道作大和国所課、法花寺人夫、依レ為二大僧都領一不二承引一」と見える。

(66) 川端新「平安後期における大和国司」（同『荘園制成立史の研究』思文閣出版、二〇〇〇年）、大山喬平「近衛家と南都一乗院」（岸俊男教授退官記念会編『日本政治社会史研究』下、塙書房、一九八五年）。

(67) 安田次郎『中世の興福寺と大和』（山川出版社、二〇〇一年）など参照。

(68) 川端新『荘園制成立史の研究』（前掲註66）など参照。

(69) 『続日本紀』天応元年（七八一）六月辛亥条、『日本高僧伝要文抄』巻三、石上宅嗣の項参照。

(70) 『校刊美術史料』寺院篇上巻（前掲註31）所収。

(71) 水木「石上宅嗣宅趾」（前掲註15）。その他、註15の諸論文等参照。

(72) 東大寺未成巻文書第一部二五、一〇八号紙背（『平安遺文』第七巻、三六五七号文書）。『平安遺文』では「阿

閼寺」を「既同寺」と読んでいる。また現在、小字愛正寺の東側には佐保川からの取水口が存在し、その用水路が愛正寺の北端に沿って西に流れ、菰川にそそいでいる。史料に見える「井料」の用水路である可能性も考えられよう。以上の釈読・用水路については吉川真司氏のご教示を得た。

(73) 『神道大系』神社編春日等参照。

(74) また『新抄格勅符抄』神封部には、天平神護元年(七六五)に春日神に封戸を寄せたことが見える。

(75) 宮地直一「春日神社の成立」(同『神祇史の研究』一九二四年)、福山敏男「春日神社の創立と社殿配置」(同『日本建築史の研究』綜芸舎、一九八〇年、初版一九四三年)など。

(76) 吉川真司「東大寺山堺四至図」(金田章裕他編『日本古代荘園図』東京大学出版会、一九九六年)、大宮守友「奈良時代の氷室と氷池と氷室社」(『氷室』第一号、一九九八年)。

(77) 福山「春日神社の創立と社殿配置」(前掲註75)。

(78) 永島福太郎「春日社興福寺の一体化」(『日本歴史』第一二五号、一九五八年)。

(79) 『永昌記』嘉承元年(一一〇六)十二月十七日条では、「馬場殿」が「鹿薗寺」付近に存在したことを記す。その位置が春日御塔付近であることは、永島「春日社興福寺の一体化」(前掲註78)、足立康「春日西塔と興福寺塔との関係」(『考古学雑誌』第二二巻三・四・六号、一九三七年)が指摘している。なお春日社一の鳥居の確実な初見は、「造興福寺記」永承二年(一〇四七)二月二十七日条だろう。黒田昇義『春日大社建築史論』(綜芸舎、一九七八年)参照。

(80) ただし、宇佐八幡宮の参道はそこからL字形に曲がり、弥勒寺の東側に沿って北に延びていく。「豊前国宇佐宮境内絵図」(『日本荘園絵図聚影』五下、西日本二・補遺、東京大学出版会所収)、『宇佐宮弥勒寺旧境内発掘調査報告書』(大分県立宇佐風土記の丘歴史民俗資料館報告書第七集、一九八九年)など参照。

(81) 「宇佐八幡宮弥勒寺建立縁起」(『大日本古文書』石清水文書之二、四〇三号文書、東京大学出版会)。

平安期の大和国司

小原嘉記

はじめに

天暦三年（九四九）初頭、近江国は朝廷に対して次のような申請を行った（『別聚符宣抄』）。

近江国司解　申請　官裁事
　請被因准諸国例、補任検非違使四員状
右此国、境接五畿、駅承三道、奸猾之輩往還不絶、盗賊之類遍満境内、爰頃年所被補任検非違使三人、其員尤少、因之追捕検察、少人勤行、加以上下国司遥授数多、任用之吏従事者少、爰雑務繁多、無人差使、望請官裁、因准大和・播磨・讃岐等国例、被置四員検非違使、令勤職掌、仍録事状謹請官裁、謹解、
　天暦三年正月廿一日　正六位上行大目□
従四位上行右近権中将兼権守源朝臣　従五位下行内蔵権助兼□
従四位上行守藤原朝臣　正六位上行大掾海犬養宿禰□
右近衛少将正五位下兼行権介藤原朝臣　従五位上行陰陽頭兼少掾文宿禰□

従五位上行左近権少将兼介藤原朝臣
正六位上行左衛門権大尉兼少掾（ママ）藤原朝臣
正六位上行左近将監兼権少掾
正六位上行権少掾賀茂朝臣忠行
正六位上行権大目石水連利常
正六位上行権大目犬上朝臣
正六位上行少目小槻宿禰
正六位上行少目物部宿禰
正六位上行少目安倍朝臣

一見してその位署の異常な多さには圧倒されるが、この近江国司解の内容は、国内の治安維持のために国検非違使定員を三名から四名に加増してほしいというものである。国司人員の多さにもかかわらずこうした申請がなされた背景には、近江国では遥授国司が多く、国務に従事できる任用国司が少ないという、当該期の国司制度の実態に関わる問題があった。同様のことは国検非違使四員の例としてみえる播磨国・讃岐国にも言えよう。近江・播磨・讃岐といえば参議兼国の対象となるような一級の格付けをもつ国々であり、国司制度のあり方にも共通する面が多いと考えられるからである。

ところで、そうしたなかにあって、大和国が一級の国々と並んで国検非違使四員の国としてみえる点には注意がひかれる。この大和国検非違使の定員の多さを、国内の治安状況の悪化とそれに伴う警察業務の強化という点のみに求めるならば、おそらくそれは不正確だろう。盗賊・強盗等の横行は大和・近江に限られる問題であったわけでなく、他の畿内諸国や丹波国等の近国にも共通していたはずだからである。十世紀半ばごろに、京周辺地域のなかで大和・近江のみが国検非違使四員の国であったことの特殊性を看取する必要がある。

この点については承平八年（九三八）に伴有仁が、「当年内給一分之代」で大和国権検非違使に任じられていることが示唆的である[1]。これは内給に関わる大和国検非違使の補任例であるが、九世紀末にはすでに諸国博士・医師・弩師・検非違使等は年給一分官の対象にあがっており[2]、年給の盛行が「年来所任不必其人」[3]ことの増加を招く一因にもなっていた。つまり、能力・技能に欠ける人物の国検非違使等への任官も往々にして行われており、定員の加増がその業務の強化に直結するとは、必ずしも言えないのである。もちろん当該期の治安状況が不安定であったのは事実であるが、掾・目・品官等の下級国司の補任に対する年給の比重の増加や、近江国司解のような肥大化した国司人員の様相からすると、国検非違使の加増問題も、平安中期の国司制度のあり方と連関する事柄であったとみることができると思う。

翻って平安期の大和国の格付けを考えるに、土田直鎮氏の研究[4]では五段階評価（甲〜戊）の丙ではあるが、十世紀に限っていうと参議兼国の事例も散見し、近江・播磨・讃岐といった国々と比べて大きく見劣りするわけではない。大和が検非違使四員の国としてみえることも故無しとはしないのである。ただ従来の国司制度に関する議論は、九世紀末の国司の受領化といった点に重心が置かれ、十世紀以降をも見通した令制的な国司制度の推移については、分析に不十分さを残している[5]。近江国司の異様な多さや一分官の加増の問題についても、下級国司に関する基礎的な部分での検討がなおも必要である。そこで本稿では大和国司の個別事例を検討することで、主に九〜十世紀における国司制度の推移を跡付け、その内実を探ることにしたい。大和国は他の諸国と比べても史料的に恵まれており、また時期によって国の格付けに変化がみられるなど、如上の課題を考察するには恰好の素材になると思う。

一　九世紀の大和守

貞観四年（八六二）清和天皇の詔書をうけて「時政之是非」を論じた公卿等は、当時、能吏として名を馳せた南淵年名・紀今守・豊前王・藤原冬緒・弘宗王の五人から意見を聴取すべきことを奏上した(6)。この五人のうちとくに後四者は国司の経験が豊かで、かつ見任の地方官であった。しかも彼ら良吏のうち紀今守・豊前王・弘宗王の三人が、この前後の時期に大和守であったことが知られる。これは九世紀の大和国司の特質を考えるうえでも注目すべき事柄である。そこでこの点に注意しながら、平安前期の大和国司の特質をみていくことにしたい（以下の大和守の番号は**表1**を参照）。

先の良吏三人のうち最初に大和守になったのは、仁寿三年（八五三）に任官した⑮豊前王である。彼と大和国との接点は、承和十三年（八四六）に彼が大和国班田使次官になった時まで遡る（『続後紀』同年十二月乙亥条）。ただし承和の班田は「畿内承和十一年校田不班(7)」ものだったので、この点をあまり強調すべきではないかもしれない。しかしその任命は班田事務に対する彼の力量への期待であったはずだし(8)、承和の畿内校田使次官が各国守であったことからすると、その任官の意義を全く無視してしまうこともできないと思う。事実、大和国校班田使次官であった⑭丹墀門成も大和守になっ

表1　九世紀の大和守

位・姓名	年	任　日	兼官・備考
①従四位上藤原縄主	延暦20（801）	正/―任*	参議・春宮大夫・近衛中将・式部大輔
②従四位下藤原仲成	25（806）	正/28任	2/16に兵部大輔に遷任
③従五位下藤原永貞	大同元（806）	7/15見	
④従四位下藤原継業	3（808）	11/27任	侍従・左京大夫
⑤従四位下坂田奈氏麻呂	5（810）	9/10任	
⑥　紀末成	弘仁12（821）	7/―任*	
⑦従五位上長田王	承和元（834）	正/12任	
⑧従四位上滋野貞主	6（839）	正/11任	弾正大弼
⑨従四位下正躬王	8（841）	正/13任	参議・左大弁
⑩従四位上紀長江	10（843）	正/12任	
⑪従四位下藤原長岡	10（843）	7/―任	
⑫正五位下岑成王	10（843）	春任	
⑬従五位下清瀧河根	嘉祥2（849）	7/1任	権守から転正
⑭従五位上丹墀門成	3（850）	5/17任	
⑮正五位下豊前王	仁寿3（853）	4/10任	後に左京権大夫を兼任
⑯従五位上安倍貞行	斉衡4（857）	正/14任	
⑰正五位下藤原氏雄	天安2（858）	2/28任	
⑱正五位下在原善淵	貞観元（859）	12/21任	
⑲正五位下弘宗王	2（860）	8/26任	
⑳従四位上紀今守	5（863）	2/10任	左京大夫・山城守
㉑従四位下弘宗王	5（863）	8/16任	
㉒正四位下紀今守	6（864）	正/16任	左京大夫・山城守
㉓従四位下清原秋雄	8（866）	任	
㉔従四位下藤原本雄	10（868）	正/16任	権守から転正
㉕従四位上忠貞王	13（871）	正/29任*	
㉖従四位上在原善淵	14（872）	任	
㉗正五位下源穎	元慶元（877）	11/21見	
㉘正四位下忠貞王	2（878）	8/14任	
㉙従四位下坂上瀧守	4（880）	任	
㉚従五位上安倍房上	6（882）	正/7見	
㉛従五位下橘興門	仁和3（887）	3/8任	
㉜従五位上藤原継蔭	寛平3（891）	正/―任*	
㉝従五位上源精	7（895）	正/11任*	

宮崎康充編『国司補任』を用いた。
任日は国史による（見は見任、*は国史以外が出典）。

た。畿内班田は結局遂行できなかったが、その実務に関与した官人が、後に大和等の畿内国司に積極的に登用された様子を窺うことも可能だと思う。

⑲㉑弘宗王は貞観四年には見任の大和守であった。彼は「頗有治名、多宰州県」する名吏である一方、讃岐権守時代には百姓の訴えから、詔使によって禁固に処せられた経験をもち、また晩年の越前守の時代にも「増出挙之数、欲私其息利」として百姓に訴えられた（『文実』天安元年正月乙卯条、『三実』貞観四年十二月二十七日条・同十三年十月二十三日条）。彼は租税の徴収等に厳しい態度で臨み、時として「法網に罹る」行為にも及んだために、百姓等との間に大きな摩擦を生むことになったのだろう。名吏とは相容れないような波瀾含みの経歴であるが、逆にそこに彼の厳しい行政官としての属性が示されていよう。

その弘宗王にかわって任官したのが⑳㉒紀今守である。彼は左京大夫・山城守も兼帯しており、朝廷の彼への期待の大きさが知られる。彼は任官後、早速に貞観四年新制の施策について国守の立場から進言した（『三実』貞観六年正月二十八日条）。この新制は、畿内諸国の正税出挙を停止して租を増徴するかわりに、雑徭を軽減して畿内地域の疲弊を救おうとしたものであるが、当初の意図通りに田租の増収が見込めないなどの問題に直面していた。今守はその政策的破綻状況に鑑みて、旧法に復すべきことを申請したのである。佐藤宗諄氏はこの新制の否定者である今守が、その立案にも参画していた可能性が高いことを指摘している(9)。そうだとすると良吏の行政施策とは、国務上の課題を克服するために斬新なアイデアを捻出する積極的な指向性がある反面、その現実社会への適用面では、試行錯誤の域を出ないような不安定性を多分に有するものであったと評することができる。

以上、大和守の官歴をもつ良吏三人を簡単にみた。老練な実務官人、厳しい行政官、民政に気を配る献策家といったように、官人としてのタイプ・資質は個々に異なっている。が、貞観期ごろに彼ら三人が同じく大和守に登用されているのは決して偶然なのではない。そこには貞観四年新制が述べるような、律令政府の膝下たる畿内諸国の疲弊という深刻な状況に対する朝廷の意図があったと考えられる。承和五年は「大和国飢」など、全国的にも飢饉状況にあり、翌年にはとくに畿内国司に蕎麦の播種を督励させるなど、朝廷は勧農に努めている（『続後紀』承和五年七月丙寅条・同六年七月庚子条・同七年二月癸酉条）。また元慶年間（八七七～八八五）の初めごろにも畿内地域は大規模な飢饉に見舞われ、大和国は山城国から正税を受けねばならなかった（『三実』元慶元年正月二十七日条・同二年正月二十七日条・五月七日条・同三年三月二日条）。そしてこのような社会状況から京・畿内地域では盗賊・放火・殺人が多発し、治安は悪化していた（『続後紀』承和五年二月丁酉条・嘉祥三年正月乙巳条、『三実』貞観九年二月十三日条）。九世紀を通じて畿内諸国をめぐる社会状況には、かなり厳しいものがあった。

当然こうした事態は貞観期ごろの良吏のみが背負い込めるような問題ではないし、朝廷もこれまで無策のままであったわけではなかろう。そうした観点から**表1**の大和守になった官人をみると、朝廷の方針はかなり明確に看取できるように思われる。

⑧滋野貞主は、大和守離任後になるが「便宜十四事」や大宰府官人の腐敗を指弾するなど（『文実』仁寿二年二月乙巳条）、政治制度に関する建言を行っており、承和の班田では大和国校班田使長官にも任命された。大和守としての行政経験から、校班田の統括者に相応しいと目されたのだろう。⑭丹墀門成・⑮豊前王が校班田使次官であったことは既述したが、承和の班田への参画者と大和守に、ある

程度の連関が見出せよう。因みに班田への関わりという点では、⑨正躬王が山城国班田使長官、⑪藤原長岡が同国守=校田使次官（ただし未赴任）、⑫岑成王が河内・和泉国班田使次官という経歴を有している。

⑥紀末成は出雲・常陸・大和・越前等の国守を歴任し、その治国は幹済をもって聞こえた（『類聚国史』巻六六）。⑫岑成王は「立性清直、不拘小節、初為大和守、盛造官舎、政有能名、至于為大弐、西府倉屋破壊特甚、有意修造」とあり、官舎等の興復に努めた（『三実』貞観三年二月二十九日条）。この他に大和守としての治績が具体的にわかる人物はいないが、官人としての能力を窺うことはできる。⑨正躬王は丹波守として「以清簡見称、部内粛然、民不敢欺焉」とあり、大弐の時は僚属の選定にも意を尽くした（『三実』貞観五年五月朔日条・仁和三年六月八日条）。⑪藤原長岡は「十年《（承和）》春亦任山城守、称病不出焉、秋七月任大和守、固辞不免、白頭莅職」とあるように、朝廷は押して彼を赴任させた（『続後紀』嘉祥二年二月辛卯条）。⑭丹墀門成は「施政自如、無所廻避、境内夷晏、民皆戴之」いた（『文実』仁寿三年三月壬子条）。⑯阿倍貞行は上野介在任中に四四七町の田を開発し、陸奥守の時には国内統治に関する起請を提出している（『三実』貞観八年四月二十七日条・同十五年十二月二十三日条）。㉕㉘忠貞王は「幼而就学、粗読五経、以吏幹見称云々、出為外吏、累歴数国、威恵兼帯、民不敢欺」といわれている（『公卿補任』元慶三年条頭書）。彼らもいわゆる良吏と呼ぶに相応しい官人達である。彼らの補任には当然、その手腕によって大和国を復興させる意図があったとみるべきだろう。

また大和守に就いた官人のなかには、次のような性質もみられる。⑪藤原長岡は武芸に長け、国司としての治世は清幹をもって称された（『続後紀』嘉祥二年二月辛卯条）。⑬清瀧河根は嵯峨上皇の死に際しては諸衛を率いて兵庫を警護し、文室宮田麻呂の謀叛事件では、宮田麻呂の京・難波宅に赴き「反具」を捜索している（『続後紀』承和九年七月丁未条・同十年十二月丙子条）。⑭丹墀門成は学才はなかったが、丹波介時代には「施以猛政、笞罰為先、庁事之前、箠楚如積、数年部内大理」とみえ、武蔵守在任中には「所部曠遠、盗賊充阡、……未幾風俗粛清、奸猾斂手」とある（『文実』仁寿三年三月壬子条）。㉓清原秋雄は大和守任官後に俄にして右兵衛督に遷ってはいるが、「能射芸、好引強弓」という人物で、晩年には大和権守にもなった（『三実』貞観十六年四月二十四日条）。㉙坂上瀧守も「幼好武芸、便習弓馬、尤善歩射、坂上氏之先、世伝将種、瀧守幹略、不墜家風」といわれた武人である（『三実』元慶五年十一月九日条）。畿内諸国では盗賊等の犯罪が頻発していたが、そうした状況への有効な対策として、武威に優れた人物を大和守に登用する場合が多くみられたわけである。

以上にみてきた通り、九世紀の大和守には地方行政に長じた良吏や部内を粛清するに足る人物が意図的に配されていた。これは朝廷が畿内諸国をめぐる逼迫した状況を直視して、それに対処していたことを示すものである。そのことは山城・河内・摂津の国司になった人物のなかにも、大和国司として所見する人物がそれなりにみえること、つまり、畿内国司の人選に重複がみられることからも首肯されよう。九世紀における朝廷の畿内諸国への眼差しには、やはり特別なものがあった[10]。大和守の人事には、畿内地域に対する朝廷の態度がとくに顕著に表れているように思う。

しかしこうした特質は、十世紀の大和守には見出し難い。たとえば延長六年（九二八）に大和守になった伴保平や、承平六年（九三六）に任官した藤原元名は受領としての官歴が多いが、殊更に良吏の風評があるわけではない。彼らは地方官としての官歴を重ねて晩年に参議に達したが、これは『枕草子』(位こそ猶めでたき物はあれ)の「あまた国に行き、大弐や四位・三位などになりぬれば」に典型的なように、諸大夫層が受領として活動し、高齢になってようやく非参議程度に到達するといった摂関期のあり方に近い。国司官長の権限の強化はすでに九世紀前期の良吏にその萌芽があるが、財政的な見地から進められた九世紀末の国司の受領化は、むしろ平安前期の良吏のあり方を払拭する方向に作用した(11)。九世紀の良吏群と十世紀以降の受領層の間には性格面での断絶がある。平安前期の大和守の特質は、九世紀末に一つの区切りを迎えたといえよう。

二　大和権守と参議兼国

表2は十一世紀初頭までの大和権守の一覧である。一見してわかるように、延長七年(九二九)の藤原伊衡以降、参議・近衛中将・弁官等が同官を兼任している(12)。一般に参議兼国は公廨の配分が多く見込めるような豊かな国が対象であったと考えられており、実際に鎌倉初期成立の故実書『官職秘抄』には、熟国である近江国や縁海近国がみえている。そうすると如上の大和権守のあり方から、十世紀には大和国の国力は回復し、参議が兼国を望むような、豊かな国になっていたとの理解を導くことも可能かもしれない。

しかし良吏群によっても如何ともしがたかった大和国の状況が、十世紀になって俄に好転したとは考え難いし、一般に十世紀には、諸国正税が減省などによって無実化の一途をたどっていく趨勢からすると、延長期以降に大和国の正税・公廨稲等の令制的な国衙財政の運用が、十分に機能していたと

表2　大和権守の一覧

位・姓名	年	任　日	兼官・備考	出　典
従五位上清瀧河根	嘉祥元（848）	8/26任	翌年に転正	続後紀
従五位上鎌蔵王	仁寿3（853）	正/16任		文実
従五位下在原安貞	貞観3（861）	正/13任		三実
正五位下藤原春岡	貞観5（863）	2/10任		三実
従五位上良岑長松	貞観7（865）	5/25任		三実
正五位下藤原本雄	貞観9（867）	正/12任	翌年に転正	三実
従四位上在原善淵	貞観10（868）	任		三実
従四位下清原秋雄	貞観12（870）	正/25任		三実
従五位下貞登	貞観15（873）	2/―任		古今目録
従五位上源弼	仁和3（887）	2/2任	宮内大輔	三実
従四位上兼覧王	延喜21（921）	正/30任		中古歌仙
従四位下藤原伊衡	延長7（929）	正/29任	左近衛中将	公卿補任
正四位下橘公頼	承平3（933）	正/13任	参議・右兵衛督	公卿補任
(姓欠) 良宗	承平7（937）	4/―見		大日本史
従四位下源雅信	天慶6（943）	2/27任	右近衛権中将	公卿補任
正四位下伴保平	天暦元（947）	6/6任	参議・大蔵卿	公卿補任
正四位下藤原師氏	天暦5（951）	正/30任	参議・右衛門督	公卿補任
正四位下源正明	天暦9（955）	2/7任	参議・弾正大弼	公卿補任
従四位上橘直幹	応和3（963）	8/1見	式部大輔	類聚符宣抄9
従三位　源忠清	天延2（974）	正/30任	参議	公卿補任
従四位上藤原為輔	2（974）	10/28任	右大弁	公卿補任
従三位　源惟正	貞元3（978）	2/3任	参議・修理大夫	公卿補任
正四位下藤原懐忠	天元3（980）	7/1任	権左中弁	異本公卿補任
従三位　藤原時光	永祚2（990）	正/29任	参議・大蔵卿	公卿補任
従三位　菅原輔正	正暦5（994）	正/―任	式部大輔	異本公卿補任
従四位上藤原行成	長保元（999）	③/29任	蔵人頭・右大弁	公卿補任
従四位上源頼定	長保6（1004）	正/24任	左近衛中将	公卿補任
正四位下藤原説孝	寛弘7（1010）	見	左大弁	弁官補任

宮崎康充編『国司補任』を用いた。

するのは説得力に欠けよう。大和権守と参議兼国の問題を考えるにあたっては、国の富裕を抽象的に論じるよりも、兼国が除目儀においてどのように決められていたのかを、きちんと把握することがまずは必要である。それによって、平安中期以降の参議兼国の特質も明確になると思う。

　除目儀の具体的な所作は、『魚魯愚鈔』に引かれた『綿書』

『宗赤抄』『春玉秘抄』『中山抄』といった除目作法の故実書から、院政期の様相についてはかなり詳細に知ることができる[13]。その執筆所作を摘記すると以下のごとくである。

a　兼国勘文を召す（頭弁が執筆に進める）。
b　兼国勘文を天皇に進める。奏覧の後、返し給わる。
c　（気色を伺い）勘文を読申する（申詞は「参議ノ兼国ノ例、某姓某朝臣」）。
d　欠官寄物をみる（「例国」に欠がないときは関白と相談し、近辺の国に任じる）。
e　大間に任人を書き載せる。その後、大間を手に取り任人を読申する。
f　兼国勘文・欠官寄物の該当箇所に合点・突点を付す。

右の次第から明らかなように、兼国を任じるにあたっては兼国勘文なるものが用意され、用いられていた。それは具体的には次のような文書である。

勘申兼国例事
参議兼国例
正四位下藤原朝臣通季　　歴二年
永久三年四月任
正四位下藤原朝臣信通　　歴二年
永久三年八月任
正四位下藤原朝臣実行　　歴二年
永久三年四月任

A

藤原家政　　歴二年
　康和四年正月任参議　　同五年（二）正月兼近江権守
藤原顕実　　歴二年
　長治三年三月任参議　　嘉承二年正月兼美作権守
藤原俊忠　　歴二年
　嘉承元年十二月任参議　　同二年正月兼伊予権守

B

（以下、近衛将官以下の「兼国例」が続くが、掲出は省略）
　右、年年補任帳所注如件、仍勘申、
　　永久四年正月廿九日　修理左宮城判官主計頭兼大外記助教但馬権守中原朝臣師遠勘申(14)

これは永久四年（一一一六）の県召除目で使われたものの写である。勘申者が大外記中原師遠とあるように、兼国勘文は外記方によって用意された。こうした勘文の様態も参照しながら、もう少し詳細に兼国の補任手続きをみていこう。

a、bは兼国勘文が除目の場に進められ、執筆に下されるまでの手続きである。勘文が天皇から下される形をとるのは、兼国が薄禄の京官への「将潤以俸料、令得代耕」（『続後紀』承和七年五月丁丑条）という特別措置で、君恩としての性格が強いことに因む。勘文に記載された人は全員兼国に預かる仕組みなので(15)、勘文を一覧するという所作は天皇が兼国受給者をチェックする行為を象徴的に示すものといえ、それを執筆に下すことで、天皇の意思として彼らに兼国を与えるべきことが命じられるわけである。兼国は外官＝奏任官の補任なので執筆に勘文を下し、太政官からの奏上で最終的に任官

が決定する。(16)

勘文が実際に用いられるのはcの読申においてである。永久四年勘文でいえば、Aにみえる三人がこの度の除目で兼国を給わるべき参議として読み上げられるのである。ただしその申詞は、「参議ノ兼国ノ例、某姓某朝臣」のように氏姓名のみである。どの国に任じるべきかを諮っているのではなく、兼国すべき人を披露しているに過ぎない。一方、執筆は読申と同時に「例国」を確認しておく。「例国」とは永久四年勘文ではBの国々のことで、外記が勘申した先例を指す。そしてBの「例国」が、Aの人々が兼ねるべき国として取り扱われることになる。事実、永久四年の県召除目では藤原通季は近江権守、藤原信通は美作権守、藤原実行は伊予権守に任じられており、まさに「例国」通りである。dは「例国」が欠官か否かを確認する作業である。「例国」が欠官であれば問題はないが、欠がない場合は関白と相談して然るべき国を選ぶ。以上の所作が終わると、執筆は大間に任人を書き、さらにそれを読み上げる（e）。この場合の読申も、任人はすでに大間に書き込まれているのだから、除目の場において補任の可否を諮るといった意味はなく、決定事項を確認するような性格のものでしかない。そして最後に補任し終わった印として、勘文・欠官寄物の該当部にそれぞれチェックを付ける（f）。

以上から知られるように、補任の具体的な作業（c〜e）は執筆の自専である。それは「勘文に随がって兼国を任じる」（『綿書』）もので、淡々と機械的に進められた。結局、除目儀において、天皇が指示を出したり、他の公卿が意見を述べたり、任人が希望国を申請したりすることはなく、各人の意思が直接その決定に介入できるようなシステムにはなかった。(17) こうした院政期の手続きから考えると、貴族に人気のある国が兼国の対象になっていたとするのはあまり正確とはいえないだろう。土田氏は下野守について、十世紀初頭ごろにはその官職が、公卿に昇る上流貴族の官歴として不相応と認識されるに至ったとするが[18]、貴族の家柄・本官に応じた国という観念が形成されるとの指摘は、参議兼国を考えるうえでも参考になろう。単にその国の豊かさのみが問題なのではなく、本質的には参議が兼ねるに相応しいか否かが問われているのである。外記は参議に相応しい国を先例によって勘申するのであり、それ以外の観点から勘文を作成しているのではない。

　このことは何も院政期に限るものではない。『西宮記』巻二、除目には「諸王権守、王卿已下兼国依外記勘文及臨時恩、已上延喜・延長大間抄所注、」とみえ、兼国と外記勘文の連関は十世紀前半には遡る。参議が大和権守を兼国する十世紀前半には、先述の補任手続きはすでに行われていたのである。豊かで人気があるという理由から、大和国が兼国の対象になったのではない。参議が兼ねるに相応しい国として、十世紀を通じて外記が「例国」にあげていたために、かかる大和権守のあり方がみられるのである。

　大和国の参議兼国は承和八年（八四二）の大和守正躬王まで遡るが[19]、この点で外記が大和国を勘申する謂われは確かにあった。しかし十世紀前半になってから大和国が「例国」にあがるようになることには、一考すべき点があると思う。それについて、参議兼国の制度的推移を大まかに押さえながらみていくことにしよう。

　外記勘文は十世紀前半には確認できたが、史料的な確証はないものの、その淵源は貞観期（八五九～七七）ごろにあるのではないかと考える。その理由は、比較的多くの国に散らばっていた兼国の分布が、このころに近江・播磨・備前・讃岐・伊予等の国に収斂していくこと、そして正官を対象にしていたものが、このころに権官も多くなることである。[20]これは、貞観期に参議・近衛中将等の兼国が特定国に絞られ、その限定化によるポスト減少の措置として、守・権守の二員が用意されたことを意味している。つまり高官に相応しい国が、貞観期に形成されるのである。これが外記勘文による「例国」勘申の成立と連関する（もしくは連関していく）ものであったことは、十分に想定できよう。

大和国の場合、参議・近衛中将等が兼ねたのは権守であり、守ではなかった。貞観期に「例国」として固まった国々が十世紀を通じて守・権守の両方を対象にしていたことと比べると、若干の相違がある。これは大和国が貞観期から遅れて「例国」に入ったためと考えられ、[21]それは越前・備後・周防等とも共通している。以上を大まかにとらえると、外記勘申の基本型は貞観期の「例国」を中心にしたもので、それのみでは不具合が生じる場合にさらに貞観期以前の兼国の先例が調査され、勘文に「例国」として載せられたということになる。その際、守ではなく権守のポストが用いられたが、ともかくも一旦「例国」にあがったことで、外記が再びその国を先例として勘申することは多くなるのである。

ところで、大和国についてはなお注意すべき点がある。貞観期の「例国」は、畿内に近い縁海熟国や近江国が意図的に選定された。ただし、それらが豊かな国だったので「例国」になったととらえるならば、それは一面的な理解である。如上の国々が「例国」になるのは、要は重貨の京進に便宜ある地域だったところに本質がある。実際、そうした地域の国々の稲穀は、平安初期にはすでに中央用途に充用されることが多くなっていたようで、九世紀後半には正税用尽・不動穀減少という事態に陥っていた。[22]決して「例国」になった国々の国衙財政が潤沢であったのではない。むしろ逼迫した財政状況下にあって、さらに高官の遥授国司俸料の恒常的負担を義務付けられるようになったとみるべきである。

貞観期の「例国」選定を以上のようにとらえたうえで、それ以後に「例国」にあがった国をみると、やはり瀬戸内縁海や北陸の熟国である。平安初期の参議兼国の事例には東海・東山道が多くあるにもかかわらず、それらは先例になっていない。重貨の京進に便宜のある近国という貞観期の基準は、一貫しているのである。そしてかかる基準においては、畿内諸国はその対象外であった。九世紀の大和守をみた際に述べたように、畿内諸国に対する朝廷の眼差しには特別なものがあり、「例国」になるような外国とは一線を画していた(23)。九世紀には疲弊が強調されるとはいえ、大和国は当時の農業先進地域の大国で、決してランクの低い国ではない。大和国がしばらく「例国」にあがらなかったのは、畿内の国という特別な位置にあったことが関係しよう。逆にいうと、延長期ごろに大和国が「例国」になったことは、律令体制における畿内の制度的意義が無実化し、畿内諸国と外国が同質化し始めたことを示唆する。十世紀前半に参議・近衛中将等が大和権守を兼ねるようになることは、こうしたことを意味する事象であったと評することもできる。

参議兼国は十一世紀初頭に、そのポストを権守に一元化するなど若干の整理が行われる。そのなかで大和国は「例国」から脱落した。しかしそれは同国が以前よりも貧しくなったからではない。十一世紀を通じて大和国の受領支配は強力に行われている。よって国の富裕という観点だけで平安中期以降の参議兼国をとらえるのは、あまり意味をなさない。十世紀には貴族の家柄に応じた官職昇進ルートが成型化していくが、参議兼国もこれと同様の基調でとらえられる。すなわち経済的な実利に直結するというよりも、[24]上流貴族が兼ねるに相応しい国としての体裁が、理念上で重視されていたといえるのである。

三　大和国司の構成

ここでは下級国司（品官は除く）を中心に、十世紀の大和国司の構成を検討する。

平安中期以降の国司制度については受領論に集中し、任用国司の理解についてはあいまいさを残している。[25]令制的な国司制度の形式が如何に推移したかをとらえたい。

表3は八世紀末～十一世紀初頭までの大和国司の位署である。売券等への国判が六例（ア・イ・ウ・エ・キ・ク）、国符が一例（セ）、国牒が二例（カ・サ）、国解が二例（タ・ト）、官省符への奉行判が五例（オ・ケ・コ・シ・テ）、免除領田申請への国判が四例（ス・ソ・チ・ツ）ある。公式令には文書様式に即した署判規定があるが、必ずしもそれは遵守されておらず、平安前・中期は基本的に国司全員の位署が据えられていたようである。[26]

表3　大和国司の構成

	年・署判の類型	署判の類型	文書の種類	行上	行下（掾）	行下（目）	出典
Ⅰ							
ア	延暦8（七八九）	国判（国印）	売券	**介　高倉殿嗣**	**少掾　平群国人**	大目　土師*	平五号
イ	延暦23（八〇四）	国判（国印）	相博文	守　藤原 介　笠朝臣	**大掾　安部諸根*** 少掾　采女	**大目　大枝弥成** **少目　大伴真長**	平二五号

ウ	大同2（八〇七）	国判（国印）	売券	守 藤原 **介 笠庭麻呂**	大掾 安倍 少掾 石川	**大目 膳大伴梶足** **少目 大伴真長**＊	平二九号
エ	貞観15（八七三）	国判（国印）	売券	守 在原 **介 坂上高道**	**大掾 棟道王** 権少掾 私 **少掾 甘南備弘範**	大目 大中臣＊	平一六六号
Ⅱ							
オ	延喜2（九〇二）	奉行判	太政官符案	守 藤原	権大掾 小野 大掾 菅野 権少掾 文室 権少掾 高田 権少掾 藤原	権少目 布施 権少目 引田	平四五五一号
カ	延長4（九二六）	（国印）	国牒	**守 菅原兼義** 権介 当麻	権大掾 置始 大掾 文 権大掾 南淵	大目 長背＊ 権大目 多	平二二四号
キ	天慶2（九三九）	国判（国印）	禎杲弟子等解	**守 藤原高寛** 権介 源	**権大掾 藤原了明** 少掾 朝明 権少掾 吉野	権大目 錦織 大目 文 少目 丹比 権少目 河内	平二三一号
ク	天慶4（九四一）	国判	資財帳写	**守 高階**	大掾 紀 権大掾 佐伯 少掾 朝明文 権少掾 菅野	権大目 巨勢 少目 丹波 権少目 狛 権少目 大原	平四九〇四号
ケ	応和元（九六一）	奉行判	太政官符	守 高階 介 橘	権大掾 佐伯 大掾 巨勢 権大掾 文 権少掾 藤原 権少掾 中 権少掾 景 権少掾 丹比	（脱落アルカ）	東大寺続要録
コ	応和3（九六三）	奉行判	民部省符	守 藤原 権介 伴	権大掾 大蔵 大掾 追捕使巨勢	大目 佐伯 権大目 忍海	東大寺続要録

				介　藤原	権大掾文 権少掾日置 権少掾丹比	**権少目紀良種** 権少目大中臣 少目　佐伯	
サ	応和3（九六三）		国牒	守　**藤原安親** 権介伴 介　藤原	権大掾大蔵 大掾追捕使巨勢 権大掾文 権少掾日置 権少掾丹比	大目　佐伯 権大目忍海 **権少目紀良種*** 権少目大中臣 少目　佐伯	東大寺続要録
Ⅲ							
シ	永延3（九八九）	奉行判	太政官符案	守　**藤原**			平三三三号
ス	永祚2（九九〇）	国判（倉印）	栄山寺牒	守　**藤原元頼**			平三四一号
セ	永祚2（九九〇）		国符案	守　**藤原**	大掾　五百井		平三四二号
ソ	正暦5（九九四）	国判（倉印）	栄山寺牒	守　**橘師房**			平三五九号
タ	長保元（九九九）		国解	守　**源** 介　橘	権大掾石山 少掾　宗岳 権少掾置始	少目　葛木*	平三八五号
チ	寛弘3（一〇〇六）	国判（倉印）	栄山寺牒 弘福寺牒	守　**源頼親**			平四四三・四号
ツ	寛弘6（一〇〇九）	国判（倉印）	栄山寺牒	守　**藤原**			平四四九号
テ	寛弘7（一〇一〇）	奉行判	太政官符案	守　**藤原** 介　平	大掾　内蔵	少目　葛木	平四五六号
ト	寛弘9（一〇一二）		国解案	権守藤原 守　**藤原輔尹** 介　平 権介当麻	**大掾　内蔵春忠**	少目　葛木*	平四六七号

位階・姓などは省略した。ゴシックは花押・自署を据えたもの。*は日下の位置。出典の平は『平安遺文』。

表3の事例はⅠ～Ⅲ期に区分できる。Ⅰ期（ア～エ）は国司全員の位署があり、署判も官長に限らない。Ⅱ期（オ～サ）は国司全員の位署がみえる点ではⅠ期の延長上にあるが、署判がほぼ受領に限

られる点でⅢ期に近似する。受領国司への責任・権限の集中は九世紀末に制度化するが、それが国司文書に反映したといえる。富田正弘氏はこうしたⅡ期の署判形態を、「十世紀型」とする。Ⅲ期（シ〜ト）は受領の国内支配が強化する十世紀末以降で、国務文書は受領文書と化していく。上中文書（タ・ト）には任用国司の位署を若干残すものの、下達文書を中心に位署形態は受領単署に収斂していく。

以上のことは国司制度の画期として従来からも指摘されており、またⅡ・Ⅲ期の特質は受領に関連して説明されてきた。たとえばⅢ期はいうに及ばず、Ⅱ期についても署判がほぼ受領に限られる実態面から、その位署形式は、Ⅰ期のあり方が形骸化した遺制的・修飾的なものととらえられている。ただし、そうした説明は国司四等官内の権力関係論の域を出るものではない点にも留意すべきで、国司制度全体の推移をみる場合にはなお考えるべき点が存するように思う。そもそも、「十世紀型」の国司位署については個別的な検討は十分に行われていないのであり、拙速に受領論に解消させるべきではない。

そこでまずはⅡ期の観察から始めたい。これらの下級国司を他の史料で確認するのはまず不可能であるが、ケ・コ・サにみえる権大掾大蔵と追捕使大掾巨勢は、幸いにも『西宮記』に所見する。(27) 権大掾大蔵は「応和四年八月造石上社使散位望実卒去之替、以太（大）和権大掾大蔵満世被補了」とみえ、大掾巨勢も応和二年（九六二）末に「大和国司申以大掾巨勢忠明為追捕使左大将令中依請、」とある。前者の造石上社使は国司本来の業務とはいえないが、国司であることがその任命に関係したであろうことは十分に推測できる。また後者の追捕使については、受領は大掾の氏名は当然のこと、彼の手腕をも把握したうえで申請を行ったものと推察される。限られた事例ではあるが、Ⅱ期の下級国司はなおもその実体が窺え(28)、官人としての器量が受領によって関知される位置にあったといえる。下級国司の位置に署判がみえないことを根拠に、それが全く実質を伴わない修飾であったとみたり、国務からの疎外や不赴任化を過度に主張したりすべきではない(29)。

またⅡ期の位署形式がⅠ期の単なる遺制ではないことについては、以下の二点が指摘できる。一つはⅠ期には下級国司の人員が二～四名の少数に収まるのに対し、Ⅱ期はカを除くと七～十名の多数に及ぶことで、もう一つはⅠ期がほぼ正官で占められるのに対し、Ⅱ期は権官が圧倒的多数になる点である。この二つが連関しているのは明らかだが、Ⅰ期とは異なる独自の様相がみられることは、やはり注意しておいてよい(30)。そしてこうしたことは、十世紀半ばにおいても大和国衙が下級国司の補任をきちんと把握していたからこそ窺える事象である点には留意しておきたい。国衙が如何にしてそれを把握したかについてであるが、朝廷が除目ごとに任人を国衙に通達していたような様子は窺えないので(31)、それは任符奉行（着任儀）によってなされたとするのが妥当だろう。つまり、下級国司は赴任したからこそ位署にみえるのである。Ⅱ期の位署形式は、十世紀においても下級国司の赴任の原則は保持されており、実際に赴任が一般的な動向であったことを示すものと考えられる(32)。

以上の点を押さえたうえで、次にⅡ期の特質を考えてみたい。それは一言でいえば国司人員の肥大化である。とくにキ～サ（十世紀前半～中葉）の時期に、それは最も顕著かつ継続的な状態にあった。これらは本稿冒頭の近江国司解と比べても決して引けを取らないが、こうした点は大和国司を考えるうえで重視すべき事柄である。大和権守をみたときに述べたように、十世紀前半以降の大和国は近江等の一級の国と肩を並べるくらいに意識されつつあったが、そのような国の格付けは、下級国司の構成にも反映する事態であったわけである。十世紀の下級国司は年給による補任がかなりの割合を占めていたが、大和国司の官職のブランド化は、その任官希望の増加を招いたと推察される。権官の増加による肥大化した国司のあり方は、こうした動向のなかから生じることになった。

ただし、このことはⅡ期の大和国司がむしろ特殊であることを意味してもいる。他国の国司位署を一瞥すると、十世紀半ばころは四名前後の下級国司が一般的なようで、肥大化傾向をみせてはいない。天暦十年（九五六）出雲国牒[33]には、行上に「従五位下守平朝臣／介闕」、行下に「正六位上行掾滋野朝臣／正六位上行権掾和気朝臣／正六位上行大目高屋連／大目闕／少目闕」とあり、位署欄の半数弱に欠員を明記している。これのみでは確言はできないが、この欠員は一時的というよりも、出雲国司への任官希望者がいないために起こる慢性的なものであった可能性がある。ブランド化した大和国司とは、正反対の事態が想定できるわけである。長徳二年（九九六）大間書（『続群書類従』第十輯下）では、大和・近江・播磨等のランクの高い国では欠官がよく埋まっているが[34]、東海・東山・北陸・西海道等の国々では、数官もしくはほとんどが欠官の状態のままになっている。国によって下級国司の補任比率に偏差が生じるのは、国司官職のブランド化傾向と表裏の関係にある。

Ⅱ期の下級国司を概括すると、特定国では人員が肥大化するが、それ以外ではⅠ期の規模と同様かやや縮小するというように、そのあり方が二極化したといえる。こうした点を公廨等の経済的実利と直結させて考えるならば、それは収益の得られる国か否かという問題に実体化できる。しかし国司人員の肥大化は公廨配分率の低下と表裏であるので、相対的に諸国の利益格差が顕著になるとはいい難い[35]。当該期の下級国司の収益を軽視するわけではないが、経済的な問題はこの段階ではむしろ後景にあり、それよりも参議兼国の「例国」になるような一級の国の国司のポストが下級官人層にもブランド的に認識されたことで、かかる二極化が進んだとみるのが実態に即しているように思う。

そうすると、Ⅱ期からⅢ期への変化は軽視できない。現象的には応和年間（九六一～六四）から二、三十年の間に下級国司の赴任が激減したことになるが、この間に大和国のランクが低下したのでないことは、長徳二年大間書や大和権守の様相から明らかである。つまりこれは大和国司のブランド意識が、下級国司に限っては十世紀後半に一掃されたことを示すもので、優れて下級国司の変化に関わる問題であったといえるのである。具体的には下級国司の官職としての存在意義が、最終的にこの時期に無実化の域に達したことを意味しよう。たとえば九世紀後半には、三局史生や三省史生等を諸国主典に任じる制度ができたが（『延喜太政官式』召使任官条・三省史生条）、十世紀後半には三局史生は内官への直任を望み、三省史生の諸国主典への補任は全く形骸化する[36]。一部の除目慣行による補任を除き、下級官人の官歴からですら下級国司は脱落していく方向に進んだ。

またそれと相即して、除目における下級国司の補任も急速に形骸化していった。以前の除目でも「必ずしも其人ならざる」者は任じられていたが、Ⅱ期はなおも令制的な国司制度の形式が、国衙レベルでも保たれていた。しかし、十世紀後半には補任こそ行われるものの、作名者や貴族僕従の中任など[37]、そもそも赴任があり得ないような者が多くを占めるようになるのである。除目においてはランクの高い国の欠官は、なおも従来の慣行に則るようにして埋められてはいたが、もはやそれはⅡ期の状況とは根本的に相違している。このようにして下級国司の空洞化は急速に進んだ。

Ⅱ期に国司内において受領権力が強化したとする従来の説は妥当である。ただしそれによって国司制度の実質は大きく変化しても、その形式面までもが崩れたわけではない。たとえばⅡ期の位署形態は、国司制度の形式が国衙レベルでも維持されている点でⅠ期と親近性があり、Ⅰ期のあり方が十世紀的に展開したものといえる点で、断絶面よりもむしろ連続性が看取できる。下級国司の位置付けや存在意義はすでに平安前期から徐々に低下してはいたが、結局それは十世紀後半に至り、需要レベル（任官希望）と供給レベル（除目での補任）の両面から急速に空洞化し、官職体系として全く崩壊した(38)。Ⅱ期からⅢ期の変化の背景には、受領の国内支配の強化という動向とともに、その裏で進んだ下級国司の解体の問題も潜在していた。それはすなわち、国司制度を貴族的に運用してきた九世紀後半以来の任用国司制のあり方の、行き詰まりを示している(39)。大和国司の変化に象徴的なように、令制国司の制度的な形式面も、かくして急速な分解を遂げていった。

四　その後の大和国司――むすびにかえて――

平安前期の大和守には良吏と呼ぶべき多くの官人が配されていた。これは、律令政府の膝下である畿内地域の民政安定・部内粛清を意図した措置である。しかし平安中期には、畿内の国という特殊性は稀薄になり外国と同質化していく。そして十世紀前半以降は参議等が大和権守を断続的に兼ねたように、大和国司は一級の国の官職としてブランド化する。それは下級国司の肥大化としても現象した。九世紀末以降に国司内において受領が強化するが、国司の構成は十世紀にも独自の推移を示しており、国衙レベルにおいてその実質は保持されていた。令制国司の制度的な形式は、平安前期から変質しながらも十世紀中葉までは維持されていたといえる。ところが十世紀後半に下級国司の官職が急速に空洞化することで、それは最終的な分解を遂げていった。

十一世紀以降の大和国司についての検討は、受領を中心にすでに行われており[40]、基礎的な事実は明らかにされている。それらと重なるところもあるが、最後に平安末期の大和国司の位置付けをみて、本稿のむすびとしたい。

鎌倉初期成立の『官職秘抄』には、山城・大和守について「非侍職、近代不然」とある。実際に大江以平や中原忠順が外記巡で大和守に任じられているが[41]（『山槐記』応保二年正月二十七日条・承安四年正月二十一日条）、受領巡任の対象は一般に不熟の国である。院政期には大和国は亡弊国となり、侍層の任官が相応しいと意識されるに至ったのである。そして建久七年（一一九六）正月二十三日大和守惟宗仲良申文には次のようにある。

辞当国之守、申任子息於要官者、古今不易例也、近則前司大江公景以男左兵衛尉公澄、申任左衛門尉、菅野知康以男内舎人高信、申任右馬允是也、自余之例不遑勝計、爰仲良去年之春除目、以官史之巡労、雖拝除当国之守、依無循良之術、難廻史途之治、不如罷分憂之号、更令慰一子之歎[42]、

仲良の任官も官史の巡という、典型的なパターンである。ただしこの申文で注意をひくのは、大和守の辞官によって、子息を内官に申任するのが通例だといわれている点である。侍層の受領が大勢となることにまして、大和守の位置付けは著しく低下している。

また、参議等が兼帯していた大和権守は十一世紀初頭にいったん史料から姿を消すが、院政期に再

びみえるようになる。しかし院政期のそれは臨時内給による補任である。[43] そしてこうした年給による権守の補任には、以前では考えられないような平安後期固有の問題が生じていた。それは、「近例六位任権守之時、即被載五位之由、定例也云々」といわれるような事態である。[44] 売官の盛行によって、非「例国」の権守の官職は雑任レベルにまで下降した。[45]「又六位任大和権守、但有例如何」（『玉葉』治承元年十一月十五日条）との九条兼実の言からは、かつての大和権守の面影を窺うことはもはやできない。

それにしても平安期の大和国司の変化はあまりに極端である。しかしその極端さは、かえってその時々の国司制度の特質を鋭敏かつ象徴的に反映しているように思う。大和国司には各時期の国司制度のエッセンスが凝縮してみえる、というと少々大袈裟であろうか。

註

（1）『別聚符宣抄』承平八年正月十四日宣旨。

（2）『寛平御遺誡』には、「諸国権講師・権検非違使等、朕一両許之、不可為例」とある。また『西宮記』巻三、一分召の内給書様も参照。

（3）寛平六年九月十八日太政官符（『類聚三代格』巻五、定秩限事）。

（4）土田直鎮「公卿補任を通じて見た諸国の格付け」（同『奈良平安時代史研究』吉川弘文館、一九九二年。初出は一九七五年）。

（5）総論的な研究としては、吉村茂樹『国司制度崩壊に関する研究』（東京大学出版会、一九五七年）、連帯責任制については、原田重「国司連坐制の変質についての一考察」（『九州史学』一〇号、一九五八年）、中央進納物との関連では、北條秀樹「文書行政より見たる国司受領化」（同『日本古代国家の地方支配』吉川弘文館、二〇〇〇年。初出は一九七五年)、任用国司を論じた泉谷康夫「任用国司について」「受領国司と任用国司」(同『日本中世社会成立史の研究』高科書店、一九九二年。初出はともに一九七四年)などが代表的な研究である。また近年のものに、佐藤泰弘「受領の成立」(吉川真司編『日本の時代史5 平安京』吉川弘文館、二〇〇二年)、寺内浩『受領制の研究』(塙書房、二〇〇四年)がある。なお拙稿「権任国司論」(『続日本紀研究』三五五号、二〇〇五年)では任用国司制の再編という観点から、平安前・中期の国司制度の変容過程を素描した。

(6) 『日本三代実録』貞観四年十二月二十七日条。以下、国史は『続後紀』『文実』『三実』と略記する。

(7) 延喜二年三月十三日太政官符(『類聚三代格』巻一五、校班田事)。

(8) 承和十年(八四三)に大和介に任じられた山田文雄は、除目の前日に「欲遣治国及任要官」して、とくに叙爵に預かった(『続後紀』同年正月庚子・辛丑条)。この人事が校班田をにらんでのものであった可能性も考えられる。

(9) 佐藤宗諄「『前期摂関政治』の史的位置」(同『平安前期政治史序説』東京大学出版会、一九七七年。初出は一九六三年)。

(10) 細かな点は措くとして、元慶官田の設置もそうしたことの延長線上でとらえられる。その意図は京庫の無実化に対して官人制・官司制を維持する点にあるわけで、極端にいえばそれは、京庫を畿内地域に拡大したものだからである。

(11) 受領に財政責任を集中させると同時に、朝廷が公文勘済・解由制度の厳格化を図ったことで、延喜ごろには受領に任じるべき官人がいなくなった(『西宮記』巻二、除目には「延喜九年正月十一日、今年国々多闕、可任之者少数」とある)。それは良吏たらんとすればするほど、解由未得・公文未勘済に陥ってしまうという悪循環に原因がある。こうした点を勘案すると、平安前期の良吏が延喜以降の受領層の直接の母体になったとはいい難いだろう。国司官長の行政官としての性格は、民政上の手腕も期待される良吏のあり方が、九世紀末の国司の受領化を経て、貢納物・課丁数などの維持のみを義務とする矮小化したものへと変質していったととらえられると思う。

(12) 仁和三年(八八七)に宮内大輔源弼が大和権守を兼ねているが、それ以降、兼国の事例はしばらくみられない。また宮内大輔という官職も藤原伊衡以降のものとは相違するので、この事例は十世紀の大和権守と同様にはとらえられない。

(13)『魚魯愚別録』巻第七（『史料拾遺』第七巻、一七九～二〇五頁）。

(14) 吉田早苗校訂『大間成文抄』第五、兼国（吉川弘文館、一九九三年。二五三～二五九頁）。

(15) 県召除目での四所籍・内舎人・文章生・年給等の下級国司への補任と兼国の手続きを比較した場合、勘文が労帳や申文になるという違いはあるが、おおむねa～fの手続きが行われている。しかしcにおいては若干の相違がある。たとえば労帳の場合、執筆は人名を読申した後に労帳を「推し合て御気色を伺う」（さしたる勅答なし）が、兼国にはこうした所作はない。この違いは次のように理解できる。典型的な労帳である文章生歴名を例に述べると、文章生は歴名の上臈三人が諸国掾に補任されるが、歴名には文章生全員が臈の順で記載されていたので、そのなかから補任すべき人物についていちいち確認をとる必要があった。それに対して兼国勘文の場合は全員が補任される形にあるので、そもそも「御気色を伺う」必要はなかったのである。

(16)『江家次第』巻四、除目清書事の召名書様には「太政官謹奏 公卿兼官・兼国用 別紙、白紙、折堺」とあり、それは『西宮記』巻二、除目においても同様である。

(17) 公卿・殿上人の所望は、消息によって内々に天覧に供される。申文を外記方・蔵人方に提出するようなことはない。玉井力「平安時代の除目について」（同『平安時代の貴族と天皇』岩波書店、二〇〇〇年。初出は一九八四年）参照。なお『魚魯愚鈔』巻第七には「兼国自解」なる申文を載せる。わざわざ「自解」と殊更に註記している点に、それが本来的なものではなかったことが示されているように思う。しかも「兼国自解」は諸司長官などで長く兼国から漏れていた人物が、代々の歴任者と同様に兼国を給わり官歴に箔をつけようとして、先例や当時の欠国を申請したものである。人気のある国を奪い合うような形にはなっておらず、兼国勘文の大枠のあり方から外れて機能するものではない。

(18) 土田直鎮「下野国司の二、三の問題」（前掲註4著書収載。初出は一九七一年）、同「公卿補任を通じて見た諸国の格付け」（前掲）。

(19) ただし彼は承和の班田と関わりをもつ。その登用には朝廷の積極的意図を読み込むべきであり、平安中期の参議による大和権守の兼帯と同質にとらえてはならない。

(20) 木内基容子「遥授国司制の成立について」(『日本古代・中世史 研究と資料』三号、一九八八年)がこうした現象面についてまとめている。また拙稿「権任国司論」(前掲)も参照。

(21) 後に「例国」にあがった国は貞観期の「例国」を補完する役割を担ったといえるわけで、守・権守の二員を高官の兼国ポストに充てる必要性はなかった。

(22) 『三実』元慶三年十二月四日条。また渡辺晃宏「平安時代の不動穀」(『史学雑誌』九八編一二号、一九八九年)参照。重貨の京進については寺内浩「京進米と都城」(前掲註5著書収載。初出は一九八九年)。

(23) ただし寛平六年(八九四)に参議藤原有穂が河内権守を兼ねている。しかし河内国がこれ以後「例国」化した事実はない。詳細は不明だが、この事例は例外とみておきたい。

(24) 大和権守藤原行成は「遥授俸料代内米百五十石下符」を仁城に与えている(『権記』長保元年十月十日条)。しかし高官の兼国俸料の支給状況は決して芳しくはなかった(『政事要略』巻二七、永祚二年二月二十二日宣旨・同年二月二十三日宣旨。『春記』長久元年十一月八日・二十八日条)。『西宮記』巻三、位禄事には「兼国輩以其兼国申返、申請他国正税之例、近代間々有之」とみえ、位禄のことではあるがすでに十世紀中葉には、兼国正税からの確保が十全に機能しない状況になりつつあったことが知られる。

(25) 任用国司については、泉谷康夫「任用国司について」「受領国司と任用国司」(前掲)が唯一のまとまった研究である。その論点をまとめると次のようになる。十世紀には任用国司は国務から疎外されて公廨得分に預かるだけの存在と化し、国務に関与しなくなるために解由状も免除され、次第に遥授化して赴任しなくなる(赴任の義務がなくなる)。しかし泉谷氏のこうした理解は必ずしも妥当ではない。解由状の件でいえば、『類聚符宣抄』第八、任符の「免本任放還」宣旨や「不待本任放還賜任符」宣旨に明らかなように、十世紀後半ごろも下級国司は解由を責められる原則であった。解由が免除されるのは遥任国司のみである。そうすると任用国司の遥任・赴任が問題になるが、この点は遥任が留京官符(『類聚符宣抄』第八、任符、延喜二十年六月十九日近江史生丸部安沢解)や別勅で徴召された場合などに許されるもので(『延喜交替式』一二五条)、各人の意思で勝手に選択できるものではなかったという、当然の事実を確認すれば十分であろう。

(26) 富田正弘「平安時代における国司文書について」(京都府立総合資料館『資料館紀要』四号、一九七五年)。以下、富田氏の見解はこれによる。
(27) 尊経閣文庫所蔵『西宮記』巻子本(第一四、裏書)。同所蔵『西宮記』大永本(第四、臨時、諸社遷宮事)。
(28) 下級国司が国務運営に必須の存在であったといいたいのではない。だが彼らも赴任した以上、程度の差はあっても国務に関与したのは当然と考えるべきである。なお本稿では触れていないが、国衙雑色人の存在が軽視できないことはいうまでもない。
(29) セの大掾五百井は署判していないが、正暦二年(九九一)には国使となって相論の現地に差遣されている(正暦二年三月十二日大和国使牒、東南院文書、『平安遺文』三四七号など)。
(30) 平安期を通じて一級の国であった近江国でも、承和三年八月二十四日国判(『大日本古文書　東大寺文書之三』六一八号)のように、I期の構成はきわめて簡素である。
(31) 『朝野群載』(巻二二、諸国雑事上)は、新司である加賀守某が在国の前司御館に送った書状を載せるが、そこには「除目案内、定風聞候歟」とある。除目は風聞等によって外国に伝わったようで、朝廷による一律的な通達システムは見出し難い。
(32) 『別聚符宣抄』天暦七年七月十一日宣旨からも、一分官以上の権任国司の赴任は原則であったことが窺える。また年給による下級国司の補任において、給主は任符返上や任符未発給によって以前の年給による除目を改めていたが、これは任符奉行＝赴任が行われていないところに根拠がある。つまり不赴任は、未給(未補任)に置換可能なのである。以上からも、不赴任が遥任(遥授)を意味するのでないことは明白である。
(33) 天暦十年四月二十一日出雲国牒(『朝野群載』巻第一六、仏事上)。
(34) ただし美作国は欠官が多い。
(35) これは諸国の公廨得分が均一化するというよりも、十世紀を通じてその無実化が進んでいったと理解するほうが事実に近いだろう。
(36) 永延三年五月十七日宣旨(『類聚符宣抄』第七、左右弁官史生可任内官事)。正暦三年二月二十八日散位伴保正問状(『法曹類林』巻二〇〇、公務八)。

(37)『政事要略』(巻六七、糺弾雑事)五六四頁の問答に、「但諸国揚名掾目等、為車馬従之日、依例僕従猶可制哉」とみえる。年給の儀礼化については、時野谷滋『律令封禄制度史の研究』(吉川弘文館、一九七七年)が院政期を中心に論じているが、年給申文の定型化などを考えれば、少なくともその画期は十世紀末以前に遡る。

(38)長和四年十一月十六日播磨国符(『朝野群載』巻第二二、諸国雑事上)には六名の下級国司がみえるが、下級国司が少数になっていく動向自体は否定できないと思う。

(39)拙稿「権任国司論」(前掲)参照。

(40)さしあたり、泉谷康夫「鎌倉時代の興福寺と国司・守護」(前掲註5著書収載。初出は一九八五年)、川端新「平安後期における大和国司」(同『荘園制成立史の研究』思文閣出版、二〇〇〇年)の二つをあげるにとどめる。

(41)玉井力「受領巡任について」(前掲註17著書収載。初出は一九八一年)。

(42)『大間成文抄』第八、譲(五〇一頁)。

(43)元永二年(一一一九)に中原致時、安元二年(一一七六)に藤原利貞が、臨時内給で大和権守に補任されたことが確認できる(『大間成文抄』第一、臨時給、七四頁・八一頁)。

(44)九条家本『春除目抄』第五(図書寮叢刊『九条家本除目抄』下、二七三〜二七四頁)に『玉葉』の関連記事を集めて、「六位任権守事」の項目を設けている。

(45)建久Ⅰ令(建久二年三月二十二日宣旨)十七条では、「可停止都鄙諸人猥号五位・諸国権守・斎宮助事」という条文が立てられ、偽造任符を要人に沽却することが禁じられている。ここで対象になっている権守は臨時内給等で補任されたもので、本来的に任符発給の対象外であったと思われる。この条文の背景には、雑任層が非「例国」の権守の官を一般的に得るようになる社会状況があった。

東大寺華厳会免田と香菜免田

佐藤泰弘

はじめに

東大寺の華厳会は大仏の開眼供養を模したとも言われる大規模な法会である。毎年三月十四日に大仏殿で行われ、高座において講師・読師が華厳経を講説した。法会に参加する色衆は講師・読師（前囀・後囀）をはじめ百八十人に及び、七十石以上になる仏供・僧供や楽人の禄・饗などは封戸によってまかなわれていた[1]。

しかし『東大寺別当次第』には十世紀後半から十二世紀前半にかけて別当・上座などが華厳会を供養したこと（料物の拠出）が記されている[2]。供養の記事は十件あり、そのうち六件が十一世紀中ごろである（**表1**）。このころは東大寺の修造が進められており、法会の財源も不足するようになっていたのではなかろうか[3]。

表1　華厳会を供養した僧

天元三年（九八〇）	大僧都寛朝
長久二年（一〇四一）	大衆
長久三年（一〇四二）	別当深観
長久四年（一〇四三）	所司
天喜元年（一〇五三）	大威儀師信静
康平四年（一〇六一）	上座慶寿
康平六年（一〇六三）	権上座聖好
元永二年（一一一九）	仁和寺禅誉律師
元永三年（一一二〇）	別当僧正寛助
天承元年（一一三一）	別当定海

康平四年（一〇六一）に上座慶寿が華厳会を供養した。その四年後の康平八年（一〇六五）、慶寿は「追物・汁物・酒等の料」に宛てるため「田畠」を施入した[4]。この後しばらく寺僧による華厳会の供養が見えなくなるので、料田の施入が功を奏したのだろう。これが華厳会免田の起源である。

華厳会免田に言及した研究は多々ある[5]。しかし泉谷康夫の専論を除き、多くの論考は同じ場所にあった興福寺進官免の吐田荘を主題としている。華厳会免田の成立については、今少し検討の余地があるように思う。

一　華厳会料田と香菜免田

慶寿の施入した華厳会料田については次の史料がまとまったものである[6]。

A　東大寺三綱幷五師大法師等解　申請　政所裁事

請被下殊蒙二裁定一、任二花厳会料免田弐拾町坪々一、令上レ勤二仕色衆饗一子細愁状

在大和国平群郡字福田庄　…（坪付略）…

内平群郷字土田庄　…（坪付略）…

副進香菜免坪付図帳一巻、年々国検田注文一巻

右、件花厳会之色衆饗者、寺家上座故威儀師慶寿施二入私領字福田・土田庄廿町所当加地子一、所二弁備一也。爰後家所二注進一之私領田中、除二興福寺進官免田一之外、撰二注上件公田弐拾町一、永為二会料免田一、所レ令レ勤二其役一也。仍後家在生之間、専致二其勤一、全無二闕怠一。而今伝二領件免田一之

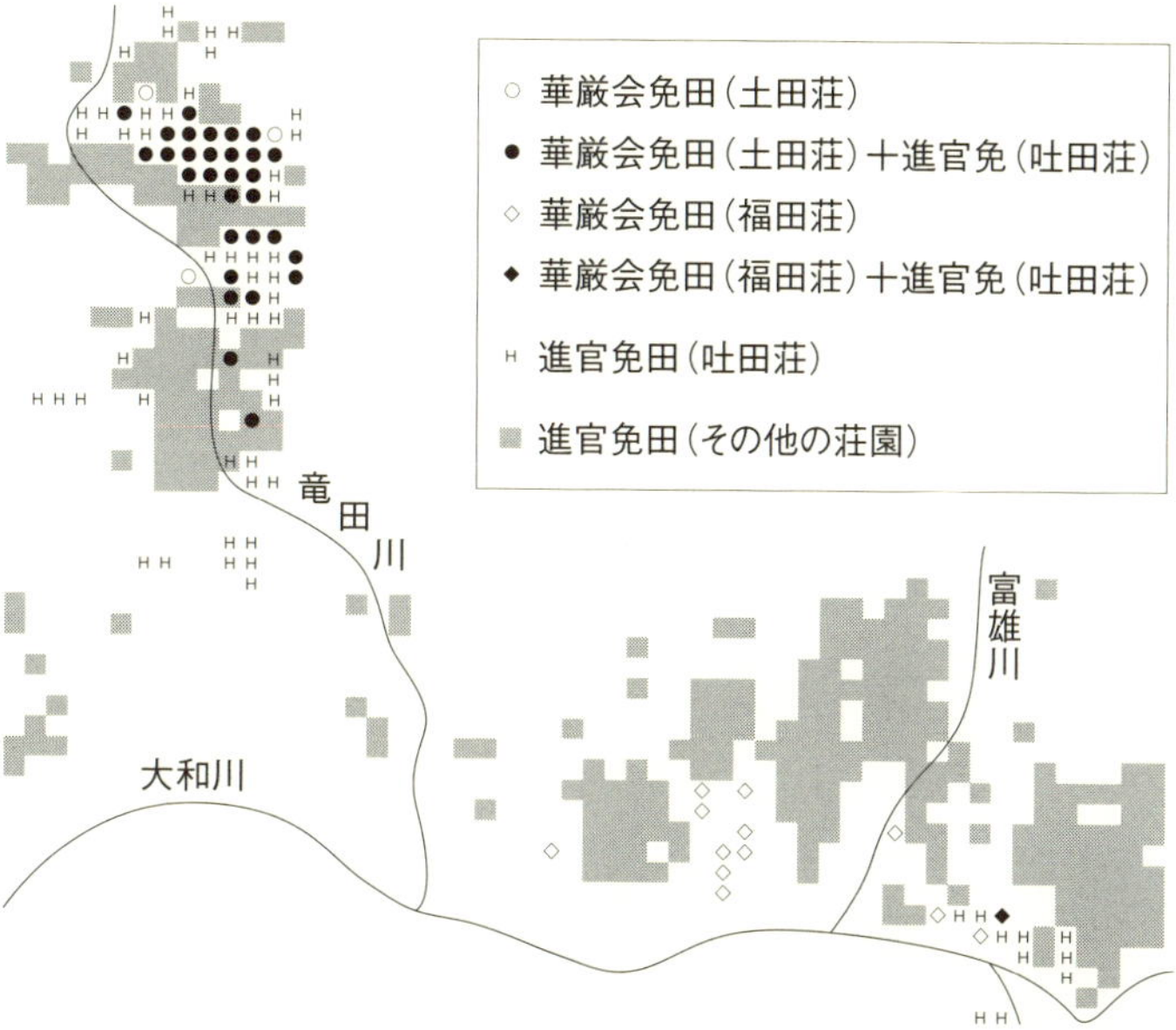

図　平群郡の華厳会免田と進官免田の坪々

人々、多致二対捍一、不レ勤二彼役一。寺家之訴以レ何如レ斯哉。望請　政所裁定早任二件免田坪々一、被レ令レ弁二備会色饗役一者、将レ仰二正理之貴一、仍勒レ状、以解

嘉承二年正月十日（位署略）

これは嘉承二年（一一〇七）に東大寺の三綱・五師が別当勝覚に提出した解状である。慶寿が福田・土田両荘の二十町分の加地子を施入したこと、慶寿の後家が注進した私領田のなかから、興福寺進官免田と重ならないように公田二十町を選んで会料免田としたこと、後家が死去し領主が交替したことによって華厳会色衆饗役が対捍されるようになったことを述べ、免田の坪付により色衆饗役を進納させることを求めている。

福田・土田両荘と吐田荘など近隣の進

官免荘園の分布を図に示した。福田荘は富雄川が大和川に合流する付近にあり、今の斑鳩町の南西部にあたる。土田荘は竜田川に沿う内平群の南部に位置し、今の平群町平群周辺にあたる。土田荘が十二町八段二百四十歩、福田荘が七町一段六十歩、合わせて十九町九段三百歩である。興福寺進官免田は国に勤める雑役が免除された雑役免田であり、延久二年の進官免田坪付帳には、吐田荘として約三十町七段が載せられている(7)。華厳会料の福田・土田両荘と進官免の吐田荘は分布域が同じであり、坪付が重なるところもある。慶寿の所領が内平群から富雄川下流域に広がっており、そこに華厳会料田と進官免田が置かれたのである。

この解状で注目したい点が二つある。第一に、慶寿の施入した「田畠」がそのまま継承されたのではない。慶寿の後家が注進した坪付にもとづき、二十町の「公田」が「会料免田」とされているのである(8)。「公田」を「会料免田」としたのは東大寺であったと考えるのが妥当であろう。

第二に、「香菜免坪付図帳一巻」が副進されていることである。香菜免田は雑役免田とも呼ばれ、国の課す雑役を免除されて大仏供の香菜を勤めた。この「香菜免坪付図帳」は「華厳会料免田」の裏付けとして提出されたのであり、福田・土田両荘の坪付が載せられていたはずである。そして「香菜免坪付図帳」が裏付ける「華厳会料免田」は、「華厳会料の香菜免田」であると考えることができる(9)。

この二つの点を踏まえるならば、慶寿が華厳会料に福田・土田両荘の加地子を施入した後、慶寿後家の注進した坪付により、東大寺は公田二十町を華厳会料の香菜免田にしたという経過を想定できる。では、どのような経緯で華厳会料の福田・土田両荘が香菜免田とされたのだろうか(10)。その時期は、慶寿後家の存命中であるとしても、いつなのであろうか。そもそも由来の異なる華厳会料田と香菜免田は、どのような関係にあるのだろうか。

まず華厳会料の福田・土田両荘が香菜免田であること、つまり「香菜免坪付図帳」に載せられていることを確かめておく。『東大寺要録』には年未詳の雑役免目録が収められている。[11]この目録は「大和国雑役免」と書き出し、総田数を「三百六十五町」と示したのち、雑役免の荘園を郡ごとに列記したものである。ただし目録は完全ではなく、添上郡・添下郡・山辺郡・平群郡そして城下郡と続くが、同郡の途中からを欠いている。そのため目録に見える荘園の田数は二百三十四町ほどで、百三十町ほどが不足する。しかし幸いに平群郡の部分は欠落しておらず、次のように記されている。

B　平群郡福田庄十九町九段三百歩

　　華厳会田也

これは雑役免（香菜免）の福田荘が華厳会料田であることを意味しており、[12]華厳会料の香菜免田という先の解釈に合致する。また十九町九段三百歩という田数は、慶寿が施入した福田荘のものではないが、土田荘十二町八段二百四十歩と福田荘七町一段六十歩の合計に一致している。

史料Bの福田荘が慶寿の福田・土田両荘を合わせたものであることは、次の史料から確認できる。[13]

C　内平群郡

　　華厳会免田十二町福田庄負田

　　領主一乗院領少々并郡内下人等散々領之。

これは久安四年（一一四八）の雑役免顚倒注文の一部であり、内平群郡の華厳会免田十二町（土田荘）が、福田荘の負田として扱われていたことがわかる。史料Bの福田荘も、土田荘を負田として含めているのである。

『東大寺要録』は十二世紀前半に編纂・増補されている。ただし同書にはさまざまな年代の文書が混載されており、雑役免目録が十二世紀のものとは限らない。しかし雑役免目録と嘉承二年解状の田数が一致していること、雑役免目録・嘉承二年解状・雑役免顛倒注文が相互に整合的に解釈できることから、雑役免目録が十二世紀に「生きていた」ものであったと考えてよいだろう。雑役免目録と「香菜免坪付図帳」は同時期のものであり、そこには同じ荘園が載せられていたはずである。したがって福田・土田両荘の坪付は、「香菜免坪付図帳」に福田荘として記載されていたに違いない。

ところで『東大寺要録』には、香菜免荘園に関する文書がもう一つ収められている。それは寛弘七年（一〇一〇）の東大寺牒で、香菜免荘園の初見史料である。この牒で東大寺は、「寺家香菜庄園司等」の防河夫役・臨時雑役の免除を国司に求めている(14)。前年二月に免除の宣旨を得ていたが、国司が防河夫役を賦課したため、改めて牒送したのである。

D　東大寺牒　当国衙

欲㆑被㆑免㆓除寺家香菜庄園司等防河夫役並臨時雑役㆒状

添上郡五所

和邇庄　大宅庄　中庄　櫟北荘　簀川庄

…（中略）…

平群郡三所御香薗

塡田庄　河原庄　池尻庄

…（中略）…

牒、件庄園司等愁状偁、…（中略）…御菜者、昔国内道心之輩、随二力所堪一、吾以備進。其子孫、為二件庄薗司一、供奉年久。経（諸カ）部相分、雖レ有二其数一、公民不レ幾。往代以後、依レ免二臨時雑役一、雖レ無二料物一、所二勤行一也。而今当時国掌不レ免二雑役一、宛如二平民一。況乎又負二課防河夫役一、切勘殊甚者。倩尋二案内一、防河夫役、去年二月被レ下下可二免除一之宣旨上了。倫（綸）旨不レ軽。何有二差宛一乎。就レ中当時国掌、修良之聞普及、分憂之政無レ偏。忝園之愁、何無二判許一。仍牒送如レ件。乞衙察二之状一、早任二宣旨一、停二止夫役一、并被レ免二臨時雑役一。仍注二事状一、以牒。

寛弘七年八月廿二日　（位署略）

牒には添上郡五所、添下郡二所、山辺郡三所、平群郡三所、広瀬郡二所、城下郡二所、十市郡一所と、七郡にわたり十八所の荘園があげられている。平群郡の三所が香御園であり、残りの十五所が御菜料ということになる。牒は「国内道心之輩」が御菜を勤め、その子孫が荘司として雑役を免除されてきたと記す。田村憲美は、この背景に領主が東大寺に所領を寄進して荘司となったことを明らかにした(15)。御香園の由来は記されていないが、この牒により香御園と御菜料を合わせた香菜免の枠組みが成立したのである。

平群郡には填田・河原・池尻の三荘が香御園として載せられている。これは雑役免目録とは全く異なっている。「填田庄」が「埴田《はにだ》庄」の誤写であれば(16)、土田《はんだ》荘の前身と考えられる。しかし両者の継承関係を認めたとしても、平群郡の香菜免荘園は寛弘年間のものが十二世紀まで続くのではなく、その間に変化している。すでに田村憲美は雑役免目録の年代を検討するなかで、「一一世紀半ばに香菜免荘園の編成替えのあったらしいこと」を指摘している。[17] 華厳会料田が香菜免田となった経緯も、この変化のなかで考えるべきであろう。そこで節を改めて香菜免田の再編について検討しよう。

二　香菜免田の再編

十一・十二世紀における香菜免田、つまり雑役免田の変動を見るために**表2**を作った。この表では前節でふれた[18]①寛弘七年東大寺牒と②『東大寺要録』雑役免目録のほか、④大治二年（一一二七）の防河人夫支配状、⑥平治元年（一一五九）の柴垣支配状[19]に見える荘園を対照して示した。さらに③永久四年（一一一六）の相論に見える荘園、[20]⑤久安四年（一一四八）の雑役免顚倒注文も加えた。

まず十二世紀の③④⑤⑥について簡単に説明する。

③永久四年に東大寺は、支配を離れた荘園九所を回復すべく朝廷に訴えた。[21] このころ、東大寺では大仏殿の修造を進めており、[22]雑役免荘園には「大仏毎日御菜」に加えて、「造大仏殿人夫・比曾・縄之役」を課そうとしていた。東大寺は、喜荘・東西吉助荘が多武峯の妨を受け、北田中荘・山村荘・

表2　東大寺雑役免荘園の変遷

	①寛弘七年	②雑役免田目録	段・歩	③永久四年（一一一六）	段・歩	④大治二年（一一二七）	段	段	⑤久安四年（一一四八）	段	⑥平治元年（一一五九）	段
添上	和邇荘	和邇荘	二〇七・〇〇〇								和邇荘	二二七

添上		箕田荘	二八二・一八〇			箕田荘	二七〇	三五〇			箕田荘	二八三
添上		田中荘	一〇三・一八〇			南田中荘	七五	一〇〇			南田中荘	四四
添上		田中荘	一〇五・三〇〇	北田中荘内	四〇・〇〇〇	北田中荘	六〇	七五	北田中荘内	四〇	北田中荘	六六
添上		横田荘	一六九・三〇〇			南横田荘	九〇	一二五	南横田荘	一〇〇	南横田荘	一一〇
添上						北横田荘	六〇	七五	北横田荘	六〇	北横田荘	六〇
添上		白地荘	一二〇・一八〇			白土荘	一九五	二五〇			白土荘	一二三
添上	大宅荘	大宅荘	一一三・〇〇〇			大宅荘	一〇五	一二五			大宅荘	一一三
添上	櫟北荘	櫟北荘	六七・〇〇〇			櫟北荘	六〇	七五			櫟北荘	六一
添上		檜垣荘	九八・一八〇			檜垣荘	一〇五	一二五			檜垣荘	一三九
添上		山村荘	四〇・〇〇〇	山村荘	四〇・〇〇〇				山村荘	四〇		
添上	中荘											
添上	簀川荘											
添下	松本荘	松本荘	一〇〇・二四〇								松本荘	一〇一
添下	椙荘											
山辺		池上荘	一〇五・〇八〇	池上荘	一一五・〇八〇				池上荘	一一五		
山辺		石名荘	四一・二〇〇			石名荘	三〇	一〇〇			石名荘	四一
山辺		今井荘	五〇・〇〇〇			今井荘	四五	五〇			今井荘	五〇
山辺		角荘	一九九・〇〇〇			角荘	一〇五	一二五			角荘	一一一
山辺		兵庫荘	一五〇・一六〇	兵庫荘	一五〇・一六〇	兵庫荘	七五	〇	兵庫荘	一五〇		
山辺	布留荘											
山辺	萱田荘											
山辺	千代荘											
平群		福田荘	一九九・三〇〇						福田荘負田	一二〇	福田荘	一〇〇
平群	填(墶)田荘											

平群	河原荘											
平群	池尻荘											
城下	中西荘	中西荘	八八・二〇〇			中西荘	九〇	一〇〇			中西荘	八九
城下	田中荘											
城上				西吉助荘	一四〇・〇〇〇				西吉助荘	一四〇		
城上				東吉助荘	四〇・〇〇〇				東吉助荘	四〇		
城上									大神荘	二五		
十市						他田荘	九〇	一二五			他田荘	七一
十市						十市荘	七五	一〇〇			十市荘	八六
十市				喜荘	九八・一八〇				喜荘	九八		
十市				西吉助荘	二六八・二〇〇				西吉助荘	二六八		
十市				東吉助荘	一六二・〇九五				東吉助荘	一六三		
十市	千代荘											
広瀬	小林荘											
広瀬	小東荘											
未詳						息長荘	二七〇	三五〇			息長荘	二六五
未詳						美作荘	九〇	一二五			美作荘	一〇〇
未詳						永延荘	二一〇	二七五				
未詳						会喜荘	三〇	一〇〇			会喜荘	六
		（合計）	二三四二・三四〇			（合計）	二一三〇	二七五〇			（合計）	二三四五
						御油	六六〇	六五〇				
						白米	三六〇	三五〇				
						華厳会免	一八〇	二〇〇				

池上荘・兵庫荘が興福寺や同寺僧によって妨げられていると訴えた。なお北田中荘の対捍は、十町のうち四町のみである。朝廷の裁許はなく、九所の回復はできなかった[23]。

④大治二年の支配状は、東大寺が一国平均役として防河役の人夫を賦課するために作ったものである。一町五段につき人夫一人で諸荘に割り当てたが[24]、最終的には二町五段につき一人という賦課率になった。表2には、当初の人数・賦課率により計算した田数（上段）と、最終的なもの（下段）をともに示した。③の荘園は北田中荘・兵庫荘を除いて見えず、その兵庫荘も五人を割り当てられたが抹消されており、北田中荘も相論となった四町を差し引いた田数である。支配状は雑役免荘園を列記した後、灯油免田・白米免田とともに華厳会免田を記している。

E　□□町別定百六□□　□□□□□

雑役免防河人夫支配

[十八、]箕田庄十八人[十四行成等]　白土、[十、]十三人[十]延末等　…（中略）…

[四、]会喜二、　兵庫五、永兼

二百十六丁[「十丁」]、九十二人、二丁五反別一人定、下文了

已上百四十二人

[廿六人]御油四十四人　[十四人]白米廿四、　[八人]花厳会免田十二、

已上八十人

都合二百廿二人歟、

大治二年十一月廿八日　（合点略）

この支配状では華厳会免田が雑役免荘園とは別に扱われ荘号も記されていないことに留意したい。十二人を八人に改めており、田数はそれぞれ十八町・二十町となる。

⑤久安四年の雑役免顚倒注文は、収取できなくなった雑役免荘園を記したものである。③の九所はすべてが載せられており、新たに南北横田荘や大神荘が見えている。注文の末尾には、内平群の華厳会免田十二町も載せられている（史料C）。

⑥平治元年の支配状は、斎宮野宮役（一国平均役）として柴垣を賦課するための台帳であり、「今井庄二尺五寸」のように荘園ごとに負担量が記されている。この支配状は、端裏に「柴垣支配平治元年京行事慶意・是重等」とあるように、東大寺の京行事が作ったものである。(25) ④にあった永延荘・兵庫荘が消え、その一方で④に見えなかった和邇荘・松本荘が現れている。(26) ⑤顚倒注文に見えた荘園の多くは載せられていない。表に示した田数は、町別五寸の賦課率により計算した。福田荘は五尺の柴垣が課されており、田数は十町となる。(27)

さて、**表2**を一見して明らかなように、②③④⑤⑥に見える荘園には共通性がある。②がすべての雑役免荘園、④⑥が東大寺の支配している諸荘、③⑤が支配を離れたものであり、②は④⑥と③⑤を合わせたものである。②は先に述べたように約百三十町分の荘名を欠いている。この欠落部分は、十市郡の他田荘・十市荘・喜荘、十市・城上両郡の東西吉助荘、城上郡の大神荘、および所在地未詳の息長荘・美作荘・永延荘・会喜荘によって埋めることができる。これらを合計すると百四十七町ほどになるからである。(28) このことは、十二世紀を通じて雑役免荘園に入れ替えがないことを示すとともに、②雑役免目録が十二世紀の雑役免荘園の目録であることを裏付けている。

一方、①と②③④⑤⑥とは大きく異なる。共通するのは添上郡和邇荘・大宅荘・櫟北荘、添下郡松本荘、城下郡中西荘の五つだけである。添上郡の荘園が三所残っているのは、東大寺に近いからであろうか。十一・十二世紀の間に、香菜免荘園は大幅に入れ替わっているのだ。

では香菜免荘園群が再編された時期は、いつなのだろう。

東大寺は仁安四年（一一六九）八月、箕田荘の地主（領主）発志院院主恵印が、興福寺進官免を理由に香菜役を対捍することを藤氏長者に訴えた。そこで香菜免田の由来を、次のように説明している(29)。

F　当庄者当寺建立以降、大仏御仏聖、元代々聖皇以二供御稲一被二分献一。於二御菜一者、以二公田三百六十町一、毎日供奉年尚。仍代代国司免二除所当公事臨時雑役一、為二往古例一之上、去寛弘・万寿被レ下二宣旨一畢。然而依レ為二浮免一、有二旁煩一之日、以二承保三年一定坪被レ下二宣旨一、被二立券一、為二永代之寺領一、于レ今所レ勤二仕所役一也。

また永久四年の相論において東大寺は一通の公験を副進し、香菜免田の来歴を次のように記している(30)。

G　副進公験

一通　康和二年九月七日立券。上件九箇所所載券□也。

一　万寿四年幷承保三年六月十三日及康和二年九月二日、件庄々可レ為二寺領一之由、被レ下二宣旨一既畢。件宣旨度々進官未二返給一。且尋二出彼文書一、且就二官庫符案一、可レ被レ決二真偽一矣。

H　①以二香菜免一、謂雑役□(免)□□免田三百六十町者、元是浮免也。依レ有レ煩、去万□(寿)四年被レ下二　宣旨㆒、停㆒㆑止浮免㆒。②承保三年六月十□□(三)載㆓坪付㆒、被㆑下㆓宣旨㆒已畢。件宣旨為寺家第□□□。而前別当永観之時、康和之比、依㆓如㆑此訴㆒、進官畢、未㆓〇(下)給㆒。若彼文不㆑被㆓尋下㆒〇(者、)如㆑旧今度注㆒㆑載坪付㆒下㆒㆑給宣旨㆒者、為㆓寺家要須㆒□。③於㆓康和二年九月二日宣旨㆒者、相論庄々如㆑本可㆑為㆓寺領㆒之由、所㆑被㆑下㆓宣旨㆒也。件宣□(旨)為㆑経㆓　天覧㆒、去正月之比、就㆓長官左中弁藤原朝臣為隆㆒進官畢、未㆓返給㆒也。④已承保三年立券。就㆓彼案文㆒、以㆓康和二年九月七日㆒重立券。仍所㆓副進㆒也。⑤抑件九个所自㆓往古㆒為㆓寺領㆒無㆓対捍㆒。而前々別当法印経範、依㆓大衆之訴㆒不㆑致㆓寺務執行㆒之間、国司恣宛㆒㆑課種々之切物㆒、因㆑茲田堵等或負㆒㆑渡他名㆒、或以㆓威猛㆒不㆑勤㆒㆑仕寺役㆒者。

その他に、現在残されていないものも含め関連する文書が康治二年（一一四三）の雑役免文書送状(31)に載せられているので、主なものを年代順に記す（合点等略）。

I　①代々国判一巻四十枚自㆓寛弘七年㆒至㆓于延久五年㆒

②臨時雑役免除宣旨一通康和二年九月二日

　同請文案一通　同月日

③坪付幷国判一巻十八枚康和二年九月七日

また長寛二年（一一六四）、覚仁は箕田荘の証文を注進しており(32)、箕田荘の領主発志院との相論を準備するものと思われる。その注進状には次のような文書が見える。

J　①一巻十八枚、定㆓坪付㆒寺牒・国判、康和二年。見㆓彼五町寺領之由㆒。

②一巻廿四枚、代々寺牒・国判、□□至㆓天喜㆒之。見㆓箕田庄往古三十町之由㆒。

以上の史料によると香菜免荘園には、寛弘・万寿四年・承保三年・康和二年に宣旨が下されている。

そこでこの四つの宣旨を手がかりに検討しよう。

まず寛弘の宣旨は『東大寺要録』所載の寛弘七年東大寺牒（史料D）でも言及されている寛弘六年宣旨である。この宣旨・寺牒によって香菜免荘園が成立した。このときは荘司の防河夫役・臨時雑役を免除するという、人別免除であった。『東大寺要録』は寺牒の国判を載せていないが、史料I①により免除の国判を得たことが確認できる。

万寿四年（一〇二七）の宣旨は、史料FとHで免除形態に関する説明が矛盾している。そこでまず、宣旨に関連する荘園に注目したい。この宣旨は永久四年の相論で、荘園九所の公験として言及されている（史料G・H①）。論所となった諸荘は寛弘七年の東大寺牒に見えず、そのすべてもしくは一部が、万寿の宣旨で香菜免荘園に加わったと考えられる。また箕田荘の証文に天喜年間の国判があげられているが、箕田荘も寛弘の寺牒には見えない（史料D・J②）。箕田荘は天喜以前に香菜免荘園となっており、その免除の根拠が万寿の宣旨である可能性が高い。つまり、万寿四年宣旨は寛弘七年牒に見えない諸荘を香菜免荘園としており、そこには十二世紀につながる荘園が含まれているのである。

次に免除形態について検討する。Fによると寛弘・万寿に宣旨が下され、少なくとも万寿の宣旨は浮免を認めるものであった。一方、H①は万寿の宣旨で「浮免を停止」したという。承保三年宣旨（史料H②）との関係を考えるならば、万寿四年宣旨は浮免を認めたものと考えるのが妥当であろう[33]。浮免は免除する田数が必要であることを考えるならば、三百六十町もしくは三百六十五町といわれる香菜免田の田数は、万寿四年に定まったと考えられる。

東大寺は寛弘七年から延久五年（一〇七三）まで、代々の国司から免除の国判を得ている[34]（史料I

①）。しかし、万寿四年以降は内容が異なっていると考えられる。免除形態が人別免除から浮免へと変わっただけではない。入れ替えの規模は不明であるものの、香菜免荘園群そのものが再編されたと考えられる。

承保三年（一〇七六）六月十三日の宣旨は香菜免荘園の坪付を載せて下されたものであり、「承保三年立券」とも呼ばれている（史料G・H②④）。この立券は土地所有認定としての立券ではなく、坪付を定めること、つまり浮免から定免に切り替えたことを表している[35]（史料F）。

康和二年（一一〇〇）九月二日の宣旨は、別当経範が大衆と対立している間に東大寺から離れた荘園を回復するために下されたものである（史料H⑤）。この宣旨をもとに東大寺は九月七日、坪付を載せた牒を大和国に送って国判を得ており（史料I③・J①）、それが「康和二年九月七日立券」である（史料G）。寺牒には永久四年に係争中の九所のほか箕田荘も載せられており（史料J①）、すべての香菜免荘園が改めて立券されたのであろう。この康和の立券は「承保三年立券」の案文により「重立券」したものであり（史料H④）、東大寺は承保三年の坪付帳の案文を牒に載せ国司に送って国判を得たのであろう[36]。

こうして作られた康和二年の坪付帳は、十二世紀を通じ香菜免荘園の証文として用いられた。史料Aの「香菜免坪付図帳」は承保三年坪付帳の案文、もしくは康和二年に重立券された坪付帳であろう。どちらにせよ「香菜免坪付図帳」は、承保三年立券の内容を継承している。そしてそこから坪付を削除したものが『東大寺要録』の雑役免目録であろう[37]。

以上、寛弘・万寿・承保・康和の四つの宣旨について検討した。万寿四年宣旨については推測によることろが多い。しかし承保三年宣旨によって浮免から定免へと変わり、この立券が十二世紀の荘園群を確定したことは明らかである。寛弘年間の荘園群は、万寿四年宣旨を経て、承保三年には全く異なった荘園群へと変貌を遂げた。香菜免荘園群の再編は、万寿・承保と二度あったのだ。

ただし寛弘と万寿、万寿と承保で、どれほどの荘園が入れ替わったのかは未詳である。和邇荘・大宅荘・櫟北荘・松本荘・中西荘は寛弘・万寿・承保と継続した。万寿・承保と引き継がれた荘園は箕田荘があり、喜荘など（最多で九所）も同様であったと推定されるが、万寿の荘園がすべて承保に定免化されたわけではないだろう。万寿のときも承保のときも、すでに香菜免荘園であったものが認定されることもあれば、新しく荘園が寄せられることもあり、別の形で東大寺と関係のあった所領が香菜免荘園になることもあったのではなかろうか。

香菜免荘園が寛弘の人別免除、万寿の浮免を経て、承保の定免に至った理由は何だろうか。免除形態の変化は収取の安定性と相関関係にある。しかし根底にあるのは、領主の動向ではなかろうか。十世紀後半から十一世紀前半は公田領主（私領主）の成立期であり、香菜免荘園の背後には領主の所領寄進がある[38]。香菜免荘園は、成立期の公田領主の所領を荘園化することで形成されたと考えられる。東大寺は、まずは領主を保護すればよいのであり、人別免除はそれに対応している。次いで香菜役の勤仕を整備し領主から計画的に収取するようになると、負担量を免田の田数に換算して領主に割り当てる浮免となる。しかし浮免を定めたときの領主が世代交代し、譲与・売買によって所領が分割されるようになると、浮免による役の奉仕は維持するのが難しくなる。その不安定な状態を解消するため、東大寺は定免とすることで香菜役を下地に結びつけ、香菜役の安定した収取を図ったと考えられる。

また興福寺進官免荘園の動向も考慮すべきであろう。延久の荘園整理に対応して興福寺は進官免荘園の坪付帳を作り、進官免田の下地を確認した。承保三年の定免化は、その動きに東大寺が追従したものではないだろうか。

三　華厳会免田の成立

香菜免田の坪付は承保三年（一〇七六）に定まった。慶寿後家の注進した坪付にもとづいて福田・土田両荘の公田二十町が香菜免田に定められた時期も、承保三年に求めるのが妥当であろう[39]。内平群（土田荘）から富雄川下流域（福田荘）に広がる慶寿の遺領は、興福寺進官免としては吐田荘、東大寺香菜免としては福田荘となったのである。華厳会料の福田・土田両荘のなかに、香菜免田二十町の福田荘が重ねられた。少なくとも承保三年以降、福田・土田両荘は加地子による華厳会役と雑役免田に課された香菜役とを勤めたはずである[40]。

しかし内平群の華厳会料田に関する史料には、香菜役を勤めていないことを示すものがある。たとえば建仁元年（一二〇一）、東大寺は尼真妙との相論において次のように述べている[41]。

K　件料田者、康平年中本願（領）主威儀師慶寿所㆓寄進㆒也。尽㆓未来際㆒、饗膳為㆑令㆑不㆓断絶㆒、免㆖除万雑事㆒、依㆑令㆑弁㆖済段別壱斗㆒、作人悦㆓軽役㆒之故、縦雖㆑有㆓希代之旱水㆒、全所㆑無㆓未済㆒也。

華厳会の料田は雑役を免除されて、段別一斗の饗役を勤めるだけである。香菜役を勤めていなければ華厳会料のための雑役免になる。

天仁三年（一一一〇）の東大寺大衆下文案に見える「内平群花厳会免田」を初見とし（後掲史料L）、事例は少ないものの「華厳会免田」という言葉が用いられている。「華厳会免田」は、大治二年（一一二七）の防河人夫支配状（史料E）や久安四年（一一四八）の雑役免顚倒注文（史料C）に見え、保延三年（一一三七）には福田荘と内平群（土田荘）の料田について、「華厳会床饗免田名々」の注文が作られている[42]。

大治二年の防河人夫支配状は、「雑役免」として箕田荘などを列記した後に「御油・白米・華厳会免田」を載せており（史料E）、香菜役を勤める諸荘と「華厳会免田」を明確に区別している。一方で平治元年の柴垣支配状は、「雑役免」のなかに福田荘つまり華厳会免田を含めている。これは一見すると矛盾している。しかしそれは「雑役免」が広義には臨時雑役の免除を意味し、狭義には香菜免（香菜役のための雑役免）を意味するからであろう。華厳会免田は臨時雑役の免除という意味では雑役免であるが、香菜役の勤仕という点では雑役免ではない。「華厳会免田」は香菜役を勤めない、華厳会役のため雑役免田だ。

承保三年に定められた三百六十五町（もしくは三百六十町）の香菜免田は、一日一町で一年分をまかなうように設けられている。そこに含まれる福田荘は、華厳会料田であるとともに香菜役も勤めていたはずである。ところが「華厳会免田」という言葉を指標にするならば、天仁三年までに香菜役が免除されたことになる。

そこで、嘉承二年（一一〇七）の解状を改めて検討したい（史料A）。解状には「後家在生の間、専らその勤を致し、全く闕怠なし。しかるに今、件の免田を伝領するの人々、多く対捍を致し、彼の役を勤めず」とある。後家が生きている間は華厳会役を勤めていたが、その没後に香菜免田を伝領した人々は華厳会役を怠りがちになった。領主たちは香菜役を勤めるものの、加地子を饗役として納めることを嫌ったのであろう。三綱・五師は「香菜免坪付図帳」を副え、「件の免田坪々に任せ、会色饗役を弁備せしめられん」と求めた。これは滞っている饗役を督促しただけのようにも見える。しかし香菜免田によって饗役を勤めるということは、香菜免田を華厳会料田にすることと読むことができる。そしてこの三年後が「華厳会免田」の初見である。三綱・五師は香菜役を免除することで饗役の円滑な収取を図り、別当勝覚がそれを認め、華厳会免田が成立したと考えてよいだろう(43)。

では香菜役が免除されたことによって、饗役はどのように勤められるようになったのであろうか。「華厳会免田」の初見は次に示す天仁三年(一一一〇)の下文である(44)。

L　東大寺大衆下　内平群花厳会免田々堵等

　可㆔早勤㆓仕色衆饗役式法㆒事

　　饗飯六升　温飯二升　追物捌種　汁弐種

　　於㆓菓子酒㆒者施㆓入加地子㆒庄々所課者

右、件饗役、任㆓衆議之旨㆒、宛㆓町別十前㆒。但於㆓菓子酒二種役㆒者、施㆓入加地子㆒庄々作人等可㆓勤仕㆒。「至㆓于自余饗温飯追物汁等㆒、内平群免田々堵等可㆓勤仕㆒。」依㆓作人成宗等請申㆒、衆議之旨如ㇾ件。作人等宜承知、毎年不ㇾ闕可ㇾ令ㇾ勤㆓件役㆒之状如ㇾ件、勿㆓違失㆒、故下。

　天仁三年三月九日　　　　(位署略)

この下文は式法にもとづく饗膳の賦課率を町別十前と定め、内平群免田の田堵が饗飯等を勤め、福田・土田両荘の作人が菓子・酒を負担することを定めた[45]。香菜役がなくなったために加地子による饗役の勤仕を改めて、雑役免田により饗飯等を勤め、加地子により菓子・酒を納めるように変更したのである。

下文の主眼は内平群の免田の田堵に饗膳を勤めさせることにあり、それは定着する。ただし、田堵が式法の通りに饗膳を準備することは現実的ではないように思う[46]。承安五年（一一七五）の華厳会饗勤否注文によると、段別一前で料米一斗が進納されている[47]。保延三年（一一三七）の華厳会床饗免田名々注文には饗役勤仕が「十七前半」のように記されており、このときすでに料米が進納されていたと考えられる[48]。饗膳の勤仕は早々に料米の進納に切り替えられたのではなかろうか。

加地子による菓子・酒の負担は「庄々所課」とも言われており、荘園に課されたのであろう。しかし加地子による饗役の負担を渋っていた領主が、菓子・酒に応じたのであろうか。また慶寿の後家のあと免田は複数の人々が伝領している（史料A）。保延三年の華厳会床饗免田名々注文は、福田荘・北土田荘・南土田荘・櫟田・国重・武重など、十一の所領を名として載せている。福田荘は分割されていないが、内平群（土田荘）は多数の領主に分有されており、その後も複数の領主の間で集合離散を繰り返す様子を窺い知ることができる[49]。天仁のころの内平群はこれほどまで分裂していなかったかもしれないが、複数の領主（その作人）に菓子・酒を負担させることは難しかったのではなかろうか[50]。一方、福田荘は、以後も一荘として伝領された[51]。天仁三年の「庄々所課」は、福田荘では実現したのかもしれない。しかしながらこの後、福田荘においても内平群においても菓子・酒の進納は確認できない。荘々による菓子・酒の勤仕は早々と廃れたのではなかろうか。

なお天仁三年の下文は福田荘の免田に言及していない。「施入加地子庄々」と「内平群免田」を対比的に記述しているので、福田荘には饗飯の勤仕が命じられなかったとも考えられる。しかし保延三年の華厳会床饗免田名々注文には福田荘が載せられており、天仁三年に内平群とは別に下文が出されていたのではなかろうか(52)。

おわりに

天仁三年の下文は作人等の申請をうけ衆議により決した事柄を、「東大寺大衆」を差出所とした下文で下達していた。この下文は日下に維那二名、奥上に五師・三綱が位署を連ねている。これ以降の史料には、華厳会饗料の収納を年預五師が統括したことや(53)、実務に当たる沙汰人・納所の活動が散見する。雑役免荘園の収取が別当のもとに置かれているのに対し、華厳会免田は別当を離れ大衆のもとにある。別当勝覚が三綱・五師の申請を容れて華厳会料田の香菜役を免除したとき、華厳会免田の収納は別当から大衆へ移されたのであろう。

華厳会免田と香菜免田については、いくらかの新しい知見を加えることができたと思う。残された事柄は今後の課題としたい(54)。

註

(1) 筒井英俊校訂『東大寺要録』(国書刊行会、一九七一年)、五二・一二三・一四二頁。

(2) 堀池春峰「東大寺別当次第」（角田文衞編『新修国分寺の研究　第一巻』吉川弘文館、一九八六年）。
(3) 天喜四年の華厳会は八十口ほどで勤修されており（奈良国立博物館編『東大寺文書の世界』、一九九九年、一一四・一一五頁）、法会の規模が縮小している。
(4) 年未詳二月二十八日慶寿寄進状案（『平安遺文』八九七）。寄進状案は年号を欠損しているが、後の史料によると寄進は康平八年である（延応二年三月二十一日官使中原康重言上状案、『鎌倉遺文』五五四三）。
(5) 泉谷康夫「華厳会免田について」（『歴史学研究』二八四、一九六四年）、村井康彦「雑役免系荘園の特質」（同『古代国家解体過程の研究』岩波書店、一九六五年）、田村憲美「雑役免荘園の構造と在地の動向」（同『日本中世村落形成史の研究』校倉書房、一九九四年。発表は一九八〇年）、安田次郎「雑役免荘園と院家領荘園」（同『中世の興福寺と大和』山川出版社、二〇〇一年。発表は一九九〇年）、田村憲美「平安時代の条里制と寺僧私領」（海老澤衷編『講座水稲文化研究Ⅰ　古代・中世仏教寺院の水田開発と水稲文化』早稲田大学水稲文化研究所、二〇〇五年）。
(6) 嘉承二年正月十日東大寺三綱・五師解案（『平安遺文』一六六九）。
(7) 延久二年九月二十日興福寺雑役免坪付帳（『平安遺文』四六四〇。三六三三頁）。
(8) 加地子（領主得分）の施入であれば料田が公田か免田かは関係ない。そのため、これまでの研究では公田を免田としたことが見落とされてきたように思う。本稿註(39)参照。
(9) 同時に副進された「年々国検田注文一巻」は福田・土田両荘の検田帳と思われる。
(10) 泉谷「華厳会免田について」前掲註(5)は、文治四年正月十八日福田荘在家注文（『鎌倉遺文』二九七）や『東大寺要録』雑役免目録に注目し、華厳会免田は雑役免荘ではないにもかかわらず、「当時にあっては一般に「雑役免田と観念されていた」ことを指摘している（四四頁）。しかし両者の関連は、「観念」ではなく制度的に検討する余地がある。
(11) 『東大寺要録』前掲註(1)二四〇～二四五頁。田数は三百六十町とする史料が多い（後掲の史料F・Hなど）。永観二年（九八四）と推定される湛照僧都分付帳が雑役免目録の直前に載せられており、雑役免目録が分付帳の一部と考えられていた（竹内理三『日本上代寺院経済史の研究』〈『竹内理三著作集　第二巻』角川書店、一九九九年。発表は一九三四年〉一四二頁)。しかし泉谷康夫は、雑役免目録が年未詳石名荘坪付（『平安遺文』三二七二）や延久二年興福寺雑役免坪付帳（『平安遺文』四六三九・四六四〇）と同一の書式であるとし、延久以後のものと推定した（泉谷「東大寺領櫟庄について（上）」〈『ヒストリア』三〇、一九六一年〉二六頁）。さらに田村憲美は、雑役免目録に十一世紀中ごろに成立した「華厳会田」が記載されていること、雑役免目録の荘園が大治二年・平治元年の雑役免荘園支配状（『平安遺文』二一一三・三〇二二）と一致することが多いことなどを論拠に、同目録が十一世紀後半以降の内容を示しており、湛照僧都分付帳とは別個の文書であることを指摘している（田村「雑役免荘園の構造と在地の動向」前掲註(5)、九〇頁）。泉谷・田村の指摘について、今少し詳細に検討したい。

(12)「華厳会田也」の部分は本来の目録になかった追記のようである。

(13) 久安四年九月二十五日東大寺雑役免顚倒荘々注進状案（『平安遺文』二六五四）。

(14) 寛弘七年八月二十二日東大寺牒（『東大寺要録』二四五頁）。『東大寺別当次第』は権律師澄心について「同（寛弘七年八月）廿三日、注二香菜免田十八ヶ処一、可レ令レ免二除臨時雑役一、始牒二送国衙一去年二月依二宣旨一也」とある。

(15) 田村「雑役免荘園の構造と在地の動向」前掲註(5)。

(16)『東大寺要録』の写真版（京都大学文学部古文書室架蔵）でも「填」である。

(17) 田村「雑役免荘園の構造と在地の動向」前掲九四頁の註(57)。また同論文註(13)(71)参照。

(18) 大治二年十一月二十八日東大寺雑役免防河人夫支配状（『平安遺文』二一一三）。

(19) 平治元年八月日雑役免田所当柴垣支配状案（『平安遺文』三〇二二）。平治元年八月日大和国雑掌秦成安注進状（『平安遺文』三〇二三）。

(20) 永久四年三月二十七日東大寺宣旨請文案（『平安遺文』一八五四）、年未詳東大寺宣旨請文案（『平安遺文』一八五七）。

(21) 永久の相論は康和の相論を前提としている。康和二年、東大寺は宣旨を得て香菜免荘園を立て直そうとした（康和二年九月二日官宣旨案、『平安遺文』一四三四。同年九月八日東大寺官宣旨請文案『平安遺文』一四三五）。これに対し喜荘・西吉助荘の領主権少僧都範俊と東吉助荘の領主平正盛が、私領を妨げるとして太政官に提訴し、東大寺は東西吉助荘を免除した承保三年の宣旨を提出するように命じられた（康和三年九月二十三日弁官宣旨案、『平安遺文』一四五三。康和四年三月八日弁官宣旨案、『平安遺文』一四七五）。吉助荘は東西に分かれ二郡にまたがるので、四所として数えられている。

(22) 岡野浩二「院政期における造東大寺官について」（『古代文化』四一―五、一九八九年）。

(23) 保安四年（一一二三）二月十九日東大寺解案（『平安遺文』一九八六）。なお他の諸荘では課役の増徴に成功した。『東大寺続要録』建保二年（一二一四）五月日東大寺領諸荘園田数所当等注進状（『鎌倉遺文』二一〇七）によると、雑役免荘園は「見領僅百七八十町許也」と縮小しているものの、「所当役、町別比曾十支・縄五方・瓦木半斤・修理人夫・埴直幷臨時雑役等也。又町別付（得田）、官物米五斗、二町別凡絹一疋弁済来例也」である。

(24) 御油免田六十六町・白米免田三十六町を基準に考えると、支配状の当初の賦課率は一町五段につき一人となる。

(25) 大和国雑掌の注進状（前掲註19）では「雑役加納」が三七八町、所当柴垣が十八丈九尺であったが、支配状では十一丈六尺余である。慶意は永治元年（一一四一）十月二十九日東大寺牒に伝灯大法師として見える（『平安遺文』二四五三）。

(26) 和邇荘・松本荘・永延荘は支配状に漏れたか、支配状の作成時に一時的に退転していたのであろう。

(27) 福田荘は本来七町一段余である。しかし保延三年三月日華厳会免田名々注文案（『平安遺文』二三六五）・承安五年華厳会饗勤否注文案（『平安遺文』三六七六）では福田荘・内平群の間で田数が調整され、ほぼ同じになっている。支配状が十町となっているのはこの調整を反映しており、顛倒した内平群の免田を除いた田数であろう。

(28) 荘園の田数は④よりも⑥のほうが②に近いものが多いため、⑥を優先して用いた。なお本稿註(37)参照。

(29) 嘉応元年十一月十九日勧学院政所下文（『平安遺文』三五二〇）。

(30) 永久四年三月二十七日東大寺宣旨請文案（『平安遺文』一八五四）。

(31) 康治二年二月十五日東大寺雑役免文書送状（『平安遺文』二五〇〇）。大治五年三月十三日東大寺文書目録（『平安遺文』二一五六）も同様である。Ⅰ②は康和二年九月二日官宣旨案（『平安遺文』一四三四）、康和二年九月八日東大寺宣旨請文案（『平安遺文』一四三五）。

(32) 長寛二年八月二十五日大仏香菜免箕田荘等証文注進状（『平安遺文』三三〇二）。

(33) 浮免は坪付を定めず免除する田数だけを決めるものである。史料Hに従った場合、寛弘年間に見えなかった荘園を、万寿四年以前に浮免とする宣旨もしくは国判が出されたことを想定する必要がある。また万寿四年宣旨が公験であることを考えると、浮免の停止は別の免除形態への移行であり、定免になったのではないとすれば、寛弘のような人別免除に変更したことを想定する必要がある。一方、史料Fの場合、寛弘の宣旨について説明していないが、複雑な経緯を想定する必要がない。

(34) 延久五年の国判は、前年七月に大和守となった源兼行による任初の免判であろう。史料J①の「天喜」が任初の免除であれば、天喜二年の可能性がある。宮崎康充編『国司補任』四（続群書類従完成会、一九九〇年）。

(35) 嘉承元年（一一〇六）八月十八日東大寺牒案（『平安遺文』一六六四）にも、「依去承保三□□、被㆑定㆓坪々㆒先畢」と言及されている。

(36) このほかに『東大寺別当次第』が治暦三年（一〇六七）から延久二年（一〇七〇）まで別当を務めた有慶に懸けて、「立㆓香菜免田㆒」という記事を載せている。これに関する事柄が十二世紀の香菜免田に関する史料に見えない。「代々国判」のなかに有慶が別当であったときのものがあったのではなかろうか。

(37) 香菜免田坪付帳の断簡が『平安遺文』三二七一に、「大和国石名荘坪付案」として収録されている。端裏書には「石名庄坪付図帳案」と書かれているが、石名荘・十市荘・他田荘の三荘を載せており、他田荘十町二百八十歩、十市荘八町九段六十歩、石名荘四町一段二百歩である。史料Aに見える「香菜免田坪付図帳」から三荘を抜粋したものであろう。「石名庄四町一段二百歩　村石丸負」のように荘号・田数・負名を記し、その後に不輸租田の田数と坪付、公田畠の坪付を記す。この図帳から坪付を削除して簡略化したものが『東大寺要録』雑役免目録であると考えられる。なお、香菜免田坪付図帳の記載様式は、延久二年九月二十日興福寺雑役免坪付帳（『平安遺文』四六三九・四六四〇）にならっている。

(38) 佐藤泰弘「平安時代の官物と領主得分」（『甲南大学紀要文学編』一二九　歴史文化特集、二〇〇三年）。

(39) ここでの公田とは坪付図帳に「不輸租田」に対し「公田畠」として記された公田であり、坪付図帳の福田荘には不輸租田が記されていなかったはずである。

(40)　寛弘年間の「填田庄」が土田荘の前身であるならば、慶寿のときには浮免として香菜役を、加地子により華厳会役を勤めていた可能性がある。

(41)　建仁元年四月日東大寺請文土代（『鎌倉遺文』一二〇六）。同様の文章が延応元年（一二三九）八月日東大寺三綱大法師等重言上状土代（東大寺図書館所蔵文書四―三〇）にも見える。

(42)　保延三年三月日華厳会床饗免田名々注文案（『平安遺文』二三六五）。

(43)　東大寺は香菜役の料田を二十町減らすという判断をしたことになる。それほどに饗役の未進が深刻であったのかもしれない。前年に東大寺は香菜免田の検田権を獲得し官物収取を強化しており、香菜役には余裕があったのではなかろうか（嘉承元年八月十八日東大寺牒案、『平安遺文』一六六四。嘉承二年十月日東大寺政所下文案、『平安遺文』一六七八。天承二年二月日東大寺牒案、『平安遺文』二二二〇）。なお嘉承二年の東大寺政所下文案の奥に書かれた国判は、天承二年東大寺牒のものだろう（佐藤泰弘「平安時代の国務文書」〈同『日本中世の黎明』京都大学学術出版会、二〇〇一年〉四四九頁）。

(44)　天仁三年三月九日東大寺大衆下文案（『平安遺文』一七一七）。史料Lは東大寺図書館所蔵文書一〇―三一三によって掲出し、同一〇―三一四によって「　」内を補った。この二つの案文は他にも字句の異同があり、位署は前者が五師のみ、後者が維那・五師・三綱となっている。また狩野亨吉蒐集文書には前者に近い案文がある。

(45)　史料Lは難解であり可能な解釈は多いが、本文のように理解した。「庄々」は多数の荘園を指すことが多いが、二つの荘園を「庄々」と呼ぶ場合もあるので福田・土田両荘と解釈した。また「施入加地子庄々所課」ということからは、慶寿が下地を定めずに二十町分の加地子を施入したことが推定できる。なお泉谷康夫は「田堵」を負名と理解し、負名と作人で負担を変えたとする（泉谷「華厳会免田について」前掲註5）。また東大寺は雑役免田の官物収取権を持っていたが、華厳会免田の官物は収取していないのではなかろうか。

(46)　慶寿が施入のあとで後代の不審を免れるため、坪付や饗式を記した起請案が残されている（年未詳二月二日慶寿起請案〈『平安遺文』八九八〉）。起請には「進官之外」と書かれ、坪付は嘉承二年解状（史料A）とほぼ同じであるが、慶寿後家のときに進官免田を除いて華厳会料田が定められたとすると、起請の内容は不審である。また起請が「饗式者、飯六升・温□八種・汁二種」としていることは、慶寿の施入状が「田畠を追物・汁物・酒等料に宛て、永く施入し奉る」とすることと異なり、天仁三年三月九日東大寺大衆下文案（『平安遺文』一七一七）に記された饗式に一致する。起請は施入状との差異が大きく、後世の華厳会饗料をもとに書き換えられたか、慶寿に仮託して創作された可能性を考えるべきであると思う。

(47) 承安五年華厳会饗勤否注文案（『平安遺文』三六七六）。

(48) 保延三年三月日華厳会床饗免田名々注文案（『平安遺文』二三六五）。

(49) 土田荘が内平群と呼ばれて福田荘の負田とされているのは、進官免吐田荘が存在したからだけではなく、土田荘が大小複数の領主に分裂していることにもよるのだろう。

(50) 長寛三年（一一六五）三月二日に宇治介正が菓子六合と酒一瓶を進上しており（『平安遺文』三三三一）、日付から考えて華厳会のためのものではないかと思われる。しかし進上者については未詳である。

(51) 内平群と対照的に福田荘の饗料収納に関する帳簿類が残されていないことは、華厳会免田が成立した当初から、同荘が荘司のもとで饗役を進納していたためであろう。なお十三世紀の福田荘については、東大寺下所司栄実申文土代（東大寺図書館所蔵文書一―二四―三三）に「領主尼公」のほか「二階堂御領」と見え、興福寺の喜多院二階堂の所領に福田荘がある（『史料纂集　三箇院家抄』第一、八頁）。福田荘は十三世紀中ごろまでに「領主」が寄進して興福寺喜多院の所領となっている。また東大寺は使者を送って饗料収取のために検田を行い、荘司・百姓が饗料の請文を提出するなど、福田荘は一荘として饗役を勤めている（建長三年閏九月六日福田荘検田帳〈『鎌倉遺文』七三六三〉、建長四年十月三日福田荘定米注文〈『鎌倉遺文』七四八一〉、文永六年九月七日福田荘百姓等連署請文〈『鎌倉遺文』一〇四九〇〉、文永六年九月七日福田荘沙汰人蔵円書状〈『鎌倉遺文』一〇四八七〉、文永十一年九月五日福田荘百姓等請文〈『鎌倉遺文』一一七一一〉など）。福田荘は慶寿以来、分割されることなく十三世紀まで伝領されたのではなかろうか。

(52) 東大寺下所司（勾当）の栄実が書いた文永ごろの申文（東大寺下所司栄実申文土代、東大寺図書館所蔵文書一―二四―三三）には、「福田庄者康平八年当時三綱仁（ママ）寿威儀師寄進之後、段別壱斗弐升加地子合拾石庄升定備進送三年序二了」と記され、饗役が加地子と言われている。これは慶寿以来の由緒を記したものであろう。史料Lの「庄々」が南北に分かれた土田荘を指すとすれば、天仁三年下文は内平群だけを対象としたものになるが、本文に記した解釈を採用した。十二世紀の福田荘については、さらに検討したい。

(53)　嘉承二年十月日東大寺政所下文案（『平安遺文』一六七八）は別当・三綱が連署して、「雑役免庄々下司・田堵等」に宛てている。

(54)　内平群の饗料収納に関する帳簿類をはじめ、十二・十三世紀における華厳会饗役に関する史料は少なからずある。それらの検討は別稿にて行いたい。

嘉禎の南都蜂起と鎌倉幕府

——「大和国守護職」考——

熊谷隆之

はじめに

有史以来の先進地域である大和国は、長岡・平安遷都後も「南都」として、長らく列島社会の中核的地域であり続けた。そして院政期以降、延暦寺とならぶ寺社勢力の雄、興福寺による一国掌握が進められ、大和国は宗教領国として独特の地位を占めるにいたる。(1) さらに室町期に入ると、つぎのような言説が登場する。

【史料一】『寺門事条々聞書』応永二十一年（一四一四）条(2)（部分）

大和州者、承保（一〇七四～七七）之明時、御㆓寄‐附一国吏（釐）務於興福寺㆒、元暦（一一八四～八五）之往代、重被㆑付㆓守護職㆒畢。……

白河親政期に国務、幕府成立期に守護職が興福寺に付与されたとする歴史認識である。とはいえ、実際にこのような史実は存在しない。これは、大和国支配の維持展開を企図する興福寺側の主張から、二次的に形成されたものとみてよかろう。

ところが、このうちの「大和国守護職」については、少しく問題が残る。鎌倉期もなかばの文暦二年（一二三五）五月、石清水社領山城国薪荘と興福寺領同国大住荘の水論に端を発した両寺社の争いは、やがて朝廷や南都諸大寺、さらには鎌倉幕府を巻きこむ南都蜂起へ発展する。幕府編纂の『吾妻鏡』は、その際の対応をつぎのように記録する。

【史料二】『吾妻鏡』嘉禎二年（一二三六）十月五日条[3]

五日己丑。被レ経二評議一、為レ鎮二南都騒動一、暫大和国置二守護人一、没二収衆徒知行庄園一、悉被レ補二地頭一畢。又相二催畿内近国御家人等一、塞二南都道路一、可レ止二人々之出入一之由、有二議定一、被レ撰二遣印東八郎・佐原七郎以下殊勝勇敢壮力之輩一。衆徒猶成二敵対之儀一者、更不レ可レ有二優恕之思一。悉可レ令二討亡一云々。且各可レ欲レ致レ死之由、於二東士一者、直被二仰含一、至二京畿一者、被レ仰二其趣於六波羅一。又南都領在所、悉不レ可レ被二知食一之処、武蔵得業隆円、密々与二其注文於佐渡守基綱（後藤）一。基綱就レ送二進関東一、被レ新二補地頭一云々。

【史料三】『吾妻鏡』嘉禎二年十月六日条

六日庚寅。大和国守護職等御下文、被レ遣二六波羅一云々。

【史料四】『吾妻鏡』嘉禎二年十一月十四日条

十四日丁卯。匠作（北条時房）・武州（北条泰時）着二評定所一給。其衆参進、南都事有二其沙汰一。衆徒静謐之間、止二大和国守護・地頭職一、如レ元可レ被レ付二寺家一云々。

これによると、嘉禎二年十月に関東が武士の発向を指令、「大和国守護職等御下文」が下された。結果、南都蜂起は収束し、十一月に「大和国守護・地頭職」は停止されたという。ここには「大和国守護職」補任という、未曾有の事態が記録されているのである。

もとより、文暦・嘉禎の薪・大住荘相論や南都蜂起、それに「大和国守護職」設置については、これまでにも大和国や興福寺に関する諸研究で論及されてきた。なかでも特筆すべきは、黒田俊雄の論考「鎌倉時代の国家機構――薪・大住両荘の争乱を中心に――」である(4)。黒田の理解では、この事件は、権門体制下における国家的な紛争が、権門相互の補完的関係とその権能の発動によって解決された具体例ということになる。

だが、黒田をふくめた諸先学の論考では公家・寺社側の動向に関心が集まり、幕府側の対応に焦点をあてた研究は皆無である。「大和国守護職」とは、いったい何だったのか。本稿は、その具体的検討を通じて、鎌倉幕府の西国支配に関する若干の論点の提示を企図するものである。

一　南都蜂起

相論の経過は、黒田論考に詳述されている。幕府の介入は、在京武士が現地へ発向するなど、黒田のいう第一段階からみえるが、ここでは第二段階から説きおこすことにしよう。

嘉禎元年（一二三五）十二月下旬、興福寺衆徒は石清水社別当宗清や下手人の断罪を強訴、十二月二十一日に春日神木を奉じて木津に到着する。同日、六波羅探題北条重時・時盛も宇治と男山へ武士を派遣し、神木が宇治に到着した二十五日からは、宇治川をはさんで衆徒と武士の睨みあいが続く(5)。そのまま越年して正月二日、衆徒は神木を平等院に遺棄し、若干の神人を残して退散、興福寺は閉門する(6)。

さて、このののち大鹿の死骸が宇治へ漂着するなど事態は膠着するが(7)、やがて興福寺側を支持する関東御教書が到来し、紛争はひとまず解決へとむかう。正月十九日以降、別当宗清の解任、下手人の禁獄、石清水社の因幡国務停止を伝える摂政九条道家の長者宣が興福寺へもたらされ(8)、二月十四日には、関東評定衆の後藤基綱が宇治で興福寺の五師・三綱らと会見。その結果、同二十一日に神木は帰座した(9)。

この間、石清水社側も公武との折衝を続け、九条道家や西園寺公経、北条重時らの諮問をうけている(10)。二月二十日には、六波羅探題が摂津国御家人に宮寺の警固を指令(11)、神木帰座を経た三月七日には、源保茂が「男山守護」を命じられている。この人選は「就二譜第之寄一」との理由からであった(12)。曾祖父の源三位頼政、祖父頼兼、父頼茂と代々、保茂流が「大内守護」の任にあったことと関係するのだろう(13)。

かくして春日神木が帰座し、幕府による石清水社の警固体制が整うことで、争乱は収束するかにみえた。しかし、九条道家が約した宗清らの断罪はおこなわれず、事件は第三段階に突入する。

七月一日、興福寺衆徒が蜂起して興福寺と春日社は閉門(14)。だが、反対派が衆徒に夜討をしかけるなど、寺内は混乱(15)。衆徒は反対派の制圧に乗りだし(16)、同二十八日、金堂への神木遷座を衆議した(17)。一方、関東は七月二十四日、在京・畿内近国御家人による大番役勤仕の強化を指令(18)。八月二十日には後藤基綱が使節として再び上洛の途につく(19)。九月中旬には六波羅の使者が説得を試みるが、衆徒側は城郭を構え拒絶(20)。武士の南都乱入の風聞が伝えられるなか、衆徒は金堂前での焼死を衆議するなど強硬な姿勢を崩さない(21)。そして十月にいたり、いよいよ幕府の本格的な介入がはじまる。

それに関する幕府側の記録が、【史料二〜四】である。「守護人」設置、衆徒領没収、地頭補任の実施をうけ、十月五日、畿内近国御家人の招集、南都の道路封鎖が命じられ、印東八郎以下の東国武士の派遣が決定された。そして翌日、問題の「大和国守護職等御下文」が六波羅へむけて遣わされたのである。

かくして幕府は大和国内の主要道に関をおいて封鎖し、人や物資の運上を止めることで衆徒らを孤立させることに成功する。これに対し、興福寺側は封鎖解除の要請を繰り返すが、包囲網は解かれない。その結果、南都の仏事や祭祀は退転の危機に瀕し、結局、十月二十八・二十九日にいたり、春日社と興福寺は相次いで開門するのである(22)。

このように、幕府の設置した「大和国守護職」は包囲と威圧によって事態の解決を図り、それに成功した。これは、興福寺や春日社の仏事や祭祀、さらにいえば中世権門の存立を支える基盤が、諸方の荘園公領をつなぐ都鄙間交通網に大きく依存していたことを示す好例といえよう。

二　南都包囲網

ところで、『中臣祐定記』のなかに、つぎの史料が引用されている。

【史料五】　春日社御供用途運上路注進状写(23)

注進　御供用途可レ令二運上一路々事

東路　簀河路　誓多林路　田原路　福住路

南路　上津路　中津路　下津路

西路　大板(坂)路　亀瀬路　信貴路　生馬越路　上津鳥見路
北路　木津路　車路　笠置路
右、十五ヶ所道、注進如レ件。
嘉禎二年十月　日

春日社が十五の主要道について、封鎖解除と運上物の通行保障を求めた際に付された注進状である。警固の武士と運上の使者双方に、一対の「標」をもたせて照合することで、用途物の確実な運上を企図したのである。

各道については、永島福太郎らにより幾度か比定が試みられているが[24]、その結果には異同がある。以下、比較的研究の進んだ古代の状況も参考にしながら逐一検討を加え、中世大和の交通網を俯瞰するとともに、「大和国守護職」の実態にせまるための材料としたい。

①簀河路

簀河は現在の須川、一乗院・東大寺領簀川荘故地である。永島は「簀河路」を中ノ川、鳴川を経て須川にいたる道に比定する。中ノ川北隣の山城国側は小田原（当尾）、一帯は当時、南都仏教界の一大別所として機能していた。奈良との往来には「簀河路」がさかんに用いられたものとみられる。

②誓多林路

永島は、高畑から春日奥山を抜ける柳生街道に比定する。同街道沿いには、中世の石造物がいまも数多く残る。

鎌倉期は「わが国の輝かしき石造美術の黄金時代」とも評されるが[25]、大和は当該期石造物の宝庫で

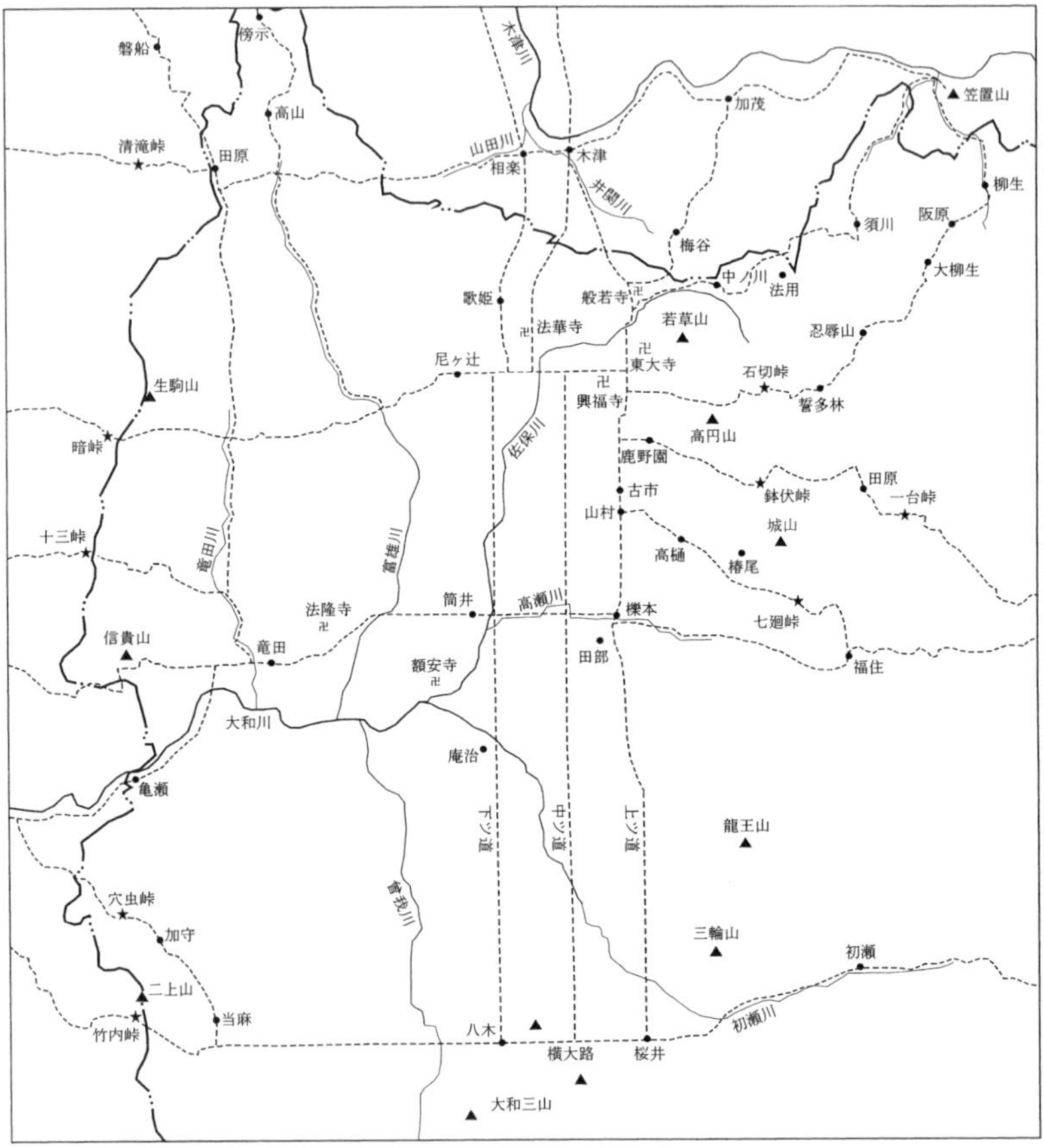

傍示
磐船
高山
清滝峠
田原
木津川
加茂
笠置山
山田川
相楽
木津
井関川
柳生
須川
阪原
梅谷
大柳生
中ノ川
法用
般若寺
歌姫
法華寺
若草山
忍辱山
東大寺
尼ヶ辻
石切峠
生駒山
興福寺
誓多林
高円山
暗峠
佐保川
鹿野園
田原
古市
鉢伏峠
一台峠
山村
城山
十三峠
竜田川
富雄川
高樋
椿尾
筒井
高瀬川
法隆寺
櫟本
七廻峠
信貴山
竜田
田部
福住
額安寺
大和川
庵治
亀瀬
下ツ道
中ツ道
上ツ道
龍王山
穴虫峠
曽我川
加守
三輪山
初瀬
二上山
当麻
初瀬川
竹内峠
八木
横大路
桜井
大和三山

図　中世大和の主要道

ある。なかでも、層塔や五輪塔、宝篋印塔などの石塔とは異なり、磨崖仏などのいわゆる石仏は街道に面して造立されることが多く、その道筋が当時、主要な交通路として利用されていた明証となる。

春日山南麓を能登川沿いに東へのびる滝坂道を登ると、鎌倉中期の夕日観音、鎌倉後期の滝坂地蔵、文永二年（一二六五）銘の朝日観音、鎌倉後期の首切り地蔵があり、地獄谷石窟仏や穴仏、芳山二尊石仏といった貴重な古代石仏も残る。そこから一乗院領誓多林荘、忍辱山円成寺、神戸四ヶ郷の大柳生、阪原から、かえりばさ峠を越えて柳生の里の入り口にいたると、元応元年（一三一九）銘の疱瘡地蔵が出迎える。「正長元年《（一四二八）》ヨリサキ者、カムヘ《（神戸）》四カンカウ《（箇郷）》ニ、ヲヰメ《（負目）》アルヘカラス」の徳政文言は、つとに有名である。

③田原路

永島は鉢伏峠越えに比定する。鹿野園から鉢伏峠、田原荘、一台峠、小倉、笠間峠を経ると、まる一日で東大寺領伊賀国黒田荘へいたる。鎌倉後期以降、しばしば悪党の跋扈した著名な古道である。この道は近年まで、黒田荘故地から東大寺二月堂への松明調進行事の際にも用いられていた[26]。沿道には、南田原の建長年間（一二四九～五六）銘の地蔵石仏、元徳三年（一三三一）銘の阿弥陀石仏、小原の永仁六年（一二九八）銘のつちんど石仏など、鎌倉期の石仏が数多く現存する。

④福住路

福住にいたる古代道といえば、霊亀元年（七一五）に開かれた「都祁山之道」が想起される[27]。これについて足利健亮は、竜田道の東延長、すなわち櫟本から高瀬川沿いをさかのぼる道筋と、山村から高樋、椿尾の南側を経て福住にいたる道筋の二通りを想定している[28]。一方、永島の「福住路」比定は、

「古市・山村を経て山中に入り、福住に至るもの」、「古市から鉢伏に登り、塔の森を経て福住領（山田）」、「添上・山辺郡境を登る（五ヶ谷地方を経由。大和高原で田原路からの通路と連結）」とさまざまである。

鉢伏峠越えの場合、「田原路」との関係が問題となる。「福住路」は春日社への捷路と考えられるので、「都祁山之道」想定路の後者、高樋や椿尾を経由する道筋を想定するのが穏当であろう。中畑から福住へ越える最後の難所七廻峠には、建長五年（一二五三）銘の石造地蔵菩薩立像が現存する。この道筋が鎌倉期に利用されたことは確実である。

⑤上津道・⑥中津道・⑦下津道

大和盆地を縦断する古代以来の南北直線道である。上・下津道は戦国期までみえ、[29] 近世の上街道、中街道へと引き継がれるが、中津道は衰退する。[30]

⑧大坂路

古代の大坂道は、大和盆地南部を東西に横断する横大路を経て、二上山付近を河内へ抜ける道筋をとった。岸俊男は、逢坂の地名が残ることなどから穴虫峠越えが有力と述べる一方、竹内峠越えのほうが捷路で自然な道筋であり、古道としては後者が古く、のちに前者を主要道としたと推定する。[31] このほか、二上山と竹内峠の中間には岩屋峠が存在する。古代には石塔と磨崖仏で著名な鹿谷寺が立地し、その名のごとく岩屋が現存する。

永島は、中世の「大坂路」を穴虫峠越えに比定する。しかし、古代の状況をみる限り、中世にも岩屋・竹内峠越えが利用されたことはまちがいない。各峠が複線的に利用されていたのであろう。幕府勢力の手も、横大路を中心に各峠におよんだものとみられる。

⑨亀瀬路

永島は亀瀬越えに比定する。大和川が河内へ流出する国境部分にあたる。古代には竜田道を通じて上・中・下津道と連結し、櫟本から福住を経て伊賀・伊勢方面へも通じていた。中世にも引き続き主要道として用いられていたことが分かる。

⑩信貴路

永島の比定は「十三峠」、「信貴畑越え」、「信貴山越え」とさまざまである。これを確定するのは困難だが、信貴山一帯は生駒山系のなかでもっとも緩斜である。「大坂路」と同様、複線的な往来がなされていたことはまちがいあるまい。

⑪生馬越路

永島は暗峠越えに比定する。この道は暗峠から竜田川、矢田丘陵を越え、尼ヶ辻付近で三条大路につながる。

暗峠の河内側には弘安七年（一二八四）銘の笠塔婆、峠頂上には文永年間（一二六四～七五）銘の石造地蔵菩薩立像がある。また、大和に入ると、鎌倉後期の西畑阿弥陀三尊磨崖仏、文永七年（一二七〇）銘の藤尾阿弥陀如来、永仁二年（一二九四）銘の石仏寺本尊阿弥陀三尊、同年銘の応願寺地蔵菩薩立像、そして三条大路と交差する尼ヶ辻の文永二年（一二六五）銘の地蔵菩薩立像など、沿道には鎌倉期の石仏が数多く現存する。

⑫上津鳥見路

永島は「生馬山の北麓を迂回するもの」、「北倭迂廻道路」、「清滝街道」などとする。磐船街道や傍示越えの可能性も残るが、清滝街道は古代から利用された起伏の少ない主要道で、木津にも通じる。北河内から春日社への用途物運上路としては、清滝街道から富雄川沿いを下り、三条大路へいたる道筋を想定するのが妥当かと思われる。

⑬木津路・⑭車路・⑮笠置路

北路の比定は難題である。京都と南都を結ぶ道は幾筋もあるのに対し、【史料五】には三道しか記されていないからである。永島の比定も、ときにより異同があるものの、近年では、⑬相楽へ抜ける歌姫越え、⑭法華寺から恭仁右京の「作り道」[32]に接続する宇和奈辺越え、⑮般若寺越えから分岐して加茂経由で笠置へいたる梅谷越え、に比定する説を提示している[33]。

一方、木津川流域から南都への瓦運搬路を検討した高橋美久二は、⑬般若寺越え、⑭宇和奈辺越え、⑮梅谷越え、に比定する[34]。「笠置路」は、両説のごとく梅谷越えとするのが妥当であろう。しかし、「木津路」「車路」の比定については問題も多い。

【史料五】は東路が北から南、南路が東から西、西路が南から北、というぐあいに順次、時計回りに書きつがれている。高橋説の場合、北路の書式のみが例外ということになり、この点、近年の永島説のほうが穏当かと思われる。とはいえ、永島説にも問題がある。「木津路」歌姫越えは、木津へは直接に通じないからである。また、両説が宇和奈辺越えに比定する「車道」は、永島も述べるように「東道」である可能性を残している。そこで、当否はともかくも両説と異なる一案を提示し、今後の検討に資することにしたい。

【史料五】の北路の記載順は、やはり西から東と考えるのが自然である。さすれば、「木津路」は歌姫越えか宇和奈辺越えということになろう。しかし、歌姫越えは直接に木津へ通じない。ゆえに、「木津路」は宇和奈辺越え、「車路」は般若寺越えに比定することができる。かく想定すれば、「車道」が「東道」であっても問題はなく、「笠置路」すなわち梅谷越えとの位置関係にも不都合はない。

これには、歌姫越えがふくまれないとの異論もあろう。しかし、そもそも【史料五】は春日社への用途運上に最小限必要な主要道の一覧であって、主要道を必ずしも網羅したものではない。春日社は歌姫越えよりも、要衝木津へ直接に通じる「木津路」と「車路」の通行保障を、まずは優先したものと考えられるのである。

三　守護人

ところで、次の史料からは、「大和国守護職」設置のさらに詳細な状況が知られる。

【史料六】　春日神主親泰・執行正預能基連署言上状写(35)

言上　事由

道々関守護武士致二狼藉一事

一、令レ追二捕神戸田原庄家一之上、剰刃二傷神人一之武士伊賀小太郎兵衛尉不レ知二実名一也。子細見二于申状幷追捕物注文一矣。

一、本神戸小楊（柳）生郷内被二追捕一事、末々部《マ、ヘノ》左衛門尉也。被二追捕一取物等、見二于注文一。

一、当社領掩(庵)治庄乱入之武士者、下津道守護人刑部左衛門尉也。数日敷二居庄家一之間、為二雑事一、依レ難二安堵一、庄民有レ限社役令二闕如一事、子細見二申状一矣。

一、当国田部住神人弘方、依レ号二申神人之由一、為二上津道守護武士等平左衛門五郎一、不レ知二実名一。被二搦取一畢矣。

一、社領制(誓)多林庄乱入武士、末々部左衛門尉也。致二狼藉一事、見二于申状一矣。

一、道守護武士不レ通之間、和泉国日次供菜魚貝等、自二去月下旬一至二当日一、依レ不二進上一、彼供菜物、悉皆令二闕如一了。

一、御神事勤行、自二摂津国垂氷(水)東・西御牧一運進物等、道守護武士不レ通間、被《彼歟》用途物等、悉皆令二闕如一事矣。

右、殊所レ令二馳言上一者、路々守護武士依レ不レ通、云二御供米一、云二供菜物一、不二到来一之間、恒例御神事等、定可レ令二闕如一之由、先日令二言上一処、可レ有レ御二下一知武蒙(家)一之旨、雖レ被二仰下一、于レ今未其左右依レ不レ候、随日武士増二狼戻一。此故、為二社司等一、難治無レ極候。此条、早速為レ蒙二裁定一、重言上如レ件。

嘉禎二年十月四日　春日執行正預能基

神主親泰

「田原庄」は田原路、「小楊生郷」と「制多林庄」は誓多林路、「田部」は上津道に面する。まず注目すべきは、「守護人」が主要路ごとに配置されている点である。「伊賀小太郎兵衛尉」は田原路守護人、「末々部左衛門尉」は誓多林路守護人、「刑部左衛門尉」は下津道守護人、「平左衛門五郎」は上津道守護人ということになる。

【史料七】　六波羅御教書案(36)

東大寺領法用庄申、武士狼藉由事、訴状副二具書一如レ此。早相二尋子細一、所レ申無二相違一者、可可(衍)レ被レ糺二返損物一也。凡者狼藉停止事、委載二子細一令二下知一了。於レ不レ拘二制法一者、且搦二取其身一、且可レ被レ注二進主人交名一之状如レ件。

嘉禎二年十月三日　越後守在判

駿河守在判

肥田八郎左衛門尉殿

これまで注目されてこなかったものの、これが当該事件の関係史料であることは疑いない。法用荘は簀河路に面して立地する。「肥田八郎左衛門尉」は簀河路守護人であろう。「大和国守護職」補任に際し、かかる「守護人」が各主要路に配備されることで、南都は封鎖されたのである。

つぎに、これら「守護人」の素性を判明する限りで検討する。まず目につくのは「末々部左衛門尉」である。彼は、寛喜四年（一二三二）に丹波国守護代としてみえる「真々部左衛門尉」であろう(37)。当時、丹波国は六波羅南方北条時盛の守護国であった(38)。

一方、「刑部左衛門尉」は寛喜元年（一二二九）、祇園社へ「六波羅使者」として派遣された「宇間刑部左衛門尉」であろう(39)。嘉禄二年（一二二六）の史料には「宇麻左衛門と云男時房郎等。」とみえる(40)。北条時房は時盛の父である。

他方、「平左衛門五郎」は、北条泰時の家令平盛綱の一族かと思われる(41)。そして、「伊賀小太郎兵衛尉」と「肥田八郎左衛門尉」についても、同族のなかに北条氏被官が散見し、探題被官であった可能性が高い(42)。

このようにみてみると、南都を封鎖した「守護人」のなかには北条氏一門、なかでも六波羅探題の被官が数多くみいだされることが分かる。思えば、成立後初期の六波羅における政務・軍務運営は、おもに探題とその被官によって支えられていた(43)。「守護人」の人員編成は、まさにそうした状況に照応するのである。

むろん、薪・大住荘の相論では、当初から武田・宇都宮氏以下の在京人が張本禁遏のために発向し(44)、畿内近国御家人も招集されている。南都封鎖に動員された武士すべてが、探題被官から構成されていたわけではない。だが、探題被官、在京その他の御家人が諸方に配備され、そのうちの探題被官を中核とする武士が大和国の主要道に「守護人」として設置された、という基本的構図にかわりはない。寺社権門の雄、興福寺を圧伏した「大和国守護職」の内実は、このような人員構成で支えられていたのである。

四　守護職

ところで、【史料三】は嘉禎二年(一二三六)の南都蜂起に際し、「大和国守護職等御下文」が六波羅に遣わされたと記している。では、その受給者は、果たして誰だったのか。永島福太郎は後藤基綱とするが(45)、基綱は朝廷や寺社との交渉を担う東使としての立場にあり、軍勢の指揮にはあたっていない。事実上の指揮官は六波羅探題であり、軍勢の中核を担ったのは探題被官であった。「大和国守護職」設置がもしも史実だとすれば、これに補任されたのは、北条重時・時盛の両人ないしそのいずれかとみるのが自然だろう。

ところが、ここに「大和国守護職」設置の有効性、さらにはそうした史実の存在さえ疑わせる、ひとつの問題がある。

【史料八】　春日神主親泰・執行正預能基連署言上状写(46)

言上　事由

右、殊所下令二言上一候上者、被レ居二置南都道々於関一、守護武士等候之間、旬幷日次御供米・同供菜物等、従二自国・他国一大略逐日随期以レ令二運上一、有レ限御神供令二勤備一之処、当時可二持進一南都四方之道々、皆以守護武士敷二居之一。善悪不レ通二人侶一之間、自二遠近之所々一持参彼御供用途物等、定不レ通歟。就レ中自二当国櫟本庄一令二沙汰進一御供米、昨日廿七日。既以被二抑留一候了。然者不レ謂二恒例・臨時一、有レ限御神事令二闕如一之条、付二惣別一恐嘆無レ極思給候。所詮御供米幷供菜物等所レ進道々、無二違乱一可レ通之由、早為レ被レ仰二下武家一、社司等所下令二馳言上一候上也。仍子細謹言上如レ件。

嘉禎二年九月廿八日　　春日執行正預能基
神主親泰

九月末の段階で「南都四方之道々」に関がおかれ、「守護武士」がそれらを警固したこと、そのために春日社への供米や供菜物の運上が滞っていたことなどがわかる。幕府による南都包囲網の形成は九月後半、すなわち『吾妻鏡』が「大和国守護職」設置を記録する十月六日以前の段階から進んでいたのである。これまで縷々みてきたのは、その実、「大和国守護職」設置とは無関係のできごとだったということになる。

そこで問題となるのが、十月五日段階の関東の対応を記した『吾妻鏡』の地の文、すなわち【史料二】である。一部を再掲すれば、「被レ経二評議一、為レ鎮二南都騒動一、暫大和国置二守護人一、没二収衆徒知行庄園一、悉被レ補二地頭一畢。又相二催畿内近国御家人等一、塞二南都道路一、可レ止二人々之出入一之由、有二議定一……」となる。

さて、「畢」以前の内容は、さきにみた経過と一致する。しかし、「畢」以後の部分が、十月五日段階で、はじめて関東が南都封鎖を決定し、下達したことを記録しているのだとすれば、それは事実に反する。故意にか無意識にか、ここに『吾妻鏡』の地の文に特有の、何らかの二次的な錯誤ないし操作がふくまれていることは確実である。

その意味で気になるのが、続く【史料三】である。「大和国守護職等御下文、被レ遣二六波羅一云々」。この部分は、既往の研究で「大和国守護職」の設置記事として理解され、本稿も上文では、そのように取り扱ってきた。しかしながら、如上の状況を勘案するに、この記事が伝えるような史実自体、そもそも存在したのかという疑いが生じる。

その実、「大和国守護職」設置という前代未聞のできごとを伝えるのは、二次史料たる『吾妻鏡』の地の文のみである。他方、一次史料が伝えるのは、御家人の動員、「守護人」派遣や地頭設置、南都封鎖といった、これまでみてきたような状況のみであった。かかる未曾有の事態が、【史料三】において、あまりに簡潔な一文で記される点も不審といわざるをえない。

嘉禎の「大和国守護職」設置はその実、『吾妻鏡』編纂時に生じた一種の虚構なのではなかろうか。たとえば、「守護人」派遣や地頭設置の旨を記した六波羅への指令文書を、後代の『吾妻鏡』編者が「大和国守護職等御下文」と解釈するなど、編纂時の二次的な操作によって生じた可能性も否定できないと思う。

この推定の当否を確定するすべはない。とはいえ、何よりここで確認しておくべきは、嘉禎の南都蜂起に対する朝廷と六波羅以下の対応が、関東のそれに先んじて進行していた事実と、この事件における「武家」六波羅以下の位置づけである。黒田俊雄も指摘するように、この相論は本来、幕府にとって直接には何の関わりもない案件であった。そして、事件に対する「武家」の介入はいずれも勅命にもとづき、ゆえにその兵力は「官軍」「官兵」とよばれた(47)。

そこで、以上の考察から、つぎのように評価することができるかと思う。関東の指令や「大和国守護職」設置は、南都蜂起の収束に直接の影響を与えなかった。当時、六波羅のもとでは探題被官や在京・畿内近国御家人の編成が進行し、中世国家の六波羅を介した秩序維持の体制が形成されつつあった。そして、関東の指令や「大和国守護職」の設置を待たずに、そうした体制が山城・大和両国において機能することにより、嘉禎の南都蜂起は収束をみたのである。

おわりに

かつて筆者は、六波羅のもとに構築された西国支配体制について、六波羅を核とする同心円状の地理的構造をもち、畿内近国における探題への求心化や遠国における国守護への分節化など、時期による内部構造の変化をともないながらも、守護正員・守護代や在京その他の御家人、それに探題被官らが相互補完的な関係を保ち、個々の機能を発揮することで維持展開された体制として理解した(48)。

如上の理解は、守護と両使による遵行を基軸にすえる外岡慎一郎の両使遵行論(49)に学びつつ、いくつかの問題点を指摘するなかで、守護をふくめた幕府諸勢力のうちから一名ないし二名の使節を、案件に応じて随時に指名する遵行形態を基本型として策定し、転じて六波羅の遵行体系の全体像を総括する作業を通じて導出したものである。そして、六波羅の指揮系統の大枠をこのように想定することで、実は、六波羅探題以下による守護未設置国への関与や大規模有事への対処についても、整合的に理解することが可能となる。

鎌倉期において、山城・大和国に守護は常置されなかった。ゆえに、嘉禎の南都蜂起では、他国でみられるような六波羅探題と守護正員・守護代の相補的関係は機能せず、探題のきわめて強い主導のもとで、探題被官をはじめとする多様な大小の「守護人」が随時に派遣されるとともに、隣国の守護をふくめた在京・畿内近国御家人が動員され、その鎮圧が企図された。

たとえば、丹波国守護代の真々部某をはじめとする探題被官らが各主要路の「守護人」として、また「大内守護」の系譜をつぐ源保茂が「男山守護」として派遣され、在京人で西国守護の武田・宇都宮氏や近隣の地頭御家人などを加えた幕府諸勢力が、総じて南都包囲網を形成した。これらの諸勢力が六波羅探題のもと、「官兵」として相補的に配備されることで、大和一国とその周辺地域の秩序維持が図られたのである。

かくして嘉禎の南都蜂起とは、中世国家の六波羅を介した秩序維持体制の機能が、守護が常置されなかった大和国とその周辺の特殊な地域性に応じたかたちで発動されたという意味において、そのもっとも典型的な、しかも比較的初期の具体例ということになるだろう。

さらに、別稿で論じたように、六波羅のかような秩序維持体制の特色は、やがて鎌倉末期に繰り広げられる十数カ国単位の悪党禁遏において、もっとも尖鋭にあらわれる。この時期の悪党禁遏は、評定衆以下の六波羅公人をはじめとして、西国の守護正員・守護代や在京人、そして複数国の地頭御家人を複合的に動員し、いずれも今回の事件とは較べものにならぬ大規模なものであった。

その際には、一荘園の悪党追捕にみられるような単使や両使への遵行手続きを組みあわせることで、広範な軍勢招集がおこなわれたものと推定される。ここには、守護以下の幕府諸勢力を案件に応じて随時に、相補的に組みあわせて動員するという、召文送達をはじめとする恒常的な遵行から、南都蜂起のごとき大規模有事までを一貫する、六波羅の人員編成原理と指令方式の存在を看取することができるのである(50)。

註

（1）中世の大和国と興福寺に関する既往の代表的な研究成果は、以下のとおり。永島福太郎「大和守護職考」（『歴史地理』六八巻四号、一九三六年）、同『奈良文化の伝流』（中央公論社、一九四四年）、同『春日社家記録――鎌倉期社会の一断面――』（高桐書院、一九四七年）、同『奈良』（吉川弘文館、一九六三年）、田村憲美「郡支配体制の再編と興福寺」（同『日本中世村落史の研究』校倉書房、一九九四年。初出は一九八二年）、大山喬平「近衛家と南都一乗院――『簡要類聚鈔』考――」（同『ゆるやかなカースト社会・中世日本』校倉書房、二〇〇三年。初出は一九八五年）、泉谷康夫「鎌倉時代の興福寺と国司・守護」（同『日本中世社会成立史の研究』高科書店、一九九二年。初出は一九八五年）、稲葉伸道『中世寺院の権力構造』（岩波書店、一九九七年）、川端新「平安後期における大和国司」「摂関家の南都統制について――勧学院弁別当を中心に――」（同『荘園制成立史の研究』思文閣出版、二〇〇〇年）、安田次郎『中世の興福寺と大和』（山川出版社、二〇〇一年）など。

（2）「内閣文庫所蔵大乗院文書」二二函三六七号、『寺門事条々聞書』応永二十一年条、（同年七月八日）、興福寺衆徒・国民事書写（『大日本史料　第七編之二十』応永二十一年六月二十日条）。

（3）『吾妻鏡』嘉禎二年十月五日条（以下、『新訂増補　国史大系』に所収の史料は、すべてこれによる）。

（4）黒田俊雄「鎌倉時代の国家機構――薪・大住両荘の争乱を中心に――」（『黒田俊雄著作集　第一巻』法藏館、一九九四年。初出は一九七六年）。以下、黒田の指摘はこれによる。

（5）「石清水田中家文書」八幡宮寺告文部類第□《ママ》、付薪園之間事、嘉禎元年十二月二十一日条（『大日本古文書　家わけ第四　石清水文書之二』三九号）、『百練抄』嘉禎元年十二月二十一・二十四・二十五日条、『明月記』嘉禎元年十二月二十一・二十二・二十六日条（以下、国書刊行会本）、『吾妻鏡』嘉禎元年十二月二十九日条。

（6）『中臣祐定記』（『春日社記録』）嘉禎二年正月一・二日条（以下、『増補　史料大成』『増補　続史料大成』に所収の史料は、すべてこれによる）、『百練抄』嘉禎二年正月一日条。

（7）『中臣祐定記』嘉禎二年正月三日条。

（8）『中臣祐定記』嘉禎二年正月十五・二十一・二十三日、同年二月二日条。

(9)『中臣祐定記』嘉禎二年二月十四・二十一日条、『吾妻鏡』嘉禎二年二月二十八日条。
(10)「石清水田中家文書」八幡宮寺告文部類第□《ママ》、付薪園之間事、嘉禎二年正月八・十一・十二日条（『大日本古文書　家わけ第四　石清水文書之二』三九号）。
(11)「深堀記録証文」嘉禎二年二月二十日、六波羅御教書（『鎌倉遺文』七巻四九二四号）。
(12)『吾妻鏡』文暦二年五月十六日条、嘉禎二年三月七日条。
(13)『吾妻鏡』建久五年四月七日条、承久元年七月二十五日条、『百練抄』承久二年七月十三日条、『愚管抄』第六など。
(14)『中臣祐定記』嘉禎二年七月一日条。
(15)『中臣祐定記』嘉禎二年七月二十三日条。
(16)『中臣祐定記』嘉禎二年七月二十三・二十四日条。
(17)『中臣祐定記』嘉禎二年七月二十八日条。
(18)『吾妻鏡』嘉禎二年七月二十四日条。
(19)『吾妻鏡』嘉禎二年八月二十日条。
(20)『吾妻鏡』嘉禎二年十月二日条。
(21)『中臣祐定記』嘉禎二年九月五・十七日条。
(22)『中臣祐定記』嘉禎二年十月二十八・二十九日条。
(23)『中臣祐定記』嘉禎二年十月九日条、同年十月日、春日社御供用途運上路注進状写（『鎌倉遺文』七巻五〇六一号）。
(24)永島福太郎『春日社家記録』（前掲註1）、同「寺社の郷」（『奈良市史　通史二』第三章第五節、吉川弘文館、一九九四年）、同「南都奈良の交通路」（橿原考古学研究所編『橿原考古学研究所論集　第十三』吉川弘文館、一九九八年）など。以下、永島の指摘はとくにことわらない限り、これらの論考による。
なお、同史料については、上田正昭「下ッ道」（同編『探訪古代の道　第一巻　南都をめぐる道』法藏館、一九八八年）、戸田芳実「河内の古道——生駒山地の峠路について——」（同『歴史と古道——歩いて学ぶ中世史

――』人文書院、一九九二年。初出は一九八九年）などにも言及がある。

(25) 清水俊明『奈良県史　第七巻　石造美術』（名著出版、一九八四年）。以下、石造物については同書を参照されたい。

(26) 黒田荘と東大寺を結ぶ道沿いの石仏については、鈴木景二「一台峠の古道と阿弥陀磨崖仏――黒田荘から東大寺への道――」（『日本史研究』三七二号、一九九三年）、同「奈良東山中の石仏と古道――続・黒田荘から東大寺への道――」（『史迹と美術』七二三号、二〇〇二年）。

(27) 『続日本紀』霊亀元年六月庚申（十日）条。

(28) 足利健亮「大和と伊勢および紀伊の古道」（同『日本古代地理研究』大明堂、一九八五年。初出は一九七六～八〇年）。

(29) 『大乗院寺社雑事記』文明十七年九月十六日条、長享二年二月十一日条、延徳二年十一月二十二日条、明徳七年正月二十六日条など。

(30) なお、上津道の北半は東山の麓に相当し、古代段階においても直線的に北進していたかについては疑問が呈されている（岸俊男「大和の古道」〈同『日本古代宮都の研究』岩波書店、一九八八年。初出は一九七〇年〉）。この部分は、すでに近世の上街道と同じ道筋をとっていた可能性もある。

(31) 岸俊男「大和の古道」（前掲註30）。

(32) 足利健亮「恭仁京プランの復原」（同『日本古代地理研究』〈前掲註28〉。初出は一九六九～七三年）。

(33) 永島福太郎「南都奈良の交通路」（前掲註24）。

(34) 高橋美久二「古代の道路と瓦の運搬」（同『古代交通の考古地理』大明堂、一九九五年。初出は一九九二年）。

(35) 『中臣祐定記』嘉禎二年十月四日条、同日、春日神主親泰・執行正預能基連署言上状写（『鎌倉遺文』七巻五〇五七号）。

(36) 「東京大学文学部所蔵東大寺文書」嘉禎二年十月三日、六波羅御教書案（『鎌倉遺文』七巻五〇五五号）。

(37) 『祇園社記』御神領部第二、正安元年十二月二十三日、六波羅下知状写（『鎌倉遺文』二七巻二〇三四四号）。

(38) 佐藤進一『増訂　鎌倉幕府守護制度の研究』（東京大学出版会、一九七一年、初出は一九四八年）。

(39)『祇園社記』御神領部第二、正安元年十二月二十三日、六波羅下知状写（前掲註37）。
(40)『明月記』嘉禄二年正月二十二日条。
(41)森幸夫の比定によると、平盛綱息には「左衛門次郎」時綱、「左衛門三郎」盛時、「左衛門四郎」某らがいた（森幸夫「平・長崎氏の系譜」〈安田元久編『吾妻鏡人名総覧――注釈と考証――』吉川弘文館、一九九八年〉）。「平左衛門五郎」はこの弟かと思われる。
(42)北条氏研究会「北条氏被官一覧」（同編『北条氏系譜人名辞典』新人物往来社、二〇〇一年）。なお、『新編追加』一三二には、北条時氏の六波羅探題在任期に、野本時員郎等の狼藉によって時員の摂津国守護職が没収され、その身柄を「肥田八郎左衛門尉」に預けおいた記事がみえる（佐藤進一他編『中世法制史料集　第一巻鎌倉幕府法』参考資料、七五）。
(43)拙稿「六波羅・守護体制の構造と展開」（『日本史研究』四九一号、二〇〇三年）、同「六波羅探題考」（『史学雑誌』一一三編七号、二〇〇四年）。
(44)『明月記』文暦二年六月三日条。
(45)永島福太郎「寺社の郷」（前掲註24）。
(46)『中臣祐定記』嘉禎二年九月二十八日条、同日、春日神主親泰・執行正預能基連署言上状写（『鎌倉遺文』七巻五〇五〇号）。
(47)『吾妻鏡』文暦二年五月二十三日条、『百練抄』文暦二年六月三日条。
(48)拙稿「六波羅・守護体制の構造と展開」（前掲註43）。
(49)外岡慎一郎「六波羅探題と西国守護――〈両使〉をめぐって――」（『日本史研究』二六八号、一九八四年）、同「鎌倉末～南北朝期の守護と国人――『六波羅―両使制』再論――」（『ヒストリア』一三三号、一九九一年）など。
(50)拙稿「守護代・使節・検断沙汰」（勝山清次編『南都寺院の組織と政治』思文閣出版、二〇〇七年。初出は二〇〇六年）。

玉置子守三所権現考

徳永誓子

はじめに

玉置神社は大和国の最南端、大峯山系玉置山の頂付近に位置する。「玉置」は「タマイ」とも読むことから、現在の玉石神社、地面に露出する丸石が本来の神体であったと考えられている。金峯山――本稿では、下山の吉野蔵王堂と山上の大峯山寺を包括する地域を「金峯山」と称する――から熊野に抜ける修験道の修行、いわゆる大峯入峯の重要な行場の一つであるため、地元の人々のみならず修行者からも篤い信仰を受けており、紀伊国熊野地方との交流も密で、近世以降は熊野三山、もしくは本宮の奥院とも称された(1)。

この神社については、西田正俊氏、佐藤虎雄氏の専論があり、宮家準氏の著作などにも関連する記述が認められる(2)。ただし、それらが扱うのは主に近世の実態であり、中世の具体相についてはあまり論じられていない。

ここで中世の玉置に注目するのは、大峯全体の展開に関わる現象が見いだせると予想できるからである。入峯ルート上には「宿」と呼ばれる行場が七十程度置かれている。そのなかには社や堂を伴うものもあり、近世には修験教団や山麓の住民がその管理や経営を担ったことが知られている。(3) ただし、ほとんどの宿は宗教組織に発達することはなかったと考えられる。

このようななかで、例外的に宗教組織を有したのが、玉置宿、すなわち玉置神社である。この神社は、近世には複数の院房によって構成されたことがわかっており、十四世紀半ば以前に『玉置山権現縁起』(4)（以下『玉置縁起』と略記）という宿独自の縁起が編まれていた。

『玉置縁起』は近世の写本が二つ現存しており、どちらも観応元年（一三五〇）に「依二旧本一」隆宗が書写し、宗慶が加点した本を原本とする。十三世紀末以後に認められる顕・密と修験を並置する概念(5)が導入されている点からみて、成立年代の上限はこの時期に求められる。観応の他に、永享八・宝永元年（一四三六・一七〇四）などの書写奥書があり、そこには社家玉置氏の由緒や系図が含まれる。ただし、観応以前に成立した部分には、現地の宗教者に関する記述はなく、山内の社堂などの霊験が大峯全体の信仰と関連づけて説かれているので、縁起は主に外から玉置に訪れる修行者を意識して作成されたと考えられる。

このように、『玉置縁起』は十四世紀以前の玉置神社の実態と大峯山中における位置づけを知るための格好の史料である。前掲の佐藤・宮家氏の他、近藤喜博・山本ひろ子氏なども部分的ながらその内容に言及しているので(6)、それらを参照しながら中世の玉置の姿に迫っていきたいと思う。以下、この神社がいつごろから文献上に現れるか、神社を構成する社や堂、とくに主神がどのような性格を持っていたかを探り、玉置、ひいては大峯山中に生じた変化が、外界のどのような動きと関わっていたか考察を進める。

一　先行伝承と『玉置縁起』

1　十三世紀以前の玉置山

まず、『玉置縁起』から十四世紀の玉置神社の構成を確認し、そのような様相がいつごろから認められるのか、先行する大峯の縁起類を検討してみよう。

縁起の冒頭には「子守三所[7]・八大金剛童子・白山・三狐神・三所如意宝珠・大日堂・通知無漏岳・大毘盧遮那岳・月見岩屋」という項目名が列記されており、これらが十四世紀に玉置山にあった社堂などを指すとみられる。最初の子守三所は当時の主神である。八大金剛童子は大峯山中の八つの重要な行場に一人ずつ住まい、修行者を護るとされた神格で、玉置には悪除童子（障乱諸魔降伏童子）が所在した。三所如意宝珠は玉置とその関係地に埋められたという三つの宝珠を指し、他は山内の社堂と行場にあたる。

玉置の地名は、大峯修行に関する縁起、『諸山縁起』や『大菩提山等縁起』『金峯山本縁起』[8]などに確認できる。これらは十一世紀後半ごろから流布した伝承を集めて、十二世紀から十三世紀初頭にかけて成立したもので、そのなかに「大峯宿名百廿所」や「峯宿之次第」と題する、宿の名前を列記した項目が含まれており、玉置は「玉木」ないし「玉水」と表記されている。

『諸山縁起』の第一項は「大菩提山仏生土要事」と題されており、『大菩提山等縁起』の冒頭にも、前半を欠くものの、同じ記事が収録されている。この項目も大峯の行場に関する。ただし、大峯全体を両界曼荼羅に見立て、熊野側を胎蔵界、金峯山側を金剛界にあてて峯々を諸尊の名前で示すので、具体的な地名が直接は記されていない。以下に、『大菩提山等縁起』収録「大菩提山仏生土要事」の一部を引用する。なお、この項目の書写奥書には大治二年（一一二七）の年紀がある。

峯下　玉木宿
毘盧遮那如来嶺仁明天皇御使、金剛頂瑜伽諸大日経五寸大日如来、三寸玉玉仏在云々[9]、
峯　玉玉岳　東方在石屋
阿弥陀如来嶺小阿弥陀経卅八巻、笠仲如法経置了、弥陀造仏三尊納安置石屋御、可尋、

嶺名の右左の肩に付された傍注に注目すると、毘盧遮那嶺は「玉木宿」に、阿弥陀嶺は「玉玉岳」に比定され、前者は「峯下」、後者は「峯」に位置したことがわかる。『諸山縁起』収録の「大菩提山仏生土要事」では、地名を記さず、毘盧遮那嶺に「峯下復谷上」、阿弥陀嶺には「峯遠下上本尊御」とのみある。この場合、後者は山頂（「峯」）から遥か下がった地点と読めるので、『大菩提山等縁起』所収のものとは違う場所を指している。また、『玉置縁起』には「大毘盧遮那嶺・通智無漏者共仁玉置御在所上也、」とあり、この「大毘盧遮那嶺」は、『大菩提山等縁起』「大菩提山仏生土要事」で「玉木宿」にあてられた嶺を指すとみられる。

三史料の比較を通じて、「大菩提山仏生土要事」の問題の傍注が、原本にはなく、転写されるなかで書き入れられたものであること、両界曼荼羅の嶺名を現地地形と照らし合わせる試みがなされていたこと、その比定について少なくとも三つの説があったことがわかろう。とりわけ、『大菩提山等縁起』収録のものからは、「玉木宿」が「玉木岳」を下った場所にあった、つまり神社と山頂が現在と

同じ位置関係にあったことが読み取られる。

玉置に八大金剛童子の一人悪除童子が所在したという記事も、『諸山縁起』「大峯ノ金剛童子ノ次第住所ノ日記」他にすでに確認できる。

次に、鎌倉後期から南北朝期に成立した『大峯縁起』を見てみよう。この史料の「大峯秘所記」「大峯秘所私聞書」などと称される部分（以下、「秘所記」と略記）は、大峯の行場に関する具体的な情報を記したもので、弘安八年（一二八五）以前に成立したことが指摘されている。[10] 玉置については、このようにある。

一、玉置ノ子守ノ上ニ、役行者、如意宝珠埋レ之給也。或説ニ、金剛童子ノ後ニ埋レ之云云。是レ秘説也。同大日堂ハ、初役行者建立也。同本尊、大日如来也。行者ノ御作也。其背ノ小大日者、弘法大師ノ御作也云云。

一、稲荷ノ上ノ宮ノ金剛童子ハ、大峯香精童子也。役行者勧二請之一給也。私ニ云ク、是本社已前ノ事也。

最初の一つ書きには、子守社・如意宝珠・金剛童子・大日堂と、『玉置縁起』にみえる施設が登場する。次の一つ書きは、やや意味がとりづらい。八大童子のうち、深仙に坐す香精童子にわざわざ「大峯」とつけ加える点、玉置の童子は悪除である点に注目するならば、この記事は大峯山中ではなく、伏見稲荷の上宮（上社）に関するという解釈も可能だろう。伏見稲荷に金剛童子が祀られていたという確証がないので、この解釈は説得力を欠くが、この記事を玉置ないし他の行場にあてはめてもしっくりしない。いずれにしても、この記事が「玉置子守上、……」の一つ書きのすぐ後に並ぶのは、玉置に稲荷が祀られていたからで、それは『玉置縁起』の三狐神に相当すると考えられる。

このように、中世前期の大峯の縁起類から、十二世紀前半には「玉木」宿がおそらく現在の玉置神社と同じ位置にあったこと、十三世紀半ばには『玉置縁起』にみえる主要な施設がそろっていたことが確認できる。

2　如意宝珠の行方

如意宝珠は、宗教者、とりわけ真言宗に携わる人々に重視されるだけでなく、王（天皇・上皇）の力を支える宝物ともみなされた[11]。『玉置縁起』と『大峯縁起』所収「秘所記」のどちらにも登場することからわかるように、玉置においても、宝珠は重要な役割を果たしている。ちなみに、近世には宝珠が埋められたのは玉石社であると説かれていた[12]。以下は、『玉置縁起』の関連記事である。

一、三所如意宝珠之事
一所玉置子守上、役行者如意宝珠埋レ之、或云、役行者如意宝珠、金剛童子後仁埋レ之云々、又云、弘法大師如意宝珠埋レ之云々、所詮役行者如意宝珠者、子守与二蔵王御在所一中門被レ埋レ之、弘法大師如意宝珠者、金剛童子御後被レ埋レ之哉、此事最秘口伝、聊不レ可レ及二外聞一、
一所自然出生如意宝珠古屋ナビキノ辺アリ、通智無漏岳下歟、

引用部本文の冒頭の箇所は「秘所記」の宝珠に関する記事とほぼ同じであり、『玉置縁起』の編者は「秘所記」を所持していた、もしくはその内容を知っていたと判断できる。

だが、宝珠を一つではなく三つとする点は異なる。第一の宝珠は役小角に関わるが、「最秘口伝」

を引用して、金剛童子の後ではなく、「子守与二蔵王御在所一中門」に埋めたとする。「蔵王御在所」が金峯山の蔵王権現の所在地、「中門」が「中間」の誤写と考えれば、玉置と金峯山の中間点と解釈できよう。

残る二つのうち、三番目の宝珠は、誰かが埋めたものではなく「自然出生」の宝珠で、「古屋ナビキ」の辺りにある。「ナビキ（靡）」も宿同様に行場を指す語で、古屋は玉置よりも北に所在する。近世にはこの宿と玉置の間、古屋寄りの地点に「如意珠ヶ岳」という行場があり、そこに如意宝珠が埋まっているという伝承があったらしい[13]。この行場が、「古屋ナビキノ辺」の「自然出生如意宝珠」の由緒を受け継いだと考えられる。

順番が逆になったが、二番目の宝珠は、「金剛童子御後」八大童子のうち、玉置に住む悪除の後に埋められたとある。注目すべきは、この宝珠を埋めたのを、役小角ではなく、弘法大師空海とする点だろう。縁起では引用部に続き、主に『御遺告二十五箇条』を引用して宝珠の由来や効能を説く。この史料は十世紀後半ごろに成立したもので、空海の真筆に仮託され、真言宗諸派において重視されてきた[14]。『玉置縁起』に引用される第二十四条の原文には、空海が唐の恵果から渡された宝珠は宀一山室生の精進峯に埋められたとある。しかし、『玉置縁起』は精進峯に関する部分を省いているので、あたかも玉置にあるのが空海将来の宝珠であるかのように読める。

玉置の宝珠を役小角と関連づける説が伝播していたのに対し、空海と結びつける『玉置縁起』の説は、ほとんど受け入れられなかったようである[15]。ただし、縁起が東密の宝珠をめぐる説を取り入れて、空海と玉置の間に特別な関係があったとする点は興味深い。縁起の編者は真言宗に属した可能性がある。

十三世紀半ばに玉置山に存在していた神格は、それぞれに如意宝珠と関わりを持っていた。『玉置縁起』によれば、主神子守三所の正体は女体で宝珠を手にしており、その額には「三菩薩宝珠」の銘があるという。この三という数は「三所如意宝珠」「子守三所」と対応しており、子守は玉置にまつわる三つの宝珠と結びつけられている。

大日堂について、『玉置縁起』の宝永元年（一七〇四）に書き足されたとみられる部分では「峯中修行記」第三十三を引用して、堂の本尊大日如来は宝珠のために小角が造ったもので、宝珠は大日の変ずるところである、と記す。『大峯縁起』所収「秘所記」にみえる役小角と弘法大師がそれぞれ大日像を自作したという伝承は、『玉置縁起』においては小角が後世に再び像を造ると述べたので、弘法大師は「再誕之聖者」、すなわち小角の生まれ変わりであるという説へと発展している。

三狐神は天狐・地狐・人狐からなる神格で、鎌倉期以後に隆盛した吒枳尼天に相通ずる存在である。吒枳尼天は宝珠を手に持つ女性の姿に描かれ、それと一体とする秘伝もあり、宝珠と密接な関係を有した(16)。三狐神も同様であろう。

『玉置縁起』は、南北朝期以前に流布していたさまざまな伝承をふまえて編まれた。十二～十三世紀の大峯の縁起に含まれる記述に加えて、東密において説かれた弘法大師と如意宝珠の伝承を導入し、宝珠を核に子守三所・大日・三狐神、また役小角と弘法大師を結びつけている。縁起の編者は、従来の伝承を重ね合わせることによって新たな伝承を作り、玉置山の霊験を高めようとしたのだろう。

二　玉置子守と金峯山・熊野

1　子守勝手夫婦譚

中世における玉置神社の主神子守と同名の神は熊野にもおり、十二所の一つに数えられていた。だが、玉置の神が金峯山の子守に影響を受けていることは、『玉置縁起』からはっきりと読み取られる。縁起冒頭の段落は玉置三所の霊験のあらましを説き、次の段落は「先蔵王権現ハ金輪聖王七代孫子、波羅奈国大王也、」の一文に始まって、神武天皇の代に蔵王が吉野「涌出之嶺」に、熊野大神が熊野山に顕れたと記す。二神が天竺の波羅奈国・摩竭提国から垂迹したという伝承は『大峯縁起』などにみえるもので、鎌倉期以後、熊野で修行した人々を中心に流布していた。この後、段落を改めずに、「次子守勝手者地蔵菩薩・毘沙門天王垂跡也、或云二子守地蔵菩薩・勝手勢至菩薩一云々、」と子守と勝手の本地仏を示し、子守三所は正体である女体と俗体・法体からなり、それぞれ「於二一切衆生一垂二悲母一子之慈悲一」「現二降伏諸魔之体一」「示二衆生成仏之相一」という属性を持つと記す。

近世の記録をみると、貞享三年（一六八六）に醍醐寺僧深覚が著した、入峯の記録『峯中記』は「古記」の「玉置入堂次第」を引用して、「玉置三社中地蔵左千手右毘沙門」と記す。十八世紀半ばの成立とみられる『熊野本宮新宮那智神倉玉置山神秘書』収録の「大和国吉野郡十津川郷東邑玉置山之古記」[17]（以下、「玉置山古記」と略記）も、中央の第一神の本地を単に地蔵とせず勝軍地蔵とするものの、残る二所については全く同じである。

地蔵・毘沙門・千手は、『玉置縁起』にみえる三所各々の属性にぴたりとあてはまる。地蔵は子守の、毘沙門は勝手の本地と本文にもあるので、正体（女体）が子守、俗体が勝手なのは間違いないだろう。法体の一所は、縁起に、蔵王権現の過去・現在・未来三世の姿のうち、千手が現在にあたると記すことから、蔵王に比定できる[18]。

縁起は続いて、子守三所が玉置に鎮座するに至った由来を説く。土佐国の女性が伊予国の男性と夫婦になり、四十八人の男子を産んだ。夫が「盛子[19]」一人を連れて出雲国に行ってしまったため、残された母子は困窮し、金峯山にいるという聖人役小角の許に赴いて、その利益に与かろうと考えた。小角は母子の志に感じ入り、子供たちのうち太郎金精大明神を地主として金峯山の修行門にとどめ、童子のままの八人を修行者を守護させるために「峯中」の八所に据え、成人した三十八人には一体同心して天下を守護するよう申し置いた。さらに、母は「大峯之中心」である玉置に居住させた。夫の勝手がこのことを聞いてやってきたが、妻の子守は怒りを解かず会おうとしなかった。子供たちが、夫婦の和合を説く小角の忠告に従って母をなだめてやっと、勝手は許されて山を下り発心門に住まうことができた。

ここで物語が終わってもおかしくないのだが、「雖ㇾ然」とあって以下のように話が続く。勝手は一人では「山上」に登ることができなかったので、子供たちに連々に誘引されて玉置に到着した。そして、そこでは子守三所に列することになった。

一読してわかるように、登場するのは金峯山ゆかりの神々ばかりであり、勝手と金精は、下山吉野において、それぞれ一鳥居発心門・二鳥居修行門の近くに位置する。三十八人の子供たち、三十八所も、縁起には所在地が記されないが、金峯山山上に座する神である。

金峯山では、子守は山上と下山の二カ所に祀られていた。子守はもとは吉野水分社で、「みくまり」がなまって「こもり」に変化したと考えられており、明治以後は水分を称している。[20]「子守三所」の初見は、『御堂関白記』寛弘四年（一〇〇七）八月十一日条の藤原道長の金峯山山上参詣の記事であり、「永承六年（一〇五一）銘子守三所権現毛彫像」[21]や『後二条師通記』寛治六年（一〇九二）十月二十三日条によって、早くより女性の姿で表されていたことがわかる。本地については、延元二年（一三三七）の奥書がある『金峰山秘密伝』に、地蔵ないし阿弥陀が本地仏とある。十三世紀後半以降に成立した『金峰山創草記』[22]には、子守三所は僧体・女体・俗体で、阿弥陀・地蔵・十一面を本地とするとみえ、『大乗院寺社雑事記』寛正二年（一四六一）六月七日・長享二年（一四八八）二月二十四日条や『峯中記』も、阿弥陀を中央に置くものの、同じ三尊の名をあげている。

ともに子守三所を名乗りながら、金峯山と玉置の本地は、地蔵を除き一致しない。玉置の三所は金峯山の信仰を踏まえながら、独自の配置をとっている。毘沙門―勝手が三所に加わるのは、間違いなく、『玉置縁起』の夫婦譚と対応しているからだろう。

ただし、『金峰山秘密伝』には子守について、「此即女体ノ神。勝手大明神所レ妻也。」という一文があり、金峯山においても二神が夫婦とみなされていたことがわかる。勝手はもとは吉野山口神だったと推測されており、十二世紀前半に「勝手」の名が現れる。本地については諸説あるが、『金峰山秘密伝』ほか多くの史料で毘沙門とする。十三世紀には、南都興福寺の強訴に際して、勝手と子守の神輿がともに発向する事例が確認できるので[23]、二神を一組とする見方はこのときには形成されていたと考えられる。

こうした展開を踏まえるならば、子守・勝手を夫婦とする信仰は金峯山で形成され、玉置に入ってきたと理解できよう。『玉置縁起』の夫婦譚は、勝手が許されて発心門に住したと結末めいたことを示しながら、「雖レ然」という接続詞をもって玉置で子守三所に列したとつけ加える点や、勝手・金精大明神が下山吉野に住むとする一方で、下山・山上いずれの子守にも言及しない点が、やや不自然である。もしかすると、伝承自体が本来は金峯山にまつわるものだったのかもしれない。

この夫婦譚にはさまざまな意味が込められているようである。ここでは、伝承の末尾部分に注目したい。勝手は独力では子守の住む「山上」にはたどり着けないので、子供たちに誘引されて登っていく。子供たちとは八大金剛童子と三十八所であり、とくに前者は大峯山中で修行者を守護する神格とされる。この点に注目するならば、父勝手は大峯の修行者を比喩的に表した存在であり、それが金剛童子などの援助を得て、怒れる山中の女神の許に赴くという構図を見いだせる。

大峯入峯には、熊野から北上する順峯と、金峯山から南下する逆峯がある。順峯が近世には廃れていたのに対し、逆峯は十三世紀以後盛んに行われたとみられ、今日の入峯も概ね北を始点とする[24]。子守勝手夫婦譚は、吉野から大峯に入る人々に向けて、斗藪ルートの最南端に位置する玉置の霊験を喧伝する役割を果たしたと考えられよう。

2　玉置子守の変容

近世の記録のうち、「玉置山古記」は、三所の本地仏とともに神の名称を記しており、勝軍地蔵を本地とする第一の神、千手を本地とする第二の神、毘沙門を本地とする第三の神をそれぞれ、国常立尊・伊弉冉尊・伊弉諾尊とする。このような記事はそれ以前の縁起類には認められない。なかでも第一神を国常立尊とする点は注意をひく。国常立尊は伊弉冉・伊弉諾よりも前の時代の神、とくに『日本書紀』では天地開闢の後最初に現れた神で、陽神、すなわち男神とされている(25)。

実は、「玉置山古記」では主神を「玉置三所」と称し、「子守三所」「玉置子守」という名称を全く使わない。現在も「玉置三所」は国常立ら三神とされる。近世のある時点で、玉置の主神は子守という女神ではなくなってしまったことがわかろう。三所の第一神の本地が地蔵から勝軍地蔵へ、悲母のイメージから戦勝祈願の仏という男性的なイメージへ変わったのも、そのためと考えられる。

結論からいうと、国常立・伊弉冉・伊弉諾を玉置三所とする説は、熊野から入ってきたものである。熊野では、十一世紀後半には、証誠大菩薩（家津美御子）・速玉・結の三神を熊野三所権現と称して、三山のすべてに祀っていた(26)。三所の本地は一般に阿弥陀・薬師・千手とされており、玉置のものとは一致しない。

熊野三所のうち、男神の速玉・女神の結を伊弉諾・伊弉冉とする説は、正嘉元年（一二五七）成立の『私聚百因縁集』の「役ノ行者ノ事」に早くも明記されており、室町期に熊野で編まれた『熊野山略記』などにも認められる。この説は、熊野と伊勢が同体か否かを検討した平安京貴族たちの勘文をまとめた、『長寛勘文』を受けて成立したと考えられる。[27]勘文作成者のうち、中原師光や藤原長光は、『日本書紀』所引「一書」にみえる、伊弉冉が熊野の有馬村に葬られたとする記事に基づいて、熊野権現は伊弉冉であると解釈し、同体説を支持する。藤原範兼は、有馬村葬送記事とともに、伊勢神宮の「伊弉奈岐宮二座」が伊弉諾・伊弉冉である点に注目し、伊弉諾は天照大神の父母で伊勢・熊野双方に祀られたとする。伊勢との同体説自体は長寛以前にもあったものの[28]、熊野権現に関して、伊弉諾・伊弉冉の名があがったのはこれが最初とみられ、中央貴族たちの見解が現地に影響を及ぼし、この二神を速玉・結とする説が定着したと考えられる。

一方、国常立尊を証誠大菩薩とする説は『鏡谷之響』などに認められる。『鏡谷之響』は承保二年（一〇七五）に熊野別当長快が著したとあるが、内容は『熊野山略記』に近く、他の国常立を証誠とする記録は近世のものばかりなので、成立年代はかなり下るとみられる。また、元禄三年（一六九〇）成立の『熊野山本宮由緒紀』[29]によれば、本宮では伊弉冉を証誠とし、国常立を若宮としている。国常立を証誠とする説は、十七世紀末以前に、新宮・那智において成立したものであろう。

この『熊野山本宮由緒紀』には、玉置三所および若宮は本宮から勧請されたと記されている。三所の主神としてであったかは不明だが、国常立の名が元禄三年以前に、玉置にもたらされていたと考えられる。

佐藤虎雄・宮家準氏の研究[30]によれば、十七世紀から十八世紀前半にかけて玉置では、組織を動揺させる出来事が相次いでいた。慶長年間に有力社家が追放、所領が没収され、元禄年間には真言宗蓮華光院の安井門跡が本寺となっている。さらに、享保十二年（一七二七）には修験道本山派の貫首聖護院へと本寺が替わり、以後は新たに設けられた高牟婁院が一山の管理をつかさどっている。

熊野において三所を国常立尊以下の三神とする説が定着した背景には、中世末から近世にかけての変動、とくに、神祇信仰の拡大が想定できよう。この説は確立後、かなり早くに玉置へも及んだ可能性が高い。その受容がスムーズだったのは、同時期に、玉置においても一山の内外に関わる組織の変化が進んでいたためと理解できる。

ただし、近世の玉置にも中世の子守三所の名残が認められる。現在はなくなっているが、近世に境内にあった六所社は、子守三所と勝手三所を祀っていた。「玉置山古記」には、「往古ハ有二二ノ鳥居之側一ニ」子守が玉置に鎮座し、勝手が吉野に所在したので、前者を雌神・雌山、後者を雄神・雄山と称したという記述がみえる。金峯山下山において、子守は二鳥居修行門から北に向かって下がった場所に位置するので、文中の「二ノ鳥居」は金峯山のものを指すと解釈できよう。ここには玉置の子守と金峯山下山吉野の勝手を、夫婦とみなす信仰が反映されている。子守勝手夫婦は、主神の座を譲っても、まだ玉置山中に留まっていたのである。

三　山の女神の変貌

1　もう一人の女神

『玉置縁起』にみえる子守勝手夫婦譚において、子守は「大峯之中心」に住まう母として現れる。

女人禁制地大峯の最秘所に坐す母、このモチーフは十二世紀ごろの山岳修行者の信仰にも見いだせる。『諸山縁起』には役小角の母が宝塔ヶ岳におり、小角が日夜三時その許に通って参拝したという口伝が収められており、この伝承から宮家準氏は、山の女神とそれに奉仕する修行者という図式を読み取っている[31]。玉置子守も、大峯を象徴する山の女神の性格を引き継ぐ存在といえよう。

ところで、大峯にはもう一人、高く名の知られた女神が存在した。弥山の北西麓、天ノ川の畔に祀られる天河弁財天である。天河は入峯ルートから大きく外れており、実際には女人禁制地大峯に坐しているわけではないが、中世後期から近世にかけて大峯を象徴する神の一人として広く信仰を集め、入峯の際にこの地に赴く修行者も少なくなかった[32]。

天河について、十四世紀前半に延暦寺の僧光宗によって編述された『渓嵐拾葉集』[33]の巻第六「山王御事」では、安芸の厳島・近江の竹生島とともに、弁財天の浄土にあげている。『金峰山秘密伝』では、天河を日本における弁財天の筆頭とし、またこの神は「両部冥会秘尊」であり、吉野・熊野のなかの不二の神体なので、両者の中間に置かれて「吉野熊野宮」と号する、と記す。

実は、『玉置縁起』にも「大峯有二三神一、熊野太神宮為レ胎、金峯蔵王為レ金、玉置子守為二不二一、権現為レ母、蔵王為レ父、出生子名二子守一」という、玉置子守が大峯第三の神であり、胎蔵・金剛両界を不二にあらわす存在であるとする記述がある。大峯の南と北を胎蔵・金剛にあてはめる説は、『諸山縁起』「大菩提山仏生土要事」などに説かれるもので、両界の境は宿のなかでもとくに重視された深仙とすることが多い[34]。

深仙が熊野・金峯のほぼ中間に位置するのに対し、天河は金峯山の山下吉野からも山上からも徒歩一日程度の距離に所在しており、玉置も熊野本宮に近く、どちらも大峯の中央とはとてもいえない場所に在する。実際に大峯の中央にあたる地点、たとえば、深仙などに第三の神が鎮座せず、その神に奉仕する宗教組織が形成されることもなかったのは、山中の最も奥という地理環境が原因だろう。組織を成立させるためには、近辺にある程度は人が住み、交通も比較的容易なほうがよく、この条件を満たすからこそ、天河と玉置は第三の神の所在地になりえた。そして二つの地は、自らを大峯の中心になぞらえてその霊験を喧伝したのである。

天河社の始源は探りがたいものの、鎌倉末期にはその存在が広く知られていたので、鎌倉期に入ってから信仰を集めるようになったと推測でき、玉置子守の存在が明らかになる時期とほぼ同じである。如意宝珠を手にする点も共通する。また、弁財天は十五童子を従える「母」である。

このように玉置と天河に住まう二人の女神は似かよっている。これを一方がもう一方にならった、たとえば天河を意識して玉置の性格が形成されたと考えることもできよう。だが、ここでは、大峯の修行者たちの信仰が、熊野三所・金峯山蔵王に次ぐ第三の神に、山の女神の性格を投影し、弁財天・子守の姿がそれに相応しく整えられたことを重視したい。

鎌倉期以後、天河弁財天が玉置子守よりも遥かに名の知れ渡った存在となったことはいうまでもない。天河の隆盛は、信仰世界のなかでは大峯の最秘所に位置づけられながら、実際には山中にはないという地理条件、逆峯の盛行や金峯山との関係、南都からの信仰などによると考えられる。この点については、より具体的な考察が必要だろう。

一方、玉置子守を大峯第三の神とする『玉置縁起』の説は、『両峯問答秘鈔』や『修験指南抄』(35)など、その後の修験道縁起の類にもほとんど反映されず、玉置はあくまで重要な行場の一つという位置づけに留まった。縁起の主張は、大峯を訪れる人々に必ずしも受け入れられたわけではなく、その信仰が広がることはなかった。近世に入って熊野の奥院に位置づけられ、女神子守三所が男神を中心に置く玉置三所に変貌したのは、大峯全体の信仰世界において、女神であり続ける必然がなくなっていたためともいえよう。

2　狐霊信仰の浸透

玉置と天河の共通点の一つに、外法——非正統的呪法の要素を含む点があげられる。玉置の場合、子守の側に侍し、如意宝珠を通じて結ばれる三狐神が、外法の本尊吒枳尼天に連なる存在である。弁財天も吒枳尼天と相通ずるので、同様の性格を持つと考えられよう(36)。

三狐神は『熊野山略記』など室町期以後の熊野の記録にもみえる神格であり、新宮の近くに坐す阿須賀（飛鳥）大行事の孫漢司符将軍の妻で、新宮の氏人の先祖を生み、阿須賀東社に祀られるという。『玉置縁起』にも三狐神と新宮氏人に関する記述がみえるので、縁起の成立は玉置のほうが早いものの、この神自体は先に熊野新宮に定着し、その後玉置に入ってきたと推測できる。

熊野と伏見稲荷の間に信仰的なつながりがあったことはすでに指摘されており、その関係は「護法送」の定着に始まるとみられる。「護法」は主神などの眷属ともいうべき神格で、霊的存在ゆえ通常は目に見えないが、宗教者を導き、時には使役されもした。熊野詣においては、復路の安全を期して熊野で参詣者に護法を付け、平安京帰着時に稲荷に詣でて護法を送り返す「護法送」を行った。稲荷が護法送の場となったのは、平安京の入り口に位置し、また平安期以後この山が真言僧などの修行の場となっていたためと考えられ、この儀式は熊野詣の往復路の儀礼化が始まった十一世紀後半に成立したと推測できる。十三世紀には、稲荷大明神が天竺においては熊野証誠菩薩の臣下であり、飛鳥大行事でもあるという伝承も形成されていた[37]。これに関連して、三狐神が阿須賀社に祀られたと考えられる。参詣の盛行に促されて、熊野における狐霊信仰が重層的に展開したことがわかろう。

狐のイメージは、役小角の母にも反映された。平安初頭成立の『日本霊異記』以来、小角伝において母は軽視できない存在であり、その身柄を押さえられたために小角が自ら捕われたという逸話などがみえる[38]。さらに、十一世紀後半から小角を山岳修行者の祖とする意識が芽ばえ、誕生や前生にまつわる霊験譚がつけ加えられるのに伴い、母に関わる伝承も具体性を帯び始める。十二世紀末以前に編まれた『箕面寺縁起』では、天から下った独鈷が口に入る夢を見て小角を身ごもったとある。十三世紀に成立した葛城山系の主峰に関する『金剛山縁起』や、真言僧行遍の口伝を編纂した『参語集』所収の「役行者事」などからは、小角の母の名が「白専女」とされていたことがわかる[39]。専女は本来、老女を意味した語で、十一世紀後半以後、伊勢や貴船、そして稲荷において、狐を「専女」「白専女」と呼び、崇めるようになっていた[40]。この名を通じて、強い霊力を持つ年老いた女性という小角の母の姿が浮かび上がってこよう。

大峯山中に目を転じると、『大峯縁起』所収「秘所記」に、大篠宿には狐の頭が坐す小石屋や「大ナル石岸ノ額ノ様ナル」があり、いずれも「吒天」である、後者がそう言われるようになったのは近年のことである、という記事がみえる。

また『渓嵐拾葉集』巻第六には、山伏の装束のうち、柿衣はその色で辰狐＝吒枳尼天を、不動袈裟は倶利伽羅龍王が囲繞する形、つまり弁財天を、頭巾は聖天の三摩耶形胎蔵の蓮華を表すので、山伏の形体は三天合行の秘法を示している、という秘伝が記される。三天合行法は真言宗広沢流の秘法ともいわれ、稲荷信仰とも関わっていた[41]。十三世紀以後、稲荷、狐霊との関係は熊野を越えて大峯のなかにも広がり、山岳修行者の信仰のなかに深く根ざしていったことがわかろう。

中村禎里氏の研究を参照すると、狐に対する信仰は平安期以前に大陸からもたらされ、中世に入って大きく展開したと理解でき、田中貴子氏も吒枳尼天法の成立は鎌倉期を大きく遡ることはないとする[42]。大峯の内部へと狐霊の信仰が浸透していく時期は、この獣の神格化が躍動的に進んだ時期とまさに一致する。十一世紀後半以後、熊野詣の往還路全体が信仰の道として整備されるのに従い、復路の終点、伏見稲荷からその信仰が熊野に流れ込んでいく。その後の狐霊信仰のダイナミックな展開に影響されて、熊野における信仰も多様に広がり、さらに大峯のなかにも吒枳尼天の姿が見いだされるようになった。三狐神が「大峯之中心」に坐するに至ったのも、その一環と理解できる。

むすびにかえて――外法の時代――

玉置山において、近世以後は国常立尊以下の三神が主神だったのに対し、中世には女神子守三所権現が山を代表する神であった。鎌倉中期には玉置に坐した子守は、「山中の母」のイメージを受け継ぎ、大峯第三の神を称した。主神と並び信仰を集めた三狐神は、狐霊信仰の多様な展開に伴い、大峯内部に入ってきた神であり、この神によって玉置山に外法呪術の色彩が加えられることになった。だが、『玉置縁起』にみえる中世玉置子守の信仰は、現地を越えて流布することはなかった。縁起自体は先行する大峯の伝承をふまえて編まれたものであったけれども、そこに説かれた主張は玉置を訪れる修行者の間にはあまり受け入れられず、もう一人の大峯第三の神、天河弁財天に対する信仰の高まりや、熊野の動向に影響されて、近世に入ると玉置の主神の性格は大きく変わってしまう。

最後に、狐霊信仰、ひいては外法の問題に触れておきたい。吒枳尼天は、以前から流布していた非正統的呪術が、新たな形をまとって立ち現れたものといえる。その過程には、正統的宗教者、いわゆる顕密僧なども関わっていた。だが、正統の側は、吒枳尼天法の強力な効き目を認めつつも、「外法」「邪法」と呼んで非難し、自身の呪術と区別しようとした。

狐霊信仰が多様な動きを見せるなかで、室町期には呪術者が狐を人に憑けたとして処罰される事件も起きている。また同時期には、密教僧が危篤者や日蝕に際しての修法を固辞したという例が目立つ(43)。二つの現象は、いずれも呪術全般の権威低下を示すと考えられよう。医療などの技術が進展し、呪術の担う領域が狭められたことが、その背景にあることは十分予想できる。だが、それと並行して、呪術の展開のなかに、自身に対する不信を広める要因があったのではないだろうか。

正統的呪術を標榜する顕密仏教などは、顕在化した非正統的呪術の切り離しを図った。それは自らの正統性を守るための方策ではあったが、非正統的呪術の持つ猥雑で豊饒な世界とのつながりを狭めたことによって、活力の低下を招くことになったと推測できよう。一方、非正統的呪術は強力な効力を認められながらも、正統的呪術の側がつけた「外法」のレッテルをはがすことなく、いかがわしさ、うさんくささをまとったまま盛行し、正統呪術に代わる権威的な存在にはなりえなかったとみられる。呪術全般は中世後期以後も広範に展開し、根源から否定されたわけではない。だが、社会上層における呪術の利用が限定されることになったと予想できよう。

註

（1）佐藤虎雄「玉置山」（『熊野』地方史研究所、一九五七年）。
（2）西田正俊『十津川郷』（奈良県吉野郡十津川村役場、一九三一年）、佐藤虎雄「玉置山」（前掲註1）、宮家準『修験道組織の研究』（春秋社、一九九九年）。
（3）鈴木昭英「大峯修験道と天川村」（同『修験道歴史民俗論集』一、修験教団の形成と展開、法藏館、二〇〇三年。初出は一九八一年）。
（4）『玉置山権現縁起』は『山岳宗教史研究叢書』一八　修験道史料集Ⅱ　西日本篇（名著出版、一九八四年）と『神道大系』神社編五　大和国（神道大系編纂会、一九八七年）に翻刻されており、本稿では基本的に後者を利用した。二つの写本の違いについては、『山岳宗教史研究叢書』のアンヌ・マリ・ブッシィ氏の解題参照。なお、本稿において史料を引用する際は、翻刻に付せられた返り点・送り仮名などを概ねそのまま利用したが、解釈が異なる部分は適宜改めた。この点、あらかじめお断りしておく。
（5）修験と顕教・密教を並置する概念の成立については、長谷川賢二「修験道史のみかた・考えかた――研究の成果と課題を中心に――」（『歴史科学』一二三、一九九一年）、徳永誓子「熊野三山検校と修験道」（『年報中世史研究』二七、二〇〇二年）参照。
（6）近藤喜博「熊野三山の成立」（『熊野』〈前掲註1〉）・「熊野と稲荷――護法に關して――」（同『古代信仰研究』角川書店、一九六三年）、山本ひろ子「異類と双身――中世王権をめぐる性のメタファー」（同『変成譜――中世神仏習合の世界――』春秋社、一九九三年。初出一九九〇年を加筆修正）他。縁起にみえる「三狐神」

に言及した論考が多い。

（7）刊本の翻刻では「子守」と「三所」の間が空いているが、本来は「子守三所」と続けて記されていたと考えられる。

（8）『諸山縁起』（『圖書寮叢刊』伏見宮家九条家旧蔵諸寺縁起集、明治書院、一九七〇年）、『大菩提山等縁起』『金峯山本縁起』（『山岳宗教史研究叢書』一八〈前掲註4〉）。

（9）「大菩提山仏生土要事」において嶺名の下に付された割註は、『諸山縁起』と『大菩提山等縁起』で異同がみられる。比較的、前者が正確で、後者は脱字などが目立つ。たとえば、『大菩提山等縁起』引用部の「阿弥陀如来嶺」の「笠仲」は、『諸山縁起』には「善仲」とある。

（10）『大峯縁起』（『真福寺善本叢刊』第一〇巻　熊野金峯大峯縁起集、臨川書店、一九九八年）。『大峯秘所私聞書』（京都大学附属図書館島田文庫蔵）と『大峯縁起』の関係については、小田匡保「大峰の霊地伝承史料とその系譜――秘所一覧と四十二宿一覧を中心に――」（『山岳修験』四、一九八八年）参照。

（11）阿部泰郎「宝珠と王権――中世王権と密教儀礼」（『岩波講座東洋思想』第一六巻　日本思想二、岩波書店、一九八九年）他。

（12）佐藤虎雄「玉置山」（前掲註1）。

（13）宮家準「大峰七十五靡考」（同『大峰修験道の研究』佼成出版社、一九八八年）。

（14）『御遺告二十五箇条』（祖風宣揚会編『弘法大師全集』第七巻、吉川弘文館、一九一〇年）。「御遺告」各本の関係と成立年代については、武内孝善「御遺告の成立過程について」（『印度學佛教學研究』四三―二、一九九五年）参照。

（15）玉置の如意宝珠と役小角については、『八幡愚童訓』乙、下、七慈愍御事（『日本思想大系』二〇　寺社縁起、岩波書店、一九七五年）、『玉置縁起』宝永元年（一七〇四）奥書所引「峯中修行記」第三三に記述がある。

（16）田中貴子「吒枳尼天法と〈王権〉（2）――小野仁海と白河院政」（同『外法と愛法の中世』砂子屋書房、一九九三年。初出一九八七年を補訂解題）。

（17）『峯中記』（吉野喜蔵院蔵、本稿においては東京大学史料編纂所写真版を利用。貞享三年〈一六八六〉深覚著、元禄七年〈一六九四〉亮覚写）。『熊野本宮新宮那智神倉玉置山神秘書』（内閣文庫蔵、嘉永四年〈一八五一〉書写）、「玉置山古記」の成立年代は、本文中にみえる最も新しい年紀が享保十二年（一七二七）であることから推定。

（18）金剛蔵王三世のうち、現在を千手観音とする説は『金峰山秘密伝』などにも認められる（宮家準「金剛蔵王権現」〈同『修験道思想の研究〈増補決定版〉』春秋社、一九九九年〉）。

（19）『山岳宗教史研究叢書』の翻刻では「盛ナル子」とカナを振っているので、壮健な子を意味すると考えられる。

（20）首藤善樹『金峯山寺史』第三部第二章（国書刊行会、二〇〇四年）。

（21）『金峯山經塚遺物の研究』（帝室博物館、一九三七年）。

（22）『金峰山秘密伝』『金峰山創草記』（『修験道章疏』一・三、国書刊行会、二〇〇〇年。初版は一九一六・一九年）。

（23）首藤善樹『金峯山寺史』第三部第二章（前掲註20）。また同書第一部第一章では、貞観元年（八五九）に山口・水分両神がそろって正五位下に叙されたことが、のちに夫婦神とされる素地になったと推測。

（24）鈴木昭英「当山派の教団組織と入峰」（同『修験道歴史民俗論集』一、修験教団の形成と展開。初出は一九六五年）・同「大峯修験道と天川村」（前掲註3）。

（25）『日本書紀』神代上（『新編日本古典文学全集』二、小学館、一九九四年）。

（26）小山靖憲「中世熊野の神仏とその信仰」（薗田香融編『日本仏教の史的展開』塙書房、一九九九年）。なお、永観二年（九八四）成立の『三宝絵』（『新日本古典文学大系』三一、岩波書店、一九九七年）に、本宮と新宮に証誠一所と結早玉両所が祀られていたという記事がすでにみえる。

（27）『私聚百因縁集』（『大日本佛教全書』一四八、仏書刊行会、一九一二年）、『熊野山略記』（『熊野那智大社文書』第五、続群書類従完成会、一九七七年）、『長寛勘文』（『群書類従』第二六輯）。

（28）吉原浩人「大江匡房と院政期の伊勢・熊野信仰――『江談抄』伊勢熊野同体説をめぐって――」（『日本文学』四二―五、一九九三年）。

（29）『鏡谷之響』『熊野山本宮由緒紀』（『熊野速玉大社古文書古記録』清文堂出版、一九七一年）。

(30) 佐藤虎雄「玉置山」(前掲註1)、宮家準「近世における吉野一山組織」(同『修験道組織の研究』〈前掲註2〉)。
(31) 宮家準「大峰山の女人禁制」(同『大峰修験道の研究』〈前掲註13〉)他。近藤喜博「熊野三山の成立」(前掲註6)も玉置子守の山の女神という性格に注目する。
(32) 鈴木昭英「大峯修験道と天川村」(前掲註3)。
(33) 『渓嵐拾葉集』(『大正新脩大蔵経』第七六巻　続諸宗部七、大正新修大蔵経刊行会、一九三一年)。
(34) 宮家準「他界としての大峯山」(同『修験道思想の研究〈増補決定版〉』〈前掲註18〉)。
(35) 『両峯問答秘鈔』(『修験道章疏』二、国書刊行会、二〇〇〇年。初版は一九一九年)、『修験指南抄』(『神道大系』論説編一七　修験道、一九八八年)。
(36) 名波弘彰「南都本『平家物語』経正竹生島詣と日吉社聖女宮の琵琶法師――叡山信仰圏における宇賀弁財天信仰をめぐって――」(『文芸言語研究』文藝篇一一、一九八六年)他。
(37) 近藤喜博「熊野と稲荷」(前掲註6)、名波弘彰「院政期の熊野詣――滅罪・鎮魂・護法憑けをめぐる儀礼と信仰――」(『文藝言語研究』文藝篇一三、一九八七年)、大森惠子「愛法神・性愛神と稲荷信仰――特に、女狐と女性・神子を中心にして――」(『山岳修験』二五、二〇〇〇年)他。
(38) 『日本霊異記』上巻第二八縁(『新日本古典文学大系』三〇、一九九六年)。
(39) 『金剛山縁起』(『神道大系』神社編五　大和国)、『参語集』(『國文東方佛教叢書』随筆部、東方書院、一九二六年)、阿部泰郎「〈聖なるもの〉と女性――トラン尼伝承の深層」(『女と男の時空［日本女性史再考］』Ⅱ　おんなとおとこの誕生、藤原書店、一九九六年)。
(40) 山本ひろ子「異類と双身――中世王権をめぐる性のメタファー」(前掲註6)。
(41) 桜井好朗「即位灌頂と神器」(同『祭儀と注釈―中世における古代神話』吉川弘文館、一九九三年)他。
(42) 中村禎里『狐の日本史』古代・中世篇(日本エディタースクール出版部、二〇〇一年)、田中貴子「吒天行者の肖像――外法と愛法の中世」(同『外法と愛法の中世』〈前掲註16〉。初出一九九一年を補訂解題)。
(43) 西山克「媒介者たちの中世――室町時代の王権と狐使い――」(『中世都市研究』八、都市と職能民、新人物

往来社、二〇〇一年）。『薩戒記』応永三十二年（一四二五）七月二十六日条他。

鷹山氏と興福院文書

野田泰三

はじめに

奈良市法蓮町に所在する浄土宗・興福院に伝来した興福院文書は、室町・戦国期に大和の有力国人として活躍した鷹山（高山）氏の文書として知られている。鷹山氏は山城・河内との国境に近い添下郡鷹山庄（生駒市高山町一帯）を本拠とし、代々同庄の下司をつとめた興福寺一乗院方の衆徒である。鷹山庄は、応永六年（一三九九）正月十八日興福寺造営料大和国八郡段米田数注進状[1]によれば面積「二十七町大六十歩」、「鷹山谷」とも呼ばれる生駒山系北部山間の小天地であるが、東は山を隔てて山城の木津・稲八妻、東北に普賢寺谷を抜ければ田辺、またすぐ北は傍示越を経て河内国、と交通の要衝でもあり、河内の政治拠点飯盛山城へもさして遠くない位置にあった。天文年間には主殿助弘頼が河内守護代遊佐氏の被官として安見宗房とともに上山城守護代に任じられ、興福寺衆徒としての立場、あるいは大和国境を越え、南山城から北河内にかけて広く影響力を行使した[2]。また降って貞享・元禄年間、松永久秀と三好三人衆の抗争によって焼け落ちた東大寺大仏殿の復興を主導した公慶上人も鷹山氏の出身であった[3]。

現在興福院文書として知られるものは、戦国期の古文書二巻百七通、元禄年間ころの成立とみられる鷹山氏系図一巻、ならびに天文十七年（一五四八）六月河原林対馬守春信の書写奥書をもつ弓伝書一巻である(4)。中世大和で活躍した国人衆の家分け文書がほとんど残存していない現状に鑑みると、興福院文書は質・量ともに第一級の史料ということができる。小稿では、戦国期鷹山氏の動向について若干の私見を述べた。ささやかながら今後の戦国期大和研究の一助となれば幸いである。

一　十五世紀後半の鷹山氏

興福院文書におさめる中世文書のほとんどは十六世紀段階のものであり、十五世紀以前の鷹山氏の動向をうかがうことはできない。しかし『大乗院寺社雑事記』（以下、『雑事記』と略）などの古記録には鷹山氏の記事が散見する。興福院文書をみる前に、諸記録によって十五世紀段階の鷹山氏の動静についてみておこう。

中世、大和国内の国人・土豪層が興福寺・春日社の衆徒・国民として編成されていたことは周知の事実である。『雑事記』康正三年（一四五七）四月二十八日条には、「一乗院家御坊人」として筒井以下二十二名の衆徒、越智以下二十九名の国民、「大乗院家坊人」として古市以下二十八名の衆徒、十市以下二十八名の国民、総計百七名にのぼる交名が記されている。このうち「一乗院家御坊人」の衆徒として「鷹山奥」の名がみえるのが、鷹山氏に関する早い記事である。鷹山奥氏は鷹山氏の同名中と考えられるが、両者の関係や鷹山氏の一族間結合についてはよくわからない(5)。

十五世紀半ば、河内畠山氏の家督をめぐり畠山政長と義就が対立・抗争すると、その影響は大和にも波及し、国衆も二分して争うこととなった。『雑事記』文正元年（一四六六）十月五日条には「就衛門佐《畠山義就》出頭事、大和・河内両国物忩、無是非次第也」と述べたあと、「於当国衛門佐引汲之輩者、越智弾正忠家栄之一門、吐田、曾我、高田、小泉延定房、高山、万歳、岡等也、（中略）公方様御方当国輩者、筒井順永一門、光宣法印《成身院》以下、箸尾入道宗信一家、布施、高田、多武峰一山也、此外者相加両方、更以無一遍者也」と記す。大乗院尋尊は文明七年（一四七五）にも「当国押分衆」として「越智之一門」「筒井一門」を書き上げたが、前者のうちに「高山」の名がみえている。(6)

文明九年（一四七七）九月畠山義就の河内下向後は、河内・大和・南山城地方が主たる戦場となるが、戦況は義就方優勢のうちに展開し、「筒井一門」の多くは在所を没落した。同十年六月、義就が越智家栄の館を訪れたおり、式三献の儀式がなされたが、「座敷衆、屋形、越智、高山父子、古市、初献盃屋形初之、第二越智、第三古市云々」とみえるように、鷹山氏もその場に招かれている。(7) さらに同十二年秋、義就は大和の主たる義就方国衆を河内に招いて猿楽を催すことになったが、そのとき越智家栄とともに「招請」された十一名のうちに鷹山氏も含まれている。(8) この時期、鷹山氏は「大和国越智弾正父子、古市兄弟、高山、各右衛門佐方帳本」「越智・古市・高山ハ一向右衛門佐方奉公給分衆也」といわれたように、義就から「給分」を受ける越智党の国衆であり、(9) しばしば越智・古市氏らと並び称せられるように、大和においてはそれ相応の実力を認められた存在であったのだろう。

文明十四年三月、畠山政長・細川政元が義就征伐のため、京都を進発した。しかし政元家中内部の対立もあり、細川方にはさして戦意はみられず、むしろ政元の意に従わない摂津国衆の処置に主眼が置かれていたようであり、七月に入ると義就方と和睦交渉を始める始末であった。それでも六月には朝敵義就を追討すべしとの幕命が興福寺に届いており、筒井順尊ら政長方国衆は勢いを盛り返した。『雑事記』同年六月二十日条には「鷹山奥父子背右衛門佐(畠山義就)方、令降参、進退先以無為儀也云々」とあり、二十九日には成身院順盛らが高山に入部し、鷹山舎弟が守る疋田城を焼いた。『雑事記』は「高山此間ハ河内方給恩之衆也、今度裏返了」と記す。舎弟はこのとき出家遁世しようとしたが、古市澄胤の婿であったため越智家栄より慰留され、また父大弐法眼の意見を容れて思いとどまったという(10)。

この後の鷹山氏の動向は転変し、『雑事記』には以下のようにみえる。

一、鷹山進退事、内々計略子細在之、河内儀、大略無為歟云々、比興々々
（同年十月二十五日条）

一、今日箸尾・十市之陣結崎責之云々、高田・越智等取向云々、筒井同責之、古市以下衆共也云々、生駒谷・平群谷・鳥見谷等在々所々、高山并河内勢共焼払之云々、高山裏返故也云々、定而大合戦可有之云々、重而可記之（後略）
（同年十月三十日条）

一、昨日於鳥見谷合戦、高山打負、自身負手半死半生云々、手者共大略損了、今日自焼云々、同河内勢損了、引退云々、狭川并秋篠衆高名也、同日夕方、於郡山西辺合戦、窪田中・筒井之院内・狭川衆三人被打死了、古市高名也云々
（同年十一月二日条）

一、去四日、高山自河内被沙汰居、勢共被付之云々、又秋篠・越昇(超)寺、各甲十五ツ、入之、一族一人大将云々
（同年十一月八日条）

大和衆官領(管、畠山政長)方引汲牢人　筒井、今市新、（中略）　窪城無為、高山無為、越昇寺無為、秋篠無為、坂上

（同年十〜十二月記末尾）

『奈良県史一一　大和武士』（一九九三年）は、「さらには生駒谷・平群谷・鳥見谷においては高山氏が義就の河内の軍勢に攻められ在々所々が放火を受け高山自身半死半生の有様であったというが、義就勢も兵を損じて引き退いた」（同書一四九頁）の如く、鷹山氏を政長方とみなしているようである。しかし『雑事記』の前後の箇所では畠山義就を指して「河内」と表記しており、十月三十日・十一月二日条では鷹山氏と河内勢の動きは連動するものとして描かれているし、十一月八日条も義就方の後援を得て鷹山氏が在所に還住したと読める。十月三十日条の「高山裏返」も、鷹山氏が政長方から義就方へ再度寝返ったことを示すものと解釈できないだろうか。ただしこのように解釈すると、十〜十二月記末尾の記述と矛盾をきたすことになり、また十一月八日条では筒井党の秋篠・超昇寺両氏が義就方鷹山氏と共同行動をとっていることになる。ただ前者については十〜十二月記末尾の記述がいつの状況を反映したものなのか（いつの時点で記述されたのか）、後者についても秋篠・超昇寺氏の当該期の動向など、なお検討の余地があるだろう。

こののち十五世紀末には、再び義就方としての活動が確認される。明応二年（一四九三）二月、将軍足利義材が畠山政長と抗争を続ける畠山基家（義就の子）征伐のため奉公衆・諸大名を率いて河内へ出陣した。大和国内では政長方の筒井党が蜂起し、越智・古市方の国衆を攻めたてた。鷹山氏も筒井党の宝来氏に攻められ、一時は在所を没落した[11]。しかし四月になると、親征に反対であった細川政元が義材を廃し、新将軍として足利政知の子香厳院清晃（足利義澄）を擁立する、いわゆる明応の政変を起こす。これは事前に越智家栄・古市澄胤とも諮ったうえでの行動であり[12]、翌閏四月には畠山政長を敗死させ、その子尚順を紀伊へ追った。クーデターの成功をうけて、五月には畠山基家・越智家栄・古市澄胤が上洛する。このとき越智家栄は高田・岡・万歳・箸尾氏ら大和の主立った国衆を率いて上洛しており、その様は「衆徒・国民共各一騎打之、共如主従也」と評されたが、鷹山氏もこの一騎打のなかに含まれていた。(13)

これ以降、天文年間に至る時期の鷹山氏の動向については、筆者は十分にたどることができていないのであるが、鷹山氏は十六世紀に入るとそれまでの越智党から筒井党へと立場を変えるようである。永正十六年（一五一九）十一月、阿波から摂津に押し渡った細川澄元は、翌年二月には仇敵細川高国を近江に追い一旦は京都の支配権を握ったが、五月には京都に突入した高国勢と戦って敗れ、腹心三好之長は自刃、澄元も摂津伊丹から退いた。時を同じくして、大和では細川高国と結ぶ筒井順興ら筒井党と澄元方の越智・古市勢との抗争が激化するが、五月二十九日には筒井方中坊美作守が陣取る宿院郷へ「古市衆幷高山・超昇寺衆、合五百余」が夜討ちをかけ、これを破っている。(14)この時点では鷹山氏はなお越智党に属していたとみなしうる。

ところが翌六月頃より河内畠山稙長（政長流）の仲介により筒井・越智両氏の間に和睦の動きが表れ、十月には両氏が法隆寺で会談し正式に和睦が成立した。その際両氏が取り決めた条項の内に、「筒井方与力超昇寺・高山・根尾・番条・島、各越智へ引汲之処、只今被返付、ト《了カ》云々」という一項がある。(15)本来は「筒井方与力」でありながら「越智へ引汲」していた超昇寺氏以下諸氏の所領を返付すると解釈されるが、これによれば鷹山氏は本来筒井党であったということになる。鷹山氏が「筒井方与力」となったのはいつごろからなのか、「越智へ引汲」とはいつの時点からを指しているのかわかりにくいが、興福院文書をみる限り、これ以降の大和国内における鷹山氏の行動は筒井党としてのものとなる。和睦の成立と所領の還付により、鷹山氏は筒井党に復したと考えられそうである。

このように十五世紀後半以降、基本的に義就派越智党としてみえる鷹山氏は、十六世紀はじめに筒井党としてその政治的立場を改めたようである。この間、鷹山氏は本拠鷹山庄以外にも文明年間には若狭西郷の知行を所望していたり、清澄庄・長屋庄に権益を有し、また興福寺別当領播磨国土山庄の経営を八十貫文で請け負うなど、(16)国内外で庄園所職の集積を進めていた。

一方で、文明九年十月には豊田氏らとともに「奈良中検断」権を所望し、翌十年五月には新城堀普請人夫を賦課しようとしている。(17)同年十一月の北郷馬借蜂起は鷹山の所為かとされたし、同十二年には油売買をめぐる符坂・木村両座間の相論や下人が関わった火鉢作公事銭をめぐる相論にも関与した。(18)文明十八年には「春日住京神人」である「倉・酒屋・風呂・味噌屋」が納める「公方方役」千三百余貫の「奉行」を務め、降って永正四年（一五〇七）には「奈良官符事ハ秋篠、高山、番条、豊田可申付歟云々」と、奈良の検断を担当する官符衆徒の候補者にも目されている。(19)その実力は決して小さくはなく、検断・流通経済など諸方面において大和国内、奈良市中に対する影響力を強めていることが知られる。明応三年（一四九四）十一月、京都・南都間の街道が不通となり、春日祭上卿の南都下向が危ぶまれた際には「西路者可申合高山云々」と言われているように、(20)山城南部から大和北部にかけての地域に広く政治的影響力を行使し得る存在であった。

十五世紀半ばから十六世紀初頭にかけて、鷹山氏ははじめは越智党、のち筒井党とその政治的立場は変えるものの、大和の有力国衆としての活動が確認できる。その活動は大和の国衆同士のつながりを基盤としつつも、さらに河内畠山氏など国外勢力とも関係を取り結び、大和北部地域を中心として国内外に勢力を伸張させていたということができよう。

二　鷹山弘頼をとりまく政治的環境

1　細川氏・南山城地域と鷹山氏

鷹山氏が十五世紀半ば以降、畠山氏と密接な関係を取り結んでいたことは前述した通りであるが、国外勢力との関係はそれだけではなかった。

興福院文書のなかの比較的古い時期の文書に、鷹山藤若宛ての九月二十四日高屋家次書状、九月二十五日薬師寺長忠書状がある。二通はともに藤若「御親父」討死について述べていることから同じ年のものと判断されるが、高屋家次書状には「今月廿六日ニ御屋形様和州へ御立候間」、薬師寺長忠書状には「去廿一日、於今市之城、御親父御討死之由御注進之趣、具致披露候、(中略)返々今度之御働、於淀之儀、旁以事外之御感候」とある。九月二十一日に「今市之城」で合戦があったこと、二十六日に「御屋形様」が大和へ出陣しようとしていること、「淀之儀」について鷹山藤若に殊更な働きがあったこと、などを考え合わせると、これらは永正元年(一五〇四)の薬師寺元一の乱に際してのものと考えられる。

永正元年九月、細川京兆家の有力内衆のひとりで、当時摂津守護代であった薬師寺元一が山城淀の藤岡城に拠って挙兵した。これは京兆細川政元を廃して、養子澄元に跡目を継がせようと企てたものであったが、元一は実弟の薬師寺長忠や山城守護代香西元長らに攻められ、捕えられたのち京都で自刃し、目論見は水泡に帰す。元一に与同した沢蔵軒宗益（赤沢朝経）も山城槙島を経て大和に奔った。元一の敗死・宗益の没落により、大和ではそれまで在所を追われ牢人していた筒井党の面々が「京方」古市・越智勢に対して攻勢をかけ、古市澄胤父子は没落、越智氏の代官堤氏の拠る今市城も陥落し、『雑事記』によれば数百人が討ち死したのであった[21]。高屋家次書状にいう「御屋形様」とは細川政元を指す[22]。こうした状況のもと、鷹山藤若は藤岡城攻めに参加し、その「親父」は今市城で「御名誉」の「切腹」を遂げたのであった[23]。

　藤岡城攻めへの参加も今市籠城も、ともに越智方としての行動と考えれば肯けるものである。しかしそのうえで、細川氏の有力被官薬師寺氏や高屋氏との間で音信がなされていることには留意しておく必要があるだろう。鷹山氏の本拠鷹山庄に近接する南山城地方には古くから南都・興福寺の影響力が及んでおり、相楽郡木津氏のような衆徒・国民、あるいは久世郡水主氏のように一族を興福寺に入れる国人衆も多く存在した。鷹山氏が大和国内のみならず、政治的・文化的共通性の強い南山城の国人・土豪層とも通交関係を持っていたことは、興福院文書中の水主氏や綴喜郡の多賀・草内氏、普賢寺谷衆中、相楽郡の木津、狛、稲八妻氏等からの書状にも窺えるし、幕府奉公衆である宇治の槙島氏と姻戚関係にもあった[24]。その南山城地方に戦国期には細川氏の手が伸び、山城国一揆を主導した「国中三十六人衆」が「大略細川九郎殿（政元）奉公之躰[25]」と言われたように、細川氏による国人・土豪の被官化が進んだことはよく知られている。こうした状況下で鷹山氏も細川氏とのつながりを持つようになったであろうことは想像に難くない。その後も南山城・大和地域には細川方の赤沢朝経・長経父子、柳本賢治、木沢長政らの進攻が繰り返された。大和国衆はしばしば一揆を結んで国外勢力の進出に対抗したが、細川方と接触する契機は十分に存在したわけである[26]。三か国の国境地域に基盤を置く在地領主として、早くから南山城（上山城）地域にもつながりを持った鷹山氏であれば、細川氏との間にも何らかのパイプを有していたと考えておく方が自然でもあろう。

時代は降るが、一向一揆の拠る摂津「中嶋成敗」にあたって磯崎口での鷹山弘頼の粉骨を賞した（天文五年）八月九日細川晴元感状には「木沢左京亮《長政》注進到来」とあって、弘頼が木沢長政の指揮下にあったことを推測させる。天文十年（一五四二）十月には、この木沢長政の謀反に与同する気配をみせた「上山城衆」の取り鎮めを細川晴元から要請され、翌年三月木沢長政が敗死した河内太平寺合戦にも出陣し、晴元から戦功を賞する感状を得ている[27]。

このように国外諸勢力との間に幾重もの政治的関係を取り結んでいることが鷹山氏の特徴といえ、諸権力との間に培われた関係がのちに鷹山氏の大和国外での活動を支えることとなる。鷹山弘頼が山城上三郡守護代に任じられたのも、細川氏綱と結んだ河内畠山氏が上山城進出を意図してのことではあるが、畠山氏が本来の分国ではない上山城三郡（相楽・綴喜・久世の各郡）に守護代を設置し得たのは、鷹山氏と南山城地域との関係を前提にしたものと推測される。

2　畠山氏被官としての鷹山弘頼

興福院文書二巻百七通のうち、過半は鷹山弘頼（主殿助）に関する文書である。天文十五年（一五四六）、弘頼が遊佐長教の後継者となる安見宗房とともに上山城三郡守護代に任ぜられたことについては、すでに小谷利明氏によって紹介されており、筆者もかつて『城陽市史』で触れたことがある(28)。ここでは鷹山弘頼と河内畠山氏との関係について、今少し検討してみたい。

『石山本願寺日記』天文十五年九月五日条に「○遊佐河内守（長教）へ樽遣之、就所々属本意也、△又鷹山主殿助（弘頼）、三宝院（快敏）、吉益（匡弼）、行松源内助、安見（宗房）等へ、就出陣三種三荷ヅ、遣之」とみえ、弘頼が安見宗房・三宝院快敏・吉益匡弼ら遊佐氏被官衆とともに出陣していることからも明らかなように、そもそも守護代に補任された際の弘頼の立場は河内守護代遊佐長教の被官、広義に解釈すれば河内畠山氏の被官としてであった。鷹山氏が興福寺衆徒という枠組みを踏み出して、また筒井党の行動の一環としてでもなく、畠山氏被官として独自に活動していることから、当該期、畠山氏との関係が深化したことを推測させるが、この間の事情は詳らかにし得ない(29)。ただ、岡田謙一氏が紹介された天文十一年に比定される七月二十五日付の中坊法眼宛て行松長忠書状（長忠は遊佐長教の被官）には「又交野ニ鷹山居陣候て、其方之御人数と可申談之由、被申付候間、御出陣之御勢衆へ此由可被仰付候」とみえ、畠山方としての行動が知られる(30)。『多聞院日記』天文十三年七月二十九日条にも「鷹山守殿助（主、弘頼）」が「河内勢」を率いて大和で軍事行動を行った記事がみえているから、鷹山弘頼は遅くとも天文十一年には畠山方遊佐氏被官となっていたと考えられよう。

弘頼の守護代としての活動の詳細は『城陽市史』等(31)に譲りたいが、京都北野社の別当職を務める曼殊院門跡に対し南山城入部を報じた十月七日安見宗房書状には、「従前守護方江出申闕所等諸入組在々所々是御座在事候之間、左様之儀可存知、指出等在々所々へ申付候間、自往古相替儀申付間敷候、殊ニ河内守（遊佐長教）順路ニ申付候」とある。このたびの支配が恣意や非違を排した「河内守順路」によるものであることをアピールするとともに、守護方闕所地等の入り組み関係を調査すべく上三郡に指出の提出を命じたことが知られるが、着目すべきはその追而書に「御在所之儀者、自往古筋目聊如在有間敷候、然共内堀・木沢両御所様被申付分者可致所務候由、鷹山被申候」とある点である。先に引用した部分と同様、在地支配に関しては新儀を行わないことを確認しつつも、「内堀・木沢両御所様被申付分者可致所務候由」を鷹山が述べたという。「内堀」とは、細川京兆家被官として急速に台頭し南山城・大和支配を担当した赤沢朝経（沢蔵軒宗益）・長経父子の被官で、永正四・五年には内堀次郎左衛門・神次郎父子が長経とともに大和に侵攻している。「木沢」はいうまでもなく木沢長政。本来は義就流畠山氏の被官でありながら、政長流畠山氏の守護代遊佐長教と諮って河内支配の実権を掌握し、享禄年間以降細川京兆家に接近して上山城守護代となった。天文五年には信貴山城を築いて本格的な大和支配に乗り出し、同十年七月には南山城の笠置城に移り、翌年三月河内太平寺での敗死まで勢威を振るった人物である。内堀・木沢両氏ともに、軍事力を背景に南山城・大和地域に強圧的な支配を展開した人物であり、弘頼が両氏の施策を支配の基準としたことによって、南山城に所領をもつ興福寺以下の諸領主との間に相当の軋轢が生じたであろうことは疑いない。弘頼が興福寺衆徒としての立場を抜け出し、武家被官たらんとする志向を明確に示すものと言えよう。

　当該期の弘頼の活動は南山城地域だけに止まらない。天文十五年末、山城西岡の一揆鎮圧のため、管轄地域を越えて河内「牧・交野一揆」の動員を期待されているが、[32]これはとりもなおさず、鷹山氏が北河内地域にも影響力を行使しうることを前提にしているのであろう。翌年三月には細川晴元方に攻められる摂津三宅城の後詰として摂津川端に在陣し、翌月には山城西岡地域に転戦している(33)。同十七年六月には河原林春信に「懇望」して弓伝書一巻を贈られているが、当該期、鷹山氏が摂津の有力国衆との間にも通交関係を結んでいたことは注目されよう。

大和では筒井順昭が越智方を圧倒しつつあったが、筒井党の一員でもある弘頼は、田原東庄下司坂上氏の還住・帰参や藤井氏跡職といった国衆の進退問題に関わって、畠山・遊佐氏および筒井氏との間を仲介・調整しつつ解決に尽力していたことも知られる(34)。

大和国内のみならず、南山城から摂津・河内の北部にかけて影響力を行使し、畠山家中において重きをなすようになった弘頼は、遊佐長教から摂津国闕郡深江庄・和気役所や河内国丹南郡日置庄四分一などを宛行われ(35)、大和国外に所領・所職を獲得していくのである。この時期の鷹山氏の動向は、地域支配を進展させつつあった畠山氏の家中に地歩を占めることにより、興福寺衆徒としての立場を相対化し、周辺地域への影響力を強め、自らの領主支配を強化しようとしたものと評価できるだろう。

しかしその後、弘頼は同僚でもある安見宗房との間に確執を生じたらしい。

先日対安見(宗房)存分由候、不及是非候、万一重而於爰元及申事候而者、弥外聞如何候、先少々間在庄候而可然候、此方用之儀候者、可召越候、更無等閑事候、猶丹下(盛知)可申候、謹言、

拾月十七日　　高政（花押）

鷹山主殿助(弘頼)殿

差出の河内守護畠山高政は天文二十一年九月頃に家督を継承した人物であり(36)、かつ弘頼の没年を天文二十二年五月四日とする鷹山氏系図の記述を信ずるとすれば、本文書は天文二十一年のものとなる(37)。

弘頼は死没の八カ月ほど前、安見宗房と確執を生じ、御屋形畠山高政から鷹山庄での逼塞を命じられていたことが判明する。

鷹山事、太藤（遊佐）于今憤候由、誠笑止之儀候、就其、藤政進退事、いかゝと被尋候、此段者知行等各別候間、藤政於令軍役者不可相違事候、謹言、

正月廿五日　　高政（花押）

丹下備中守（盛知）殿

同じく畠山高政の書状である。文中の「太藤」とは、天文二十年五月に殺害された遊佐長教に替わって遊佐氏の家督を継承し、永禄元年（一五五八）頃まで守護代としての活動が確認される人物(38)、「藤政」は鷹山弘頼の後継者である。弘頼の生害を天文二十二年五月とすれば、本文書は天文二十三年以降のものと考えられるが、遊佐太藤は鷹山藤政に対して今に憤懣を抱いており、「藤政進退」について否定的な見解を示したのに対し、高政は藤政が軍役奉公を務める以上、知行を保障すべきことを指示したものである。藤政と遊佐太藤との間にも確執が生じていたことがわかる。このように弘頼死没の前後、鷹山氏は安見宗房・遊佐太藤という畠山氏有力被官との間に摩擦・対立を生じていたことが知られ、あるいはこれが弘頼生害の原因となったのかもしれない。

興福院文書にみる限り、藤政以降、河内畠山氏被官としての鷹山氏の活動はほとんど確認できない。鷹山氏の大和国外への進出・畠山氏被官としての活動は弘頼の時期、ことに遊佐長教との情誼関係のもとでなされたもののようであり(39)、弘頼生害を以て畠山氏との関係は薄れていくようである。

3　大和国衆としての鷹山氏

鷹山弘頼が河内畠山氏の被官として国外で活躍したことは事実であるが、それによって鷹山氏の大和国衆としての属性が喪失したわけではない。

興福院文書には、鷹山弘頼が河内高屋城において生害したおり、弘頼の後継者とおぼしき藤政のもとへ遣わされた弔状が十六通伝存している。その差出人を列挙すると、筒井藤勝（順慶）、喜多興能、八条藤政、秋篠藤賀、超昇寺信次、井戸某、十市遠勝、布施行盛、岡政満、上笠間定俊、和田宗総、木津英盛、水主光清、普賢寺谷中、津越国任、内田源隆、となる。(40) このうち筒井藤勝から上笠間定俊までの十名は確実に大和国衆である。次の和田氏もおそらくは近隣上鳥見庄の国人和田氏であろう。木津氏は山城相楽郡の国人で代々木津執行職を務める興福寺衆徒の一、水主氏は南山城久世郡水主郷を名字の地とする国人で戦国期には幕府奉公衆であったが、興福寺にも一族を送り込んでいた。(41) 普賢寺谷中は鷹山谷から山城田辺方面へ抜ける綴喜郡普賢寺谷に盤踞する土豪衆の連合組織と考えられる。最後の津越・内田氏については不詳である。史料上は大和国外での活動が目立つ弘頼であるが、こうした多数の弔状が残されていることから、この間も筒井氏をはじめとする大和国衆との関係は維持されていたと考えられる。

年未詳ながら鷹山氏と普賢寺谷の尾崎氏との間で喧嘩沙汰が起こった際には、草内西貞政・草内安楽寺貞満・番条春千代が合力に駆けつけ、山部藤安・多賀源左衛門尉・中黒某・櫟原春藤らが協力を申し出ている。(42) 多賀・草内氏は綴喜郡多賀ならびに草内を名字の地とする武士で、草内は普賢寺谷から木津川流域平野に出る開口部に、多賀はその対岸に位置する集落である。番条・山部・櫟原・中黒はいずれも大和の国人・土豪と考えられる。南山城から大和北部地域にかけての国人・土豪衆との間に合力関係が形成されていたことが判明する。

これら二つの史料群からは、鷹山氏が近隣地域、とくに大和と南山城の国人・土豪衆との間に日常的に取り結んでいた通交・合力関係をうかがうことができるが、その中心は大和国衆との関係であった。興福院文書では十六世紀の古文書が大半を占めるため、必然的に大和国衆のなかでも筒井党に属する諸氏の文書が多くみられる。先述した鷹山藤政あての十六通の弔状の差出をみると、筒井藤勝はもとより、喜多興能は筒井藤勝の副状発給者、八条・秋篠・超昇寺・井戸・布施氏などもこのころ筒井方としての活動が確認できる。正月九日筒井藤勝（順慶）書状は年未詳ながら、藤勝と署名し花押を据えていることから、おそらくは永禄年間（下限は得度して順慶と名乗り始める永禄九年四月以前）のものと推測されるが、「鷹山殿」に対して「此度別而於御馳走者、似相之以明所五百之《（ママ）》通、可進置候」と軍忠に応じた知行の宛行を約束している。当時、大和は三好氏配下の松永久秀によって蹂躙され、筒井党の面々は牢人状態にあった。そうした状況下で鷹山氏は、筒井方の一員として軍忠を期待される存在だったのである。

前述した国内国衆の跡職・進退をめぐる問題に関わった事例も、当然のことながら大和国衆徒、とくに筒井党諸氏との関係を前提にしており、畠山氏被官として重きをなしたとはいえ、鷹山氏は決して大和とのつながりを断ち切ったわけではない。

今回はその内容を十分に検討できなかったが、鷹山氏系図には戦国期から近世初頭における鷹山氏と窪庄・琵琶小路・坂上諸氏らとの養子・姻戚関係に関わる記述もみられる。その記載内容についてはもちろん一次史料に基づいた裏付け作業が不可欠であるが、ある程度の史実は反映していると考えてよいと思われる。弘頼はじめ鷹山氏の活動の背景には、こうした大和国衆間のつながりが存在したことを無視することはできない。

三　永禄年間の鷹山氏と「賦」

1　興福院文書にみえる「賦」

弘頼の死後、鷹山氏の大和国外での顕著な活動は確認されず、もっぱら筒井党の一員としての国内での活動が主となったと思われるが、永禄年間、三好氏の勢力が大和に及ぶと、鷹山氏もその影響を蒙ることとなった。最後に永禄年間の鷹山氏の動向についてみておく。

永禄二年（一五五九）六月、松永久秀以下三好勢の侵攻により、大和国衆は松永派と筒井派に分裂・抗争することとなり、さらに同八年以降、三好勢が三人衆方と松永方に分裂すると、河内畠山高政・紀伊根来寺衆徒らは松永方、筒井順慶らは三人衆方と、大和を舞台とする争乱は畿内諸勢力を巻き込んで混迷の度合いを深めていく。この時期、興福院文書に三好氏の発給になる「賦」と呼称される文書がみられる。

鎌倉・室町幕府の訴訟制度上、「賦」という手続き、あるいは「賦奉行」という職制が存在したことは周知の通りである。本来の「割り当てて渡す、配分する」といった語義から派生して、「訴状の受理、加銘、担当奉行の選定とその奉行人への加銘訴状の送付、といった一連の手続きを総称(43)」したものが鎌倉・室町期の幕府訴訟制度上みられる「賦」であった。戦国期室町幕府における「賦」については、清水久夫・山田康弘氏の研究があり、御前沙汰においては将軍の裁決命令を、政所沙汰においては政所頭人の糺明ならびに裁決命令を、それぞれ担当奉行人に指示した奉書が「賦」と称されたことが明らかにされている(44)。

一、御賦《クハリ》事
相国寺鹿苑院領事、於当知行分者、永不可有異儀旨、対彼雑掌可被成奉書由候也、
元亀四
六月十三日　曽我兵庫頭　助宗
松田主計助殿折紙也
霊陽院殿（足利義昭）御代ノ御賦ヲハ亡父兵庫頭調之、元亀・永禄之比也、
如何程も此趣也、昵近之輩、対奉行衆、如此書出スヲ、是ヲ将軍ノ御口ツカイノ証跡ニ請取テ、
サテ御下知ヲ書出スナリ、
右、義昭将軍霊陽院殿御代
北小路室町南東頼（頼カ）（預カ）（ママ）増田入道居住地子銭事、任中山家沽券状、可被成奉書之由候也、
右同兵庫頭書判
松田豊前守（頼隆）殿

これは近世初頭、旗本曾我尚祐の筆になる故実書『和簡礼経』の一節である。「御賦事」の見出しのもとに、足利義昭の側近であった曾我助宗（助乗）が担当奉行人に奉書の発給を命じた賦が二通書写されている。そして地の文として、「昵近之輩、対奉行衆、如此書出スヲ、是ヲ将軍ノ御口ツカイノ証跡ニ請取テ、サテ御下知ヲ書出スナリ」とあり、「賦」の機能を端的に説明している。戦国期幕府においては、裁許指示・糺明指示と違いはあるものの、いずれも奉書発給を命じた文書が「賦」と称されていたのである。

ところが、興福院文書に含まれる「賦」は室町幕府訴訟手続き上の「賦」とは趣を異にする。

a　賦

於河州交野郡私部郷之内、鷹山当知行闕所分事

一、大塚分

一、南分

一、源左衛門尉分

一、道宗分

一、坂長分

一、地下分

以上

右、諸課役除之、

永禄十一年二月五日　　長房（花押）

鷹山藤寿殿

b

就今度御訴訟書立分目録別紙在之事、被進之候、弥可被抽忠功儀肝要候間、相意得可申之由候、恐々謹言、

篠原右京進

二月五日　　長房（花押）

鷹山藤寿殿

御宿所

c

連々御訴訟之儀、先日石遠帰宅刻、従釣斎・吾等具申候ツ、彼所々、只今賦幷長房以一札被申候、此旨全御領知肝要候、恐々謹言、

牛神九（カ）

二月五日　　義続（花押）

鷹藤

御宿所

d
賦　一通
折紙　二通
永禄十一年二月七日
私部　打渡

aが問題の「賦」である。形状は竪紙。冒頭に「賦」と記され、以下に鷹山氏が河内国交野郡私部郷のうちで当知行する闕所地六カ所が書き上げられ、この所領については諸課役が免除される旨が記される。発給者は、このころ三好三人衆方としてその軍事力の中核を担っていた篠原長房。本文書は鷹山氏の知行とその課役免除を認めたもので、受益者である鷹山氏本人に宛てられている。

bはaと同じく篠原長房が署判し、鷹山藤寿に宛てた文書で、形状は折紙である。内容を考えるに、鷹山氏からの訴訟を受けて、その結果（当知行安堵）を伝達したものと思われ、「目録別紙在之」とある「目録」がaにあたるのであろう。日付も同じであるから、bはaに添えられたと考えて間違いない。bは奉書形式をとっているが、当時三好氏の当主三好義継は松永久秀と結び、三人衆と敵対しているから、長房は誰の意思を奉じたものか。三人衆の意思であるのか、あるいは当主不在ながら形式的に三好氏当主の意思を奉じるという形をとっているのか、興味が持たれるところである。

cの発給者は不明であるが、内容から判断すると鷹山氏の訴訟を三好氏要路に取り次いだ人物のようである。宛所の「鷹藤」は言うまでもなく鷹山藤寿である。a・bと同一日付であり、両文書の副状とでもいうべき文書であろう。文中の「賦」がaを、「長房一札」がbであることは言うまでもない。

dはa～cを納めていた包紙である。ウワ書の「賦　一通」はaを、「折紙　二通」はb・cを指す。「私部　打渡」との記載も三通の内容と矛盾しない。日付が二日後の二月七日付となっているが、これは「賦」以下三通の文書が鷹山氏に手交された日を示すと推測される。

このように興福院文書中の三好氏発給になる「賦」は、当該期幕府訴訟制度上にいう「賦」とは異なり、鷹山氏の知行を書き上げた文書である。もって回った説明になったが、毛利氏などの地域権力による発給が確認される、いわゆる知行賦[45]に近いものである。「賦」の文言がなければ、一般にみられる所領を書き上げた知行宛行状などと形式的にはさして変わらず、たとえば三好長慶の曾祖父之長も次にかかげる類似した形式の知行宛行状を発給しているし、父元長も同様である[46]。

御望在所事
一、東久世事、
一、北野田　泉分とも云事
一、九条之内首座分事、
一、深草之内政田事、
一、泉源坊事、

何も進置候、万一於訴子細者、遂糺明可進候、先可有御進退候、恐々謹言、
四月八日　　　　　　之長（花押）
竹内新兵衛尉殿（為信）(47)

その限りでは、この「賦」も之長以来の三好氏発給文書の系譜上に位置付けられるのかもしれない。しかし当該期、三好氏権力が発給した文書のうちで「賦」と記されたものは、管見の限りこの一例のみである。表題として「賦」と明記し、知行目録としての形式が整えられていることからは、三好氏発給文書の一定式として完成された書式と考えることもできよう。本文書の位置付けについてはさらなる検討を期したいが、三好氏権力の特質を考えるうえでの手がかりになればと考え、紹介した次第である。

2　永禄年間の鷹山氏

この「賦」が発給された背景について考えてみたい。永禄八年（一五六五）京都の二条御所に将軍足利義輝を暗殺した三好一党は、その後内部抗争をはじめ、当主三好義継を擁する三人衆（三好長逸、石成友通、三好政康）と松永久秀との間で内訌状態となった。松永久秀は河内畠山高政や紀伊根来寺衆徒などを糾合して戦ったが、翌年六月に篠原長房が四国勢を率いて畿内に進出すると、三人衆方が俄然優勢となり、畿内の松永方拠点はほぼ制圧されたかにみえた。ところが翌永禄十年二月、三好義継がにわかに久秀と結ぶと、久秀は四月、義継をともなって堺から大和信貴山城に入り、次いで多聞山へ再入城して三人衆や筒井順慶らと対陣することとなった。東大寺大仏殿が兵火に罹って焼亡した

のは十月十日夜のことである。

三好義継が久秀と結んだ影響は大きく、このころ三人衆方から松永方への寝返りが頻発している。八月には多聞山城を攻囲中の「松浦・松山人数二百計」や河内「飯盛城ニテ松山与兵衛」[48]が、十月には「田原之坂上」[49]が、翌永禄十一年正月には河内交野郡の「津田城」[50]、「城州田辺」[51]が久秀方についた。このうち「田原之坂上」とは、鷹山庄の西隣田原庄を根拠とした坂上氏のことで、鷹山氏系図を信じれば弘頼の娘が坂上尊忠に嫁いでいる。また河内津田城（枚方市津田）は生駒山系のほぼ北端、鷹山からは山間を北へ五キロメートルほどのところ、「城州田辺」も普賢寺谷を抜ければすぐの地域である。つまり、鷹山氏本拠地の周囲が広く松永方になったことになる。鷹山藤寿が篠原長房から「賦」を獲得したのは、このような微妙な時期であった。山城・大和・河内の国境周辺の諸勢力が松永方へと傾くなか、筒井党の一員である鷹山氏を自陣営に留めておくため、三人衆方から利益提供がなされたものと解釈できるだろう。

ここで問題となるのは、宛所の鷹山藤寿とは何者か、という点である。天文二十二年高屋城において鷹山弘頼が殺害された際、周辺の国人衆からの弔状は鷹山藤政に宛てられているから、鷹山氏の家督を継承したのは藤政と考えられるが、その約十五年後には藤寿が登場することになる。興福院文書中、藤寿宛の文書は前に紹介したａ・ｂ・ｃの三通のみである。したがって藤寿については永禄十一年前後に活躍し、かつ当時はなお幼名を名乗る人物としかわからない。

一方、同時期には「鷹新」「鷹山藤逸」なる人物も知られる。「鷹新」は、「如仰、藤逸殿御若輩之儀候者、御異見専一候」と述べた十一月十三日津田重憲書状の宛所に「鷹新」とみえるほか、八月七日・九月六日付の二通の松永久秀書状が「鷹新」宛てである。藤逸はいま紹介した津田重憲書状のなかに若輩とみえ、十一月二十四日付の同じ津田重憲書状の宛所が「鷹山藤逸殿」である。「藤逸殿御若輩之儀候者、御異見専一候」という一文からは、「鷹新」は藤逸の後見役たることを期待されている一族内の宿老的存在と推測される。「鷹新」・鷹山藤逸はいずれも永禄年間前後に活躍した人物と考えられるから、鷹山藤寿と「鷹新」・鷹山藤逸とは同時期の人物ということになる。彼らの関係はどのように考えればよいだろうか。関係文書の検討が不十分であるので断定は控えたいが、藤寿が三人衆・篠原長房方、「藤新」・藤逸は松永方と、三好氏の内紛にからんで鷹山一族が二派に分裂していた可能性も考えられる。鷹山氏系図は、弘頼の子息として頼貞・頼盛兄弟を掲げるものの、ともに織田信長に仕え、天正七・八年に相次いで戦死したと伝えるのみで、天文末年以降の動向、すなわち三好氏との関係については黙して語らない。系図作成の時点で、三好氏との関係あるいは一族間抗争の事実を意図的に書き落とした可能性も十分に考えられる。永禄年間、松永久秀による大和支配の様相や、その後三人衆と対立する時期の国衆の動向は是非とも明らかにされねばならないが、当該期鷹山氏の政治動向については今後の検討課題としておきたい。

むすびにかえて

小稿は興福院文書を素材に、戦国期における大和国衆鷹山氏の動向を概観したものである。筒井氏、越智氏のように領域支配を進展させるまでには至らなかったが、十六世紀前半・弘頼の代には河内遊佐氏の被官として上山城守護代に任じられ、広く国境を越えて活躍した。その存在は大和国衆のなかでもひときわ特異なものである。その活動の跡を示す興福院文書も大和国衆の家文書としては質・量ともに優れ、戦国期畿内政治史研究上たいへん興味深い素材を提供してくれる。

しかしながら大和・河内地域の当該期の複雑な政治状況を十分に把握できないまま、また近年の畠山氏や大和国衆の研究成果も取り込むことができず、甚だ皮相的な叙述に終始してしまった。内容豊かな素材を十分に活かしきれなかったのは、ひとえに筆者の非力ゆえである。大方のご批判・ご叱正を請う次第である。

また鷹山氏系図には、鷹山氏の戦国期から近世初頭にかけての動向や興福院との関係、他の大和国衆との養子・姻戚関係を示す興味深い記述がみられるが、史料批判も含めて、今回は十分に取り上げることができなかった。積み残した課題も多いが、今後の検討を期すこととして、ひとまず擱筆したい。

註

（1）『春日大社文書』四。

（2）小谷利明『畿内戦国期守護と地域社会』（清文堂出版、二〇〇三年）、『城陽市史』第一巻・中世編第四章第二節三（二〇〇二年）。

（3）公慶死没の直後、宝永三年（一七〇六）に成立した「公慶上人年譜」（東大寺文書）には、「一、上人、姓源氏鷹山、丹州宮津人也、父頼茂号弥次右衛門、母四宮氏、（中略）、一、頼茂初仕于丹後京極高広、有故致仕、徙居於南都、薙髪号自省時上人三歳」とある。鷹山氏系図「頼茂」の項にも「幼名虎松、後号宇右衛門、又弥次右

衛門尉、為法躰而謂自省入道、（中略）寛永十年八月廿日忠広（森、美作津山藩主）逝去、退美作国而仕京極丹後守高広、住丹州宮津、依在所存而、正保四年丙戌乞暇、住鷹山近隣南都三十九年也」とあり、その子として「公慶上人」の名も記されている。

(4) 小稿執筆にあたっては、奈良市教育委員会文化財保護課撮影の興福院文書紙焼き写真、ならびに京都大学文学部日本史古文書室架蔵の「興福院文書」影写本（一冊、大正元年書写）を使用した。後者には中世文書二巻分と若干の近世文書、ならびに弓伝書の冒頭部と奥書部分が影写されている。しかし同時に作成された鷹山氏系図の謄写本は現在所在不明である。

(5) 『続南行雑録』（『続々群書類従』三所収）におさめる「大和国中廻文次第」にも、「西脇西山内」の一員として「鷹山奥」がみえる。

(6) 『雑事記』文明七年四～六月記末尾。

(7) 『雑事記』文明十年六月九日条。

(8) 『雑事記』文明十二年七月二十二日条。

(9) 『雑事記』文明九年九月二十三日・十月二日条。

(10) 『雑事記』文明十四年六月二十九日条。

(11) 『雑事記』明応二年二月十三日・閏四月六日条。

(12) 『雑事記』明応二年三月二十一日条。

(13) 『雑事記』明応二年五月十九日条。

(14) 『続南行雑録』所収「祐維記抄」永正十七年五月二十九日条。

(15) 『続南行雑録』所収「祐維記抄」永正十七年十月九日条。

(16) 『雑事記』文明十年六月一日条、同年九月晦日条、同十六年八月五日条、同年十月三十日条。

(17) 『雑事記』文明九年十月十七日条、同十年五月五日条。

(18) 『雑事記』文明九年十一月三日条、同十二年正月二十七日・二月五日条、同年七月十七日・二十一日・八月晦日・十月十八日・十一月二十二日条など。

(19)『雑事記』文明十八年二月十一日条、永正四年六月九日条。
(20)『雑事記』明応三年十一月十二日条。
(21)『雑事記』永正元年九月十九・二十一〜二十三日条など。
(22)『雑事記』永正元年十月一日条。
(23)参考までに鷹山氏系図と照合すると、「親父」は永正元年九月二十二日に鷹山円楽寺に葬ったとされる頼秀に、藤若はその一子頼宗に比定される。
(24)槙島氏との姻戚関係については『雑事記』文明十六年三月十六日条参照。また、ここにあげた南山城地域の国人・土豪衆との音信については後述する。
(25)「大乗院諸領納帳（狛野庄加地子方納帳）」。
(26)興福院文書には、薬師寺元一の乱に関わるものか否かは不明ながら、「其方城事相拘、御注進尤可然候」とした鷹山春藤宛ての九月十三日細川政元感状も存在する。以後、出典が興福院文書である場合はとくに註記せず、文書名のみ記す。
(27)（天文十年）十月十六日細川晴元書状、（天文十一年）三月二十一日細川晴元感状。
(28)前掲註(2)参照。ただし小谷利明氏は岡田謙一氏の紹介された七月五日行松長忠書状（後掲註30参照）の存在から、安見宗房・鷹山弘頼の上山城守護代補任が早ければ天文十一年まで遡る可能性を指摘されている。
(29)鷹山氏系図によれば、十六歳のときに「叔父姦謀」により鷹山城を追われた弘頼は畠山氏・遊佐氏を頼って河内に赴き、翌年「中嶋城」の「磯崎口」合戦で功績を挙げた後、畠山氏の加勢を得て鷹山城を奪還したという。
(30)岡田謙一「『行松入道長忠書状』について」（『泉佐野市史研究』6、二〇〇〇年）。
(31)北野神社文書。
(32)（天文十五年）十二月十五日細川国慶書状、（天文十五年）十二月十六日上使中連署書状。
(33)（天文十六年）三月十六日吉益匡弼書状、（天文十六年）四月一日細川氏綱書状、（天文十六年）四月二日某勝国書状ほか。

（34）十月二十三日藤井宗和書状、十月二十七日行松円心書状、十月二十八日辻甚介・城山寺某連署請文、九月十二日中坊高祐書状、九月二十六日中坊高祐書状、九月二十七日福住宗職書状（二通）、九月二十七日菊岡宗政書状、九月二十七日菊岡長盛書状など。田原庄ならびに坂上氏については本稿三節2を参照。なお七月三日狛光書状、七月六日稲八妻為頼書状からは、南山城相楽郡の国人狛氏の進退をめぐって弘頼が同様に奔走したことが判明し、これも大和の事例に準じて考えることができる。
（35）（天文十八年）十月一日遊佐長教書状。
（36）『石山本願寺日記』天文二十一年九月二十九日条。小谷前掲註（2）著書を参照。
（37）『城陽市史』では、弘頼の没年を遊佐長教の殺害事件と関連づけて天文二十年と推定したが、本書状と畠山高政の襲封時期とをあわせ考えると、弘頼は天文二十一年十月にはなお生存していたことになる。弘頼の没年を示す確たる史料はないが、現時点では鷹山氏系図の記述に依拠し、天文二十二年五月と考えておきたい。死没月日が五月四日であることは、興福院文書中に多数おさめられる藤政宛て弔状からも裏付けられる。
（38）小谷前掲註（2）著書を参照。
（39）興福院文書には計八通の遊佐長教発給文書が含まれており、その内訳は感状、弘頼長期在陣や松茸贈答の礼状、知行宛行状などである。
（40）五月五日付の筒井・喜多・八条・秋篠・超昇寺・和田・木津・普賢寺谷中それぞれからの書状、五月七日井戸書状、五月八日付の布施・水主・内田各氏の書状、五月十一日岡書状、五月十四日上笠間書状、五月二十二日津越書状、六月十五日十市書状の計十六通。
（41）水主氏については『城陽市史』第一巻・第四章第二節四を参照のこと。
（42）七月十日付の草内西・草内安楽寺・番条各氏の書状、七月十一日付の山部・櫟原各書状、七月十六日多賀書状、七月十四日中黒書状。
（43）山田康弘『戦国期室町幕府と将軍』（吉川弘文館、二〇〇〇年）一三五頁。
（44）清水久夫「将軍足利義晴期における御前沙汰――内談衆と『賦』――」（『日本史研究』二〇七、一九七九年）、山田前掲註（43）著書第四・五章。

(45) たとえば『萩藩閥閲録』巻一七〇「財満瀬兵衛」所収の八月八日志芳衆賦など。この点に関しては村井良介氏のご教示を得た。
(46) 大永八年正月十六日三好元長書下（東寺百合文書せ函武家御教書幷達）。
(47) 国立国会図書館所蔵根岸家旧蔵文書（『国立国会図書館所蔵貴重書解題』四所収）。
(48) 『多聞院日記』永禄十年八月十六日・二十五日条。
(49) 『多聞院日記』永禄十年十月二十二日条。
(50) 『多聞院日記』永禄十一年正月五日条。
(51) 『言継卿記』永禄十一年正月八日条。

北浦定政「平城宮大内裏跡坪割之図」写本の行方

古尾谷知浩

はじめに

幕末の国学者、北浦定政（文化十四年〈一八一七〉～明治四年〈一八七一〉）は、藤堂藩古市奉行所に勤めながら、自ら大和国内を歩き、文献史料と現地踏査に基づいて陵墓、条里、都城の研究を行った人物である。[1] 嘉永五年（一八五二）の年紀を持つ「平城宮大内裏跡坪割之図」（以下、「坪割図」と略称）は、定政による平城京研究の集大成である。「坪割図」は、定政の自筆本が北浦家に伝えられているほか（以下、北浦家本、A）[2]、小原文庫に所蔵されている写本（小原文庫本、B）[3]、奈良女子大学に所蔵されている写本（女子大本、C）[4]があり、その他、古書保存会版『続々群書類従』（明治三十六年〈一九〇三〉）地誌部に翻刻されているものがある（続々群本、D）。また、近年、奈良国立博物館に所蔵されている「坪割図」写本が公開され、新たな知見が提供された（奈良博本、E）[5]。

なお、「坪割図」に関連する図として、北浦家には「平城宮大内裏坪割図稿」[6]と名付けられた図が伝えられており、これは現在、北浦家から定政関係資料の大部分を寄贈された奈良文化財研究所が所蔵している（奈文研本）。この写本とみられるものに、本居宣長記念館蔵「平城宮敷地図」があり、これには「平城大内裏鋪地図解」が付属している（本居記念館本）[7]。またこれらとは別に、北浦家には平城京部分と、奈良市街の部分を合わせた図である「平城旧址之図」[8]が存在し、これには藤堂藩の儒者である斎藤拙堂が文久元年（一八六一）に記した序文（巻子本）が付属している。この図は北浦家所蔵本以外にいくつかの写本が知られている。

「坪割図」の諸本のうち、ＡＢＣＤについては舘野和己による詳細な比較研究[9]があるので、個々の記述の異同についてはこれに譲りたい。しかし、舘野は古書保存会が発行した続々群本のうち、図のみ独立したもの（保存会本）だけを検討対象としており、図の周囲にある文章を翻刻した部分を検討していないという問題がある。さらに、舘野の研究以後、奈良博本が公表され、また北浦家本を赤外線デジタルカメラを用いて再調査する機会があったため、現段階で再度検討する必要があろう。

まずは、舘野の研究成果も踏まえ、諸本の概略について述べよう。

Ａ北浦家本

現在、北浦家が所蔵する。墨による抹消、白色顔料による抹消、追記などがあり、定政による自筆稿本であることがわかる。ただし、後述するように、小原文庫本以下の写本と異なる点があり、小原文庫本以下の祖となる写本が成立した後に修正がなされている。この修正は、補論一で述べるように「平城旧址之図」に反映されている部分もあるので、定政自身によるものである。

Ｂ小原文庫本

小原文庫（個人）蔵。北浦家本の修正部分を基本的にはほとんど踏まえている写本であるため、浄書本と位置づけられる。しかしながら、いくつかの点において、北浦家本と異なっている。主要な点に限って挙げると次の通りである。
ア　平城宮北方の「ハシカミ池」が道と重ならずに書かれている。
イ　左京九条四坊一坪と八坪の境に「ウルマ清水」が書かれていない。
ウ　右京六条において、七条村大池が六条大路以北にも広がって書かれる（北浦家本は広く書いた後で六条大路以北を白色顔料により抹消）。
エ　右京七条二坊に「西京八幡宮」「円満寺」「大教寺天神社」などが書かれていない。
アの点は、北浦家本が修正された状態を反映している。しかし、ウは小原文庫本の形の写本が作成された後で北浦家本が抹消されたと考える以外にない。イ、エは、小原文庫本系統の写本が写し漏らした可能性もあるが、補論一で詳述するように、当該の文字は周囲の文字と天地を異にしており、北浦家本の最初の段階で同時に書かれた文字ではない。小原文庫本系統の写本が成立した後で北浦家本に書き入れられた可能性が高い。つまり、北浦家本の最終段階は反映されていないと判断できる。

C女子大本

奈良女子大学蔵。小原文庫本と字配りなどが一致し、たいへんよく似ている。北浦家本との相違点ア〜エも共通している。しかし、直接の底本にあった虫損の輪郭を写しているが、この形は小原文庫本とは異なっている。したがって、別の底本が存在していることがわかる。

D続々群本

古書保存会版『続々群書類従』地誌部に収められている。これも北浦家本との相違点ア〜エが共通し、北浦家本最終修正前の姿を残している。

E奈良博本
奈良国立博物館蔵。二〇〇四年に公表されたもの。詳細は後述するが、北浦家本との相違点ア～エが共通する。
以上、五つの写本の概略を述べたが、本稿では、まず舘野が詳論しなかった続々群本を出発点に「坪割図」写本の行方を追求し、次いで新出の奈良博本について検討したうえで、写本の系統を考えていきたい。

一　古書保存会版『続々群書類従』所収本

前述の通り、古書保存会版『続々群書類従』地誌部には、図と周囲の文章部分の翻刻が収められている。舘野が調査した保存会本の図には、左上隅に条坊を解説する図が付されているのに対し、続々群本にはこれがない、という違いがあるが、基本的には両者は同一の図である。続々群本を子細にみると、舘野が「不明」とした保存会本（続々群本）の底本が判明する。

「坪割図」周囲の文章部分を翻刻した末尾には、「本図ハ小杉文学博士所蔵図ヲ基トシ、北浦氏所蔵ノ分ヲ以テ校訂セリ／明治三十六年六月　堀田璋左右識」なる識語が付されている。「小杉文学博士」とは、いうまでもなく小杉榲邨（明治三十四年文学博士学位授与）のことである。このことから、小杉榲邨が「坪割図」の写本を所蔵していたことが判明する（小杉本）。そこで次に、小杉本の行方を追求する。

二　小杉榲邨所蔵本

小杉榲邨（天保五年〈一八三四〉～明治四十三年〈一九一〇〉）は美術、書道、地誌、歴史など、広範囲にわたる研究活動を行った人物で、[10]正倉院宝物の調査やその流出事件にも関与したことでも知られている。[11]また、厖大な書物を蒐集、書写していたことでも著名であり、彼の文献調査の成果として『徴古雑抄』[12]が残されている。しかし、小杉榲邨の所蔵資料は、彼の死後散逸してしまった。現在知られる限り、小杉家旧蔵資料のなかに「坪割図」写本は報告されていない。

そこで、手がかりとなるものを探すべく『徴古雑抄』をひもとくと、『徴古雑抄』十七中、地理二に、北浦定政「大和国古班田坪割略図解序」（嘉永五年十二月）が収められていることが判明する。もちろん、この原本は北浦定政関係資料[13]のなかにあり、北浦定政の著作であることは言うまでもない。しかし、榲邨はこれを北浦家において書写したのではない。識語には「右三丁江藤正澄写得本ヲ以テ又謄写ス」とある。したがって、江藤正澄なる人物が北浦定政関係資料の写本を持っており、榲邨はここから写したということになる。

『徴古雑抄』は直接「坪割図」について言及しないが、同じ北浦定政関係資料が写されていることからすると、江藤正澄も「坪割図」写本を持っていて、榲邨はこれを写した可能性が高いと判断できる。次の課題は江藤正澄周辺の調査ということになる。

三　江藤正澄の経歴

まずは江藤正澄の経歴を整理しておこう。[14] 江藤正澄（天保七年〈一八三六〉～明治四十四〈一九一一〉）は筑前国秋月藩士の上野家に生まれ、文久三年（一八六三）に藩医江藤良禎の養子として家督を相続した。明治維新前後は尊皇攘夷運動に関わり、明治三年には神祇官の権少史に任官した。その後、明治四年に神祇省権中録、明治五年には神祇省廃止に伴い式部権中属に転任し、明治六年五月には筑前太宰府神社宮司兼大講義に任ぜられた。同年七月には大和国丹生川上神社少宮司に転じ、翌七年正月に丹波国出雲神社宮司、同年二月には再び丹生川上神社大宮司、同年四月には転じて広瀬神社大宮司、正七位となった。さらに翌八年八月には奈良県神道分局副長をつとめるが、明治十年に実父の病気により辞職、帰郷した。その後は福岡市箐子町に店舗を構え、蒐集した古書籍や古器物の販売を業とし、また、福岡近傍の古墳などの遺跡を発掘し、遺物を蒐集した。蒐集品の収蔵施設は「観古室」と名付けられていた。しかし、明治二十九年には蒐集品の大部分を伊勢の神宮徴古館に寄贈してしまう。その後も蒐集活動は続くが、明治三十五年、太宰府神社一千年祭を機に、観古室を列品とともに奉納した。晩年は自伝の編纂に力を注いだようである。

なお、正澄の著作や蒐集品の目録の一部は、子息により九州大学附属図書館に寄贈されている。そのなかには、奈良に関係するものとして、大和に関する文書記録の写しや古器物の図、神社、陵墓の絵図などを収録した『寧楽雑纂』が含まれている。

正澄が奈良に関係していたのは明治六年から同十年の間ということになるが、その間の事績として、後に『寧楽雑纂』に結実する資料を蒐集したことの他、明治八年三月から五月に東大寺で開催された第一回「奈良博覧会[15]」に関わったことがあげられる。奈良博覧会は正倉院宝物をはじめ大和国内の寺社や個人が所蔵する古器物を展示し、あわせて物産なども展示販売する催しであったが、これに関連して『寧楽雑纂』には、「奈良県管内大和国神社仏閣宝物附明治八年一月博覧会ニ付書上写」が収録されている。

四　江藤正澄所蔵「大内裏之図」

さて、正澄が北浦定政の「坪割図」を所蔵していたかどうかを確認するため、所蔵品の目録を検索してみることにする。

九州大学附属図書館には『観古室所蔵古器古書画価格目録』と題された目録が所蔵されている。一帙内に二冊あり、そのうち一冊は二種の目録を合本したものである。すなわち、ここには三種の目録が含まれている。以下、順に第一、第二、第三目録と仮称する。

まず、各目録の表紙を掲げる。

第一目録

「明治二十三年第十一月調製

『(後筆) 同二十五年十月増補写』

観古室所蔵古器古書画価格目録草稿
　福岡市簀子街卅七番地
　　江藤随神屋主」

第二目録
「明治廿五年第十月調製
観古之室所蔵古器古書画目録
『（後筆）二十九年十二月日
　伊勢神宮徴古館献納目録也』
　福岡市簀子街
　　江藤随神屋主」

第三目録
「明治三十四年十月調製
観古之室古材建築出所幷古器
古物図書類明瞭詳細目録下書
『（後筆）此分大宰府神社奉納分』
　福岡市簀子街三十七番地
　　江藤正澄」

第一目録は所蔵品を分類列記した下に販売価格を記したものである。第二目録には販売価格は記されず、後に神宮徴古館に献納した際の目録に転用されている。第三目録は神宮徴古館に献納した後の所蔵品の目録で、これは太宰府神社に奉納した分である。

さて、この目録のなかで北浦定政「坪割図」に関係しそうなものを検索すると、第一目録第七号絵図部に次のようなものがある（価格の記載は省略）。

「『（朱筆）第七十七号』　一大和国平群郡額安寺班田図　一折
『（朱筆）第七十八号』　一同国添下郡西大寺班田図 大同宝亀年間図 正澄自写　一折
『（朱筆）第七十九号』　一大内裏之図　正澄自写　九折
『（朱筆）第八十号』　一天正三年大和国高市郡畝火山図　同上　一折」

七十七号は現在言うところの「額田寺伽藍並条里図」、七十八号は「京北班田図」の写本にあたる。問題は七十九号の「大内裏之図」であるが、前後は大和国関係なので、平安京大内裏ではなく、平城京を指すと考えてよい。「京北班田図」と並んで正澄が自分で書写しているので、彼が一時期赴任していた奈良において写したものであろう。

さて、それではこの「大内裏之図」なるものの正体は何であろうか。七十八号が西大寺所蔵絵図であることからすれば、同じ西大寺所蔵絵図群のなかの、平城京の条坊を描いたものを指している可能性がないわけではない。しかし、同絵図群のなかには、「大内裏」の語を含む外題を持っているものはないので、おそらく違うであろう。江藤正澄が北浦定政関係資料の少なくとも一部を書写していたこと、正澄と小杉榲邨との間で資料の書写が行われていたこと、榲邨が「坪割図」写本を所蔵していたこと、の三点を重視すれば、この「大内裏之図」こそ北浦定政「坪割図」の写本で、小杉本の底本であったに違いない[16]（以下、これを江藤本と称する）。

ただし、江藤本は北浦定政自筆稿本（北浦家本）を直接書写したのではない。なぜなら、江藤正澄が奈良に赴任したのは北浦定政の死後であって、その時点で定政自筆稿本を写したのであれば、その最終修正後の状態が反映されるはずであるが、江藤本から派生した続々群本は最終修正前の姿を残しているからである。江藤本の直接の底本は、自筆稿本の最終修正前に作成された別の写本であったことになる。

五　江藤正澄と小杉榲邨

『徴古雑抄』中の識語により、江藤正澄と小杉榲邨が資料の蒐集を通じて接触があったことは確実であるが、もう少しその関係を検討しておこう。

先述のように、江藤正澄は明治六年から十年にかけて奈良に赴任していた。この間、奈良博覧会の開催に携わり、奈良県内の古器物の調査にも関わっていた。

奈良博覧会には正倉院宝物も出陳されたが、この前後の正倉院開封にあたり、榲邨は明治七年九月には、天平勝宝四年（七五二）大仏開眼会用装束の図を作成している。また、明治八年十二月には正倉院文書調査のために教部省から栗田寛、大沢清臣とともに榲邨が派遣されているのである[17]。ここから榲邨と奈良、とくに正倉院との関わりが始まるが、奈良博覧会の関係もあり、江藤正澄との交流も生まれたのであろう。

六　江藤本の行方

江藤本「大内裏之図」を含む観古室第一目録、絵図部第七十七号〜第八十号の資料は、第二目録にも掲載されている。したがって、これらは合わせて明治二十九年に伊勢の神宮徴古館に寄贈されたことになる。そこで神宮徴古館所蔵資料の調査が次の課題となる。

ところが、現在、神宮徴古館の所蔵品のなかにはこれらは存在していない(18)。神宮徴古館は昭和二十年（一九四五）に戦災により所蔵品の大半を焼失しており、このときに失われてしまったのである。また、焼失以前の写真も見つかっていないとのことであり(19)、江藤本「大内裏之図」の姿を知ることはできない。

したがって、本当に江藤本「大内裏之図」が定政の「坪割図」であるのかどうか、そうであったとして、他の諸本との関係はどうであるのか、などという問題については確認する術がない。極めて残念なことである。今後、江藤本の写真が発見されることを切に祈りたい。

七　奈良国立博物館所蔵「平城宮大内裏坪割之図」

さて、次に奈良博本「坪割図」の検討に移る。二〇〇四年七月十日から八月二十九日にかけて、奈良国立博物館において、第十回親と子のギャラリー「古地図を読みとく」が開催された。ここに奈良国立博物館所蔵の北浦定政「平城旧址之図」と、「平城宮大内裏跡坪割之図」が展示された。

奈良博本「坪割図」は、現状で軸装されている。図幅の左下隅に「嘉永壬子十二月考正霊亀亭定政○明治乙未八月七日塚田武馬模写」とあり、明治二十八年（一八九五）に作成された写本であることがわかる。その後、奈良国立博物館に入った後で、図幅右上に「奈良帝室博物館之蔵」の黒印が捺されている。塚田武馬については現時点では調査が及ばず、不詳である。

奈良博本の特徴は、図幅北側に、北を上にして「平城宮大内裏跡坪割之図」と四角囲みで記されている点と、序や西大寺資財帳の抜書部分が、他の諸本では平城京域の東側に、西を上にして書かれているのに対し、これは京域の南側に、北を上にして書かれているという点である。このことは、奈良博本は北を上にした状態でみることを前提として書かれており、当初から軸装されていた可能性が高いことを示している。

これ以外の点では、奈良博本は北浦家本よりも小原文庫本・女子大本・続々群本などの写本と一致する点が多い。すなわち、「はじめに」で述べたように、平城宮北方の「ハシカミ池」が道と重ならずに書かれている点、左京九条四坊一坪と八坪の境に「ウルマ清水」が書かれていない点、右京六条において、七条村大池が六条大路以北にも広がって書かれており、これが抹消されていない点、右京七条二坊に「西京八幡宮」「円満寺」「大教寺天神社」などが書かれていない点などは、北浦家本と異なり、小原文庫本、女子大本、続々群本などと一致する。

以上のことから、写本の系統を考えるためには、奈良博本を併せて検討する必要がある。

八 「坪割図」写本の系統

ここで、前節までの諸本の検討を踏まえ、写本の系統を考えたい。

まず、続々群本の直接の底本が小杉本であることは確実で、小杉本の底本が江藤本であることもほぼ間違いない。しかし、続々群本系の祖本として重要な位置にある江藤本が失われてしまっているので、次に問題となるのはこれを写した小杉本の状態である。続々群本は、識語にもある通り、北浦家本によって校訂がなされている。したがって、続々群本には、底本の小杉本に由来する部分、北浦家本により修正された部分、続々群本独自の修正あるいは誤脱が含まれている。このような続々群本から、小杉本の本来の姿を復元することは困難である。

以上のことを踏まえたうえで、写本系統を考える手がかりとして、次の三点に注目したい。

ア　左京八条二坊の「辰市神社」
イ　平城宮北にある文章部分の「平城宮々城ノ……」で始まる記述
ウ　右京北辺二坊一坪の前方後円墳

これらにつき、各写本がどのようになっているのかを整理することにする。

A北浦家本

ア　辰市神社は十一坪から十二坪にまたがって一カ所のみ書かれている。
イ　「平城宮々城ノ敷地勢地形ヲミルニ方八町ナリ」（「勢」字を墨にて抹消）とある。

ウ　「字高塚」を前方後円墳形に囲み、左傍に「成務ノ陪冢」と記し、全体を抹消する。さらに同じ場所に重ねて、「高塚」と記し、これを前方後円形に囲み、その右傍に「成務ノ陪冢」と記す（この点は、補論二で述べるように、北浦家本を赤外線デジタルカメラにより観察したことで確認できた）。

B小原文庫本

ア　辰市神社は十一坪と十四坪の二カ所に記され、そのうち十四坪のほうを抹消する。

イ　「平城宮々城ノ敷地々形ヲミルニ方八町ナリ」とある。

ウ　前方後円墳の輪郭が描かれている。

C女子大本

ア　辰市神社は十一坪のみにみえる。

イ　「平城宮々城ノ敷地ノ形ヲミルニ方八町ナリ」とある。

ウ　前方後円墳の輪郭が描かれている。

D続々群本

ア　辰市神社は十一坪と十四坪の二カ所にあり、いずれも抹消されていない。

イ　「平城宮々城ノ敷地ノ形ヲミルニ方八町ナリ」とある。

ウ　空白である。

E奈良博本

ア　辰市神社は十一坪と十四坪の二カ所にあり、いずれも抹消されていない。

イ　「平城宮々城ノ敷地ノ形ヲミルニ方八町ナリ」とある。
ウ　空白である。
まず、アの辰市神社の記載であるが、これは舘野も着目する点である。[20]舘野はいくつかの可能性を考慮したうえで、B小原文庫本が誤って二カ所に「辰市神社」を記し、一方を抹消したのに対し（二カ所に書いたというよりは、最初に書く位置を誤り、それを抹消して正しい位置に書き直したとみたほうが自然か）、保存会本（D続々群本）はその二カ所をそのまま写し、抹消し忘れたものと推定した。この点、新出のE奈良博本も同じである。辰市神社の記載のみから考えると、B小原文庫本は小杉本そのものであるか、または、D続々群本（及び江藤本—小杉本）とE奈良博本は、B小原文庫本から派生していることになる。

なお、C女子大本は、「辰市神社」が一カ所のみ書かれている写本、またはB小原文庫本の抹消を踏まえた状態を踏襲している。しかし、前述のように女子大本は小原文庫本を直接写しているのではなく、未知の写本が存在しているはずである。また、辰市神社の記載が坪の境をまたぐか否かに着目すると、女子大本は北浦家本とは異なり、小原文庫本と一致する。つまり、小原文庫本以外の北浦家本から直接派生した写本から写したのではなく、小原文庫本系統の写本から写したのであろう。また、辰市神社の記載が一カ所の女子大本は、続々群本の底本たり得ないので、小杉本ではあり得ないことになる。

次にイの点について検討する。B小原文庫本はA北浦家本で「勢」字を抹消した結果、「地」字が重なるため、「地々」としたものであり、自筆稿本の文章を正確に読み取っている。しかし、C女子大本、D続々群本、E奈良博本は、いずれも「々」を「ノ」と誤っているものを踏襲している。この誤記は、A北浦家本から直接転写したのではあり得ないものである。このことはCDEの共通の祖本がB小原文庫本であることを示すとともに、小原文庫本が北浦家本に近い位置にあることも示している。

イの点からすると、アにおいて提示した「小原文庫本＝小杉本」という選択肢が成り立つ可能性は低くなる。仮にそうだとすると、小杉本から直接作られたD続々群本と、これとは独立して写されたはずの、未知の女子大本の底本及びE奈良博本が、別々に都合よく同じ誤りを犯していることになるからである。その可能性は皆無ではないが、小原文庫本から転写された、「々」を「ノ」と誤った写本があり、CD及び小杉本、Eはこれから派生した蓋然性のほうが高い。

最後にウの点について。ア、イの点も含めて、新出のE奈良博本（明治二十八年写）はD続々群本（明治三十六年識語）と共通する点が多いことがわかる。そこで、奈良博本と続々群本の底本である小杉本との関係が問題となる。小杉本の書写年代は、小杉榲邨と江藤正澄が接触した可能性のある明治初年に求められる。すなわち、奈良博本は小杉本そのものではあり得ない。小杉榲邨の所蔵であったことを示す蔵書印がみられないことも、奈良博本が小杉本でないことを示唆する。このことから考えると、D続々群本とE奈良博本は共通の底本から写されたことになる。つまり、それは小杉本であり、小杉本は当該部分について、前方後円墳の輪郭を写し漏らしていると推定できる。そうであるとすると、前方後円墳が描かれているC女子大本は小杉本から派生したのではなく、それよりも前の段階の写本から派生したことになる。ちなみに、奈良博本が書写された明治二十八年当時の状況を考えると、小杉本はまだ小杉榲邨自身の手元にあったはずである。

また、ウの点から考えても、B小原文庫本が小杉本である可能性は低い。前方後円墳のあるBを写すに際して、都合よくDEが独立に同じように写し漏らすのは考えがたいからである。

なお、ウの点のみから考えると、DEが、A北浦家本において当該位置が空白であった時期に作られた写本から派生した可能性もないわけではない。しかし、DE及び江藤本、小杉本がB小原文庫本を介さずにA北浦家本から派生するのは、ア、イから考えて困難である。

以上、三点につき、記載の異同を検討した。総合的に考えて、B小原文庫本がCDEの共通の祖本であることは確実である。写本の系統を整理する前に、記載内容の検討に加えて、再度書写年代について考察しておこう。

江藤正澄は明治六年から十年の間に、奈良において自ら「大内裏之図」を書写している。他の北浦定政関係資料も書写していることからすると、北浦家において直接写したのであろう。しかし、先述のように、小原文庫本も江藤本の流れを汲む続々群本も、北浦家本の最終段階の修正より前の状態を反映している。したがって、定政の死後である明治六年以降の段階で、江藤正澄が直接北浦定政自筆稿本を書写したことは考えられない。定政の存命中、自筆稿本を最終的に修正する前に作成した浄書本が存在し、これを明治になって正澄が書写したことになる。

以上のことからすると、江藤正澄が底本とした浄書本は、B小原文庫本と非常に近い位置づけにあるということがいえる。禁欲的にいえば、自筆稿本修正前の段階で直接、あるいは何段階か別の写本を介して作成された浄書本がB小原文庫本で、これから直接、あるいは何段階か別の写本を介して作成されたのが江藤本ということになる。しかしながら、江藤正澄が北浦家で書写しているとすれば、自筆本との間にそれほど多くの写本が介在しているとは考えがたい。あえて可能性を絞り込めば、自筆稿本最終修正前に直接浄書された小原文庫本が、明治初年には北浦家にあって、正澄はこれを直接書写した可能性が高いのである。

煩瑣な考察となったが、以上のことを踏まえて写本系統を整理すると、次のようになる。

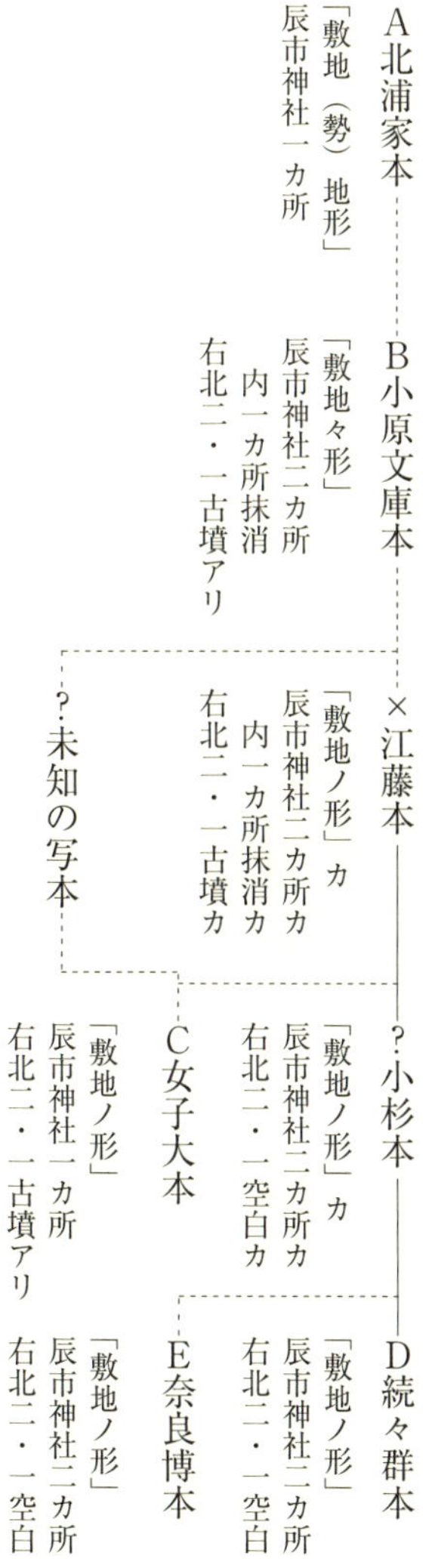

（A～Eは現存写本、×は焼失、？は所在不明。実線は直接の書写、点線は直接か間接か不明。A—B—江藤本は、直接書写されている可能性が高い。）

この案は、肝心の江藤本が焼失しており、写真も存在していない以上、現在知られている知見を最も整合的に説明する推定案でしかない。いずれにしても、江藤本、小杉本の姿がわかれば、写本の系統はほぼ確定する。虫損の状況により、女子大本との関係も判明する。ともあれ、奈良博本が、今は失われてしまった小杉本（あるいは江藤本）の姿を知るうえで重要な写本であることは間違いない。将来の詳細な調査の機会が待たれる。

おわりに

以上、東京、福岡、伊勢を渡り歩いて「坪割図」写本の行方を追い求めた調査結果を報告した。小杉榲邨という近代史学史上重要な人物が介在していたにもかかわらず、小杉本の行方は確定できず、その底本である江藤本が焼失していたのは、返す返すも残念でならない。江藤本の姿が判然としない以上、本稿の価値も余り高いものではないということは十分に自覚している。

しかし、一連の調査を通じて、江藤正澄と小杉榲邨が北浦定政関係資料の写本を所持していたことが判明したのは重要なことであると思われる。江藤正澄が自ら写本を作成したのは、北浦定政の死後まもない明治初年であり、小杉榲邨がこれを転写したのもおそらく同じ時期である。これまで、北浦定政の成果を継承する平城京研究としては、明治三十年代以降の関野貞、喜田貞吉によるものが重視されてきた。しかし、それより二十年以上も前に北浦定政の業績は注目され、写本が作成されていたのである。

本稿では事実を指摘したにとどまるが、江藤正澄や小杉榲邨にとって、あるいは関野、喜田以前の歴史研究全体にとって、北浦定政の業績および平城京の歴史地理学的研究がいかなる位置づけにあったのかという問題について解明することは、今後の課題である。たとえば、喜田貞吉は小杉榲邨と同じ阿波国出身で、喜田が日本歴史地理学会を発足させたとき、榲邨を顧問に迎えたり、喜田が中心となって『徴古雑抄』のうち阿波国部分を出版するなど、両者の関係は深かった。喜田の都城研究に際して、小杉榲邨が所蔵する北浦定政関係資料が役立った可能性は高い。また、続々群本の識語を書いた堀田璋左右も日本歴史地理学会の中心人物で、小杉榲邨と交渉があった。

江藤正澄や小杉榲邨の活動をさらに解明することを通じて、明治時代の史学史を掘り起こす作業の必要性を痛感する。

補論一　奈良文化財研究所所蔵「平城宮大内裏坪割図稿」

最後に「平城宮大内裏跡坪割之図」と関係が深い「平城宮大内裏坪割図稿」（奈文研本）について付言しておく。これは奈良国立文化財研究所『北浦定政関係資料』では「坪割図」の草稿本として位置づけられているものである。(21) しかし、内容を子細にみると、必ずしもそうとは言いきれない。以下、奈文研本の作成段階を推定するうえで注目すべき点に限り、他の諸本との比較を行う。

（一）解説文。奈文研本は、他の諸本と違い、図の周辺に解説の文章がない。

（二）村名。奈文研本は、当時の村名について、添上郡は丸、添下郡は四角で囲んで区別している。他の諸本はすべて丸で囲んでおり区別がない。

（三）条坊道路。奈文研本は、条坊道路のうち大路について幅を持たせて描いている。他の諸本は朱

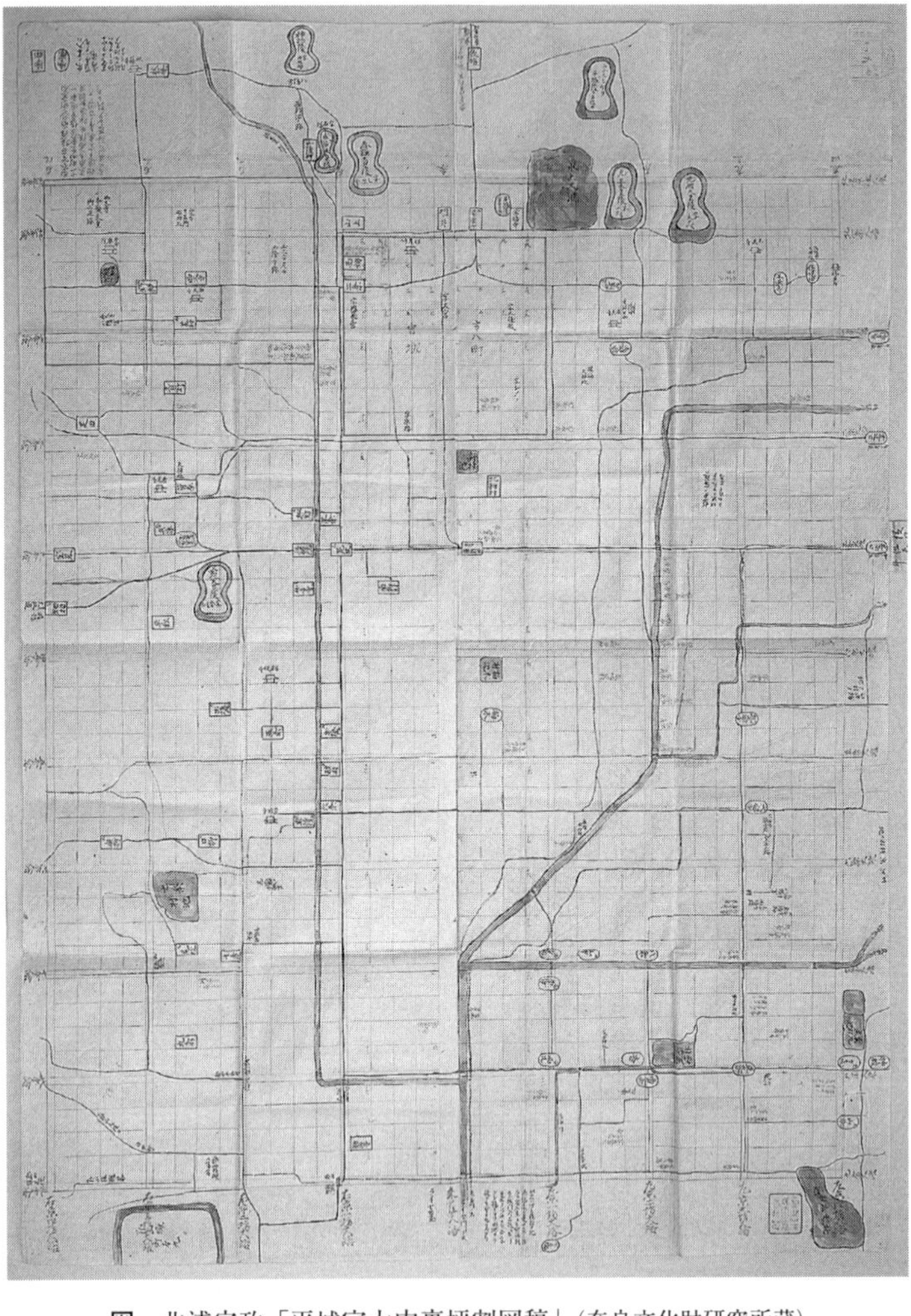

図　北浦定政「平城宮大内裏坪割図稿」（奈良文化財研究所蔵）
写真ではみえないが、図の右側、「三条口」の部分から図幅の外にかけて、「従是東ハ今の奈良の市中／但春日大鳥井まて凡十五町／計阿り」と記した付箋がついている

雀大路のみ幅を持たせており、他の条坊道路は朱線のみで表現している。

（四）付箋。奈文研本では、図の東側、「三条口」の部分から図幅の外にかけて、「従是東ハ今の奈良の市中／但春日大鳥井まて凡十五町／計阿リ」と記した付箋がついている。

（五）平城京の北にある「ハシカミ池」の記載。北浦家本は水上池の北西を通る道を丸印で抹消し、ハシカミ池を記入し、抹消した道のかわりに歌姫から東に分岐する道を記す。小原文庫本、女子大本、奈良博本、続々群本は北浦家本の訂正後の姿を反映している。奈文研本はハシカミ池がなく、歌姫の位置より南の地点から東へ道が分岐しており、北浦家本の訂正前の姿に近い。

（六）川の記載。北浦家本、小原文庫本、女子大本、奈良博本、続々群本では、佐保川、率川、能登川、飯合（岩井）川、辰市川、佐貴（秋篠）川のみが描かれているが、奈文研本はさらに多くの川が描かれている。一例をあげれば、左京四坊で一条大路を西流し、三坊大路にて南折した後、再び西流し、二坊坊間大路にて再び南流して佐保川に合流する川（菰川）がある。これも含め、いくつかの川については文久元年（一八六二）の「平城旧址之図」にもみえる。

（七）左京三条三坊。奈文研本には「梨原宿院ハ／此辺ニアルニア／タル追テ正考」と南を天にして記した付箋がある。他の諸本にはこれがない。

（八）左京四条三坊、五条三坊の梨原庄。奈文研本以外の諸本は左京四条三坊二・三・七坪、五条三坊一・二・三・四・五・七坪に「梨原庄」の記載がある。奈文研本では、左京四条三坊一・二・三・四・五・七坪、五条三坊一・二・三・四・五・七坪に記している。記載の基になった『東大寺要録』は北浦家本ほかに一致する。北浦家本は『東大寺要録』に基づき正確に記入し、小原文庫本、女子大本は、この状態を正確に転写している。これに対し、奈文研本の状況は、『東大寺要録』からは生まれない。位置がずれることはありえても、坪が増加することはないからである。北浦家本もしくはこれと同じ配置のものを転写するにあたり、左京四条三坊に、五条三坊にある配置をみて、これと同じ坪に転写してしまい、これを訂正することなく、五条三坊にも同じ配置で転写してしまったものとみるべきである。

(九) 左京八条三坊の西九条村池、京外の東九条村池。奈文研本のみにあり、他の諸本にはない。この点、奈文研本は「平城旧址之図」と一致する。

(十) 左京九条四坊一坪と八坪の境にある「ウルマ清水」。北浦家本、奈文研本のみにあり、これは「平城旧址之図」と一致する。北浦家本において、この記載は周辺の他の文字とは向きが異なっており、小原文庫本系統の浄書本が作られた後で、書き加えられたものと判断できる。

(十一) 左京九条四坊の南の「北之庄村池」。北浦家本、小原文庫本、女子大本、奈良博本、続々群本は小さいが、奈文研本は大きく書かれている。奈文研本の表現は「平城旧址之図」に近い。

(十二) 右京の北「神功皇后陵」。北浦家本は南半分のみを記す。他は全体を大きく描く。北浦家本においては、後から書き加えたために紙幅の都合で書ききれなかったものと思われるが、他は最初から書くことを予定していたのであろう。

(十三) 右京北辺二坊一坪の古墳。北浦家本は、抹消の上に前方後円墳の平面形を描き、そのなかに「高塚」、外に「成務ノ陪冢」と記す（補論二参照）。小原文庫本、女子大本は前方後円形のみ記す。奈良博本、続々群本に何も書かれていないことは先述した。奈文研本には何も描かれていない。北浦家本は、前方後円形のみ書いてある段階で浄書本を写した後、一度抹消し、さらに加筆がなされたものと考えられる。奈文研本については、ここに古墳の存在が認識される前の段階で成立した可能性、抹消後、再記入する前の段階で書いたために何も記されなかった可能性、単純に書き落とした可能性、などが考えられる。

（十四）右京三条の「安康天皇陵」。北浦家本では三坊十二坪に円を描き、西を上にして「字兵庫／山安康陵／トイヘリ／イカ、」と記し、四坊十三・十四坪、およびその西にかけて前方後円形を描き、同じく西を上にして「安康天皇陵／字保天堂」と記す。小原文庫本、奈良博本はこれに同じであり、女子大本は「兵庫山」について「イカ、」の字がない。続々群本は「兵庫山」を「安康山」につくる（これは単純な誤記であろう）。これに対し、奈文研本は「兵庫山」について、東を上にして「字兵庫山／安康陵」とあり、「保天堂」の前方後円墳は描かれない。安康天皇陵について、北浦家本は「兵庫山」と「保天堂」の両論を併記し、前者に疑問を呈しているのであるが、奈文研本は兵庫山説のみを記しているのである。因みに、北浦定政の山陵研究の成果である嘉永元年（一八四八）『打墨縄』では、両論を併記するが保天堂のほうを主としており、北浦家本に一致する。なお、近代において定められている「安康天皇陵」は後者にあたるが、前方後円墳ではなく、平面方形の宝来城の跡をあてている。

さて、この部分に限り奈文研本の位置づけを考えると、奈文研本は保天堂説を重視しなかった古い段階に成立した可能性、両論併記、保天堂重視説から兵庫山説に変わった段階で成立した可能性などがある。

（十五）右京七条三坊の「七条村池」。北浦家本は、最初六条大路以北一坪分にもわたって広く描いていたが、後にその部分だけ抹消している。小原文庫本、女子大本、奈良博本、続々群本は、六条大路以北一坪分に及んでおり、抹消していない。すなわち、自筆稿本を訂正する前の段階を反映している。奈文研本は、自筆稿本の訂正後の姿と一致している。

（十六）右京七条二坊、九・十六坪の「西京八幡宮」（北浦家本）または「薬師寺八幡宮」（奈文研本）、十四坪の「円満寺」。北浦家本、奈文研本にあり、小原文庫本、女子大本、奈良博本、続々群本にはない。北浦家本のこの記載は、周辺の他の文字と向きが異なり、浄書本が成立した後に書き加えられたものであろう。奈文研本は加筆後の姿に一致する。ただし、北浦家本は、十三坪に「大教寺天神社」が「円満寺」などと同じ向きで、別の文字を抹消した上に書かれているが（補論二参照）、奈文研本にはない。この部分が一度抹消されていることを考えると、抹消された段階で奈文研本が成立し、その後北浦家本に再度加筆された可能性が高い。

（十七）郡山城の濠。北浦家本、小原文庫本、女子大本、奈良博本、続々群本は、北を頂点とする山形に描かれているが、奈文研本のみ方形に描かれている。奈文研本の姿は「平城旧址之図」に近い。

（十八）左京八条二坊十一・十二坪の「辰市神社」。北浦家本はここ一カ所のみに記載があり、女子大本、奈文研本も同様である。小原文庫本では、「辰市神社」は二カ所記載があるうち、一方を墨で抹消しているが、これから派生したとみられる奈良博本、続々群本は、抹消をせず、二カ所に記している。

この他、北浦家本その他にあって奈文研本のみにない記載も多いが、これらは単純に奈文研本が省略したものとみてよい。

以上のように、奈文研本は他の諸本と比較していくつかの相違点がある。これらは奈文研本が自筆稿本の古い段階と一致する部分（五）、奈文研本が小原文庫本系統の浄書本作成後に修正された自筆稿本の記載と一致する部分（十・十五・十六）、奈文研本成立後、さらに自筆稿本が修正されたとみられる部分（十三・十六）などの類型に分けられる。しかし、奈文研本は古い部分を残すものの、（十五）の「七条村池」の修正のあり方を考えると、現在の姿になったのは小原文庫本系統の浄書本が写された時点よりも新しいと判断できる。また、奈文研本固有のものとして、川や池が書き加えられている部分（六・九）もあり、単に北浦家本を転写したものではなく、独自の記載を持っている。

さらに注目すべきは、奈文研本独自の記載のいくつかは「平城旧址之図」と一致することである。[22]「平城旧址之図」は北浦定政が考えた平城京の範囲と、当時の奈良市街の範囲を合わせた図である。[22]奈文研本の「三条口」に付された付箋は、まさに三条大路と当時の奈良市街との位置関係を問題にしている。奈文研本は、嘉永五年（一八五二）に原形が成立した「平城宮大内裏跡坪割之図」と、文久元年（一八六二）の「平城旧址之図」をつなぐ位置にある図であると評価できる。北浦定政は、最後まで左京の五坊以東、いわゆる外京の存在を認識するに至らなかったが、京東条里と条坊との関係も含め、当該地の位置づけについて検討を行っていたことがうかがえる。

なお、「はじめに」でも述べたように、本居宣長記念館蔵「平城宮敷地図」（本居記念館本）は奈文研本の写本であるが、[23]これには、端裏に書かれた表題の下に「安政二年六月以本書校合了ぬ（花押）」と識語が朱書されている。[23]これは、本居宣長記念館で所蔵する一連の北浦定政関係資料にみえる本居豊穎による識語と比較すると、筆跡が共通している。したがって、本居記念館本は、安政二年（一八五五）に本居豊穎が書写校合したことがわかる。つまり、奈文研本は安政二年以前に成立しているということになる。付言すれば、奈文研本が安政二年以前に成立していたとすると、これより早く成立した小原文庫本につながる浄書本は、安政二年以前に書写されたということになる。なお、本居記念館本には「平城大内裏鋪地図解」が付属している。この分析は、奈文研本の性格解明に資すると考えられるが、他日を期したい。

補論二　北浦家自筆稿本抹消部分の調査

二〇〇五年二月末、北浦定政の御子孫にあたる北浦和子氏の御厚意により、同氏所蔵の「平城宮大内裏跡坪割之図」自筆稿本および「平城旧址之図」などを、奈良女子大学の舘野和己氏、出田和久氏、名古屋大学の羽賀祥二氏らとともに調査させていただくことができた。調査項目は多岐にわたるが、今回の調査では、赤外線を感知できるデジタルカメラにより撮影を行ったことが特筆できる。北浦家自筆稿本には白色の顔料による抹消がしばしばみられるが、紙背からの赤外線による撮影では、この白色顔料の下に書かれた、抹消前の墨痕を観察することができる。本稿の末尾にその知見の一部を報告しておく。

（一）平城宮の北「平城陵／字子チ山／又ニサ山」の西

「平城天皇陵／字ニサ山」を〇で囲んだものを白で抹消。この他にも抹消された墨痕があるが、釈読困難。

（二）平城宮内「超勝寺」の西

「超昇寺」を○で囲んだものを白で抹消。

（三）右京北辺二坊一坪の古墳

「字高塚」を前方後円形に囲み、左傍に「成務ノ陪冢」と記し、全体を抹消。同じ場所に重ねて、「高塚」と記し、これを前方後円形に囲み、その右傍に「成務ノ陪冢」と記す。

（四）右京五条二坊四・五坪、右京六条二坊一・八坪

「五条村」を○で囲んだものを白で抹消。

（五）右京五条二坊十一・十二・十三・十四坪

「出村」を○で囲んだものを白で抹消して「五条」と記す。

（六）右京五条三坊二・三・六・七坪

「五条」を○で囲んだものを白で抹消して「五条ノ内」と記す。

（七）右京六条二坊一坪

「五条」を○で囲んだものを白で抹消して「沙村」と記す。

（八）右京六条二坊二・三・六・七坪

「六条村」を○で囲んだものを白で抹消。

（九）右京七条二坊十三坪

建物の記号、「円□寺」の文字（横書）、その他釈読不明の墨痕を白で抹消した上に「大教寺／天神

社」と記す。

（十）序文において白で抹消した部分は、墨抹の上に白を載せているので、釈読困難。

以上、主要な点に限って述べたが、この他にも訂正部分は多く存在する。今回の赤外線による調査は予備的なもので、小型のデジタルカメラを用い、手持ちで撮影したために、不鮮明で釈読できなかった文字も多い。本来は、今回の調査の知見を、写本作成段階の研究に還元すべきではあるが、将来の課題として、本格的な機材による調査の機会が得られることを待ちたい。

註

（1）北浦定政については奈良国立文化財研究所編『平城宮跡保存の先覚者たち』（一九七六年）、同『北浦定政関係資料』（一九九七年）を参照。とくに伝記については、岩本次郎「平城京研究の先覚者　北浦定政に関する素描」（奈良国立文化財研究所編『北浦定政関係資料』所収）のほか、同「平城京研究の先駆者　北浦定政伝（一）」（『帝塚山大学人文科学部紀要』五、二〇〇一年）、同「平城京研究の先駆者　北浦定政伝（二）」（『帝塚山大学人文科学部紀要』七、二〇〇一年）がある。

（2）『北浦定政関係資料』目録篇Ⅰ―七―三六。奈良国立文化財研究所編『北浦定政稿平城宮大内裏跡坪割之図（コロタイプ複製、一九七九年）、同『なら平城京展九八』（展示図録、一九九八年）を参照。

（3）奈良国立文化財研究所編『なら平城京展九八』（前掲註2）を参照。

（4）奈良国立博物館編『西大寺古絵図は語る』（展示図録、二〇〇二年）を参照。

（5）奈良国立博物館編『古地図を読みとく』（展示図録、二〇〇四年、野尻忠解説）を参照。

（6）『北浦定政関係資料』目録篇Ⅰ―七―一三。奈良文化財研究所編『重要文化財指定記念展　平城宮跡大膳職推定地出土木簡、北浦定政関係資料』（展示図録、二〇〇四年）を参照。

（7）本居宣長記念館が所蔵する北浦定政関係資料については、岩本次郎「平城京研究の先駆者　北浦定政伝

（二）」（前掲註1）の註38に紹介されている。筆者は、本居宣長記念館主任学芸員吉田悦之氏の御高配により、名古屋大学の羽賀祥二氏、同大学院生（当時）廣瀬憲雄氏とともに、二〇〇六年五月にこれらを調査する機会に恵まれた。ただし、岩本論文において、これらの資料の検討は「後日を期したい」とされているので、詳細な研究はその公表を待つこととし、本稿では岩本論文ですでに明らかにされている成果に基づいて述べることとする。

（8）『北浦定政関係資料』目録篇Ⅰ―七―三七。巻頭図版二。

（9）舘野和己「北浦定政『平城宮大内裏跡坪割之図』諸本の検討」（同『古代都城廃絶後の変遷過程』平成九年度～十一年度科学研究費補助金研究成果報告書、二〇〇〇年）。ただし、奈良博本の存在は当時知られていなかった。

なお、諸本の異同のうち主要な点、とくに小原文庫本、女子大本などの浄書本が成立した後に、北浦家自筆稿本が修正された根拠については、補論一を参照。

（10）湯之上隆「小杉榲邨の蒐書と書写活動」（『正倉院文書研究』三、一九九五年）。

（11）東野治之「小杉榲邨旧蔵の正倉院及び法隆寺献納御物」（直木孝次郎先生古稀記念会編『古代史論集下』塙書房、一九八九年）。

（12）国立国文学研究資料館史料館所蔵。

（13）『北浦定政関係資料』目録篇Ⅰ―七―一、二、または二〇。

（14）筑紫豊『江藤正澄の面影』（財団法人秋月郷土館、一九六九年）。

（15）高橋隆博「『奈良博覧会』について（上）」（『月刊文化財』二一七、一九八一年）、同「明治八・九年の『奈良博覧会』陳列目録について（上）」（『史泉』五六、一九八一年）、「同（下）」（『史泉』五七、一九八二年）。

（16）なお、第一目録第七号絵図部第七十八号の「京北班田図」の写本は、北浦定政も所蔵していた（『北浦定政関係資料』目録篇Ⅰ―七―一九）。また、第八十号は、「天正三年大和国高市郡畝火山図」となっているが、天正三年（一五七五）にこのような図が描かれていたとは考えにくい。北浦家資料中には、「畝火山之図」（文久三年〈一八六三〉二月、北浦定政指図、画人岡本桃里、『北浦定政関係資料』目録篇Ⅰ―七―三）があるので、これに相当するものの誤写かもしれない。この点については舘野和己氏の御教示を得た。
(17) 湯之上隆「小杉榲邨の蒐書と書写活動」(前掲註10)。
(18) 神宮徴古館農業館『神宮徴古館列品総目録』(一九七一年)を検索しても、これらは収録されていない。
(19) 神宮徴古館農業館学芸員の深田一郎氏の御教示による。
(20) 舘野和己「北浦定政『平城宮大内裏跡坪割之図』諸本の検討」(前掲註9)。
(21) 『北浦定政関係資料』目録篇Ⅰ―七―一三解説。
(22) この点については、木全敬蔵「カルトグラファーとしての北浦定政」(奈良国立文化財研究所『北浦定政関係資料』〈一九九七年〉)を参照。
(23) 岩本次郎「平城京研究の先駆者　北浦定政伝(二)」(前掲註1)

謝辞
本稿は二〇〇三年度および二〇〇四年度に名古屋大学大学院文学研究科・文学部において羽賀祥二教授と合同で開講した「日本史学実習」における成果を含んでいる。近代史学史については門外漢であるので、羽賀教授の御教示および参加した大学院生・学部学生との議論がなければ、本稿はできあがらなかったであろう。また、調査においては次の機関、個人から御協力、御教示を賜った。あわせて謝意を表したい。
奈良文化財研究所、国立国文学研究資料館史料館、九州大学附属図書館、福岡県立図書館、福岡市立総合図書館、神宮徴古館、本居宣長記念館、北浦和子氏、綾村宏氏(奈良文化財研究所〈当時〉)、馬場基氏(同)、山本崇氏(同)、吉川聡氏(同)、渡邉晃宏氏(同)、出田和久氏(奈良女子大学)、舘野和己氏(同)、廣瀬憲雄氏(名古屋大学大学院生〈当時〉)深田一郎氏(神宮徴古館)、吉田悦之氏(本居宣長記念館)、小原利康氏(小原文庫)、野尻忠氏(奈良国立博物館)(順不同)

(二〇〇四年八月七日成稿、二〇〇五年六月八日改稿、二〇〇六年五月二十四日再改稿)

あとがき――「大和を歩く会」の『歩く大和』――

一九九五年の早春、三〇歳になったばかりの川端新が、一風変わった研究会をやろうと言い出した。月に一度、思いっきり歩く。フィールドは大和。歩くことによって、大和の古代・中世史を広く深く理解しようというのである。その場にいた佐藤泰弘と吉川真司は、それまでにも大和に研究対象を求めた経験があったから、すぐさま川端の誘いにのった。私たちの「大和を歩く会」は、このようにして生まれた。

同年四月一六日、佐藤を幹事として、第一回の例会を行なった。手許のメモによれば、斑鳩三寺を見学してから、広瀬神社を経て、東大寺領小東荘の故地を歩いている。参加者は八人、天候は曇りであった。歩きながら、会の方針を考えた。雨が降ろうが風が吹こうが、とにかく毎月歩くこと。各回の幹事とコースは話し合って決めること。幹事は翌月までに踏査記を書いてくること。いつまでもずるずる続けても仕方ないから、一〇〇回やったら解散すること。そういうふうな話になった。

気まぐれな三人が発起人であったにもかかわらず、「大和を歩く会」はほぼ方針どおりに維持された。参加者は京都大学日本史研究室の枠を越えて広がり、鷺森浩幸・鈴木景二・吉川聡が中心メンバーに加わった。その後大学院に進学した熊谷隆之と小原嘉記も、ほとんど毎回来るようになった。時とともに顔ぶれは移り変わっていき、遠方からゲストを迎えることもあったが、ともあれ一〇人前後の参加者が朝から晩まで踏査するという研究会が、足かけ九年にわたって続いたのである。幹事をつとめたメンバーだけでも、右に挙げたほかに、加藤麻子・北康宏・柴田博子・高橋克寿・竹内亮・谷口美樹・土居規美・徳永誓子・野田泰三・平松良雄・藤岡穣・堀裕・森由紀恵・山本崇・横内裕人・吉川敏子・吉野秋二がいて、毎回、個性的で興味深いコースを歩くことができた。

得たものはたくさんあった。一〇〇回続けることによって、大和の主な遺跡・史跡はほとんど見学できたように思う。全市町村を歩き、古道や霊山もかなり踏破した。大和だけを見ていてはいけないと言って、ときおり山城・摂津・河内・伊勢・近江・丹波・紀伊にも出かけた。そうするなかで、参加者はそれぞれに大和を知っていったし、現地に即して歴史を考える方法をしっかり身につけた。歩きながらの雑談も楽しかった。研究上の思いつき、論文や書物の批評、各地を旅行した体験。そうしたさまざまな話が、リズミカルな歩調とともに脳髄を刺激し、新しい研究を生み出していく活力を与えてくれた。

会活動の終点が見えてきたころ、成果を何かのかたちに残しておきたいと考えた。本当は「毎回の踏査記」がその役割を果たすはずだったのだが、この面倒な方針だけは最初からさっぱり守られなかった。そこで、「大和を歩く会」で得たものを本にまとめようということになった。第一冊には大和を素材にした論考を集め、第二冊では数々の踏査を再構成することとし、シリーズ名は佐藤のアイデアで『歩く大和』に決まった。法藏館が出版を引き受けて下さり、まずは第一冊「古代中世史の探究」を出すことになった。全部で一六本の論文は、多かれ少なかれ「歩く会」の踏査と関わりをもつものである。ただ、主要メンバー全員が書いているわけではない。年々忙しさがつのり、ついに成稿できなかった人は少なくない。また、原稿が遅々として集まらず、早く出した論考を自著に収めた人もいて、本当に申し訳ないことであった。いま解散から数年を経て、ようやく出版の目途がたった。お世話になった法藏館編集部に心からお礼申し上げるとともに、第二冊「フィールドへの誘い」の早期刊行をめざしたいと思う。

「大和を歩く会」第一〇〇回例会は、二〇〇三年一二月に行なった。雪の宮滝を出発し、比曽・壺坂を経て飛鳥に泊まり、さらに中ツ道をまっすぐ北上して奈良盆地を縦断した。最終目的地は平城宮跡であった。大極殿基壇から闇に包まれた大和を見渡し、楽しかった日々をあれこれと回想した。幸いにして事故は全くなかった。ただ一つ残念なのは、言い出しっぺの川端が第五〇回例会のあとから齢を取らなくなり、その若々しい写真だけが最終回に参加していたことであった。

二〇〇七年八月

「大和を歩く会」幹事の一人として　吉川真司

［執筆者紹介］　敬称略・五十音順

熊谷　隆之（くまがい・たかゆき）1973年生。京都橘大学非常勤講師

小原　嘉記（こはら・よしき）　1977年生。京都大学大学院聴講生

鷺森　浩幸（さぎもり・ひろゆき）1960年生。帝塚山大学人文科学部准教授

佐藤　泰弘（さとう・やすひろ）　1963年生。甲南大学文学部教授

鈴木　景二（すずき・けいじ）　1963年生。富山大学人文学部教授

竹内　　亮（たけうち・りょう）　1973年生。奈良女子大学助教（全学共通）

告井　幸男（つげい・ゆきお）　1967年生。立命館大学非常勤講師

土居　規美（どい・きみ）　1977年生。奈良大学通信教育部指導教員

徳永　誓子（とくなが・せいこ）　1971年生。東大寺史研究所研究員

野田　泰三（のだ・たいぞう）　1964年生。京都光華女子大学文学部准教授

平松　良雄（ひらまつ・よしを）　1965年生。奈良県立橿原考古学研究所主任研究員

古尾谷知浩（ふるおや・ともひろ）1967年生。名古屋大学文学研究科准教授

吉川　　聡（よしかわ・さとし）　1969年生。奈良文化財研究所文化遺産部主任研究員

吉川　真司（よしかわ・しんじ）　1960年生。京都大学大学院文学研究科准教授

吉野　秋二（よしの・しゅうじ）　1967年生。奈良女子大学 COE 研究員

若井　敏明（わかい・としあき）　1958年生。関西大学・佛教大学等非常勤講師

シリーズ歩く大和Ⅰ
古代中世史の探究

二〇〇七年一一月一〇日　初版第一刷発行

編　者　大和を歩く会
発行者　西村七兵衛
発行所　株式会社　法藏館
京都市下京区正面通烏丸東入
郵便番号　六〇〇－八一五三
電話　〇七五－三四三－〇〇三〇（編集）
〇七五－三四三－五六五六（営業）

装幀者　井上二三夫
印刷・製本　亜細亜印刷株式会社

ISBN 978-4-8318-7567-9 C3021